青少年体育运动指导与实践

[英] 罗宾·S. 维莱（Robin S. Vealey） 梅利莎·A. 蔡斯（Melissa A. Chase）著

徐建方 王雄 译

（修订版）

人民邮电出版社

北 京

图书在版编目（CIP）数据

青少年体育运动指导与实践：修订版 /（英）罗宾
• S. 维莱（Robin S. Vealey），（英）梅利莎 • A. 蔡斯
(Melissa A. Chase) 著；徐建方，王雄译. -- 2版. --
北京：人民邮电出版社，2020.5
ISBN 978-7-115-52944-2

Ⅰ. ①青… Ⅱ. ①罗… ②梅… ③徐… ④王… Ⅲ.
①青少年－体育运动－运动训练 Ⅳ. ①G808.17

中国版本图书馆CIP数据核字(2019)第291178号

免责声明

本书内容旨在为大众提供有用的信息。所有材料（包括文本、图形和图像）仅供参考，不能替代医疗诊断、建议、治疗或来自专业人士的意见。所有读者在需要医疗或其他专业协助时，均应向专业的医疗保健机构或医生进行咨询。作者和出版商都已尽可能确保本书技术上的准确性以及合理性，并特别声明，不会承担由于使用本出版物中的材料而遭受的任何损伤所直接或间接产生的与个人或团体相关的一切责任、损失或风险。

内 容 提 要

本书以"一切为了孩子"为核心，以"发展适宜性实践"（DAP）为目标，首先介绍了包括理念和目标在内的青少年体育运动基础知识，接着解析了青少年的身体和心理发育特点并指出应为青少年改编体育运动和正确进行技能教学。此外，本书阐释了合理设计青少年体育活动强度的重要性，指出了青少年体育运动中存在的倦怠和损伤问题。最后，本书对青少年体育运动中的社会因素进行了全面分析，旨在帮助青少年体育运动的领导者、教练员、家长及其他参与者制定满足青少年独特发展需求的决策和行动计划，让青少年获得良好的运动体验。

◆ 著 　　［英］罗宾 • S. 维莱（Robin S. Vealey）
　　　　　　梅利莎 • A. 蔡斯（Melissa A. Chase）
　　译　　　徐建方　　王　雄
　　责任编辑　刘　蕊
　　责任印制　周昇亮

◆ 人民邮电出版社出版发行　　北京市丰台区成寿寺路 11 号
　　邮编　100164　　电子邮件　315@ptpress.com.cn
　　网址　http://www.ptpress.com.cn
　　三河市中晟雅豪印务有限公司印刷

◆ 开本：700×1000　1/16
　　印张：25　　　　　　　　　　　　　2020 年 5 月第 2 版
　　字数：592 千字　　　　　　　　　　2020 年 5 月河北第 1 次印刷
　　　　　　著作权合同登记号　图字：01-2016-4050 号

定价：128.00 元

读者服务热线：**(010)81055296**　印装质量热线：**(010)81055316**
反盗版热线：**(010)81055315**
广告经营许可证：京东工商广登字 20170147 号

序

青少年是国家的未来、民族的希望。体育对促进青少年身心全面协调发展具有不可替代的重要作用。青少年体育工作历来受到党和各级政府，以及社会、学校和家庭的高度重视。为扭转学生体质健康状况持续下降的趋势，《中共中央国务院关于加强青少年体育增强青少年体质的意见》（中发〔2007〕7号）、《关于进一步加强学校体育工作的若干意见》《国务院办公厅关于强化学校体育促进学生身心健康全面发展的意见》（国办发〔2016〕27号）等文件陆续出台，进一步指出青少年体育工作对于促进教育现代化，建设健康中国和人力资源强国，实现中华民族伟大复兴的中国梦具有重要意义。

青少年体育工作不仅仅是体育事业的基石，更是发挥教育功能和社会效益的重要工具。"一切为了孩子"是《青少年体育运动指导与实践》的核心，也是青少年体育工作的宗旨。围绕"一切为了孩子"这一核心，本书详细阐述了发展适宜性实践（Developmentally Appropriate Practice，DAP）的本质，解释了为什么要在开展青少年体育工作的过程中始终坚持DAP原则，明确提出"要让所有青少年体育活动都以孩子的发展为目标"。

本书共分4个部分16章，其中第1部分含3章，从青少年体育运动概述、青少年体育运动的发展以及青少年体育运动的理念和目标入手，详细介绍了青少年体育运动的基础知识；第2部分含5章，从身体生长和成熟、技能学习和竞争的准备就绪情况、动机和社会心理发展、青少年体育运动的改编、青少年运动员的技能教学方面对青少年运动员的身体发育和准备就绪情况进行了阐述；第3部分含4章，从身体训练和青少年运动员、青少年体育运动中的天赋发展、青少年体育运动中的压力和倦怠以及青少年体育运动中的损伤几个方面提出了青少年参与体育运动时的负荷安排注意事项；第4部分含4章，从青少年体育运动中的文化修养、教练员和青少年体育运动、家长和青少年体育运动、青少年体育运动中的道德和生活技能培养方面探讨了青少年体育运动的社会因素。

本书的两位作者不仅长期从事青少年体育的教学与研究工作、取得了丰硕的研究成果，而且作为教练员拥有宝贵的一线执教经验，更是作为合格的家长长期享受着青少年体育工作的快乐。

两位译者长期服务于竞技体育高水平运动员，有着宝贵的一线执教经历。近几年，两位译者更是在青少年体育方面进行了有益探索，在青少年体质健康促进、青少年科学锻炼、青少年运动员科学训练等方面积累了一定的研究成果和实践经验。在本书的翻译过程中，两位译者力争达意，以客观呈现原著的精髓。

本书确实值得从事青少年体育管理工作的人员、体育教师、教练员，以及家长和青少年体育研究人员等各方面的人士研读。相信通过本书，您能更好地组织开展青少年体育工作，实现我们的共同目标："一切为了孩子"！

刘坂汉

致我们最喜欢的青少年运动员——亲爱的乔丹和杰克逊·蔡斯，感谢你们与我们分享精彩的成长经历。这些经历让本书更有特色、更有意义。

目　录

第3部分　青少年体育运动的活动强度　　　163

致　谢

感谢雷纳·马滕斯，本书的构思是他最先提出的，而且他的鼓励和敦促自始至终伴随着本书的诞生。此外，也要感谢策划编辑迈尔斯·施拉格多年来坚定的支持和巨大的耐心，他为本书忙碌直至最终完稿。迈尔斯在本书的撰写过程中提供的反馈和指导非常中肯入理，特别感谢他对我们书中观点的支持，即使在他的观点与我们相左的情况下。开发编辑凯文·梅兹在出版过程中提供了很多帮助，感谢他对我们持续的支持，更要感谢他的包容并加班完成出版工作。

感谢准备和改善本书内容的所有同事。兰尼·维尔斯马是本书初稿的审稿人，而且作为青少年运动方面的专家，他的反馈和建议促进一步改进本书的内容。此外，还要感谢一位匿名的二审审稿人，他就自然科学方面的内容提出了非常有帮助的建议。迈阿密大学同事西尔玛·霍恩在身体生长、发育和训练准备方面提供了非常专业的帮助。另一位迈阿密大学同事罗恩·考克斯在体能训练这章提供了有帮助的指导。丹·古尔德是密歇根州立大学青少年运动研究院的主任，他和其他校外审稿人就本书的内容提出了非常宝贵的建议。

非常感谢研究生斯科特·皮尔斯和比利·劳尔做背景方面的研究，感谢贾斯汀·迪桑缇设计"问题探究"中的试题，感谢克里斯·希尔在"资源指南"部分提供帮助。此外，还要感谢迈阿密大学的一部分本科生，他们在本书出版之前在课堂上"率先试水"，而且提供了许多宝贵的建议，进一步完善了本书。尤其是艾利·普林斯特尔和凯文·莫里斯，他们的积极参与影响到本书的最后定稿。凯文·马琳寄来一封她女儿斯塔赛安写的信，这封信是第15章的提纲，感谢凯文和斯塔赛安提供关于父女运动员关系的精彩案例。

还要感谢以前的青少年体育运动教练，他们提供了训练和比赛的机会。罗宾特别感谢中学教练苏·格雷格，她在美国《教育法修正案》第九条出台之前提供了出色的领导和支持。梅利莎特别感谢朋友、同事和前大学篮球教练迪伊·诺布洛克，她让梅利莎更好地理解如何成为一名高效率的教练和各个年龄段的运动员都喜爱的教练。还要感谢曾经教过的许多青少年运动员，他们拥有许多宝贵的东西，丰富的经验和知识，为本书的诞生提供了支撑。

最后，尤其要感谢我们的家庭。罗宾感谢她的父母希尔曼和玛丽·卢·维莱给她的无私的爱和支持，而且在运动方面给她指导，让她能够享受到青少年和大学体育运动的乐趣并取得了成功。梅利莎感谢她的妈妈珍·蔡斯，同时也是她的第一个和唯一一个青少年体育运动教练。在没有人在乎女孩能否参加青少年体育运动的年代，珍·蔡斯为给她们争取机会而努力。梅利莎也要感谢她的爸爸——唐·蔡斯，他一直支持她做运动员、教练和教师，而且是她努力工作的精神动力。

引 言

一切为了孩子。这句简单的话道出了青少年体育运动的重点关注对象是孩子！尽管显而易见，但是成年人经常会忘记这个基本前提。作为教练，他们只希望训练出一支少年冠军足球队；而作为父母，只希望孩子赢得大学运动奖学金、奥运会奖牌或者职业运动合约。

在全世界的各个地方都有许多例子表明，青少年体育运动应该以孩子为中心。几乎每一天您都可能开车路过运动场，可以看到孩子们在玩耍，在与队友发展成朋友关系，在学习宝贵的运动和社交技能，而且这些财富能够伴随他们长大成人。作为两个参加青少年体育运动的孩子的家长，我们当过孩子的教练，为他们欢呼过，观看过他们的比赛，一起拼过车，以及在他们比赛后送过零食。通过参加青少年体育运动，我们亲眼看到孩子们玩得开心，培养了友谊，而且学到了技能。世界青少年体育运动的正面例子数不胜数，下面仅提供几例。

- 上八年级的双胞胎克莱尔和克洛伊在参加南伊利诺伊大学举行的伊利诺伊州初中运动会800米跑步时是最后一名。因为克洛伊在比赛中拉伤了右腿肌肉，所以克莱尔背着她完成了最后370米的比赛。
- 中学足球教练乔·埃尔曼曾经是一名职业运动员，他从2001年开始实施"由内而外教学计划"，目的是帮助男子青少年运动员跳出"大男人主义"的思想桎梏，培养他们的同情心、与队友之间的感情纽带以及对女性的尊重。

因此，青少年体育运动是行得通的，是有益于孩子成长的。不过，青少年体育运动也有不利的方面，这通常是一些成年人将我们的信条"一切为了孩子"曲解成"一切为了我，我需要我的孩子变成最优秀的运动员"而导致的。关于青少年体育运动的这些不利方面，已经在许多青少年运动书籍中被讨论过，讨论的题目各式各样，包括"成功和眼泪""青少年体育运动的黑暗面"以及"如何阻止成年人在青少年体育运动中扼杀孩子的乐趣和成功"。只要在网上搜索，就可以看到大量关于成年人给青少年运动员造成负面影响的例子。下面列举一些这样的例子。

- 据说密歇根州的一位青少年曲棍球教练在训练中让队员进行赤拳搏斗，并将这作为训练的一部分。
- 在内布拉斯加州的林肯市，警察给一位妇女开出了罚单，原因是她对女儿在足球比赛中的表现不满，就把孩子丢在80号州际高速公路边上。
- 通过查看录像，发现加利福尼亚州的一位中学足球教练挪动了边线码数标记物，以便他的球队能够获得第一次进攻的机会和赢得联赛冠军。
- 宾夕法尼亚州的一位青少年棒球教练给他的一个球员25美元，让他敲打一位患有自闭症队友的头部，使其不能参加比赛以增加球队的胜算。结果是这位教练锒铛入狱。

当然，这些负面例子只是少数不理智的、受到误导的成年人做出的极端行为。他们被越来越专业化和职业化的青少年体育运动文化误导。正是这种新兴的文化迷惑了一些成年人，使他们难以从儿童的最佳利益角度做出选择。正是这种文化，导致了一些成年人忘记了青少年体育运动是孩子们的运动，必须以孩子们的发展需求为宗旨。

下面的一些做法是随着青少年体育运动的专业化和职业化而出现的，请仔细考虑。您对这些做法又持什么样的观点呢？

- 卡拉威高尔夫赞助由6岁以下的儿童参加的世界高尔夫球冠军赛。这是个好主意吗？是否应该让小孩从6岁就开始参加世界冠军赛呢？

- 许多主要的大学篮球组织早早就从全国各地筛选出最优秀的10岁小运动员，它们把那些甚至还没上中学的孩子当成运动明星展示。这是否意味着您的孩子除了参加娱乐性运动队之外，还必须参加全国性选拔以争取到一个名额？

- 有些孩子已经开始在某一项运动中进行专业化训练，以便赢取大学奖学金或者未来成为职业运动员。这种做法已经快速影响到中学生同时参加多种体育运动的传统。青少年运动员是否应该只在一项运动项目上进行专业化训练？如果这样的话，应该从多大的年龄开始进行专业化训练？教练是否应该拥有要求运动员只参加他所教的运动项目的权力？

- 有些青少年运动员寄宿在高度专业化的体育学校里，就是为了实现光荣的奥林匹克梦想。如果青少年运动员从小显露出天赋，让他远离家庭生活去获得更加高级的训练是最好的事情吗？一个家庭是否应该付出金钱和时间让孩子离开家庭去发展他的天赋？

这是当下的青少年体育运动所出现的一些需要回答的问题。本书旨在让您就此了解更多信息，从而在这些问题上做出正确的决定。我们的目标是提供与青少年体育运动相关的运动科学知识，以及运用这些知识的实用技巧和策略。这就是本书名字的由来。本书强调我们的目的是为家长、教练提供有用的知识，实现在正确的青少年体育运动文化中去引导和教育孩子的目标。希望经过本书所提供的知识的武装之后，家长和教练能成为改革和促进青少年体育运动的推动力，以符合青少年独特的发展需求。

如图1所示，本书的主旨是：实现所有青少年体育运动项目都以孩子的发展为目标，就必须以**发展适宜性实践（DAP）为基础**。这就是DAP原则，而每章都强调。要想让青少年体育运动真正为孩子和社会的需求服务、真正一切为了孩子，就得坚定不移地以DAP为基础（Copple，2010）。

图1　本书的主旨

发展是指发育过程，人类从出生开始就逐渐向更加成熟或高级的阶段发展。儿童发育研究表明，随着年龄的增长和日渐成熟，儿童和青少年会发生一系列普遍的、可预测的生长和变化。在儿童早期和成年早期，人类在身体、认知和心理上会发生显著变化。这些关键的发育年龄阶段是青少年参加体育运动的最佳时间，而且与青少年体育运动有关的成年人必须了解出现在儿童和青少年发育阶段的系统变化。不知道您是否相信，同一天出生的孩子在5岁时身体发育的成熟程度可能出现不同。了解青少年运动员发育的快慢因人而异非常重要，这样才能够根据每个孩子的发育特点对其进行教导、训练和提供建议。

适宜是指合适的或者正确的事情。组织青少年体育运动的成年人应该将重点放在设计适合青少年的运动或者活动，而不是让青少年去做适合成年人的活动，否则就是典型的"不适合"。您是否相信软式垒球并不适合作为棒球或垒球的初级训练？喔，这真的很好玩。坐在草坪的椅子上，家长的欢呼声和零食源源不断，但是就五六岁的孩子的认知水平而言，很少有儿童理解软式垒球的防守位置或者基础跑动策略，而且参加这种游戏也无法培养他们的掷球和接球技术。在本书中，我们坚定不移地鼓励您跳出当前的实践思维，运用DAP原则去改造和引导青少年体育运动，使其真正适合青少年的发展。

实践是指我们真正做的事情。总而言之，DAP需要以青少年的年龄和发育水平为基础去做事情、做决定和做决策，使其符合青少年的身体、生理和社会需求。本书旨在阐明DAP是青少年体育运动的最佳实践。

如图1所示，围绕青少年体育运动的多种社会因素影响着今天的青少年体育运动实践。父母通常是对儿童发展影响最大的成年人，而且儿童对活动和运动的兴趣及反应从蹒跚学步开始就受到父母的感染。青少年体育运动教练通过教学设计、教学技术、奖惩制度、提供反馈和示范作用等方式影响儿童。青少年体育运动的组织者控制着运动的组织形式，影响到一些实践决策，比如男孩和女孩是否应该同场比赛以及为不同年龄组的青少年提供什么样的运动和活动。

青少年体育运动的裁判必须确保比赛的公平性和活跃性，同时只能允许青少年运动员参加适合自身发育水平的运动。媒体（电视、互联网、报纸和杂志）是大众传播工具，它们从文化角度影响着人们对体育运动的感受。假如泰格·伍兹作为两岁的高尔夫天才出现在道格拉斯节目秀、勒布朗·詹姆斯作为初中运动健将出现在体育画报的封面上，会给公众感受造成多大的影响？最后，朋友、队友和兄弟姐妹共同组成了青少年的同龄人团队，他们同样对青少年体育运动文化产生重要影响，尤其是儿童进入青春期后。

图1中描绘了青少年站在这个岌岌可危的DAP天平上的情形。我们相信青少年体育运动项目能够成功帮助孩子发展身体、生理和社会技能，但前提是掌握主动权的成年人要运用DAP原则让孩子们在各个方面得到"平衡的"发展。在阅读本书的过程中，您将看到每个部分的各个章节都是支撑DAP这个平台的基石。因此，通过运用各章所提供的以DAP为主线的知识，就能够保持青少年体育运动的平衡，而且能够满足青少年的发展需求。

本书一共分为4个部分。第1部分提供关于青少年体育运动的基础知识，讨论青少年体育运动是如何组织的，参与者有哪些，发展历史以及社会目的和宗旨。第2部分主要讨论青少年的发育阶段，认识青少年的发育状况是否已经准备好参加体育运动训练和比赛。这个部分重点在于通过恰当的改编体育运动和技能教学，塑造青少年体育运动文化，让儿童保持积极性，以及唤醒儿童的潜能并使其得到发展。

第3部分所提的问题是"青少年参与多少体育运动才算是过多"。我们试图通过这个问题评估青少年在不同的发育阶段身体和生理的合理承受强度是多少。例如，将"过度"

（强度过大、压力过大、时间过长和过于专业化）的负面结果与青少年体育运动中的损伤、疲劳等进行关联分析。第4部分主要讨论社会因素对青少年体育运动的影响，包括教练、家长以及性别和种族偏见。

在本书的开始部分，我们设计了青少年体育运动IQ测试，让您对青少年体育运动有更深入的了解。通过阅读和回答下列问题，您将了解到青少年体育运动正在研究的主要问题是什么。您回答得怎么样？您很可能发现有些问题非常简单，而有些问题又非常复杂，因为正确的答案取决于不同的环境因素。如果您能够发现这点，那么您正走在理解青少年体育运动文化的正确道路上。希望您能够运用从本书所获取的知识去解答当今青少年体育运动所面临的复杂问题。

因此，请您继续往下读。我们的答案就在本书的各个章节之中。希望在读完本书之后，您的青少年体育运动IQ得到极大的提升。热切希望您以善于思考和创新的方式利用从本书中所获取的知识，从而创造和维护有益于社会的青少年体育运动文化，让我们的社会越来越好。希望您在实践中运用这些知识，而且遵循DAP原则，从而让青少年体育运动切切实实是为了孩子！

青少年体育运动IQ测试

前5个问题只需回答对与错；后5个问题是单选题。

  1. 儿童参加竞争性运动比赛会影响到他们的成长。

  2. 参加青少年体育运动能够塑造孩子的性格。

  3. 孩子应该从很小的年龄就开始参加体育运动，这样才能获得高水平的运动技能。

  4. 女孩子在体育运动方面的积极性和能力不如男孩子，所以应该男女分开。

  5. 青少年体育的运动伤害大部分来自接触性运动（比如橄榄球）中的碰撞。

  6. 下列哪项活动给孩子带来的压力最大？

    a. 竞技性体育运动

    b. 音乐独奏表演

    c. 学校学术考试

  7. 当前青少年体育运动面临的最大问题是：

    a. 缺乏基础设施

    b. 儿童缺乏动机

    c. 大人干涉过多

  8. 儿童学习基础运动技能的最佳年龄是：

    a. 2 ~ 8岁

    b. 8 ~ 10岁

    c. 10 ~ 12岁

  9. 最适合组织青少年入门体育活动的教练是：

    a. 技术非常好的教练

    b. 体育运动知识最丰富的教练

    c. 和蔼热情、善于鼓励学生的教练

    d. 和学生性别相同的教练（比如，男教练教男学生，女教练教女学生）

  10. 下列因素中，不能引起儿童参与体育运动的强烈欲望的是：

    a. 和朋友在一起

    b. 获得胜利

    c. 学习技能

    d. 玩得开心

青少年体育运动IQ测试答案：1（错），2（错），3（错），4（错），5（错），6（b），7（c），8（a），9（c），10（b）。

学习帮手

关键术语

发展适宜性实践（DAP）——根据青少年的年龄和发育水平做出决定、行为和策略，使之符合他们的身体、生理和社会需求。

要点归纳

1. 关于青少年体育运动的重点，成年人应该记住"一切为了孩子"这个基本前提条件。
2. 青少年体育运动的最佳实践就是适合青少年发展的实践。
3. 青少年体育运动项目能否成功地帮助孩子们发展身体、生理和社会技能，取决于起决定性作用的成年人（父母、教练、组织者、裁判员和媒体）是否贯彻DAP这一原则。

问题探究

1. 请通过下定义和举例子来解释什么是DAP。
2. 解释为什么有些成年人，通常是心怀好意的成年人，未能坚守"一切为了孩子"这个前提。请举例说明这样做可能产生的负面影响。

思考性学习活动

1. 根据您的青少年体育运动实践经验，提供一些关于DAP的例子，同时也根据自己的经验提供一些关于不适合发展实践的例子。描述这些实践的优点或缺点（或者两者）。这些实践经验如何影响到您的体育运动和个人发展？
2. 假设您有足够的经济和科研资源来寻找任何关于青少年体育运动问题的答案，您最迫切希望研究的问题是什么？

青少年体育运动基础知识

欢迎来到本书的第1部分。在这个部分中您将了解到青少年体育运动的"全景图"。接下来的3章介绍的是青少年体育运动基础知识，以下为内容概要。

- 青少年体育运动是如何组织的，谁应该参与和谁不应该参与，为什么？
- 不同国家的青少年体育运动是什么样的？
- 为什么孩子从"自由玩耍"转向"成年人组织的体育活动"？
- 就青少年体育运动实践而言，为什么棕榈叶模型战胜了金字塔模型？

发展适宜性实践
（DAP）

第3章：青少年体育
运动的理念和目标

第1章：青少年
体育运动概述

第2章：青少年
体育运动的发展

- 如何评估体育运动项目是否最适合特定类型的孩子？
- 如何为青少年体育运动项目制定科学的理念和明确的目标？

　　本书的这一部分就是"新兵训练营"，在这里您可以学习到青少年体育运动的基础知识，为理解本书的其余内容做好准备。学习没有捷径可走！请花时间阅读本书的前3章，充分了解与青少年体育运动有关的基础知识，以便将这些知识运用到以后的DAP中。

青少年体育运动概述

本章预览

在本章中您将学习如下内容：

▷ 不同类型的青少年体育运动；

▷ 不同国家的青少年体育运动；

▷ 阻碍青少年参加体育运动的因素；

▷ 致力于改善青少年体育运动的机构。

什么是常说的青少年体育运动？它包含哪些人？什么类型的活动才符合青少年体育运动的要求？体育运动可以定义为受特定规则制约、类似于游戏、需要付出一定形式体力的竞技性活动（Blanchard，1995）。一般而言，体育运动涉及规律的、循序渐进的训练和实践，并在特定的时间内进行竞争激烈的比赛，比如赛季和季前赛。另一个相关术语是**身体活动**，指任何因骨骼肌运动而产生能量消耗的身体动作（Caspersen，Powell & Christenson，1985）。体育运动是身体活动的一种；其他活动包括健身活动，如瑜伽或划皮艇；休闲活动，如园艺或远足；出行活动，如骑自行车和步行；以及工作性活动，如清扫树叶和铲雪。尽管本书着重于体育运动，但考虑到身体活动对青少年身心健康的重要性，依然会提及。青少年是指发育阶段介于儿童早期和成年之间的个人，年龄通常小于18岁，身心处于快速发展阶段。

青少年和体育运动两个词合在一起远比它们的定义所表示的意思更加复杂。首先，在孩子们的身体和情感正在经历巨大发展变化的时期，让他们和同龄人进行竞争本身就充满了挑战。其次，成年教练员或指导员是大多数青少年活动的监督者。再次，和父母或者监护人生活在一起的青少年，其参加体育运动的决定和个人素质都依赖于家人。最后，体育运动在美国乃至全世界都是最受欢迎、普及率最高的社会活动之一。体育产业在美国的商业领域排名在前10名，2012年的估计总产值达到4 000亿美元（Plunkett Research Ltd.，2013）。美国的体育产业总值中，青少年体育产业估值至少50亿美元（Wagner，Jones & Riepenhoff，2010）。

成年人教练员、组织者和家长很容易忽视DAP的重要性，因为现在的诱惑太多了，比如赢得冠军，为社区争荣誉，通过有偿的俱乐部项目获得利益，获得运动员奖学金，以及追求奥林匹克运动带来的名誉、财富或职业运动员地位，所以要牢记，"青少年"加上"体育运动"衍生出了一种独特的亚文化，而且是与成年体育运动文化大不相同的亚文化。在阅读本书的过程中，请您时刻考虑如何能够将"青少年"和"体育运动"和谐地结合在一起，让青少年体育运动成为孩子们的成功经历。

青少年体育运动的种类

青少年体育运动是个统称术语，可以用来称呼所有在成年人监督下的体育运动项目，以及年龄介于5～18岁之间的青少年所进行的任何竞赛活动。不过，青少年体育运动是以许多不同的方式组织起来的。例如，体育运动项目在聚焦点、目标和选手入选标准方面有许多不同。一些体育运动项目对所有人开放，只以兴趣和参与感为导向，而不注重技术水平。另一些体育运动项目根据技术水平筛选参与者，其重点是找出优秀的运动员和赢得比赛冠军。一些体育运动项目的目的是掌握和提升运动技能，让运动员参与社区的比赛，而另一些体育运动项目需要花大量的时间进行训练，且经常到社区之外去参加比赛。区别不同类型的青少年体育运动项目的其他特征包括赛季、非赛季比赛和训练的时长、教练和裁判的资质以及资金需求量。

体育运动项目的这些变化通常让家长感到困惑，因此我们鼓励青少年体育运动的组织者和教练员将体育项目的特别之处向家长解释清楚。这样，家长和青少年就能够根据兴趣、当前水平、参与动机和家庭资源进行选择。（第3章将提供一些技巧，帮助青少年运动员和家长选择最符合其需求和兴趣的体育项目。）

青少年体育运动一般分为学校和学校外体育运动，下面分别列出。

学校体育运动

- 学校之间的比赛
- 校内的比赛
- 学校体育课（教学课程的一部分）
- 训练营

校外体育运动

- 当地俱乐部运动队或体育运动联合会（如乐观主义青少年曲棍球俱乐部、吉瓦尼斯棒球俱乐部）
- 国家青少年运动队或体育运动联合会（如美国青少年足球协会、青少年足球联合会）
- 国家青少年发展组织项目（如美国男子和女子青少年俱乐部）
- 社区娱乐项目
- 国家奥林匹克管理机构在国家和地区级别的体育项目（如美国摔跤运动协会）
- 俱乐部体育运动
- 体育学校（如 IMG 体育学校）
- 训练营

在初级划分的基础之上，青少年体育还可以进一步细分出许多不同类型的体育项目。本节将解释这些分类，其中大部分例子来自美国体育运动。我们将按照这些类别介绍一些各国青少年体育运动。本书的视角主要以西方国家为主，尤其是以美国为主，因为作者对这些文化最了解。另外，我们也意识到了解全球青少年体育运动文化以及青少年体育运动相关知识在不同文化背景下的应用具有重要意义。

学校体育运动

基于学校的青少年体育运动包括学校之间的比赛、校内的比赛、学校体育课和训练营。学校之间的比赛涉及来自不同学校之间的运动员和球队相互竞争，而且通常需要预先进行选拔，从整个学校挑选一定数量的青少年参加比赛。由于成本问题（交通、队服、教练和裁判等费用），学校之间的青少年体育运动项目只允许每个学校在每项运动上选派 1～2 支代表队。美国的初中和高中体育运动由美国全国州立中学协会联盟（NFHS）和每个州的学校间体育运动管理协会（如俄亥俄州高中运动协会）共同协调组织。NFHS 和各州的体育运动管理协会共同确定比赛标准，如参赛资格、比赛规程和教练资质要求。

*校内体育运动*一词源于拉丁语，指同一学校的学生之间开展的运动会或比赛。校内体育运动通常面向年龄更小的、尚不能参加学校间体育运动的初中和高中学生，用于代替学校间的体育运动。不管是学校间的体育运动还是校内体育运动，都不在学校的课程表或者学术课程安排之内。

*体育课*是大部分学校的学术课程的组成部分，根据学生的年龄以及各自的规章制度，体育课可以是强制性或者选择性的。体育课的目的在于传授体育技能和促进学生身体健康；尽管竞争性活动可能是体育课的一部分，但是它通常以技能的发展为主，而不是比赛。将竞争性活动加入到青少年体育运动的范畴中，是因为许多儿童首先都是通过它来接触到身体活动的，且绝大部分学龄儿童都能接触到这种活动。

*学校体育训练营*通常在夏天进行，而且由学校的教练或其他教练（通常是大学运动员）来组织。绝大部分学校训练营都是针对某一运动项目的，而且通常高中或大学才有。学校体育训练营通常是收费的，而且对所有学生开放，以帮助他们提升某一项运动的运动技能。

如果这些归类到学校体育运动都得到全款资助，由充满活力的、能力优秀的成年人带领，以DAP为指导原则，以创新的方式满足青少年的兴趣和需求，多方共同努力让所有学生都能够参与某些形式的青少年体育运动，该多好呀！不幸的是，现实生活中通常做不到。主要是受到一些因素的影响，如体育项目的资助被终止，以及很多青少年都认为参加体育课和校内体育团队远远不如参加学校间体育团队"酷"。这就是一直伴随青少年体育运动的金字塔结构问题，学生超过12岁后，越来越多的学生将退出体育运动项目，因为其技能水平导致无法被选入学校间体育团队。

校外体育运动

如上文所示，校外青少年体育运动项目的种类非常多，而且参与人数比学校体育更多。下面将概述8种类型的校外青少年体育，其差别主要在于项目的组织者和组织结构不同。

1. 地区俱乐部运动队或体育运动联合会。地区俱乐部运动队或体育运动联合会由社区服务俱乐部组织和提供支持，如乐观性青少年曲棍球俱乐部和吉瓦尼斯棒球俱乐部。这些俱乐部有时赞助特定年龄组的运动队，或者将多个运动队组织形成青少年体育联盟（如棒球和冰球）。这些俱乐部有志愿者参加当地的资金筹集活动，以支持社区的青少年体育倡议。

2. 国家青少年运动队或体育运动联合会。在美国，一种非常流行的青少年体育运动项目是隶属于国家青少年体育运动机构的运动队和联合会，如美国青少年足球协会（AYSO，首字母刚好与"All Your Saturdays Are Over！"相同，因此被一些家长调侃为"所有周六都没有了"协会）、青少年足球联合会（SAY）、棒球和垒球小联盟、小马棒球和垒球联盟协会、波普华纳橄榄球联盟、美国运动协会（AAU）

篮球会和少年篮球协会。这些青少年体育运动机构在美国拥有优良的历史传统，而且是许多社区青少年体育运动的重要部分。

3. 国家青少年发展组织项目。国家青少年发展组织的设立是为了保障和改善儿童健康。这些机构为青少年提供体育运动项目和其他娱乐活动，这也是实现它们伟大使命的一部分。这样的组织也不少，如美国男子和女子青少年俱乐部。

4. 社区娱乐项目。许多城镇和社区提供社区娱乐项目，其中包括青少年体育运动。如作者所在城市的城市公园和活动中心提供青少年篮球、夺旗橄榄球和青少年网球训练课与比赛，夏天还成立游泳队。还提供以下隶属于国家体育运动组织的项目：美国青少年足球联合会，美国全国橄榄球联盟和百事可乐踢悬空球、传球与踢球比赛，赫尔歇田径运动项目。社区娱乐中心还提供一些体育设施，如篮球场、网球场和游泳池，这对于鼓励没有得到政府充分关照的青少年参加体育活动至关重要。

5. 国家奥林匹克管理机构在国家和地区级别的体育项目。国家奥林匹克运动管理机构协调全国性运动会，在国家、地区和当地赞助青少年体育运动项目。如美国摔跤协会负责选拔和训练代表美国参加国际比赛的摔跤队，包括世界级的比赛和奥林匹克比赛；培养普通民众的摔跤技能，涉及同龄组锦标赛的审批和通过国家协会批准成员俱乐部的成立；举办所有年龄组的全国和地区冠军赛、国家级训练营、座谈会和教练教育等项目。

6. 俱乐部体育运动。这种私人的、校外的青少年体育运动从20世纪90年代开始大量出现，而且改变了美国青少年体育运动文化。美国俱乐部运动是选拔性的，孩子们要接受俱乐部的选拔，只有表现优秀的孩子才能成为俱乐部运动队成员。俱乐部运动队也被称为选拔性运动队（因为运动员是选拔出来的）或者旅行性运动队（因为参加社区之外的青少年体育运动比赛时需要旅行，包括娱乐性比赛和机构赞助比赛）。

俱乐部体育运动通常需要支付费用，因为聘请的大部分教练都是付费的，不像机构赞助项目和社区活动中心项目的志愿者教练。俱乐部运动队由组织者或者经理注册一个运动队名称，通过保险公司购买保险，然后将所选拔出来、符合年龄需求的运动员组建成俱乐部运动队。尽管有些俱乐部要求所有成员必须来自于本地，但实际上运动队成员没有地域限制。虽然私人俱乐部运动在美国已有悠久历史，比如网球、高尔夫、田径和游泳，但团队运动（足球、垒球、棒球、篮球和排球）是所有俱乐部运动中参与人数最多的运动项目。

美国青少年俱乐部运动有利也有弊。就好处而言，俱乐部能够给希望参加更高级别的比赛或者获得更高级别训练的青少年运动员提供机会。许多俱乐部的青少年运动员都尝试组建高中运动队，希望按照大学的水平去开展自己的运动。有些俱乐部运动项目由全职教练管理，他们的工资高达每年8万美元。经验丰富、训练有素的教练能够给青少年运动员带来优势。很明显，在配备有专业教练的选拔性俱乐部，运动员有最佳的机会来磨砺和提升他们的运动技能。

家长和运动员必须考虑参加俱乐部运动队的经济成本，因为学费通常高达数千美元，而传统机构赞助的体育项目或者社区活动中心的青少年体育项目只收取少量费用（通常少于50美元）。根据一项针对俄亥俄州中部地区家庭展开的调查显示，大约1/3的家庭每年在青少年体育运动上的开支达到1500美元以上（Wagner et al., 2010），而有些参加俱乐部

高级别体育运动的家庭每年的开支达到1万美元。其他成本，包括时间、旅行和精力。家长花很长的时间开车将孩子送到距离很远的俱乐部训练场地的情况并不少见，而且每个周末都要外出去参加锦标赛。对于俱乐部体育运动，还需要考虑，即没有官方规则规定所有运动员必须参加举行的所有比赛，因此每个运动员上场比赛的机会可能是不平等的，而且有些人甚至不能在俱乐部参加比赛。总体而言，国家规章制度对俱乐部青少年体育运动的管控比其他青少年体育运动要少，因此家长在给孩子挑选俱乐部运动项目时要保持警惕。

在美国之外，俱乐部体育运动（很多其他地方都称为体育运动俱乐部）一直都是青少年参加体育运动的主要途径。在欧洲、南非、中东和拉丁美洲等地区，体育运动俱乐部仍然是青少年参与体育运动的主要途径。体育运动俱乐部在澳大利亚、日本和新西兰也非常受欢迎。全球各地的体育运动俱乐部可能提供多种或一种体育运动，而且俱乐部运动员可以参加地区、国家，甚至国际赛事。

国际上其他国家体育运动俱乐部系统的基本理念和美国的俱乐部系统不一样，它们强调重在参与。这些体育运动俱乐部通常由志愿者组成，而且采用会员制（这和美国的私人特权俱乐部体育运动不一样），服务于整个社区，而且青少年是按照年龄组逐渐进入更高级别的运动队，直到达到18岁。即使到了18岁之后，他们仍然可以以成年人的身份参加运动俱乐部。通常情况下，体育运动俱乐部都有挑选出来的精英运动队，但总体而言，体育运动俱乐部主要按年龄分组，强调技能的培养和社区活动的参与。在美国之外的体育运动俱乐部，不管在城市还是农村，主要是为了发展和保持社区荣誉。

和哈德斯菲尔德足球俱乐部一起成长：
一个欧洲体育运动俱乐部例子

奥利·坦普尔顿出生在英国的曼切斯特市，他在12岁那年就签约为家乡的哈德斯菲尔德足球俱乐部（绰号"小猎犬"）踢足球。在整个中学阶段，坦普尔顿都在该俱乐部参加训练，而且在周末和英格兰北部联盟的青少年足球俱乐部打比赛。坦普尔顿也参加学校的足球队，但是他承认英国的中学体育运动远没有俱乐部体育运动办得好。他在每个星期六和有时放学后都参加俱乐部的比赛，而学校的球队一个月才进行一次比赛。

坦普尔顿作为青少年运动员，为哈德斯菲尔德足球俱乐部踢球是没有薪水的。他为俱乐部效力的回报是得到俱乐部免费提供的教育。从高中毕业之后，俱乐部给他提供为期两年的踢球合约，让他放弃上大学。但是这不是职业球员合约，而且只提供少量的生活津贴，用于日常生活和伙食开销。因此，尽管坦普尔顿仍然为哈德斯菲尔德足球俱乐部踢球，却不是它顶尖职业球队的成员。他是这样解释的："这两年合约就是我想要的东西。尽管在合约到期之后，可能10个人中只有一两个人能够

签上职业合约，但是很多人都想搏一搏，因为如果成功了将获得惊人的回报。"（例如，比如大卫·贝克汉姆在14岁生日那天和曼联签了合约，直到17岁才首次参加曼联的职业球队。）如果不希望在两年的合约结束之后成为职业球员，可以继续上大学或者开始在其他领域的工作。

最后，坦普尔顿决定到美国的西盆斯贝格大学完成大学教育，因为在美国的教育体制下，他能够同时踢足球和上大学。他描述了美国和英国的教育系统的差异："在英国您必须选择走体育路线还是学校路线。这两者是分开的，互不相容。而在美国，两者互不耽误，既可以过学生的生活，同时又可以过运动员的生活。"美国大学设有运动奖学金，而欧洲大学很少设运动奖学金，因此美国青少年运动员尝试引起大学招生办的注意，而欧洲青少年运动员则尝试引起专业体育运动俱乐部的注意。当然，在美国大学学习和训练之间存在内在矛盾，而在欧洲大学则不存在这种问题。因此，两个教育系统各有优劣（Loh，2011）。

例如，在澳大利亚，英式橄榄球联赛和按照澳大利亚规则进行的橄榄球队都得到了社区的大力支持，而且它们为许多城镇和市郊打造出鲜明的社区形象。

7. 体育学校。体育学校是私立的或者州立的寄宿学校，同时提供体育训练和学术课程。但不像传统的寄宿学校那样要求体育和学术两样都出色（这就是我们将体育学校归类为校外青少年体育运动的原因）。体育学校强调体育训练，这是许多年轻人参加体育学校的原因。在文化课方面，大部分体育学校提供在线课堂，这种做法非常实用，能够给学生腾出更多训练时间，而且让学校更容易安排日常训练计划。

在美国，最优秀的私立体育学校是IMG体育学校（见第10页"信息栏"），另外还有位于纽约州普莱西德湖的国家体育学校（NSA）。国家体育学校为11项冬季体育运动项目提供非常出色的训练条件，这11项体育运动分别是高山滑雪、冬季两项、男子冰球和女子冰球、花样滑冰、花样滑雪、雪橇比赛、北欧两项、越野滑雪、跳台滑雪和滑板滑雪。美国奥林匹克训练中心也为优秀青少年运动员提供寄宿运动项目，这些运动员寄宿在其中一个训练中心，并在那里接受训练。与IMG体育学校和国家体育学校不同的是，在寄宿训练期间，运动员在附近的学校参加文化课。国际上也有类似的国家体育运动学校，例如澳大利亚体育运动学院（有许多卫星校区），中国有超过200所公立体育运动学校。

8. 训练营。因为家长和青少年都希望在非赛季时间和暑假期间来提升体育技能，所以校外训练营在美国已经成为非常大的体育产业。传统的儿童夏令营有在本地举行的，也有到外地，甚至国外举行的，它们提供许多运动项目和娱乐活动。社区活动中心、大学活动中心、商业公司和青少年发展机构也提供类似的训练营。这些体育项目的目标是让青少年玩得开心、锻炼身体、体验社会发展，以及掌握基础体育技能和提升信心。

校外体育训练营已经得到迅猛发展，而且变得越来越专业、越来越有特色。从儿童每天参加的本地训练营到寄宿训练营都有。对于后者，青少年需要在训练营中住几天或一周，并在那里接受训练。美国体育训练营、精英训练营（英国）、国际足球训练营（欧洲）以及澳大利亚体育训练营都是这类训练营。所有这些训练营项目都有多个分支营，分布在各自国家的不同地区。

青少年体育运动的参与形式

现在您已经基本了解青少年体育运动是如何组织的，以及适合青少年的体育项目和选择有哪些。接下来您可能要问，这些项目是如何运作的呢？青少年参与体育运动最多的地方是哪里？世界上最受欢迎的青少年体育运动是什么？在这一小节，我们将概括地描述美国和其他国家的青少年体育运动是什么样的，尤其是青少年是以什么方式参加各种各样青少年体育运动的？

除了中国和少数欧洲国家之外，该小节重点提到的是讲英语的国家，这便于我们评估这些国家的青少年体育运动信息。当然，世界各地还有许多的青少年体育运动，这里并未介绍。

美国的青少年体育运动

美国有超过400万的儿童参加有组织的青少年体育运动。在所有年龄段中，男孩参加体育运动的人数比女孩多；在5～18岁的青少年中，有66%的男孩参加有组织的体育运动，而女孩只有52%（Athletic Footwear Association，2012）。1/3的美国青少年参加3个或以上的运动队，而且男孩比女孩更倾向于参加多个运动队。美国青少年体育运动项目分布在学校和校外环境中。

信息栏

欢迎来到IMG体育学校

位于佛罗里达州布雷登顿的私立IMG体育学校被誉为"体育运动天堂",它为青少年、中学生、大学生和职业运动员提供训练。学校有8个运动项目,分别是网球、高尔夫、足球、棒球、篮球、美式橄榄球、长曲棍球和田径,而且学校注重提供运动员全面发展的职业和个人发展课程(见图1.1)。IMG还提供完全符合标准的学前班到12年级的学校教育。IMG大约占地500英亩(约202万平方米),教学设施包含52个网球场(硬地、软地、室内和室外),13个美式橄榄球球场,3个标准大小的棒球场

和4个训练场,12个室内和室外网箱式棒球训练站,15个训练棒球投球的土墩,18洞高尔夫球场(有多个训练区),2个长曲棍球球场,2个足球场,4个篮球场,4赛道跑道,室内草坪训练场地,以及10 000平方英尺(约929平方米)的举重训练房。新的学生宿舍和多功能体育馆也在2013年投入使用。佳得乐运动科学研究所三大实验室之一就在IMG的校园中,为全校运动员提供人体运动学和运动营养学方面的专业支持。

儿童只要满11岁就可以寄宿在学校,

图1.1   IMG体育学校关于体育和个人发展的模型

即在为期10个月的学年中，他们都居住在学校并在那里接受训练。学校采用择优选拔的招生方式，不过运动成绩并非唯一的决定因素。毫无疑问，资金才是进入这所学校的最重要因素。下面以2014—2015年的学费为例，高中网球的学费为71 400美元，高中团队项目的学费为68 550美元，其中包括私立学校费、体育项目费以及食宿费。要想升级住宿和伙食条件，如需要另外多交25 000美元。学校推荐学员购买学费保险，且学费保险是必须购买的，对于选择分期付款的学生，还需要多交2 650美元。此外，私人课程以及其他附加项目也要收费。这样一来，一年总费用大概需要10万美元（Farrey, 2008）。很明显，绝大多数家庭都难以承担为孩子每年支付7万~10万美元的体育训练费用。

IMG体育学校毕业生的成功率非常高。在2009—2012年期间，该校毕业的学生中，一共有326个运动员（60%）被送往美国全国大学生体育协会（NCAA）甲级大学运动队（而全国只有6%的学生运动员能够进入大学体育运动队）。根据IMG的报告，在这一时期内该校毕业的运动员在大学一年级的奖学金之和平均达到120万美元（而全国只有不到2%的学生运动员获得大学奖学金）。毫无疑问，IMG体育学校给青少年运动员提供了优秀的体育训练，让他们能够在学术和体育上取得成功，而这通常是进入大学运动队的前提条件。然而，家长不应该幻想IMG是青少年运动员成为职业体育运动员的敲门砖。IMG的一位棒球教练说，"创造职业运动员不是我所定义的成功标准"他承认尽管他的学生在IMG上花了很多时间和金钱，但是只有极少数人成为职业棒球运动员。"我们偶尔会碰到一个天资聪颖的孩子，领悟能力很好，而且身材非常高大结实。但这只是个例。我们要接受大部分孩子都是普通孩子这一现实，而且认真地做好我们的教学工作"（Sockolove, 2008, p. 200）。

总体而言，IMG体育学校是非常优秀的体育培训机构，而且它采用的整体教学法让青少年在文化、体育和生活技能上全面发展，为有毅力（以及有财力）追逐梦想的青少年提供非常有益的经验。不过，进入IMG或其他体育学校并不能保证成为体育精英，甚至不能保证获得大学奖学金。

学校青少年体育运动

因为小学通常不举行学校内和学校间的体育运动，所以年纪更小的儿童通常参加娱乐活动中心和社区组织的体育运动项目。不过，越来越多的6~8年级青少年（12~14岁）参加了学校体育运动项目。下面列出了在美国中学最受男孩和女孩欢迎的体育比赛项目。篮球和田径是男女中学生最喜欢的体育运动，排球和垒球是女中学生最喜欢的体育运动，而棒球和美式橄榄球是男中学生最喜欢的体育运动（National Federation of State High School Associations, 2014）。从1989年起，参加体育运动的美国中学生数量每年都在增长。

最受美国中学生欢迎的十大体育运动

女生

1. 篮球
2. 田径
3. 排球
4. 垒球

5. 越野跑步

6. 足球

7. 网球

8. 高尔夫球

9. 游泳、跳水

10. 竞赛性啦啦队

男生

1. 篮球

2. 田径

3. 棒球

4. 美式橄榄球

5. 越野跑步

6. 高尔夫球

7. 足球

8. 摔跤

9. 网球

10. 游泳、跳水

体育运动一直都是美国青少年儿童进行身体活动的主要方式，但是最近几十年以来，许多学校停止将体育课作为必修课，而且减少了体育运动项目的数量。大约有1/5的美国学校根本没有开设体育课，而且每天提供体育课的学校非常少（中小学开设体育课的比例低于4%）（Sabo & Veliz, 2008）。这些都表明，中小学生参加体育课的机会在减少。

校外青少年体育运动

青少年校外体育运动在美国蒸蒸日上，这得益于许多机构都设置了这类体育项目。根据2012年的一份调查显示，在所调查的青少年中有60%参加校外体育运动项目（其中一部分人同时参加校内和校外体育项目）（Athletic Footwear Association, 2012）。表1.1按照性别和年龄分类列出了美国青少年最喜欢参加的体育运动项目[1]。青少年参与体育运动的明显趋势是：女生在进入中学（12 ~ 14岁）后，参加排球运动的人数增加了，而参

表1.1　最受美国青少年喜爱的体育运动

女生	
7 ~ 11岁	12 ~ 17岁
1. 足球	1. 排球
2. 篮球	2. 篮球
3. 体操	3. 足球
4. 垒球	4. 垒球
男生	
7 ~ 11岁	12 ~ 17岁
1. 篮球	1. 篮球
2. 棒球	2. 美式橄榄球
3. 足球	3. 棒球
4. 美式橄榄球	4. 足球

加足球运动的人数减少了；男生在进入中学（12 ~ 14岁）后，参加篮球和美式橄榄球运动的人数增加了，而参加足球和棒球运动的人数减少了。该数据还表明青少年在进入中学（12 ~ 14岁）之后，参加体育运动的总体人数减少了，尤其是女生。

美国青少年体育运动的新潮流

美国青少年体育运动出现的一些新潮流值得关注。

首先，由于经费困难，学校体育运动项目近期表现趋势是要求"付费"。从历史角度看，学校体育运动一直是作为课外项目免费提供给学生的。但目前许多美国学校只有向参与者收取费用才能支持运动队和比赛。根据最近的一项调查显示，有70%的家长每年支付超过100美元来让孩子参加学校的体育运动（Sports and Fitness Industry Association, 2013）。

[1] 对于这项调查，调查对象都是参加所列出的运动项目一年以上的7 ~ 17岁的青少年，涉及学校和校外体育活动、成年人组织的体育活动和青少年组织的临时活动。另外还有几项参与人数很多的活动没有进行统计，如游泳、骑自行车、保龄球、步行、远足。与偏向于休闲活动的游泳和骑自行车相比，我们选择的这些体育活动更能代表有组织的竞争性青少年体育运动

其次，尽管传统的篮球、排球、垒球和美式橄榄球仍然有许多人参与，但是有几项非传统的体育活动越来越受到青少年的喜爱。这包括所谓的极限运动，如滑板运动、轮滑、滑雪运动和越野自行车赛。学校很少会批准极限运动，但是它们对青少年有很大的吸引力。这主要是因为这些运动能够"玩得过瘾"，以及媒体以"酷爽"的形象宣传它们，比如ESPN电视台赞助的X Games（Rinehart，2008）。在美国，其他一些新兴的青少年体育运动包括长曲棍球、英式橄榄球和极限飞盘（Woods，2011）。

第三个趋势是在过去20年，没有成年人指导的自由体育运动、比赛和身体活动的数量急剧下降。一项研究表明，6 ~ 12岁的儿童每个星期平均花30分钟参加无组织的户外活动，而且近1/5的儿童从未参与任何无组织的户外活动（Hofferth & Sandberg，2001）。研究者将这种现象的部分原因归结于孩子的时间安排过满，父母望子成龙，让孩子去参加多项有组织、有监督、由成年人指导的活动，如参加音乐课、领导力和自我发展等项目。当然，另一部分原因在于现在针对青少年的电子娱乐无处不在，包括电视、网络以及电子游戏。有数据显示，8 - 18岁的美国青少年每天平均花7小时盯在电子屏幕上玩游戏或看电视（Rideout，Foehr & Roberts，2010）。

美国青少年体育运动缺乏国家统一协调

和许多其他国家不一样，美国的青少年体育运动不是由政府来组织或协调的。美国青少年体育运动多样化，由各类机构来组织，国家不会做任何协调工作。美国的奥林匹克委员会和其他奥林匹克运动的国家管理机构是中央管理机构，它们的管辖范围只覆盖到极小部分青少年体育运动项目，而且大部分都是精英运动。由于美国青少年体育运动缺乏国家管理机构或中央管理机构，所以妨碍到国家青少年体育运动政策的发展，导致系统的DAP参与指导原则和策略的缺失，国家青少年教练员的教育和认证以及基层青少年体育运动发展的资金和资源的不足。

加拿大的青少年体育运动

加拿大的青少年体育运动和美国的情况类似，体育运动项目的开展都是以学校和社区（校外）为基础。在加拿大，最流行的中学体育运动是篮球、足球、排球、田径和越野运动（Camire，2014）。足球是青少年参与人数最多、增长速度最快的体育运动。据估算，大约有44%的加拿大青少年参加足球运动（"Garnier-Ombrelle"，2013）。在参加足球运动的学生中，男生占58%，女生占42%（"Soccer Still"，2008）。

有趣的是，从2010年开始，参加冰球运动的人数开始下降，在5 ~ 19岁的加拿大男性青少年中，只有10%的人参加有组织的冰球运动（Mirtle，2012）。这一现象之所以受到关注，是因为冰球是加拿大的国球！不过，按照家长的说法，越来越少的加拿大青少年参加冰球运动的主要原因是成本上升和对脑震荡的担忧。虽然参与体育运动的青少年人数在15岁左右达到顶峰，但是体育运动仍然是10 ~ 13岁的青少年最可能选择的课外活动，尤其是男孩。加拿大体育运动的最能展现DAP原则的一个项目是由加拿大教练员协会在1974年设立（将在第14章详细讨论）的国家教练员认证项目（NCCP）。

欧洲的青少年体育运动

从传统的角度看，欧洲的青少年体育运动的开展主要以服务整个社区的体育运动俱乐部为主。通常将这种推广体育运动的方法称为大众普及法，这意味着体育运动由当地组织或机构进行组织和推进，而且对社区的所有人开放（和选拔性做法相反）。在欧洲最受欢迎的体育运动是足球。在欧洲，青少年体育运动与社会有很大的关联，因为体育运动俱乐部系统通常强调社区和文化认同，以及对社区或文化的归属感。

英国的青少年体育运动

英国的青少年体育运动系统和美国相似，英国的学校也同样为青少年提供体育课、校内和校间体育运动。在英国，1/2的12岁以下的青少年、1/3的12 ~ 18岁的青少年每周参加学校组织的课外体育运动（校内或校间体育运动），其中男孩参与人数比女孩多（Green，2010）。在10 ~ 16岁的青少年当中，参加学校体育运动和运动俱乐部的人数在下降；而在14岁左右的女生的参与人数减少现象更为明显，各种青少年体育运动项目的参与人数都出现大幅下降。女同学更喜欢参加健美、舞蹈、田径和瑜伽等运动，而男同学有更多的机会参加板球、篮球和英式橄榄球（Vasagar，2010）。

从青少年体育运动类型考虑，有39%的英国青少年定期参加竞争性青少年体育运动。就目前而言，足球是最受英国青少年欢迎的体育运动，而且英国有许多足球俱乐部。英国的大部分体育俱乐部都是专门针对单项体育的，最常见的俱乐部是足球、板球、舞蹈、英式橄榄球、游泳、田径和网球俱乐部（Quick, Simon & Thornton, 2011）。英格兰体育已经开始实施新的青少年体育运动政策，将大量国家彩票项目资金投入到促进青少年参与体育运动中，具体措施包括创建6 000个新的学校体育俱乐部，升级体育设施，以及设立新的学校比赛项目。新的学校比赛项目一共包含30种体育运动项目，全年都组织校内和校间比赛，而且最终晋级成地区赛和国家赛。

其他欧洲国家的青少年体育运动

在其他欧洲国家，几乎所有的体育运动和身体活动都是非常流行的。例如，大约70%的爱尔兰青少年每周参加某种课外体育活动（Woods, Moyna, Quinlan, Tannehill & Walsh, 2010），而且在最近几十年以来，瑞典、芬兰和冰岛的青少年体育运动也越来越受到孩子们的欢迎。调查还显示，体育运动和身体活动是比利时、爱沙尼亚、德国、匈牙利和捷克青少年最喜欢的休闲活动。欧洲青少年在继承发挥传统竞争性团队运动的基础上，丰富了运动内容，如骑行、游泳、跑步等项目的参与人数越来越多，进一步增加了体育运动和身体活动的机会（Green，2010）。

体育俱乐部在德国是如此普遍，以至于德国被称为"俱乐部之国"。绝大部分德国人至少通过一个国家体育俱乐部参与体育运动。这些体育俱乐部大多数都是由国家来管理，公众只需要花少量费用就可以使用俱乐部中的体育设施。德国的体育俱乐部为所有年龄阶段的人提供各种各样的训练和比赛。足球是德国的国球，因此德国青少年足球训练项目受到全世界的关注（将在第10章详细讨论）。

俄罗斯总统普京2013年在克里姆林宫的致辞中讲到增加青少年体育运动项目和基础设施的资金投入（"Opening Remarks"，2013）。他在致辞中说道，体育运动成为国家政策优先扶持对象，而且需要进行全国性的大改革，让更多的普通民众参与到体育运动中来，尤其是儿童青少年。俄罗斯的网球和冰球训练受到国际关注，因为在这两项职业运动中培养了众多国际知名运动员。俄罗斯青少年冰球以俱乐部为主要组织形式，在俄罗斯冰球联合会的管辖之下由专业的冰球团队运营管理。冰球教练是领薪的专业人员，要求具备良好的教育和专业体育训练背景。

澳大利亚的青少年体育运动

新闻媒体通常将澳大利亚誉为"崇尚运动的国度"，由此可见，澳大利亚人非常重视青少年体育运动。在澳大利亚，5～14岁的青少年中大约有63%的人至少参加一项有组织的课外体育运动（Australia Bureau of Statistics，2011）。类似于其他国家，男生的运动参与率（70%）比女生（56%）高。澳大利亚儿童最喜欢的有组织体育运动是游泳、足球、橄榄球（按澳大利亚规则进行的）、无挡板篮球、英式橄榄球、板球和篮球。澳大利亚是游泳运动强国。因为绝大部分澳大利亚人都生活在海边，所以游泳成为青少年最喜爱的运动，冲浪和冲浪救生运动也非常流行。令人惊讶的是，仅悉尼就有47个按照奥林匹克标准建设的50米游泳池（Light，2011）。在澳大利亚，无挡板篮球（类似于篮球，但是没有球板，每个球队有7名球员）是女孩最喜爱的团体运动。从1963年开始举行的一共12场世界无挡板篮球冠军赛中，有9场是澳大利亚女队获胜。

体育运动俱乐部一直是澳大利亚文化和青少年成长经历的重要部分，而且青少年体育运动组织形式还包括校间运动比赛、校内运动比赛以及学校提供的体育课。对体育运动有浓厚兴趣的青少年运动员周末通常在学校参加训练；他们还为自己的俱乐部参加周末的比赛，而且不局限于自己主修的运动项

英式橄榄球在新西兰和澳大利亚特别受欢迎。

目。澳大利亚青少年运动员天赋发掘和培养项目非常有名，这将在第10章详细讨论。澳大利亚体育学院领导国家精英体育项目以及分布在各个州的卫星式公立体育学校。

新西兰的青少年体育运动

新西兰儿童最喜爱的运动包括英式橄榄球、板球、无挡板篮球（女孩）、足球、田径和游泳（Sport New Zealand，2012b）。英式橄榄球是新西兰的国球，其队服颜色为黑色。板球是新西兰夏季流行项目，而和在澳大利亚一样，无挡板篮球是新西兰女性最喜爱的运动。新西兰的体育运动也是通过俱乐部和学校进行组织的，模式类似澳大利亚和英国。根据2001年的统计，在新西兰60%的男孩和50%的女孩参加各类体育俱乐部，而参与学校体育运动队的男孩和女孩比重都是50%。就年龄阶段而言，在参加俱乐部和学校体育运动队的青少年中，11～14岁的人数最多。类似于其他国家，在15岁左右，青少年参与运动的比例出现下降，尤其是女孩。新西兰体育运动计划（KiwiSport）由政府资助、旨在促进学龄儿童参与体育运动。这个项目是DAP的一个好例子，分为适合青少年发展的、循序渐进的项目和资源，分别为0～5岁、5～12岁、13～18岁的青少年提供服务。

中国的青少年体育运动

中国是世界上人口最多的国家。在2008年北京奥运会中，中国代表团的金牌数位居世界第一。

中国的传统文化高度重视身体健康，而且人们会依据国家的体质健康标准对青少年进行评估。绝大部分中国中小学生，不管是否有运动天赋，都参加体育课和校内运动比赛。从小学至大学二年级，体育课都是必修课。

中国非常重视学习成绩，课堂时间非常长，这可能会限制青少年体育运动的发展。尽管青少年的健康也得到重视，但是大部分家长不希望孩子将来从事体育职业。

总而言之，要为如此庞大的人口提供高品质的体育教育，对中国而言确实是巨大的挑战。

中国青少年精英运动员训练首先从分布在全国各地的"业余体育学校"开始，选拔出来的有天赋和潜能的青少年运动员在这里接受专业训练。地区和国家体育学校（指体育院校）从业余体育学校挑选出最好的运动员，然后让他们生活在体校，并提供专业训练（文化教育可能由体校提供，也可能要求学生到别的学校去学习）。体校的学生能够享受到最好的训练设施和优秀教练员的指导，而且通常每天训练6～8个小时。例如，乒乓球是中国全民皆爱的运动，而鲁能乒乓球学校拥有一个有80张乒乓球桌的体育馆。政府设立的体育学校（学院）提供许多体育运动专业，包括羽毛球、跳水和体操等优势专业。篮球在中国越来越受欢迎，2011年NBA开办了中国篮球协会东莞篮球学校，成为12～17岁青少年精英球员训练中心。

中国在促进青少年体育运动的潜能开发方面投入了大量资源。值得一提的是，国家给女子项目也提供大力资金支持。

阻碍青少年参加体育运动的因素

青少年体育运动能够促进青少年身体、生理和社交能力的发展，因此在全球得到广泛支持。但是不是所有青少年都有机会参加青少年体育运动呢？哪些因素影响到青少年参加体育运动的机会？哪些因素导致青少年无法参加体育运动？青少年体育运动障碍是指妨碍青少年参与体育运动的情形或环境。在本小节，我们列出了影响青少年体育运动机会的7类因素。

1. 性别和社区类型
2. 种族
3. 家庭
4. 残疾
5. 身体发育状况和关键期技能发展
6. 教练和文化
7. 心理和个性特征

性别和社区类型

不管是什么年龄阶段，男孩比女孩更容易参加体育运动，以及更容易参加多项体育运动。不过，这种性别造成的差别因社区而异。在美国的郊外社区，男孩和女孩的运动参与率差别不大。但是在农村和城市社区，女孩的参与率要低于男孩（Sabo & Veliz，2008）。

女孩参加体育运动的年龄（7.4岁）通常晚于男孩（6.8岁），而且女孩退出体育运动更快、人数更多。此外，84%的城市女孩和68%的农村女孩在11年级和12年级根本没有体育课，而郊区的女孩只有48%未参与体育课。经济实力更雄厚的学校为男生和女生提供更多的体育运动参与机会；而且社区的收入水平越高，3年级到8年级的孩子参加体育运动的人数就越多（Sabo & Veliz，2008）。同时，在学校有经济实力的情况下，男孩参与体育运动的机会要多于女孩（Women's Sports Foundation，2011）。

种族因素

美国的青少年体育运动是多种族并存的，但是也存在不平等现象。与白人女孩相比，其他有色人种的女孩的体育运动参与率要低，且在有色人种中，女孩参与体育运动的人数远远少于男孩。有趣的是，在美国，亚洲裔青少年的运动参与率比例最悬殊，男孩为35%，而女孩只有9%。不管是男孩还是女孩，有色人种孩子比白人孩子参加体育运动的年龄更晚，尤其是在城市社区（Sabo & Veliz，2008）。同样的，城市生活问题正在成为青少年参与体育运动的障碍，这可能是体育运动资源、选择和机会更少（例如，公园、体育设施和社区体育项目）造成的。

个人小插曲

我的青少年体育运动故事

想一想您的青少年体育运动经历。您参加过什么类型的青少年体育运动（学校、非学校、社区活动中心、选拔性和运动俱乐部）？您参加过什么特别的体育运动？考虑您个人参加青少年体育运动的原因。为什么您选择这样的运动项目？考虑您参加青少年体育运动曾经遇到哪些障碍，即哪些因素可能影响到您所参加的青少年体育运动的类型和水平级别？除了考虑家庭和社区带来的直接障碍之外，还要考虑间接的文化因素障碍。

家庭因素

　　一个家庭的社会经济地位很明显会对青少年的体育运动参与机会产生影响。社会经济地位通常与父母的教育水平、职业和家庭收入有关。在美国、澳大利亚和加拿大，社会经济地位低家庭的儿童青少年参加校内和校外有组织的体育运动频率更低（Bengoechea, Sabiston, Ahmed & Farnoush, 2010；Dyck, 2012；Sabo & Veliz, 2008）。富裕家庭的孩子比贫穷家庭的孩子更早参加体育运动，而且更多地参与体育运动。与父母只有高中学历（42%）或者更低学历（22%）的孩子相比，父母拥有大学学历或专业学位（60%）的孩子参与青少年体育运动的概率更高（Clark, 2008）。与缺钱购买运动器材和教学费的基础经济障碍一样，时间和距离也是很多家庭难以克服的，如需要驱车送孩子去参加训练和比赛。影响青少年参加体育运动的另一个家庭因素是父母是否参与体育运动。父母为运动爱好者的孩子中有82%从小就积极参加体育运动；父母适度参加体育运动的孩子中，该参与比例为69%；而父母不参加任何体育运动的孩子中，该参与比例仅为24%。

　　有些证据表明，一个人的出生地点可能会影响到他参加精英体育运动的概率。这被称为出生地效应，是指运动员出生在小镇或者中等城市时，成为精英运动员的概率会变大；而出生在大城市时（人口多于50万人的城市），成为精英运动员的概率会变小。研究表明出生地效应在美国表现在美式橄榄球、冰球、高尔夫球、棒球、篮球、板球、英式橄榄球和游泳运动中较为明显（MacDonald, Cheung, Cote & Abernathy, 2009；MacDonald, King, Cote & Abernathy, 2009）。一项针对2004—2010年加拿大青少年冰球参与率的研究显示，来自大城市（人口多于50万）的球员更容易退出体育运动，而来自小城市的球员更容易坚持下去（Imtiaz, Hancock, Vierimaa & Cote, 2014）。关于出生地效应的原因目前尚未明确，但是可能与更多训练机会、更多开阔的玩耍空间、更多的伙伴以及更安全的室外环境或社区体育设施有关。

残疾

　　残疾是指限制个人执行特定任务的能力的生物医学缺陷。影响到青少年参加体育运动的残疾包括自闭症、视觉缺陷、听觉缺陷、语言障碍和肢体缺陷（如需要使用轮椅）等。要想让残疾儿童实现参加体育运动的权利和需求，相关的成年人所起的作用非常关键。研究表明，从小学至中学阶段，与健全的孩子相比，残疾青少年参加体育运动的比例急剧下降（Sabo & Veliz, 2008）。

　　对于绝大部分残疾青少年而言，许多体育运动机会都是通过特别的项目和残疾人体育运动组织来提供的。例如，美国残疾人体育运动组织就是一个非营利性的以社区为基础的联合组织，它为残疾青少年提供40多项体育运动。它的格言就是"我能行！"，而且该组织为残疾青少年提供奖学金和有限的资金支持，帮助他们参加该组织分布在全国各地的任何体育项目。英国残疾人体育运动联合会（EFDS）是国家机构，该机构致力于为残疾人士提供体育运动和身体活动项目，增加他们参加体育运动的机会。其他为残疾青少年运动员提供体育运动项目的机构包括残奥会、美国轮椅运动协会、残疾人足球协会和挑战者小联盟等。

身体发育状况和关键期技能发展

　　因为参加青少年体育运动的青少年正处

于发育高峰期，所以可能会出现几个与发育问题相关的障碍。这将在第4章和第5章详细讨论，但是在这里，读者只需要知道身体发育过程对青少年体育运动的成功产生决定性影响。在发育关键期，青少年的发育情况和技能学习极大地影响到青少年提升技能水平的能力，而这又影响到他们是否选择参加当前和高中体育运动。通常情况下，这些身体发育和技能发展障碍会导致青少年退出体育活动，因为与同龄人相比他们的运动水平很差，导致他们失去了继续参与体育运动的动力。

教练和文化因素

教练和青少年体育运动指导员是贯彻DAP的关键因素。只有贯穿DAP，才能让孩子在享受体育运动的同时发展运动技能。通常情况下，青少年对教练或者运动项目产生非DAP经历会让他们产生退出体育运动的念头，或者给他们的技能发展、个人进步和上进心带来障碍。另一个相关的障碍是教练员固守传统文化思想，这些问题将在第13章和第15章详细讨论。

心理和个性特征因素

尽管心理和个性特征因素是青少年运动员的内在因素，但是我们觉得应该将它看作是影响青少年继续参与体育运动、享受体育运动并取得成功的重要因素。与将在第6章和第11章中讨论的一样，个性特征，如害怕失败、自尊心低、信心不足和精力不足，都可能导致青少年退出体育运动，参与体育运动和追求成功的积极性不高。作为青少年体育运动教练员，我们的工作就是了解影响青少年获得良好体育运动体验和成功个性特征的障碍。事实上，我们的工作就是了解存在的各种障碍，然后尽力确保所有青少年都有参与青少年体育运动并取得成功的机会。

青少年体育运动支持机构

青少年体育运动支持机构有国家服务机构、企业和中心，它们提供教育资源和针对教练、指导员、家长、组织者和运动员的教育和认证。下面列出一些比较大的机构，并将在本章后面的"资源指南"部分详细介绍。

- 正面教学联盟（PCA）
- 美国青少年运动联盟（NAYS）
- 国际青少年运动联盟（IAYS）
- 人体运动出版社教练员教育
- 青少年体育运动研究院（ISYS）
- 英国青少年体育信托基金会
- 欧洲非政府青少年体育运动组织（ENGSO Youth）

本章小结

本章从各个方面概括描述了青少年体育运动。我们希望第1章的综合知识帮助您了解到青少年体育运动是如何组织的，以及美国和其他国家的青少年体育运动是什么形式的，从而为本书的其他内容做好铺垫。现在，全世界的许多地方不断出现创新的DAP项目。我们将在本书中以最简明易懂的方式向大家介绍这些项目。

本章所提出的两个问题需要持续关注，而且也将在本书的剩余部分得到解决。首先，一个发生在世界各国的、令人头疼的常见趋势是十多岁的孩子退出体育运动，尤其是女孩。我们需要思考导致发生这种情况的多种原因，并提供建议和策略让青少年成年前能坚持运动。

第二个全球性问题是普及大众的青少

体育运动和开发少数人运动才能的精英体育运动之间的紧张关系。这种紧张关系是难以避免的，但是我们相信通过创新的DAP项目能够同时实现这两个目标。我们相信青少年体育运动能够实现"一切为了孩子"，不管这个孩子将来可能是第二个勒布朗·詹姆斯，还是运动天赋一般，甚至无法参加高中学校友谊赛，但是依然可以活跃地出现在社区活动中心。因此请您继续阅读本书，学习帮助您走得更远的实践知识。

学习助手

关键术语

出生地效应——运动员出生在小镇或者中等城市时，成为精英运动员的概率会变大；而出生在大城市时，成为精英运动员的概率会变小。

俱乐部体育运动（美国）——私人的、校外的运动队或体育运动组织，也被称为选拔性运动队或者旅行性运动队，它们通过对青少年运动员的技能进行评估选拔成员，与娱乐运动队相比需要更高的训练和比赛水平。

残疾——限制个人执行特定任务的能力的生物医学缺陷。

普及大众的体育运动——由当地组织和机构组织和执行的体育运动项目，对社区的所有民众开放（与选拔性体育运动相反）。

身体活动——任何因骨骼肌运动而产生能量消耗的身体动作。

体育运动——受到特定规则制约的、类似于游戏的、需要付出一定形式的体力的竞技性活动。

体育学校——以提供体育训练为重点的私立或者公立的寄宿学校，有些还提供文化课程。

体育运动俱乐部（美国以外）——以会员制为基础的体育运动组织，通常与社区有关联，为不同年龄组的青少年提供体育运动服务。

青少年——发育阶段介于儿童早期和成年之间的个体，年龄通常小于18岁，而且身体和思维正在经历快速发育的阶段。

青少年体育运动——在成年人监督下的体育技能训练项目以及年龄介于5～18岁之间的青少年所进行的任何竞争性比赛。

青少年体育运动障碍——妨碍青少年完全参与体育运动的情形或环境。

要点归纳

1. 青少年体育运动是一种独特的亚文化观点的得出是基于：（a）身体发育正在经历巨大变化的同龄青少年之间的社会比较；（b）父母和教练的参与；（c）体育运动是产值达万亿美元的行业

的事实。

2. 学校青少年体育运动包括学校间体育运动、学校内体育运动、体育课和训练营。

3. 校外青少年体育运动包括当地俱乐部运动队和联赛，国家体育运动队和联赛，国家青少年发展组织项目，社区活动中心项目，奥林匹克国家管理机构在国家和地区级别的项目，俱乐部体育运动，以及体育学校和体育训练营。

4. 美国的青少年体育运动提供学校和校外运动项目，而且一些明显的趋势包括收取费用、俱乐部运动项目越来越多、极限运动和其他运动越来越受欢迎（相对于传统的美国团体运动），最近20年自由运动或无组织运动大幅减少。

5. 美国的青少年体育运动组织机构非常多样化，缺乏国家统一协调或控制，而许多国家却不是这种状态。

6. 在加拿大最受欢迎的青少年体育运动是足球，而不是大家所想的冰球。

7. 与美国相比，欧洲、拉丁美洲、澳大利亚和新西兰的青少年体育运动主要以体育运动俱乐部为组织形式。

8. 中国投入大量的政府资源来发展青少年的运动潜能，选拔出特定运动项目中最优秀的运动员，然后送到全国各地的体育学院训练。

9. 影响青少年参与体育运动并取得成功的障碍包括性别和社区类型、种族因素、家庭因素、残疾、身体发育状况和关键期技能发展、教练和文化因素以及心理和个性特征因素。

10. 有几个支持青少年体育运动的国家服务机构、企业和中心，它们提供教育资源和针对教练、指导员、家长、组织者和运动员的认证。

问题探究

1. 是什么让青少年体育运动成为这样一种独特的亚文化？举出一些在这种独特的亚文化基础上出现问题的例子。

2. 什么是俱乐部体育运动？美国的这种青少年体育运动组织形式的利弊有哪些？美国的体育运动俱乐部和世界其他国家的体育运动俱乐部有哪些不同？

3. 说出一些在美国、加拿大、中国、澳大利亚、新西兰和英国最受青少年欢迎的体育运动。

4. 讨论美国的青少年体育运动的本质，包括组织形式、参与方式以及新出现的趋势和问题。

5. 描述中国重点开发青少年的运动潜能的体育运动系统。

6. 说出本章所描述的7种青少年体育运动障碍，并举出一些例子。

思考性学习活动

1. 从全世界选定一个国家（非自己的祖国），然后上网搜索关于该国家的青少年体育运动的情况，比如组织结构、运作方式或者历史等。

2. 为一个国家设计理想的青少年体育运动组织形式，即由谁来计划和管理体育运动项目，体育运动项目在国家、地区和当地级别是如何执行的。假设无论出现什么情况，您都有足够的财政资源来完成这个非常重要的尝试。

资源指南

人体运动出版社教练员教育（Human Kinetics Coach Education）。开始时只是作为青少年教练员的教育认证项目，该项目现在已经越来越全面，目前还为教练员、组织者、运动指导员、父母和运动员提供教育资源。它提供许多在线材料、电子书和认证课程，包括体育运动方面的教练课程、体育运动急救课程和青少年体育运动指导员课程。这个项目是人体运动出版社的营利性业务项目，而人体运动出版社是国际领先的体育运动、身体活动和健康资源方面的出版商。

青少年体育运动研究院（ISYS）。青少年体育运动研究院是密歇根州立大学的对外教育服务中心，提供关于青少年体育运动的领导、研究和对外服务项目。作为一个大学中心，青少年体育运动研究院在提供无偏见的科学基础知识，以便适宜发展的实践能够得到贯彻，让更多的青少年享受到更好的青少年体育运动。

国际青少年运动联盟（IAYS）。国际青少年运动联盟是美国青少年运动联盟设立的非营利性机构，为全球的青少年体育运动提供教育服务。IAYS项目的口号是"青少年体育运动，加油！"，为全世界的社区青少年体育运动指导员提供教育培训和指导。

美国青少年运动联盟（NAYS）。美国青少年运动联盟是非营利国家机构，为所有与青少年体育运动有关的成年人提供各种教育项目和服务。美国青少年运动联盟为青少年教练、指导员志愿者、领薪青少年运动管理者（青少年体育运动管理者学会）、青少年体育运动组织者和家长提供教育认证项目。美国青少年运动联盟与超过3 000个社区青少年体育运动项目进行合作，为各种青少年体育运动问题提供多种决解方案，制定青少年体育运动的国家标准。

美国青少年体育运动委员会（NCYS）。美国青少年体育运动委员会由运动器材产业协会在1979年设立，作为美国的青少年体育运动推动和教育团体，发布关于青少年体育运动趋势的报告，并为了推广青少年体育运动而寻求赞助和合作。

美国州立中学协会联盟（NFHS）。美国州立中学协会联盟制定美国通用的运动协会规则指导原则。此外，NFHS为教练提供可以应用到日常实践中的运动训练和技能发展技巧。NFHS还为组织者、音乐指挥家、辩论和演讲团队提供资源。

美国国家校园娱乐、运动协会（NIRSA）。美国国家校园娱乐、运动协会是由全国的大学文娱部组成的协会。NIRSA成立于1950年，是全世界最大的大学娱乐组织之一。NIRSA的网站提供大量资源，包括校内体育运动的预定规则和组织者培训材料。

正面教学联盟（PCA）。正面教学联盟是美国的国家非营利机构，其宗旨是为青少年运动员提供"正面的、塑造性格的青少年体育运动经历。"正面教学联盟在全美国都有分支机构，而且为教练、家长、组织者、管理者和运动员提供丰富的教育材料（书籍、在线课程、资讯和研讨会）。

特殊奥林匹克运动会。特殊奥林匹克运动会在20世纪60年代早期开始举办，由尤妮斯·肯尼迪·施莱佛带头。她的愿望是为智障人士提供参与体育运动和其他活动的机会。在2012年，来自世界各地的超过400万智障人士参与了特殊奥林匹克运动会。特殊奥林匹克运动会起源于北美，但是如今已成为世界性的运动会，已有超过170个国家参与。

　　欧洲非政府青少年体育运动组织（ENGSO Youth）。欧洲非政府青少年体育运动组织是隶属于欧洲非政府体育运动组织的非营利性的针对青少年体育运动组织，由欧洲各国的国家体育运动组织组成。欧洲非政府青少年体育运动组织代表着40个国家的青少年体育运动，而且致力于解决当前青少年体育运动所面临的问题，如社会覆盖性、使用违禁药物、公平比赛和参与性。它的倡议包括预防体育运动中的性别暴力、反对体育运动中的歧视和为所有人提供体育运动机会。

　　英国青少年体育信托基金会（Youth Sport Trust）。青少年体育信托基金会是独立的慈善机构，致力于提升英国的体育运动水平。它在运动入门（小学）、运动机会（覆盖性）和运动进步（中学）3个方面提供许多项目，并与英格兰体育理事会以及其他几个运动组织合作。

第 2 章

青少年体育运动的发展

本章预览

在本章中您将学习如下内容：

▷ 美国青少年体育运动是如何开展的；

▷ 美国《教育法修正案》第九条对美国青少年体育运动有什么影响；

▷ 为什么校外体育运动如此受欢迎；

▷ 俱乐部体育运动的兴起是如何让美国青少年体育运动文化产生重大改变的。

下面这个场景您可能见过。一群 9 ~ 10 岁的足球运动员每个人拿着一个球，等着教练带他们训练。不过，他们不是在带球、射门或者做热身运动，而是站着或坐着等教练出现。教练来到后，就会问"你们为什么不做热身运动或者练球？"小运动员们齐刷刷地答道，"我们不知道做什么，所以在等您到来。"

这个场景将青少年体育运动在过去几十年所发生的巨变如实地捕捉下来了，如今自由训练已经消失得差不多了，取而代之的是有组织或有成年人监督的训练。就像您将在本章中看到的一样，现在的孩子只要没有成年人的指导似乎不知道怎么做，可能正是我们养成了他们的这种想法。您是否相信 19 世纪晚期，美式橄榄球高中队伍是自行组织比赛和参赛的？事实上，他们反对学校领导试图替他们安排这些课外体育活动（Gems，Borish & Pfister，2008）。

本章的目标是帮助您了解青少年体育运动发展史上的重大事件。我们为什么要这么做呢？因为当前青少年体育运动如此流行是有历史原因的。我们希望您了解青少年体育运动的发展过程，或者青少年体育运动文化是如何一步一步发展成今天这样的。我们将主要介绍美国的体育运动的发展，所以首先要向世界各地的读者表示歉意。本章并没有按照时间顺序进行叙述，而是以与青少年体育运动发展相关的关键问题为线索进行描述，这种表现手法可能更加有趣。我们将通过问答的形式帮助大家了解为什么今天的青少年体育运动是这样的。请和我们一起往下看，历史不一定乏味！

体育运动进入学校的时间以及原因

在 18 世纪中叶，体育课已经成为私立学校课程的一部分，目的是帮助处于上层地位的美国白人新教徒男孩提升身体素质。然而，1810 年出版的《青少年娱乐》（*Youthful Recreations*），不仅提倡体育活动和玩耍，而且替贫穷的儿童争取了参加体育活动的权利（"他们至少可以在学校玩跳房子游戏吧！"）（Gems，Borish & Pfister，2008）。在 19 世纪，体育课和体育运动成为美国大部分学校的常规课程，旨在提升学生的身体素质和道德水平，帮助他们避免青少年犯罪，尤其是在中西部和东部的大城市。

有趣的是，在还没有学校办公室正式赞助的情况下，男孩们已经开始筹划学校之间的篮球和排球比赛。到了 1898 年，芝加哥高中成立了一个管理学生体育运动的委员会（对比赛规则进行标准化，确定参赛资格和禁止金钱奖励）。有意思的是，学生却抗议失去了自主权以及成年人的干预（有些学生尝试建立自主的、不需要成年人监督的联赛，结果被学校开除了）。不幸的是，成年人控制的高中体育运动就此拉开序幕。在 19 世纪和 20 世纪之交，高中体育团队在全国范围活动，参加国家和地区间的各种比赛（Gems et al.，2008）。

1903 年美国纽约市设立了大规模的学校间体育运动项目（公立学校体育联赛或 PSAL）。同样地，该项目的宗旨是塑造性格和分散大城市学生的注意力，避免他们参加青少年犯罪活动。该项目包括所有年龄阶段的学生（从小学到高中），而且提供 3 种不同类型的比赛：（1）身体素质运动奖章测验；（2）班级之间的田径比赛（类似于今天的校内比赛）；（3）各种运动的区级和市级冠军赛（Wiggins，2013）。公立学校体育联赛在 1905 年设立了女子分部，但是只有校内的体育活动和比赛，没有校间的比赛。美国的许多城市都采用纽约的 PSAL 模式，而且成年人越来越多地参与并控制青少年体育运动。1920 年，州立高中协会全国联合会成立，目的是监督美国的学校间体育运动。

学校青少年体育运动的另一个重要里程碑是艾森豪威尔总统在1956年创立的青少年健康总统委员会，该组织保留至今。现在该组织已经更名为运动、健康与营养总统委员会，而且美国的学校体育课中所要求的青少年身体素质测试就是其开展的青少年体育运动实践之一。因此，美国体育从早期仅给上层社会的孩子提供身体素质训练逐渐发展成要求所有青少年参加身体素质测试，为青少年参加体育活动提供机会。

休息一下

沙地和操场

《沙地》是1993年上演的美国体育运动喜剧片，讲述的是1962年夏天一群青少年篮球运动员的故事。这部电影属于励志题材怀旧片。那个时期，青少年在自家附近的沙地开展体育运动或者自行组织的游戏和活动达到了顶峰，而且大致持续到20世纪70年代。您是否想过"沙地"这词是怎么来的？

1885年，马萨诸塞州的一家医疗机构在波士顿北城的一个传教所的院子放了一堆沙子。这堆沙子被称为"沙园"，其目的是给孩子提供玩耍的场地（Riess，1991）。由于沙园非常受欢迎，波士顿又建了几个沙园，而且使用"操场"一词代替了"沙园"。不过，沙地这个词仍然用来指任何可以随时开展活动的空地（非正式的、青少年组织的活动），直到20世纪90年代。因此才有了以青少年体育运动为题材的时代性电影《沙地》。

在19世纪晚期和20世纪早期，一些有远见的社会改革者开始考虑如何为美国拥挤的城市提供娱乐和活动空间。

此后，沙园逐渐被操场所取代，操场上不仅提供秋千、攀爬和滑梯设施，还为体育运动和游戏提供开放空间。随着操场的普及（1917年美国有3940个操场），城市开始在球场和玩耍空间中提供娱乐项目。芝加哥市率先建起室内运动场、体育馆和游泳池，让体育运动能够全年进行卜去。芝加哥市雇佣受过专门培训的球场管理员来协调体育项目，而它们就是今天的社区球场和青少年体育娱乐项目的前身。1906年成立的美国操场协会（PAA），其目的是促进身体活动和发展操场和球场空间，为青少年提供娱乐活动场地。

这一切都源于一个沙堆和孩子喜欢玩的天性。如今，操场已经成为数万亿美元的产业，而且设计样式新颖、种类繁多。国家运动场安全项目提供关于现代运动场各个方面的最新信息。

为什么校外青少年体育运动变得如此受欢迎

为满足德育发展需求、促进健康和活力、增加休闲和社会活动、促进技能发展以及大众对技能比赛的兴趣，和学校青少年体育运动一样，美国成年人在19世纪晚期设计和引入了针对男孩的校外体育项目和设施。

强身派基督教

关于德育发展，一场名为"强身派基督教"的运动采用基督教的价值观和实践去促进体育运动和身体活动的发展（Berryman，1996）。在这场运动中，最重要的机构是基督教男青年会或者称之为YMCA，它从1851年开始为男性青少年提供运动设施和项目。到了19世纪晚期，许多YMCA项目还为男孩提供体育课和其他运动项目。路得·古力克是YMCA的一位重要领导，他在推动纽约市的PSAL和美国的操场普及中起到非常关键的作用。毫无疑问，古力克是杰出的教育家和运动领导者，他的专业能力让他能够设计出适合青少年发展的体育运动项目（Wiggins，2013）。

得益于YMCA项目的带头作用，从20世纪20年代到30年代，美国的市级、州级和国家级的校外青少年体育运动项目如雨后春笋般出现。例如，1930年波普·华纳橄榄球赛成立，1939年棒球小联赛成立。由于社会推崇体育英雄和认为体育运动能够塑造性格，当时的体育运动变得极为流行。1939年的《生活杂志》（*Life Magazine*）刊登了一篇题为"儿童橄榄球比赛的复兴"的文章，极力赞美青少年体育运动在塑造性格、提升勇气和爱国主义精神中所起的作用。

专业教育家评论和校外运动项目的兴起

体育和娱乐方面的专业教育家（包括几个国家政府机构，比如美国健康、体育和娱乐协会）在1920年至1950年期间的体育运动变化中起到了非常关键的作用（Berryman，1996；Wiggins，2013）。他们觉得这些新生的体育项目对青少年有害，因为它们强调的是竞争和胜利以及商业利益，而且教练水平普遍低下。这些教育团体通过决议并发表立场声明，要求学校取消12岁以下儿童的大部分竞技性项目，而且这些教育家拒绝参与领导和支持这种新兴的青少年体育运动。

您猜接下来发生了什么事情？校外体育运动项目开始大量出现和发展，而且是由体育运动教育家之外的人领导。再猜一猜又是谁在青少年体育运动的发展中提出抗议呢？教练、组织者还是指导员？都不是。答案是家长。没错，就是家长！校外青少年运动项目的大量出现意味着家长需要担起以前的专业教育家的任务，即组织和领导青少年体育运动，而且这一趋势持续到今天。

反过来看，这是不是不可思议呀！毫无疑问，校外体育运动项目的兴起是以体育运动在美国的流行和美国社会的冒险精神为基础的。在青少年体育运动项目中，总是存在一些被误导的成年人，他们没能理解或者贯彻DAP原则。但是，我们不相信解决该问题的办法是取消青少年体育运动，而是坚信通过不懈的努力就能解决问题，如为这部分成年人提供教育，提升他们的认识水平，发展地区和国家政策，从而确保青少年能够体验到适合自己发展的体育运动。此外，正如将在第3章讨论的一样，比赛是体育运动不可缺乏的一部分。通过比赛可以比较个人之间的技能水平。最重要的是如何将比赛引入到青少年体育运动中去，以及如何组织比赛并让青少年通过竞争学到人生中重要的一课。

大学教育家和体育领导者在20世纪70年代重新出现，他们发起大规模的立法研究，并支持全国青少年体育大会和撰写关于青少年体育运动的书籍。另有几个支持和倡导青少年体育运动的全国性组织也是在20世纪七八十年代成立的，比如青少年体育运动研究院和青少年体育运动全国委员会。

因此，从1930年开始，由私人企业和机构领导的校外体育运动蒸蒸日上。学校仍然给12岁以上的青少年提供体育运动项目，但是青春期前男孩的体育比赛则由教育体系之外的机构来完成。这一问题遗留到今天。美国的大部分青少年体育运动项目都不是由学校和专业教育家管辖和领导的，而是由校外机构提供的。

俱乐部体育运动的兴起

美国的个人体育运动，比如游泳、网球、高尔夫和体操等传统项目都是以青少年体育俱乐部的形式组织的。但是在20世纪90年代之前，俱乐部体育运动一直不是青少年团体运动的主体。和第1章中描述的一样，就美国的团体运动而言，俱乐部体育运动（或者选拔性、旅行性体育运动）模式主要涉及私人的校外项目。俱乐部先是邀请青少年参加比赛，然后由成年人根据比赛结果选出优秀的孩子组成运动队。团体俱乐部体育运动在20世纪90年代流行起来，就是通过这种方式，青少年运动员在学校运动队休假期继续参加比赛，经济条件好的青少年运动员可以选择参加俱乐部来提升自己的技能或者继续参加他们最喜爱的运动。但是俱乐部体育运动在21世纪初开始发展成为美国青少年体育运动的最大产业。精英俱乐部运动队开始全年提供训练或比赛，提供全国性巡回锦标赛，以

及在主要赛事中向大学招生人员展示运动员，以便运动员被大学录取。

在2000年左右俱乐部体育运动开始出现了一种趋势，即在美国学校体育运动中参加多项体育运动的运动员减少了。许多运动员开始专注于一项运动以提升专业水平（除了在高中指定的赛季参加比赛之外，全年的其他时间都参加俱乐部的比赛）。成年人引导青少年专门参加一项体育运动的主要原因是青少年体育运动从玩耍（尽管存在一定竞争）的课外活动转变成精心策划的、不断升级的训练课，目标是参加大学比赛、奥林匹克比赛以及成为职业运动员。

面对精英俱乐部体育运动的快速兴起，美国学校体育的地位正在遭到质疑。我们很难想象，篮球锦标赛和周五晚上的高中美式橄榄球比赛等传统的赛事会逐渐消失。在近百年以来，它们一直是全美社区内部的社会交流象征。然而，公立学校的体育运动面临经济困难，还有人质疑既然存在俱乐部体育运动，为何学校还要提供体育运动，简直是多此一举。尽管目前高中的体育运动团队对于美国的大部分青少年参加体育运动仍然非常重要，但是已经有些运动员开始选择参加俱乐部体育运动，并放弃参加高中体育运动队。选择这条路的运动员通常希望成为大学运动队或者精英运动队的一员，认为俱乐部体育运动能够提供更好的机会来让他们实现这样的理想。俱乐部体育运动能否取代美国的学校体育运动呢？这需要时间来回答。

美国《教育法修正案》第九条是如何改变美国青少年体育运动的

1972年，美国《民权法案》的《教育法修正案》第九条正式成为美国的法律。这条联

邦法律要求任何接受联邦资助的学校的男性和女性都有获得平等教育的机会，它的具体内容如下所示：

在美国，任何人都不得因其性别被排除在接受联邦资助的任何教育或活动项目之外，被剥夺此类项目应有的待遇，或在参与此类项目时受到歧视（U.S. Department of Labor，1972）。

为什么美国《教育法修正案》第九条是必要的？它是如何改变青少年体育运动的？快速回顾一下历史就能找到这两个问题的答案，而且可以将美国《教育法修正案》第九条定格为到目前为止对青少年体育运动最有影响的立法。在以前的美国，女孩年龄较小时能够享受一些和男孩一样的体育和娱乐活动，但是随着年龄的增长，她们的活动越来越少，而男孩可以追求更加激烈的运动和游戏。由此可见，在起点的时候，体育运动中的性别优势是向男性倾斜的。这是多么令人压抑的文化传统！

如之前讨论的一样，1903年在纽约创办的公立学校体育联赛（PSAL）让男孩有机会参加健身运动、校内和校间青少年体育运动。但当PSAL在1905年设立女生分支机构时，仅允许女生参加非常有限的活动，比如民间舞和合作游戏，而不能参加校间的竞争性体育运动。

另一个有趣的例子和篮球有关。篮球在1891年被发明的时候，"女生版本"篮球规则是由马萨诸塞州的史密斯学院的一位女教练设计的。球场被划分为3个区域以限制活动强度，避免强度太大，而且女球员不能越过自己所在的区域。此外，也不能有任何身体接触，而且每个球队由6名球员组成。这种女版篮球极受欢迎。爱荷华州被认为是女子篮球的摇篮；篮球的这种规则一直持续到1985年。第

一届州级篮球锦标赛在1920年举行；1951年开始有电视报导，而且大众对女子篮球的喜爱程度甚至超越男子篮球（Gems et al.，2008）。帕特·萨米特（2013）是国家女子篮球队的教练，她的球队曾经8次赢得全国大学体育协会举办的篮球赛冠军，在她的自传中，她讲述了如何奋力争取让田纳西州将女子篮球比赛由受限制的6人改为全场无限制的5人。当时她得到的答复是女孩身体条件和技术打不了无限制的全场比赛。萨米特解释道，因为6人篮球比赛限制了球员的速度和技能发展，她无法让州立大学招收田纳西州的高中女篮运动员。在萨米特的不懈努力之下，田纳西高中最终在1979—1980赛季采用全尺寸球场进行比赛，俄克拉荷马州和爱荷华州也紧随其后采用了这种做法。

关于女性参与体育运动的身体能力和兴趣的旧思想和错误感觉在历史上导致大量女性缺乏平等参与青少年体育运动的机会。20世纪70年代早期出现的女权运动向政府施加压力，最终让美国《教育法修正案》第九条在1972年得以通过。这条法律对女孩参与体育运动产生了巨大影响。高中女子在1971—1972年共有29.4015万人参加体育运动，而在2011—2012年共有321.7533万人参加体育运动，在前者的基础上增长了992%。同期男性参与体育运动的人数也增长了：高中男子在1971—1972年共有366.6917万人参加体育运动，而2011—2012年则共有448.4987万人参加体育运动，在前者的基础上增长了22%。

不过，美国《教育法修正案》第九条面临着各种能够想象得到的挑战，包括法律诉讼案件。棒球小联赛就顽固地拒绝接受女子成员，最终导致姑娘们起诉棒球小联赛。相关部门在1973年开展调查时，棒球小联赛的证人宣称女孩不适合参加竞争性青少年体育运动，因为她们的骨骼不够强壮，而且反应

时间比较长。然而调查部门的专家驳回了他们的证词，因为在相同年龄下，女性骨头强度被证明比男性结实（Wiggins，2013）。美国国会在1974年修改了棒球小联赛的章程，允许女性完全参与该运动。即便自那时起，直到今日，法律的变化仍然没有消除关于女性参与体育运动的兴趣比较低以及女性的运动能力比较弱的文化桎梏。这个问题将在第13

信息栏

美国《教育法修正案》第九条问答

人们通常都知道美国《教育法修正案》第九条明确规定接受联邦政府资助的机构在任何教育活动中的任何性别歧视都是非法的，包括青少年体育运动。不过，也有许多关于美国《教育法修正案》第九条的问题和谜团，而且一直持续到现在。因此，我们将通过一些基本的问题和答案来帮助您理解应该如何贯彻美国《教育法修正案》第九条。

1. 美国《教育法修正案》第九条有什么要求？

美国《教育法修正案》第九条要求男女生参与运动机会要符合比例，即体育运动项目中的女性运动员的比例，这里指的是运动员数量而非运动队的数量，需要与全体学生中的女生比例相匹配。

2. 如果您的体育项目中人数不成比例，应该如何做？

您必须表明您正在逐渐增加体育项目以接纳更多的女生参与，或者您已经满足所有女生的兴趣和能力，又或者该学校中没有女生想参加其他体育项目。美国州立中学协会联盟（NFHS）建议每两年进行一次体育运动兴趣调查，以便及时了解学生参与体育运动的兴趣的数据。

3. 除了参与人数之外，美国《教育法修正案》第九条还有其他要求吗？

- 同等的设备、制服、基础设施、必需品、奖励和宴会
- 能够使用健身房和训练室
- 能够在高峰时间拥有平等的训练和比赛机会
- 相同规格和质量的更衣室和比赛设施

- 相同质量的教练和与相同水平的对手进行比赛的机会
- 获得相同的支持（助理、宣传、啦啦队、乐队和赛前动员会）

4. 如果学校中的一项运动产生收益，那么它是否不受美国《教育法修正案》第九条约束？

仍然受到约束。高中体育运动的教育目标不包含创造收益。运动项目盈利这一论据在大学里通常就不灵了，因为绝大部分的一级和二级大学的美式橄榄球项目是赔钱的（虽然人们通常拿美式橄榄球来作为创造收益的例子）。

5. 如果允许女生尝试参加男生运动队（如果某些运动中没有女生运动队），为什么在相同的情况下男生不能尝试女生运动队呢？

这条法律规定"比例不足的性别"（机会更少的性别）的任何成员都必须有机会加入"比例过剩的性别"的运动队，除非提供一个与该成员性别相同的运动队，让其能够获得加入运动队的机会。因为男生的机会大于女生（男生是比例过剩的性别的成员），如果男生参加女生运动队，将进一步降低比例不足的性别的参与机会，所以尽管女生可以参加男生的运动队，但是男生不可以参加女生的运动队。

6. 美国《教育法修正案》第九条是否导致男生的体育运动机会减少了？

总体而言，在美国《教育法修正案》第九条通过之后，男生参与体育运动的机会增加了。学校根据一系列因素选择支持、取消或者减少特定的男生和女生体育运动项目。政府不

能要求必须为男生或女生增加、保留或者取消特定的运动队。

7. 女生参与体育运动的兴趣是不是低于男生？

自从美国《教育法修正案》第九条通过之后，女生和女性参加体育运动的积极性显著增加了，这表明多年以来参加体育运动女性比较少是因为缺少机会而不是缺乏兴趣。美国法院也多次驳回女性天性缺乏对体育的兴趣这一片面想法。因此，使用基于性别的旧思想来限制女性参加体育运动的机会在美国是违法的（Women's Sports Foundation, 2013）。

章详细解答。

为什么棒球小联赛如此受欢迎

棒球小联赛可能是美国历史上最受欢迎的青少年体育运动。第二次世界大战之后的繁荣时期，棒球小联赛开始发展起来，棒球成为美国当时的国球。宾夕法尼亚州威廉斯波特市的卡尔·斯托茨在1939年创办了棒球小联赛。他创办这个项目的目的是让小孩有机会参加有组织的棒球比赛，与此同时能够学习一些重要的价值观，比如公平竞争和团队合作。他将球队的人数限制在12人，从而增加每个人的上场时间。

不过，和其他青少年体育运动项目不一样，小联赛越来越壮大，普及程度增加的同时专业化水平也持续提升。斯托茨因为不赞同比赛太过职业化而在1956年与小联赛断绝了关系，而且他说道"我感到非常愤怒。最初，我的计划是将青少年棒球严格控制在当地级别，禁止参加全国季后赛和世界职业棒球大赛……"（Hyman, 2009, p.12）。

到了20世纪60年代，棒球小联赛出现在美国的所有50个州和世界许多国家中。美国广播公司1962年对小联赛世界职业棒球大赛进行广播，使得它更受欢迎。2012年，美国广播公司、娱乐体育节目电视网第一频道、第二频道联合对小联赛世界职业棒球大赛进行电视直播，而且在娱乐体育节目电视网的体育中心对精彩镜头进行了播报并点评。青少年体育运动有了电视关注之后变得更流行。如今，根据小联赛的声明，全球100多个国家里有超过3 000

个人小插曲

关于美国《教育法修正案》第九条的思考

美国《教育法修正案》第九条如何影响到您？如果您是一名女性，而且不知道答案，那么我们建议您马上想一想您为什么能够成为一名女运动员，这个机会是怎么来的。您目前享有的机会中有哪些是您一直认为是理所当然的，直到您读了美国《教育法修正案》第九条之后，才知道是它给您创造了这些机会？

如果您是一名男性，而且也不知道详情，我们建议您向家里的女性成员了解并学习她们的运动经验。我们也建议您考虑一下您的女儿将会损失多少运动的机会，如果美国《教育法修正案》第九条不存在的话。

坎农街明星球队

呼吁通过立法来阻止歧视女孩的运动一直持续到20世纪末，而与此同时，非裔美国人也面临缺乏参与青少年体育运动的机会。非裔美国男童在美国北部只能有限地参加有组织的青少年体育运动，而在美国南部受到种族隔离的严重影响，参与条件更加苛刻。

在1955年，南卡罗来纳州率先让黑人男孩参加小联赛。这些黑人小孩加入了南卡罗来纳州查尔斯顿市坎农街基督教青年会组织的4支球队。在赛季结束之后，要从这4支球队中选出一支明星球队参加市里的小联赛锦标赛。但所有白人球队都拒绝参加这次锦标赛，因此，坎农街球队不战而胜，将代表查尔斯顿市参加州锦标赛，可是其他61支白人小联赛球队退出南卡罗莱纳州小联赛锦标赛，以抗议坎农街球队的加入，最终导致州锦标赛取消，同时坎农街球队因为对手缺席而成为州冠军。1955年8月2日，查尔斯顿日报刊登了一篇题为"煽动与仇恨"的社论。

为什么南方的种族关系变得如此紧张？南卡罗来纳州小联赛可以作为一个很好的例子。尽管最终决定允许黑人球队参加联赛，但是有些黑人成年人知道白人组成的州联赛并不欢迎其他种族的儿童。结果是整个州的联赛都解散了，让黑人球队处于非常尴尬的地位。现在，黑人球队因为其他61支球队弃权而获得了州小联赛的冠军。北方那些自以为好心的人激怒了南方的种族煽动者，他们必须为这一事件的结果负责。

坎农街球队最后被禁止参加南方地区小联赛冠军赛，因为他们的冠军是因为其他球队的缺席而赢来的，而且美国小联赛办公室不得不接受这一裁决。但是为了对坎农街球队表示歉意，美国小联赛办公室邀请坎农街球队作为观赛嘉宾，去观看在威廉斯波特市举行的小联赛年度棒球冠军联赛。当威廉斯波特市的主持人向公众介绍坎农街球队的时候，观众沸腾起来了，大呼："让他们比赛！让他们比赛！"尽管最终没有允许他们参加比赛，但是他们的痛苦经历被大家知道了。

在坎农街球队事件之后，白人成年人马上组建了小男孩棒球联盟，并在1958年更名为南部青少年棒球联盟。它是专门为南方诸州的白人儿童而组建的，官方参赛条例如下所示。

> 根据组织者的意见，本运动项目出于对所有人的最佳利益考虑，采取种族隔离的做法；组织者坚信，种族混合的球队和比赛可能导致令人遗憾的结果，损害当前存在的和谐与安宁。

南部青少年棒球联盟在1967年修改了它的条例（杰基·罗宾森在棒球大联赛打破种族障碍20年之后），删除了有关种族隔离的规则。现在，每年都有数万来自南方各州的青少年参加南部青少年棒球联盟的比赛。有多位来自南部青少年棒球联盟的非裔美国人球员继续奋斗，希望进入大联赛。他们应该感谢坎农街球队为他们铺平了道路。

万人参加棒球小联赛。现在小联赛为5～18岁的男性和女性青少年提供了棒球和垒球比赛。

为什么美国基层青少年体育运动项目缺乏国家支持

您已经了解美国《教育法修正案》第九条，作为联邦政策，它对美国青少年体育运动产生了巨大影响。另一项对青少年体育运动产生重要影响的美国联邦政策是1978年通过的美国《业余体育法》。该法案赋予美国奥林匹克委员会（USOC）促进美国体育运动和运动员发展的所有权利和义务。但是美国《业余体育法》最为重要的是让USOC肩负推动基层体育运动和精英体育运动双发展责任。然而，USOC在资金分配上明显偏向于精英体育运动，而且以影响基层体育运动的发展为代价（Sparvero, Chalip & Green, 2008）。这并不是美国政府在通过美国《业余体育法》时想要的结果，因此政府要求USOC及其国家管理机构（NGB）必须积极发展基层青少年体育运动。

美国政府并没有给USOC发展基层青少年体育运动提供专项资金。由于资源有限，USOC当然就把重点放在直接关系到奥运奖牌的精英体育项目上。虽然USOC的政府管理机构，比如美国摔跤协会，确实也支持当地基层青少年体育运动项目的发展。但是效果十分有限，因为绝大多数USOC及其国家管理机构都将重点放在精英体育运动发展上。USOC确实在1998年设立了社区奥林匹克发展项目（CODP），并与全国的体育运动社区合作，帮助青少年获得最好的体育运动发展服务。然而，社区奥林匹克发展项目也是走老路，他们将重点放在发掘有天赋的青少年上，然后资源最大化地发挥他们的天赋。这是值得肯定的尝试，在为有天赋的青少年运

动员提供实现抱负的机会中起到了重要作用。但它仍然没有解决美国所有青少年的基层体育运动问题，依然是让有天赋或有钱的孩子得到优先发展。很明显，政府的不作为导致青少年体育运动的发展未引起重视，再加上USOC对精英体育运动的过于关注，这些都为青少年参与体育运动设置了社会阶级障碍（Sparvero et al., 2008）。

在1978年美国《业余体育法》通过之后，业余体育联合会（AAU）声明将重点放在为所有的、各个年龄阶段的青少年提供体育运动项目上。它提供了30多项体育运动项目，但是也有人质疑它是不是真正的代表基层青少年体育运动的发展，而不是青少年精英体育运动的发展，尤其是篮球。当然，这种紧张关系一直存在于许多青少年体育运动项目中，同时也是贯穿本书的一个主题。

家长培养方式的变化如何影响青少年体育运动的发展

尽管第16章才讨论与青少年体育运动有关的家长和家庭，但是在这里有必要简单回顾一下家长的参与情况是如何影响青少年体育运动发展的。在20世纪80年代之前，"保护童年"是家长对待孩子的常见做法，让孩子没有任何压力，可以通过和同伴玩耍交往发展自律能力（Farrey, 2008）。在20世纪六七十年代，孩子们在邻里巷间骑自行车或者成天和朋友们在沙地、小树林或院子里玩耍都是很常见的，家长根本不知道孩子具体在哪里玩。

1980年左右，家长的做法发生了显著的变化，他们的目标是做一个"好父母"（Coakley, 2009; Marano, 2008）。以培养"正常的"孩子的"保护童年"的做法让路给了以培养"特别的"孩子的"优秀的童年"的做法（Farrey, 2008）。在这个时期，要想做

好父母，您就要全天24小时知道孩子在哪里，而且要为孩子安排一些有益活动来填满孩子的时间表，如参加音乐课、体育课和美术课。当然，家长还要担心孩子的安全，因为当时的媒体大肆报道绑架和性侵案件。同样，有组织的活动，如青少年体育运动，被认为是发泄孩子精力的最好出口，而且孩子参加体育运动之后，家长也能够放松一下，不用担心孩子调皮捣蛋，也不用担心和邻居同伴一起玩无组织的活动而导致受伤。

这种在20世纪80年代兴起的"温室保护"做法一直持续到今天，而且对青少年体育运动产生了重大影响（Marano，2008）。这种教育孩子的方法不仅增加了参与体育运动的人数，而且还导致参加体育运动出现低龄化，在家长的指导下越来越多的孩子有意地参加特定的体育运动，以追求精英体育地位。也许更重要的是，它导致青少年参加体育运动的心理发生变化。曾经像游戏一样、以欢乐为目的的体育运动演变成了强制性的追求成绩的体育运动，以在社区获得光荣的地位和为上大学做准备。因此，家长教育的专业化导致了青少年体育运动的专业化，而过去那种自由自在的、以孩子为中心的自由空间减少了。

研究表明，自由玩耍对青少年的认知、身体、社交和情感发展至关重要。玩耍能够增加创造力和促进大脑的健康发展。没有玩耍的话，控制脉冲和情感的神经通路就不能正常发育（Ginsburg，2007）。动物实验研究表明，剥夺动物的玩耍时间将严重损害它们的情感发展（Herman，Paukner & Suomi，2011）。随意玩耍让孩子能够学会如何与伙伴合作与分享，学会如何谈判和解决冲突，以及学会如何展示自己。如果玩耍是按照孩子想要的方式进行的，他们就能够参与到决策中，而且能够发现自己的兴趣和激情。很多人都很珍惜童年玩耍带来的那种简单快乐。

那么，答案是什么呢？是否应该放弃有组织的青少年体育运动，让孩子们来组织自己的体育运动和游戏？我们不这样认为。对在婴儿潮出生的一代人，整天沉湎于过去那种无拘无束的玩耍经历是没有收获的。现在的世界和以前不同；有组织的青少年体育运动已经从受困的牢笼中逃出来了，沙地玩耍无法再取代草地球场。不过，我们确实倡导在自由和组织之间实现平衡，在给孩子留出一些彼此自由玩耍时间的同时，也引导他们参加特定的、有组织的青少年体育运动。此外，我们也可以多加考虑，为孩子们创造适合发展的青少年体育运动体验，在有组织的体育项目中加入对孩子的发展非常重要的自由玩耍因素，如选择和决策、谈判和解决冲突、社交互动时间和纯粹的、快乐的玩耍。

休息一下

金矿效应：朴世莉和韩国女子高尔夫

如果一个小地方出现数量惊人的精英运动员，就会产生一种称为"金矿效应"的现象（将在第10章详细讨论）。取得历史性成绩的运动员的影响范围要比之前猜想的要大，这就是"金矿效应"的原因之一。朴世莉就是这样一位英雄，而且正是她造就了韩国女子职业高尔夫运动领域的"金矿效应"。

朴世莉在1998年作为新选手参加女子职业高尔夫协会（LPGA）巡回赛，当时她是唯一来自韩国的选手。2015年全世界前500名女性高尔夫选手中，有148名来自韩国；而前100名中韩国选手占了38个（Rolex World Golf Rankings, 2015）。是什么导致了韩国女子高尔夫选手这座"金矿"的出现？在1998年作为新手参加美国女子高尔夫球公开赛和美国女子职业高尔夫协会冠军赛的时候，朴世莉双双获胜，而且被授予"年度女子职业高尔夫球新人"的称号。她在职业生涯中一共25次夺得冠军，包括5次大赛冠军，并且成为女子职业高尔夫名人堂的成员。朴世莉的巨大成就点燃了韩国人参加高尔夫运动热情，在她一个人的影响之下，成千上万的韩国女孩开始参加高尔夫运动，而且一心一意地投入到这项运动中。

在20世纪80年代晚期，年龄在15~18岁之间的、能够低于标准杆数完成一局比赛的韩国高尔夫球员不足200人。如今，让杆数为0或更少的韩国青少年高尔夫球员超过3 000名。考虑到韩国相对寒冷的气候，其高尔夫球场的草坪支出位居世界前列，5 000万人口共享不到200个18洞高尔夫球场，而佛罗里达州的高尔夫球场超过1 300个（Ankerson, 2012）。从这可以领略到韩国高尔夫项目的火热程度。朴世莉唤醒了韩国女子对高尔夫项目的强烈信念，人人都期望可以成为下一个朴世莉。

崔萝莲是2012年美国女子高尔夫球公开赛的冠军，现世界排名第四。她清晰地记得9岁的时候，也就是1998年，看到朴世莉在美国女子高尔夫球公开赛取得胜利的场景。"这轰动了整个韩国。我是通过电视看到的，我还记得当时的感觉。我认为所有韩国人都想不到朴世莉能赢。但是她做到了。在朴世莉取得胜利之后，我认为所有韩国人都有一个更远大的梦想"（Elliott, 2012）。柳萧然是2011年美国女子高尔夫球公开赛的冠军，现世界排名第六，她是这样说的，"在1998年之前，高尔夫在韩国并不出名，但是在朴世莉夺冠之后，高尔夫开始流行起来，而我就是其中一员"（Manoyan, 2012）。朴世莉如是说，"大家都尊敬我，称我为'传奇'，我很高兴。在韩国，人们说我是高尔夫运动的先驱者"（Elliot, 2012）。朴世莉——韩国高尔夫金矿的开发者！

本章小结

本章到此结束，希望您现在已经更好地了解为什么今天的青少年体育运动是这个样子的。只有明白青少年体育运动是如何演进的，以及不同历史时期的文化和社会力量是如何塑造青少年体育运动的，才能更容易理解今天的青少年体育运动。为了满足按照时间顺序了解青少年体育运动发展的读者的需求，我们在表2.1中按照时间顺序汇总了一些关于美国青少年体育运动的关键事件。

现在，您应该能够更好地理解本章之初所举的例子。为什么孩子们站着等教练到来，而不是自己先练习？我们将他们训练得循规蹈矩。通过过多地组织和引导他们的活动从而遏制了他们的自发性和创造性，而这些特性通常

表2.1 按照时间顺序排列的与美国青少年体育运动相关的历史事件

1851	基督教青年会（YMCA）成立
1903	公立学校体育联赛（PSAL）在纽约成立
1905	公立学校体育联赛设立针对女生的项目
1920	全国州立中学协会联盟（NFHS）成立
1930	波普·华纳橄榄球赛成立
1939	棒球小联赛成立
1950	小篮球运动协会成立
1952	小马棒球和垒球协会成立
1956	青少年健康总统委员会成立
1958	南部青少年棒球联盟成立
1962	小联赛世界职业棒球大赛首次通过电视播出
1964	美国青少年足球组织成立
1967	青少年足球联合会（SAY）成立
1972	美国《教育法修正案》第九条获得通过
1978	美国《业余体育法》获得通过
1978	青少年体育运动机构在密歇根州立大学成立
1979	娱乐和体育频道网络（ESPN）成立
1979	美国《青少年运动员权利法案》颁布
1981	美国青少年运动联盟成立
1997	首个球座高尔夫球项目成立
1998	正面教学联盟成立
2000	作为学校体育运动的一种补充或代替，俱乐部体育运动迅速流行起来

存在于自由玩耍和孩子们自己组织的游戏中。我们希望本书让您了解到如何在有组织的青少年体育运动中运用DAP原则，更好地满足孩子对乐趣、创造性和自主性的需求。

了解历史非常重要——借助现实反思有哪些地方原本可以做得更好。通过回顾历史可以发现，拒绝和歧视少数民族和女性参与青少年体育运动的做法是可耻的，而且反映出当时的社会态度。我们应该以这个例子为鉴，更加谨慎小心地考虑今天的青少年体育运动实践，因为如今的青少年体育运动被大家不加鉴别地全盘接收，或者认为"它本来就是这个样子的"。与其接受现状，不如尝试用有远见的目光考虑"这是否真的是正确的做法？"以及确保体育项目适合孩子的发展，通过某种方式让所有孩子都有机会参加体育运动。

作者附言：在写完这章内容之后，很高兴听到12岁的儿子带来的好消息。在体育馆等待教练来指导训练的过程中，他所在的篮球俱乐部球队开展了由孩子主导的即兴游戏——"抢红旗"（把孩子的篮球帽当作红旗）。我们都笑了，这与本章开头的孩子们傻傻地等教练到来告诉他们做什么的情况刚好相反。几周之后，我们刚好在场看到孩子们在等待教练开始训练的过程中，即兴玩起了躲避球游戏。孩子们不是会玩吗？开头所举的例子似乎不够恰当，接受大家的批评！

学习助手

关键术语

强身派基督教——在19世纪末开始的一场名为强身派基督教运动，采用基督教的价值观和实践去促进体育运动和身体活动的发展。

沙地——任何可以临时开展非正式的、青少年组织的活动的空地。

要点归纳

1. 体育运动被引入到美国学校中，旨在提升学生的身体素质和道德水平，减少青少年犯罪。

2. 1903年在纽约创办的公立学校体育联赛（PSAL）为中小学的男生提供校内和校间青少年体育运动。

3. 美国公立学校体育联赛在1905年设立女子项目比赛，但是只有校内体育活动和比赛，没有校间比赛。

4. 流行词语"沙地"来自于19世纪晚期的沙园，它是现代操场的雏形。

5. 强身派基督教运动促使基督教男青年会发展到整个美国。

6. 体育教育学家谴责青少年体育运动项目，是因为它们的竞争性不断增强，而且越来越专业化，最终导致20世纪30年代许多基于学校的青少年体育运动项目消失了。

7. 从1920年到1970年，美国的国家级、州级、市级的校外青少年体育运动项目如雨后春笋般出现。例如，1930年波普·华纳橄榄球赛成立，1939年棒球小联赛成立。

8. 私人校外俱乐部体育运动在20世纪90年代末和21世纪初极受欢迎，并且导致青少年体育运动越来越专业化，很多青少年全年参加体育运动且仅参加一项体育运动。

9. 美国《教育法修正案》第九条是青少年体育运动史上影响最大的法律文件，要求美国社会为女性提供平等参与青少年体育运动的机会。

10. 小联赛可能是历史上最著名的青少年体育运动，它在第二次世界大战之后得到迅猛发展，这主要得益于当时棒球被认为是美国全国性体育运动，以及娱乐体育节目电视网每年8月份都播出小联赛世界职业棒球大赛。

11. 1978年通过的美国《业余体育法》赋予USOC促进美国体育运动和运动员发展有关的所有权利和责任。然而，USOC以牺牲基层体育运动为代价发展精英体育运动。

12. 在20世纪80年代，家长的普遍做法是将孩子的时间更多地安排在竞争性活动上，让他们取得更好的成绩，包括在青少年体育运动方面。

13. 自由玩耍能够增加创造力和促进大脑健康发展，而且能够培养幸福情感和社会技能，比如解决冲突和展示自我。

问题探究

1. 描述1903年在美国纽约市设立的公立学校体育联赛（PSAL），包括它是如何发展起来的以及它提供哪些活动？

2. 校外体育运动是如何变得如此受欢迎的，专业教育家的大批离开对这一趋势有什么影响？

3. 沙地这个词语出自何处，它与美国操场的发展有什么关系？

4. 为什么自由玩耍对孩子很重要，今天自由玩耍与有组织的青少年体育运动相比，处于什么样的地位？

5. 俱乐部体育运动是什么时候开始的，它对青少年体育运动有什么影响？

6. 美国《教育法修正案》第九条的宗旨是什么，它对青少年体育运动的参与有什么影响？

7. 为什么基层青少年体育运动缺乏国家组织和支持？

8. 家长的教育理念和行为如何影响青少年体育运动的发展？

思考性学习活动

1. 就您对美国俱乐部体育运动的理解写一份建议书，其中包括您认为俱乐部体育运动和学校体育运动应该如何并存，并提出建议。

2. 除朴世莉外，您还能说出任何在国际或某个国家有名的、引发青少年对某项运动追捧的运动员吗？不一定要求他或她像朴世莉那样引发"金矿效应"，更重要的是其关键事迹要在历史上对青少年体育运动产生一定的影响。

3. 选择您感兴趣的一个历史事件或问题，然后对其展开调查，加深您对该事件或问题的理解。例如，与美国《教育法修正案》第九条的实施有关的诉讼和障碍、小联赛的历史、全民肥皂箱赛车比赛、纽约公立学校体育联赛、美国青少年体育运动中的分离和团结、高中美式橄榄球（或任何其他体育运动）的历史、爱荷华州女子篮球锦标赛的历史以及1978年通过的美国《业余体育法》等。或者选择一个本章未讨论过的主题进行研究，加深您对青少年体育运动发展的理解。

资源指南

塑造美国（SHAPE America）。塑造美国的宗旨是促进与体育运动和身体活动相关领域的专业实践，它是美国最早促进体育运动的团体之一。

女子运动基金会（Women's Sports Foundation）。

第 3 章

青少年体育运动的理念和目标

本章预览

在本章中您将学习的内容：

▷ 如何创建适宜发展的POPP流程；

▷ 围绕青少年体育运动的理念和目标的关键冲突点；

▷ 如何为孩子选择青少年体育运动项目；

▷ 关于金字塔体育运动模型的代替模型。

我女儿正在上8年级，她们排球队在联盟锦标赛决赛上与杰弗逊中学对决。她们的教练萝榭尔按照通常用于所有赛季的替补顺序准备运动员阵容，让每个球员都有机会在比赛中上场。最优秀的球员先开始，而且获得更长的比赛时间，但是球队的每个人都要参加比赛。不过，杰弗逊中学的教练在整个冠军赛中始终让替补球员坐在板凳上，除进行一些必要的战术替补外只让最好的球员上场。最后，杰弗逊队赢得了比赛，获得了冠军，但是所有观众和参赛球员都知道，比赛的结果是两队的替补方式不一样造成的。

在这种情况下，作为教练您会怎么做呢？您是选择萝榭尔的做法，让最好的球员先上场并获得更多的在场时间，但是所有人都能参加比赛，都为球队贡献自己的一份力量；还是选择杰弗逊中学教练的做法，虽然这些球员都是8年级的学生，但这是一场冠军赛，赢得比赛比人人参与重要。您的回答将反映您的教学理念，而且该理念会影响到您在青少年体育运动中的抉择。

POPP流程：从理念到行动

在刚才的例子中，我们不讨论哪个教练对，哪个教练错。教练根据自己的理念和球队目标做出决定。这就是我们所说的POPP流程，换句话说，就是在青少年体育运动中的行为是以我们的理念、目标和原则为指导。如图3.1所示，POPP流程从个人的理念开始，然后依次进行到目标、原则和实践（Adapted from Martens, 2001）。理念是指个人秉持的基本价值观和信念。每个人的价值观和信念引导着他经过POPP流程。个人首先要阐明自己的目标或者想要实现的结果；然后确定将要遵循的原则，即预先制定的关于如何做决策的指导原则；最后，就是个人的实践，即做什么以及如何做。在最初理念的引导下，我们设定了目标和指导原则，然后依据目标和原则去做决策和做事情。

在前述例子中，两位教练根据各自的POPP流程做出了不同的决策——在冠军赛中让替补上场或不让替补上场。萝榭尔在比赛结束之后说她也曾经想过改变人人都参加比赛的做法，这毕竟是非常重要的冠军赛。然而，在重新审视她的教学理念、目标和原则之后，作为一名中学球队教练，她决定遵循对她而言最重要的实践。她预先制定了一条原则，即让每一个球员参与比赛比选出最好的球员参加比赛赢得冠军更重要。这是非常艰难的决定！但是如果您事先设计了自己坚信的POPP流程，让它引导您做自己认为正确的事情，那么后面的决策就要容易得多。

我们与作为本书背景的青少年体育运动教练交谈时，教训表示，作为管理者，第一步就是确定体育运动项目的总体宗旨；第二步是创建任务说明，并确定用于引导他们的所有行为的项目目标；第三步是所有事

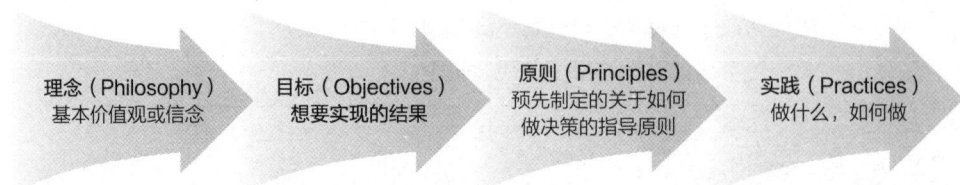

理念（Philosophy）
基本价值观或信念

目标（Objectives）
想要实现的结果

原则（Principles）
预先制定的关于如何做决策的指导原则

实践（Practices）
做什么，如何做

图3.1　POPP流程

务的决策，比如预算和活动类型，都基于先前为项目设立的宗旨、目标和任务。每个项目的宗旨和任务不同（如社区娱乐项目和俱乐部项目不同），但所有项目都依靠之前设立的POPP流程来指导它们的行为。

青少年体育运动是一个大环境，科学的理念、目标和原则对于DAP至关重要。应该由理念和目标驱动行为和文化，而不是反过来。将POPP流程反过来就是我们开始犯错误的时候了。如不惜一切代价赢得比赛，将成年人的需求放在儿童的需求之前，这是因为在比赛中忽视或者根本没有考虑到适合发展的理念、目标和原则。

休息一下

冲吧，绿色死神！

下面是一位教练发给家长的电子邮件，请思考他所秉承的理念和目标。这位教练所带领的足球队由6～7个女孩组成。在一些家长向联赛领导提出抗议之后，尽管也有一些家长支持他的教学方法，这位教练辞职了。邮件内容如下：

"第7队将被称作'绿色死神'……"我真心希望每个球员和每位家长都和球队在一起。这不是一支球队，而是一个家庭，有人称为教会，永远属于您的家庭。我们始终坚持公平原则，但是我们将经历艰辛，我希望在每次比赛和训练中，球员都付出110%的努力。除非关系到球员的身体健康问题，或者要告诉我关于对手的消息，否则不要来找我……

我相信成功就是乐趣，失败就是无趣。尽管不可能每场比赛都取得胜利，但是我希望把每个失去的球都赢回来，而且对待每场比赛就像对待世界杯一样。虽然每个星期六上午我都在听关于法律责任的节目，其中有30分钟是关于如何讨好孩子和尤其是讨好裁判的，我对此很反感。孩子学跑步就会有摔倒的时候，甚至可能流一点点血。但更重要的是，这对他们有好处。不过，我更希望流血的是对手球队。如果裁判不能够接受一点点批评，他们就应该把哨子交出来。实际上，我打断裁判是为了帮助他正常成长。比赛获得第二名没有什么值得骄傲的，因为它只会提醒您自己没有实现目标；第二名的唯一作用就是让您不断地遗憾。我希望我的小女将们吃鱼、吃几分熟的红肉和大量蔬菜，不要吃任何垃圾食品，建议多吃富含蛋白质的奶昔。

这些只是我个人的观点，而且不一定能代表联赛的观点，但是他们应该认同。我希望我的女运动员勇猛无比，在球场上取得胜利，让成功伴随她们一辈子。谁愿意和我在一起？冲吧，绿色死神！"
（"Scituate 'Green Death'"，2009）。

在为4～6岁的儿童准备简易棒球比赛中，如果第一垒的球员生病了，通常让技术更差一点的球员补充该位置。因为替补球员技术没有那么好，教练就提示投手在接住球之后要将球滚给而不是投给第一垒的替补球员，以避免出现失误（Landers & Fine，1998）。很明显，教练是以赢得比赛为目标，而不是参与和技能发展为目标。

在本章后面，我们将提供成功的青少年体育项目所采用的一些POPP流程，帮助您为自己的青少年体育运动设计POPP流程。接下来的几小节将提供一些关于青少年体育文化、青少年体育运动理念、目标和原则的背景材料。

青少年体育运动的目标应该是什么

社会希望从青少年体育运动获得什么呢？为什么提供这些项目？青少年体育运动的目标应该是什么？总体而言，得到普遍认可的青少年体育运动目标是发展运动技能、社会心理技能和生活技能，以及促进身体健康（Cote, Strachan & Fraser-Thomas, 2008）。绝大多数人都认同这些是青少年体育运动项目要实现的最为重要的目标。

发展运动技能

发展基础和高级的运动技能为整个人生享受体育运动打下基础，而且还能够促进身体健康。如果青少年具备参加体育运动或身体活动的熟练技能，他们将变得很活跃，即使成年之后也是如此。为了实现这个目标，教师、教练和指导员需要了解技能发展的渐进过程。本书的第2部分将提供与此相关的信息和指导原则，包括了解基础的运动技能发展；参加体育运动的成熟条件和必备技能；

如何根据青少年的情况改编体育运动，以促进他们的技能发展；高效地将运动技能传授给孩子的策略。有过体育运动经验并不代表着就可以成为合格的老师或教练，懂得运动技能发展的阶段（第5章）和知道如何为特定年龄组的孩子设计适合发展的运动项目是发展孩子运动技能的关键。

发展社会心理技能

对于青少年体育运动而言，为孩子们提供发展社会心理技能的机会不管是现在还是将来都非常重要，如自尊心、情感控制、自信、合作能力、领导力和交际技巧等。青少年正面发展（PYD）项目已经遍布各地。这些项目中，许多都通过体育运动和身体活动来帮助青少年形成重要的社会心理特征（Camire, 2014; Weiss, Stuntz, Bhalla, Bolter & Price, 2013）。PYD强调发展个人技能和社交技能，而不是减少有问题的行为或缺陷。青少年正面发展项目通过体育运动和身体活动实现的社会心理成果如下所示：

学习成绩

认知能力

解决冲突能力

合作能力

决策能力

情感控制

同情心

设定和追求目标

理想

人际交往能力

领导能力

生活满意度

积极的同龄人关系

自信心

自我价值

时间管理

可以利用5个C来帮助你记住青少年正面发展项目的重要成果：能力（Competence）、性格（Character）、交往（Connection）、自信（Confidence）、关爱/同情心（Caring/Compassion）（Lerner, Fisher & Weinberg, 2000）。实现这5个C之后，将产生青少年正面发展的第六个C，那就是贡献（Contribution），让青少年成长为对社会有用的公民。

PYD项目更加具有促进低收入家庭青少年社会心理和生活技能发展的作用，因为他们的背景或者社会资源可能比较有限，参加体育活动和技能学习的机会比较少，学业成绩相对更低且更可能存在健康问题。有几个针对"边缘化青少年"的PYD项目已经取得了成功，让这些资源不足的青少年的体育运动技能得到了发展（Hellison, 2011; Holt, Sehn, Spence, Newton & Ball, 2012; Ullrich-French & McDonough, 2013）。

然而，只有相关的成年人在设计和引导青少年体育运动项目的过程中时刻想到这些优秀的社会心理成果，才能最终实现它们。本书将在第16章进一步讨论该问题。体育运动本身不会自动地塑造孩子的性格或正面社会心理技能。体育运动作为一种对孩子很有吸引力的活动，有可能成为青少年学习社会心理技能和正面品质的好环境。但是只有我们这些管事的成年人让体育运动满足该目标时，这些正面结果才会出现。事实上，参与体育运动也可能导致许多负面结果（如攻击性、道德水平低下、欺骗、暴力和倦怠）。要想让体育运动实现青少年正面发展功能，那么指导员、教练和教师就必须在日常生活中追求这个目标，就像每天给孩子传授身体技能、比赛策略和战术一样。第16章提供了具体的做法，我们敦促教练不要光纸上谈兵，而是要有意识地、创新地将青少年正面发展纳入POPP流程中。

促进身体健康

通过参与青少年体育运动来改善儿童的身体健康是一个非常重要的目标，因为现在不爱活动和肥胖儿童越来越多。除了控制体重之外，体育运动还能够改善心血管健康、增强肌肉的力量和耐力、强化骨骼以及提升身体灵活性。更为重要的是，经常参加青少年体育运动的儿童在成年之后也更喜欢身体活动（Telama, Yang, Hirvensalo & Raitakari, 2006），这有助于预防后半生的疾病，如心脏病、肥胖症、糖尿病、中风、抑郁症和癌症。和之前所讨论的一样，青少年体育运动教练在设计和执行青少年体育运动和训练时，必须时刻记着这个目标。设计不周的训练课是不适合发展的实践，因为它导致孩子的空闲时间比较多，或者过于强调战术而影响孩子的活动水平。这都将阻碍促进孩子身体健康这一重要目标。

保障青少年运动员的权利

除了促进（a）体育运动技能、（b）社会心理技能、（c）身体健康这三大主要目标之外，青少年体育运动领导者还应该保障青少年运动员的基本权利，如图3.2所示。《美国宪法》首先确认了美国公民的基本权利；随后确认了10条修正条款，即《权利法案》，美国《青少年运动员权利法案》以类似方式诞生（Martens & Seefeldt, 1979）。

从图3.2中可以看到，青少年运动员的基本权利包括：参与体育运动的权利，获得适合发展经历的权利，获得合格教练的权利、在体育运动中获得乐趣的权利以及被人尊重的权利等。我们建议给所有青少年体育运动教练、机构或项目领导发一份关于这些权利的文件，确保他们在青少年体育运动中能保障孩子们的这些权利。

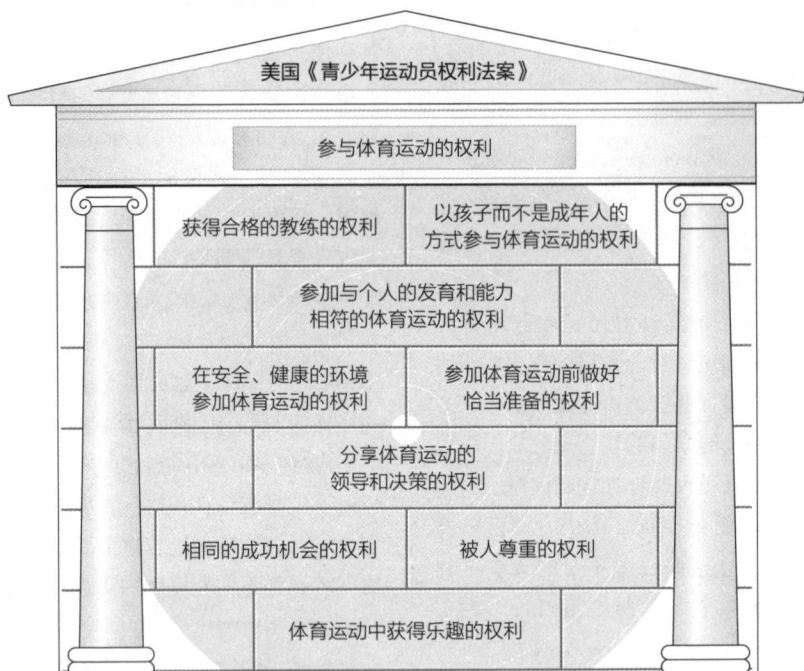

图3.2   美国《青少年运动员权利法案》

青少年体育运动理念和目标之间的关键冲突点

对于上一小节中所阐述的青少年体育运动的三大目标，少数人认为还是存在争议的。如果青少年体育运动致力于给孩子传授特定的体育运动技术和技能、促进他们的社会心理发展和身体健康，那么不就相当于给社会做大贡献吗？为什么还存在争议呢？如果我们都同意这些作为青少年体育运动的主要目标，那么孩子的压力以及成年人对待孩子的粗暴行为又从何处而来呢？答案就在于青少年体育运动理念和目标之间的4个冲突点：

a. 开发部分青少年运动天赋和为所有青少年提供身体、心理和社会技能发展机会的"双重目标"；

b. 青少年体育运动天生存在的竞争性；

c. 从何处将乐趣加入到青少年体育运动中；

d. 让青少年参加一项运动进行专业化训练与让青少年参加多项体育运动的冲突。

双重目标

尽管大部分人都认可之前所提出的青少年体育运动的三大目标，但对于谁应该成为这些目标的中心，则出现了争议和冲突。青少年体育运动是否应该专注于发掘和培养最有天赋的青少年，让他们能够代表中学、大学和国家参加精英比赛？或者青少年体育运动是否应该给所有参与者提供身体、心理和社会技能发展机会？这就是青少年体育运动的双重目标。

从理性的角度讲，这两个目标都应该是青少年体育运动的一部分，既发掘和培养精英运动员，又让所有青少年的技能都得到发展。当然，青少年体育运动应该提供一套健全的系统，不仅要能够发掘有天赋的青少年，而且还要为他们提供最高水平的训练，帮助他们以最优秀的水平参加比赛。此外，青少年体育运动还应该为广大热爱体育运动的青少年提供参与机会，让他们的身体和心理技能得到恰当的发展。这个大众参与目标非常重要，它能够让孩子坚持参加体育运动，从而养成一辈子参加身体活动的习惯，让身体保持健康。美国大约有4 000万5～18岁的青少年，大约3%的人将成为大学里的运动员。所以，尽管发掘青少年的天赋让他们变成精英运动员是值得肯定的目标，但同样重要的是，让剩下的97%的、不会成为大学运动员的青少年的身体和社会心理发展也应该得到照顾。

最理想的情况就是提供许多不同类型的青少年体育运动（如第1章所述），让有不同需求、兴趣和天赋的青少年能够找到最合适自己的体育运动。不过，这种理想情况的发生取决于体育运动组织者、教练和家长对DAP原则的理解，如如何以及何时着重于发掘和开发青少年的运动天赋。此外，还要求体育运动组织或机构细心考虑和明确制定目标，让青少年运动员和家长均知悉。

青少年体育运动的竞争性

与青少年体育运动理念和目标相关的第二个冲突点是比赛。比赛通常很有趣，而且能够引导运动员的专注力和努力。从在小巷里做的家庭投篮球游戏（一种竞争性游戏）到训练结束后的接力赛，再到高中的冠军赛，我们很容易看出孩子们已经为比赛做好了准备。不过，比赛也可能与负面结果有关，这在青少年体育运动中尤其令人担心。

尽管比赛可能很有趣，而且是体育运动的主要组成部分，但是要以适合青少年发展的方式引入比赛。

比赛是社会评价过程

本质上，比赛就是一个社会评价过程（Martens，1975）。任何人只要参与活动，就会经历这个过程，接受社会和公众的评价。这就是为什么比赛会让我们的手心冒汗，心里紧张。我们感到紧张（有些人感到兴奋）是因为知道别人在评价我们的表现。

现在，想一想年纪轻轻的孩子第一次参加体育运动比赛时是什么感觉。他们不像成年人那样拥有丰富的经验和已经确立的归属感。他们参加简易棒球队只是为了和朋友在一起玩耍和学习技能。他们正在学习，而且投球、接球和击球技能在这个阶段尚未得到良好发展。他们注意到教练说今天好好表现非常重要，而且注意到球场四周的一排排凳子上坐满了家长和其他观众。他们听见父母喊加油的声音，所以不希望让父母失望。突然之间，原本安全和相对隐私的简易棒球学习变成了大庭广众之下的比赛，而且要接受公众的评价。这给孩子带来紧张和压力等负面情感。体育运动心理学家理查德·金斯伯格说，"青少年体育运动不是为了让成年人开心。孩子太年轻了，而这个舞台对他们而言太大了。孩子们尚未能够将自己的表现与自己是谁区分开来"（Hyman，2009，p.23）。

孩子通常是通过青少年体育运动参加第一次比赛的，或者是在青少年体育运动中让自己的表现接受社会评价。关于青少年体育运动的一个严肃话题是，孩子多大才可以引入竞争？如记录分数、和其他运动队比赛、选择运动小将以及提供当地的甚至全国的冠军赛。业余体育联盟（AAU）为二年级的男孩组织了全国篮球冠军赛，卡拉威球具公司赞助6岁以下的孩子参加儿童世界高尔夫冠军赛。这真的有必要吗，或者说有好处吗？

孩子早期的比赛经验极大地影响到他们对竞争的自我感受和继续参与体育运动的动力。我们必须摒弃"比赛对孩子好"这种轻率的结论，仔细考虑应该在什么时候以适合孩子发展的方式引入比赛。关于孩子何时适合参与比赛的建议，请参阅第5章。

信息栏

为孩子选择正确的青少年体育运动

下面是一些建议，能够帮助家长为孩子选择到最合适的体育运动项目。

1. 幼童（4～8岁）应该尝试各种各样的体育运动和活动。随着他们进入儿童晚期和青春期，他们就会慢慢削减运动项目，最后只选择几个自己喜欢的，而且能够专注于它们。

2. 即便运动项目提供了理念或目标（或者两者），仍然要通过问问题来弄明白运动项目的主要关注点。这个运动项目的目标是什么，对运动员的期待又是什么呢？参与规则或者指导原则是什么？是所有人都平等参与，还是有能力的人参与的时间长？是否会裁减人员，还是能够保证所有运动员都留在队里？

3. 要特别留意技能的培养。咨询指导员或教练，了解技能发展在项目中的地位如何，而且要求他们就将要开发的技能举几个例子，问清楚采用的是什么方法。请指导员或者教练解释在该项目中赢得比赛的重视度，以及运动员和技能发展的重视程度分别是多少。请指导员或教练举例说明项目是如何在获胜、运动员的发展和快乐之间如何平衡。

4. 通过查看运动队的人数分析孩子上场时间大概是多少。在当地的棒球队和娱乐性青少年篮球联赛中，普遍的做法是每个球队只有7个人，以确保所有人都有重复的参与时间，能够在实践中提升技能。这是一种很好的做法。如果娱乐性篮球队有10～12个人，年龄在9～10岁，而且只有一名教练，那么人数就太多了。人数过多将导致个人的参与时间变少，从而影响到球队所有人的技能发展。

5. 关注教练。与教练交谈，表示您对他的支持，同时适当地问一下适宜的问题。"孩子的进步如何？"或者"我在家能够做点什么来帮助杰克技能的发展呢？"这些都是适宜的问题。而"为什么杰克上场的时间那么少？"或者"我认为另一种阵容更加好"都是不适宜的问题。在活动中心和社区组织的青少年体育运动中，家长通常担任教练的角色，因此在这个层次上，他们对孩子的和蔼、支持和理解比他们对体育运动技术和战术的了解更重要（Cote, Baker & Abernathy, 2003）。在选择俱乐部或者体育运动项目时，要查明和了解教练的资质，包括经验、训练方法和个性是否适合孩子。

6. 参加前几次训练，然后在整个赛季中随机观察几次训练。

7. 问孩子关于项目的情况。问一些无确定答案的问题，如"今天训练了什么内容？"或者"在今天的训练中有什么好消息或学到了什么？"当然，更好的问题是"你喜欢这个游泳队吗？"和"在游泳队的感觉怎么样？"

8. 考虑孩子的体质、认知和心理成熟水平。年龄相同的孩子在发育水平上有时差别很大，而且在体验不同的体育运动之前的准备情况也大不相同。尤其是要考虑孩子的发育水平和孩子参加俱乐部的意愿。对于入门级娱乐性联赛而言，这是"所有人都获得乐趣"的重要一步。我的女儿在8岁的时候尝试过两次精英足球训练班，

但是她那时的心理发育水平还无法适应加大的训练量、更高的表现期待和高强度教学，所以她决定退出。后来，她10岁的时候又参加了一个精英足球训练班，感觉非常良好，而且连续参加了好几年。认真考虑"对于俱乐部或经营体育运动，我的孩子做好准备了吗？"如果没有，让孩子继续参加社区体育运动或者先等一等，直到各方面条件成熟了再参加俱乐部或精英体育运动。

9. 在参加特定体育运动项目之前，要对孩子的必要基础技能进行评估。如滑冰对冰球而言是非常重要的先决条件，而游泳学习班是参加游泳队的重要基础。

10. 要找出和仔细考虑与参加某个青少年体育运动项目相关的注意事项，尤其是远程运动队、俱乐部或者精英体育运动。训练场地离家多远？这么远参加训练给比赛带来什么好处？训练时间多长？多久训练一次？在满足其他家庭需求，如照顾孩子、上学、家长工作时间、交通、家庭出游和吃饭时间之后，还有精力应付此事吗？成本是多少，包括学费和其他隐性费用，如训练设备费用、交通费用、伙食费和制服费用。

11. 考虑参加某个体育运动项目时，咨询当前或曾经参加该项目运动员的家长。这是获得关于特定的青少年体育运动项目的准确信息的好办法。

12. 如果孩子不太适合当前的体育运动项目，要礼貌地向教练或者项目主管反映情况。不要抱有"如果不退出，就只能忍受"的心态，这通常会导致抱怨。负面的经历只会影响孩子对体育运动的喜爱。

比赛和技能的发展或精通

请记住之前说过的青少年体育运动的目标，它也许是最重要的目标，即帮助孩子发展身体技能或体育运动技能。许多成年人教练都认可该目标，但并不理解在哪些情况下比赛会影响青少年运动技能的掌握和发展。事实上，这可能又是另一个"双重目标"，因为教练不顾一切地追求获胜，以致于忽略了发展技能这个关键目标。在高中之前，掌握和发展体育运动技能这个目标一定要优先于比赛胜利这个目标。

只要稍加思考，就能想到许多关于比赛损害技能发展的例子。还记得我们之前讲的那个例子吗？教练让替补投手将球滚给而不是投给第一垒球员，因为后者的接球技术一般。另一个例子是，将个子更小或技术较差的运动员安排在不那么重要的位置上，将他们"藏起来"，避免他们影响球队获胜。对于个子比较矮小的球员，教练让他通过投几次球来接近垒，以便给球队带来更好的机会，而不是用他的技能挥动球棒击球。在青少年篮球运动中，常见做法是安排最优秀的球员做控球后卫，然后为他开辟通道或者接应他，让他步步为营，为球队赢得比分（而不是让队友参与进攻）。

青少年体育运动指导员在设计体育运动项目时应该考虑如何以发展技能为最重要目标。我们青少年足球协会的入门级项目（针对5～6岁的孩子）每周有2次活动，它们的重点是通过有趣的比赛和训练来发展孩子的技能。这个项目没有球队之间的比赛，只有球队内部进行3对3或4对4的比赛，而且没有守门员。简易棒球起源于美国，是一项很好的引导性游戏。球员从静止的球座上击球。不过，在练习几周之后，球员就得花更多时间来与其他球队开展竞争性游戏，而不是学习如何投球、接球、截球和击球。观察发现，简易棒球的技能发展作用有限。总体而言，研究成果有力地表明人类在合作环境中学习的效果比在竞争环境中更好（Johnson & Johnson，2003）。当学到一定的基础技能之后，比赛可以提供检验技能和评价个人的机会。

竞赛化还是去竞赛化

有人认为现在青少年体育运动竞争太激烈，应该让它变成合作和学习性游戏。尽管我们支持对技术发展的重视程度要优于比赛和获胜，但绝对没有要终止青少年体育运动比赛之意。只要以适合发展的方式引入比赛，它就会给孩子带来乐趣、兴奋和动力。体育运动的核心价值在于通过参加一定级别的比赛来获得有益的反馈，以检测自己的水平。

另外，有证据表明竞争可能导致攻击性、愤怒、胆怯和欺骗，这又是怎么回事呢？这是事实。关于竞争的研究表明，竞争的本质决定了它可能产生上述负面结果，因为竞争的主要目标就是阻止对手实现他们的目标（Deutsch，2000；Shields & Bredemeier，2009）。阻止对方实现目标会令人沮丧，而且通常会在竞争对手之间形成对抗关系。比赛经常引发教练、运动员和父母的负面行为，我们又如何替比赛辩护呢，尤其是青少年体育比赛。

我们倡议将青少年体育运动看作发展"实验室"，逐步地将青少年引入到比赛中，让他们能够获得社会评价经验和情感控制经验。我们还应该将比赛的真正意义教给青少年运动员——比赛是为了"共同奋斗"（来自拉丁文"competere"的原意）。希尔兹和布雷德迈埃尔（2009）将这种比赛称为真正的比赛，参赛双方都试图通过迎接对手的最大挑战来追求自己的卓越。此外，这两位作者还造了一个新词"假比赛"，它是"真比赛"的

个人小插曲

您的第一次比赛

回想一下您在青少年体育运动中第一次参加比赛的经历。您是否注意到周围人的评价？您对此有何反应？您认为您的早期比赛经历对您的个性以及您现在对体育运动比赛的看法有什么影响？

休息一下

14次大满贯

皮特·桑普拉斯在他辉煌的职业网球锦标赛生涯中一共赢得14次大满贯，被认为是网球史上最杰出的球员之一。桑普拉斯在他的自传（2008）中说道，14岁那年是他运动发展中最为重要的阶段，他的教练说服他从双手击球转换成单手反手击球。他的教练认为从长期来看这种转变是值得的，因为它可以让桑普拉斯在职业网球巡回赛的快速草地球场和硬地球场中发挥得更好。不过，这对一位14岁的少年网球天才而言是冒险的举动，因为桑普拉斯在同龄组比赛中一直是常胜将军。

桑普拉斯承认在转换手法之后，以前输给他的球员经常打败他，他为此挣扎了2年。人们开始质疑他的天赋和手法的转变。但是桑普拉斯将精力放在发展技能的长远目标上，而不是关注短期青少年网球比赛的胜利。他说，"我着重于如何以正确的方式去打球，尝试发展对我的整个职业生涯有益的技能"。这是关于技能发展优先于比赛胜利的重要一课！桑普拉斯放弃当前的荣耀去潜心修炼技能的品质难能可贵，同时也帮助他赢得了更为荣耀的胜利。

反义词，没有包含共同奋斗中所需的合作和相互尊重。在青少年体育运动中，如果教练谩骂裁判、运动员嘲笑和不尊重对手或者作弊，都会将真比赛变成"假比赛"。

如果有人嘲笑这种观点，我建议他们去读一读篮球明星比尔·拉塞尔的自传（Russell & Branch，1979）。在他的运动生涯中，曾2次获得国家大学生锦标赛冠军、11次获得NBA冠军和1次获得奥运会金牌。在他的书中，拉塞尔说他最大的乐趣来自于双方球队都得到极致发挥的比赛。按照拉塞尔的意思，这种比赛升华到了一个难以企及的高度。他承认在某些夜晚，虽然比赛已经上升到这一水平，但他仍然为对方球队加油。另一个例子是正面教学联盟提倡的尊重比赛原则。正面教学联盟是美国青少年体育运动资源中心。正面教学联盟的理念是把尊重比赛真正深入到比赛中，即尊重规则、尊重对手、尊重裁判、尊重队友和自己。

关于比赛的总结

要想在比赛中做到正确判断和控制好情绪是一个挑战。它要求将比赛的本质传授给青少年运动员、家长和教练，并运用上面提到的"五大尊重"来教育比赛参与者相互尊重。此外，还要秉持适合发展的理念，将比赛的目标设定为提供快乐和促进技能提升，而不要以牺牲技能的发展为代价。青少年运动员教练应该在非竞争性环境中教授初级技能，让孩子在远离强烈的社会评价环境中获得一些技能和自信，然后才让他们参加公开的社区比赛。训练中的引导性比赛和分组比赛有助于青少年运动员在类似于比赛的场景中学会如何运用技能，为以后与其他运动队比赛做好准备。

关于乐趣

第三个冲突点是关于从何处将乐趣融入到青少年体育运动的理念和目标中的争论。吉姆·汤普森（2003）作为正面教学联盟的主任，著有关于青少年体育运动的书籍，他提倡在青少年体育运动中保持"乐趣"。根据多项对过去30年的体育运动的研究表明，5～17岁的青少年参加体育运动的主要原因是"乐趣"。然而，一些人认为嘻嘻哈哈的态度会让青少年不够专注和努力，影响他们发展技能和练习团队策略。两边都是正确的——如果

考虑乐趣和嘻哈之间的差别的话。

乐趣是一种放松心情的快乐体验，它在青少年体育运动自然有一席之地。但是如果过于强调乐趣的话（Shields & Bredemeier，2009），就可能让孩子产生乐趣就是随时嘻哈打闹这种错误想法。这让我想起我的儿子，在大型游乐场快乐了一天也劳累了一天之后，第二天醒来时仍然问："今天去哪儿玩？"玩乐好像会上瘾一样，而且可能真的会这样。

要不断获得乐趣是不可能和不健康的，而且不是良好的青少年体育运动目标。有些青少年体育运动专家认为享受和喜爱运动是更好的目标，我赞同。青少年体育运动教练在设计体育运动项目时，应该加入一些有趣的训练和活动，同时也要加入一些需要专注和努力的活动，这对青少年学习和发展技能非常重要。我曾经是大学的篮球运动员，喜欢篮球运动，而且认为追求个人和团队目标是一种快乐。但并非每时每刻都是快乐的，比如一天跑体育馆楼梯两趟的训练就不快乐。随着青少年运动员不断成长，他们将体会到努力追求有意义的目标也是一种快乐（Shields & Bredemeier，2009）。因此，要将"乐趣"二字保留在青少年体育运动中，但要逐渐将目标转变为热爱和享受体育运动。

多元化的重要性

青少年体育运动的最后一个冲突点是关于特别专注于一项体育运动还是尝试多项体育运动的争论。和第2章所讨论的一样，青少年体育运动从在沙地开展各种各样的活动发展成在球场上参加多种体育运动（孩子自己选择或被迫选择），再发展成专注于一项体育运动，以实现专业化。在此处我们注意到重大的理念分歧，即有人提倡体育运动多元化，有人提倡体育运动专一化，这一问题将在第10章详细讨论。

乐趣的两个方面

作为青少年运动员，就体育运动而言，乐趣、享受和热爱这三个词语给您带来的不同感觉是什么？您能否想出一些创新地利用乐趣并得到正面结果的例子以及一些因乐趣导致分心的例子？

专业化不一定是件坏事情，而且还非常适合某些体育运动项目、某些类型和年龄阶段的孩子。但是童年应该是个万花筒，而不是一枝独秀。研究表明，参加多项体育运动的青少年发展得更好（Zarrett，Fay，Li，Carrano，Phelps & Lerner，2009）。青少年应该尝试各种各样的活动，然后随着年龄的增长，再慢慢收窄活动范围，专注于自己喜欢和擅长的体育运动。有句谚语说：不将所有鸡蛋放在一个篮子里才是聪明的做法。多元化体育运动能够保护孩子，在他们的身份认同感中提供多种选择，让他们从参加体育运动和其他活动必然会遇到的挫折和失落中走出来。

青少年体育运动冲突点总结

尽管许多人支持青少年体育运动以适合发展为目标，但影响范围更大的体育运动文化通常诱使我们偏离这些目标。在以下冲突点中，我们通常容易受到误导：(a)针对少数人天赋发展和针对所有人的技能发展；(b)比赛在青少年体育运动中的地位；(c)乐趣在青少年体育运动中的地位；(d)青少年体育运动的多元化和过早专业化。记住这些冲突点，因为它们就像一个个陷阱，随时都可能毁坏适合发展的POPP流程和原本很好的意愿。

想要澄清这些冲突点，一个不错的主意是在考虑体育运动项目时，根据家长和运动员容易理解的理念和目标，对全国青少年体育运动项目进行分类。维尔斯马（2005）最先提出该系统，而且它将该系统与美国电影协会的电影评级分类系统进行比较。我们认为这是非常好的主意，能够很好地阐明青少年体育运动项目的本质。我们将维尔斯马（2005）的4个类别扩展成5个类别，每个级别的目标和特点都不同（见表3.1）。我们希望青少年体育运动教练和机构运用这种分类来阐明他们的体育运动项目的重点和目标。

不适合青少年发展的理念和目标带来的结果

我们不仅了解了青少年体育运动中存在着理念和目标的争论，而且明确了青少年体育运动的主要目标。如果成年人采用不适合青少年发展的理念和目标，会发生什么情况呢？当然是孩子们退出体育运动、身体疲劳、受到严重的伤害、使用违禁兴奋剂、饮食失调和出现欺骗和暴力现象。这些负面结果非常普遍。然而，在本小节中，我们主要讨论不适合发展的理念和目标造成的两个结果，它们有很强的隐蔽性，不容易被发现。这些结果普遍存在于青少年体育运动中；即使是关心孩子利益的成年人教练也可能未觉察到这种文化导致的负面结果。

表3.1　以理念和目标为依据的青少年体育运动项目推荐分类

级别	理念，思维模式	目标	特点
1	"很好玩，我能胜任"	发展兴趣，兴奋	没有比赛（除了训练中有趣的活动之外）
		尝试活动	创新性改编，以满足运动员的需求
		发展基础技能	对所有孩子开放；不用远途参加；在同一个地方
		和其他孩子见面	只需最少的时间和金钱；没有分数或排名
2	"我想要活跃一些，想要参加体育运动"	发展基础技能	对所有孩子开放；以社区为基础，在同一个地方
		非常基础的战术	低水平比赛；没有联赛或者排名
		初级比赛	没有锦标赛或精英赛；创造性改编
		和其他孩子见面	只需最少的时间和金钱；所有孩子参与机会平等
		如何成为好队友	
3	"我想提升水平和学习比赛"	积累技能，提升水平	对所有孩子开放；所有人的参与时间一样
		开始注重身体训练	联赛和排名
		设置目标和监控实施情况	在同一个地方，或者在当地范围内
		情感控制	锦标赛和冠军赛
		领导力和责任心	中等的时间和金钱
4	"我是运动员"	发展高级技能	选拔、接纳或邀请参加（不对所有人开放）
		更高水平的竞争体验	在地区范围内活动；需要更多时间和金钱
		发展思维技能	资质更高的教练；参与比赛有收入
		身体训练要求	更高的表现期望
5	"我想通过挑战了解自己的水平"	高级的，精细化的技术训练	根据运动员的天赋或表现选拔或接纳
		精英表现	全年参加训练、比赛或者两者都参加
		高强度身体训练	需要大量的时间和金钱投入
		考验思维	减少其他活动
		高级战术	经验丰富、资历高的教练；仅参加最顶尖的比赛

在孩子成年之前挖掘出 "最优秀的青少年运动员"

在本章的前面，我们讨论了在体育运动中将比赛和获胜放在技能发展之前所导致的

问题。我们强烈倡导教练员和指导员以实现所有运动员的技能发展为目标。因为青少年体育运动中的一个常见陷阱是更加关注身体发育更成熟或者技能更好的运动员。在精英体育运动中，教练发掘最有天赋的运动员。

因为他们能够帮助团队取得成功，所以这些运动员得到最多关注。但青少年体育运动的目标和精英体育运动的目标不同，而我们通常会忘记这点。孩子不是成年人的缩小版，他们还在不断生长、发育和发展。我们的目标是开发每个孩子的天赋，而不是尝试过早地发觉"有天赋的"孩子，让他们得到教练员更多的关注和更多的学习机会（将在第10章进行更详细的讨论）。

强调发展所有青少年天赋的观点是以美国前总统肯尼迪的观点为基础的，即"并非每个孩子的天赋都是一样的，但是他们应该有开发自己天赋的平等机会"。这是青少年体育运动的一个伟大目标。所有青少年体育运动参与者都应该获得发展自身技能的平等机会，即使他们缺乏能力或者对团队胜利的贡献没有那么大。尽管青少年体育运动看起来和成年人体育运动一样，但它们的理念和目标是大不相同的。我们不要忘记青少年体育运动是一切为了孩子的！包括所有孩子，而不仅仅是让崭露头角的孩子得到优先照顾。

体育运动的金字塔模型创造观众思维

目前青少年体育运动文化的第二个内在负面结果是通过金字塔模型创造观众思维。如图3.3所示，金字塔模型有非常广泛的基础，包括学校体育课、学校内比赛、娱乐体育运动和社区赞助的青少年体育运动。不过，由于运动员必须表现得越来越好否则就被淘汰这一思想的存在，使得越往上参与的人数就越少。金字塔模型在美国的体育运动中尤为明显，而且也出现在英国的体育运动中（Bailey, Collins, Ford, MacNamara, Toms & Pearce, 2010）。

采用金字塔模型的体育运动系统性地排除青少年参与，导致他们停止参与体育运动并成为观众。

在青少年体育运动系统中，金字塔模型会根据一套系统的规则逐渐过滤掉大部分参与者，最后只剩下精英运动员。尽管在向金字塔的顶端前进的过程中能力是主要因素，但是其他因素也会影响到青少年运动员向上爬或者退出金字塔，如经济情况、社会地位、机会、教练和父母。和上一小节所讨论的一样，体育运动的金字塔模型"越向上人数越少"的特点与开发所有参与者的潜能的目标相违背，尤其是影响到发育比较晚或者参加体育运动比较晚的孩子。

这个金字塔模型还会影响到孩子的观念，将他们的参与观念转变为旁观观念(Murphy, 1999)。绝大多数孩子在年少的时候都会参加体育运动，但等他们到了9岁或10岁，择优选拔就开始了。最佳的"运动小将"被选出来继续接受更好的教练员的指导，从而获得更多的训练和更强的竞争力。那些从金字塔上退出来的孩子将成为旁观者，在观众席观看技术更好的运动员的比赛。很明显，这种文化将巨额资金投入到职业运动的运营中，而社区活动中心只能因为缺乏资金而倒闭，这反过来又极大地促进了旁观观念。

请不要误解我们。我们知道通过金字塔模型来促进体育运动是不可避免的，而且通常是有必要的。在向金字塔攀登的过程中，对于技能更好、积极性更高且更努力的运动员，我们应该佩服他们。我们不会天真到认为所有的青年运动员应该参加俱乐部、精英体育运动或进入大学运动队。我们也明白，很多孩子在金字塔的底部尝试体育运动，也有很多孩子选择其他活动，如音乐、艺术、辩论队、学术以及其他社会俱乐部，而不是继续走体育运动的路。所以最后，我们都成了观众，观看技术高超的运动员大展身手，为家乡的运动队助威。

问题是从金字塔上退下来的大部分青少年完全停止了参与体育运动和身体活动。实际上，金字塔模型在很大程度上导致了我们久坐不动的生活方式，而这些生活方式又带来了健康问题。现在问题是"继续攀登还是退出"。为什么不能是"继续攀登或者转向"另一种体育运动呢？在澳大利亚的妇女职业篮球大赛中，我与一个澳大利亚职业运动员的母亲进行了交谈。她曾经在澳大利亚职业球队打球，当我告诉她，我曾经在美国的大学篮球队打球，她问道，"您现在在哪里打球？"我承认我已经不打篮球了。她回答道，"你们美国人！如果认为自己不是最好的，那么就不会再打球"。她继续在澳大利亚的一家女子俱乐部球队打球，而且是针对她的年龄阶段的球队。她可能无法相信，我不再参加我最喜欢的运动了。

所以，尽管金字塔模型具有选择和训练运动员，使其进入精英体育运动的作用，但默认的旁观者思想（参与精神的丧失）是令人不安的。我们需要想办法改变这种文化思想的偏离，让年轻人在参加体育运动和身体活动上有更多选择，不局限于金字塔模型。

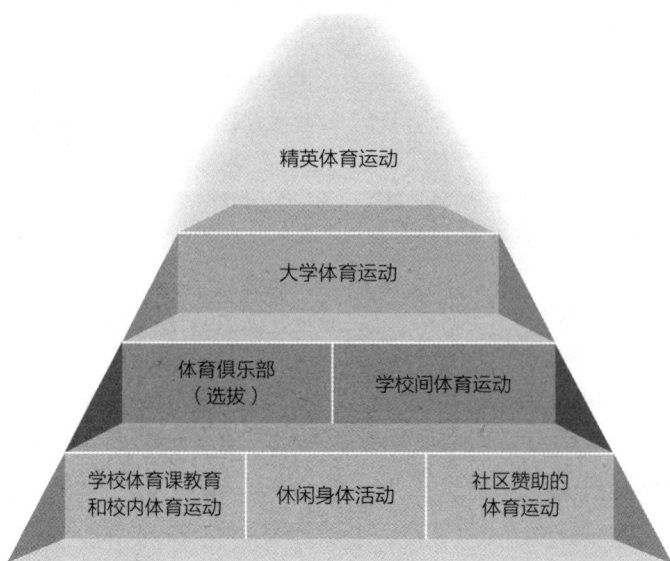

图3.3　参与体育运动的金字塔模型

青少年体育运动的棕榈叶社区模型

作为金字塔模型的替代方法，我们提供体育运动的棕榈叶社区模型（见图3.4）。这不是一棵直立（垂直）的棕榈树，而是平面的棕榈树形社区结构，就像大海中的群岛。我们认为将棕榈社区比喻为一个更具包容性的、开放的体育活动参与机会，这与更具排他性的金字塔模型刚好相反。

这个模型从小孩接触体育运动开始，包括各种不同的体育活动类型，可供选择的运动种类很丰富。虽然可能依然存在从基础体育运动到高级形式发展的现象，但棕榈叶社区模型象征着一种更加自由的文化，人们在一生中可以参加很多不同类型的体育运动以及挑选不同级别的体育运动。金字塔模型要

么向上或要么退出的思想被社区模型的"持续参与"思想所取代，人们能够在很多不同类型的体育活动中来回变换。

您可能会认为，这些不同类型的体育活动现在一样存在。您说得没错。但其中有需要改变的是思想或者体育文化精神。要么向上要么退出的金字塔思想是根深蒂固的，而且将孩子从参与思想转变为旁观者思想。只是提倡一种新的模式并不能在一夜之间改变人们的思想，但我们希望它能促使青少年体育运动领导者和社会开始以不同方式思考和谈论体育运动，以及寻求推广和提供体育运动项目的方法，以支持我们终身参与体育活动的目标。为了实现这个目的，请注意棕榈社区周围的防波堤，它保护居民免受涨潮的影响。在我们描绘的棕榈叶社区模型中，这些防波堤代表着成年人——指导员、教练、

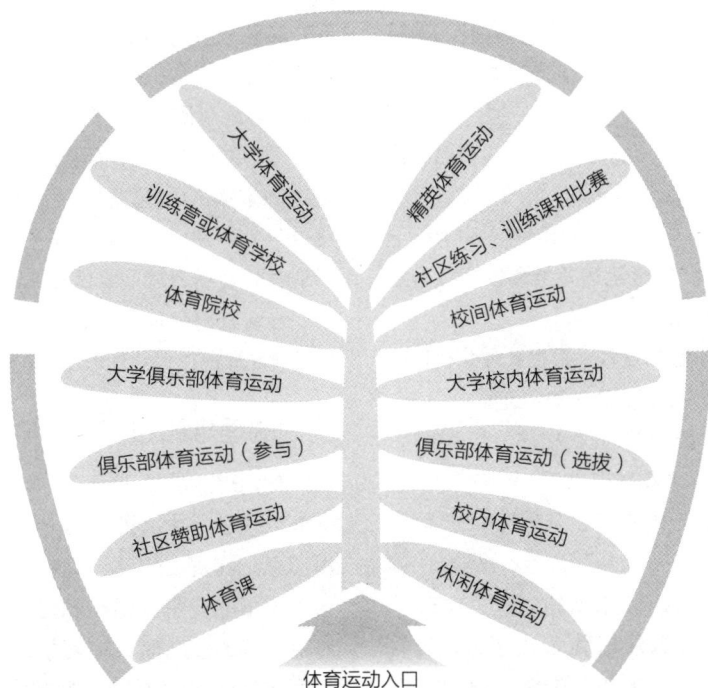

图3.4 参与体育运动的棕榈叶社区模型

教师和家长，他们可以培养和保持参与精神以及包容性体育文化。

青少年体育运动理念和POPP流程的例子

您已经了解到很多关于青少年体育运动理念和目标的信息。现在让我们看一下常用的青少年体育运动项目，看看他们如何运用具体的理念和目标，把这些知识融入到实践中。

正面教学联盟（PCA）

正面教学联盟为父母（Thompson，2009，2010a）、教练（Thompson，2010b）和青少年运动员提供了指导手册，帮助他们实现"改造青少年体育运动，让体育运动改变青少年"的目标（Thompson 2010b，p.7）。PCA的目标是：

- 将教练变成"双目标教练"，不仅让运动员在比赛中获胜，还通过体育运动学习生活技能；
- 将运动员变成"三好竞争者"，让自己、队友和比赛更好；
- 将家长变成"第二目标家长"，专注于孩子的性格发展，同时让运动员和教练将重点放在赢得比赛的第一目标上。

PCA遵循POPP流程，根据其理念和目标可以推出三个关于正面教学的关键原则：

1. 尊重比赛，发扬正面精神（尊重规则、对手、裁判、队友和自己）；

2. 重新定义"赢家"，强调努力、学习、改进错误；

3. 情感中充满鼓励和赞扬。

PCA继续朝着POPP流程走下去，为教练、运动员、家长提出了许多具体的做法，如：

- 明确错误的行为方式，以帮助年轻的运动员纠正他们的错误；
- 提供有针对性的象征性奖励（取得一定成绩将获得创意小奖品）；
- 通过两分钟演练给训练课注入正面能量。

人体运动出版社教练员教育

下面提供一个POPP流程示例，来自人体运动出版社教练员教育提供的教学原则课程（Martens，2012）。

教学理念："运动员第一，获胜第二"。

目标：教会教练如何平衡青少年体育运动的三个目标，即（a）争取获胜，（b）乐趣，（c）帮助青少年运动员在身体、心理和社会方面获得发展。

原则：培养性格；采取合作的教练风格；教练作为有效的沟通者；教练作为高级导师；对违反规则的行为进行相应的处罚；发现运动员的精彩瞬间。

实践：有运动员参与的高效团队会议；鼓励要比批评多；适时奖励表现好的和努力的人；对运动员的反馈要言简意赅。

一个能够概括您的理念精髓的醒目句子是POPP流程的好起点。"运动员第一，获胜第二"为体育运动项目定了基调，强调以运动员的发展为最重要目标。我们发现，如果口号富有创意且令人难忘，那么运动员和家长就能够记住，并且乐于接受。

我们的理念和目标

我们理念的口号是"一切为了孩子"，强调以孩子为中心的青少年体育运动的基本信念。在青少年体育运动中，当开始被一决高下的竞争欲望控制时，当想要击败对手教练的团队时，或者想在成年人朋友们面前夸耀我们的教学技能时，这个口号就会提醒我们。

在本书中，我们提倡青少年体育运动领导人应该秉持的目标是，理解和致力于DAP：

1. 为所有青少年参与者提供身体、心理和社会发展方面的好处；

2. 发展青少年的运动天赋；

3. 培养一种贯穿一生的体育运动兴趣和信仰。

本书的其余部分旨在为您提供我们的原则和实践思想，让青少年体育运动贯彻"一切是为了孩子"，以及帮助您实现这些目标。此外，我们邀请您设计自己的POPP流程。请参照本章结尾中的"思考性学习活动"的指导。虽然您的POPP流程将不断发展，甚至在不同的青少年体育运动场合中需要更改，但一开始就考虑存在于内心深处的理念和目标是个好主意。

本章小结

理念，还有目标。听起来很无聊，也不切实际，但事实并非如此。目标，人们认为只是管理者使用的行话，听起来很好，但并不真的重要。可实际上它们确实重要。青少年体育运动最大的需求之一是认真考虑和采用适合发展的理念和一系列目标。它们每天都在指导我们做正确的决定，为家长和运动员澄清青少年体育运动项目的性质和重点。在众多体育运动项目和有不同技能与兴趣的孩子面前，它们有助于所有参与者找到适合他们的"角色"，可确保青少年体育运动"贯彻一切为了孩子"。

很多媒体注意力被引向青少年体育运动耸人听闻的负面事件。许多作者指出，青少年体育运动是一个残破的系统，其中有家长过分热心，教练员道德败坏。我们不同意这一观点。虽然有些成年人在社会的各领域利用儿童，但据观察，这些成人是少数。我们每一天都看到很棒的教练、大力支持的家长和积极参与的孩子们。但我们需要深思熟虑的是关注和明确实现以青少年为中心的体育运动的承诺，满足青少年的发展需要。我们也可以塑造文化，而不是让文化塑造我们，前提是能够不断地想明白在做什么，为什么做以及为谁做。

学习帮手

关键术语

竞争——一种社会评价的过程，或指在进行某项活动时被社会上的人公开评价的体验过程。

假比赛——在竞争性比赛中，未能实现合作和相互尊重，未能做到一起拼搏、一起进步。

目标——在体育运动项目中想要实现的结果。

参与思想——一种文化所蕴含的参与和继续参与任何体育运动或身体活动的心态和决心。

理念——人们秉持的基本价值观和信仰。

POPP流程——在青少年体育运动中的行为方式，由理念、目标和指导原则的内在价值观和信仰指导。

原则——关于如何做决策的正确指导原则。

实践——要做什么以及如何做；在体育运动项目中的行为方式。

旁观者思想——一种文化中观看其他人比赛而自己不参与的心态，通常在较高级别的比赛中产生。

要点归纳

1. POPP流程涉及培养一种理念，然后通过它来指导目标、原则和适合发展的实践。

2. 普遍认可的青少年体育运动的目标是发展体育技能、社会心理技能和生活技能以及保持身体健康。

3. 青少年正面发展（PYD）项目通常使用体育运动或身体活动来帮助青少年发展个人和社交技能。

4. 只有相关的成年人想着这些目标，有意识地设计和指导青少年体育运动项目，才能看到青少年的正面发展。

5. 青少年体育运动的双重目标就是发展少数人的精英体育和为所有青少年参与者提供发展机会。

6. 竞争作为一种公共的社会评价过程，应以循序渐进的方式引入到青少年体育运动中。

7. 在高中之前的青少年体育运动中，技能开发和掌握目标一定不要被获胜目标所取代。

8. 尽管乐趣是孩子参加体育运动的最主要原因，而且也应该包含在青少年体育运动中，但在训练中过于玩闹嬉戏，也不是好的目标。

9. 金字塔模型采用淘汰的办法来促使青少年参与者向上发展。

10. 青少年体育运动的棕榈叶社区模型创造了一种包容的文化，让青少年可以尝试多种不同类型的活动，而且一生都与体育运动为伴。

问题探究

1. 什么是POPP流程？定义流程的每个部分，并提供每个部分的真实例子。在青少年体育运动中，如何让POPP流程有利于成年领导人？

2. 青少年体育运动的三个广泛目标是什么？解释为什么每个目标都很重要。

3. 青少年体育运动的双重目标是什么？

4. 描述青少年体育运动中的竞争问题。竞争什么时候会造成麻烦，什么时候是有益的？

5. 解释青少年体育运动乐趣和享受的区别。

6. 解释青少年体育运动的金字塔和棕榈叶社区模型以及各自的优点和缺点。

思考性学习活动

1. 此活动将帮助您开始构思POPP流程，代表着您对特定青少年体育运动项目的看法。您可以复习本章提供的示例，它们可以帮助您重新开始认识POPP流程。请记住，您的POPP流程的最重要标准是体育运动项目适合参与者年龄和水平，让他们得到适当的发展。

a. 对于这次活动和POPP流程，在脑中构思特定的青少年体育运动项目。

b. 用言简意赅的句子来表示您的理念。

c. 参考附录一，完成共100分练习（Adapted from Thompson，2009）。这将帮助您弄明白哪些目标是最重要的。

d. 根据您从100分练习中学到的知识，至少写出三个关于您的体育运动项目的目标。

e. 关于您将如何作出决定，确定三个或四个原则或预定准则。附录B中列出了几个关键问题的例子，您自己的原则将以之为依据。仔细阅读这些关键的青少年体育运动问题，它们可以帮助您确定重要的个人原则。

f. 要想完成您的POPP流程，请列出您将在体育运动项目中做的四件或五件具体事情，它们在逻辑上要与您的理念、目标和原则有关。

祝贺您！在辨明理念和目标的方向上，您已经迈出了重要一步，它将驱使您的青少年体育运动项目前进，并引导您的行为。

2. 设计一份宣传页或一封信，发给青少年运动员的父母，告诉他们您的体育运动项目的理念和目标。请确保选择特定的体育运动和年龄组，比如由6～7岁男童或女童参加的足球项目、由11～12岁的男孩参加的冰球项目、高中女生网球项目等。宣传页或信要有趣和包含有用信息。

3. 认真阅读有关青少年运动员权利的相关法律条款，了解其中规定的特定行为和活动，以确保这些权利在青少年体育运动中受到保护。

4. 寻找一个正面的、运用体育运动或身体活动来把积极价值传递给孩子们的青少年发展项目，描述这个项目，包括其理念和目标以及该项目已经取得的任何积极成果。就该方案的有效性提供您的评价或意见。

资源指南

正面教学联盟（PCA）。

青少年的身体发育和
准备就绪情况

欢迎来到本书的第2部分。这部分将广泛讨论关于青少年发育成熟度和准备就绪情况。接下来的5章中，您将要学习如下内容。

- 孩子的身体是如何生长和成熟的，这将如何影响他们参与青少年体育运动的准备就绪情况？
- 孩子如何学习运动技能，什么时候可以运用这些技能去竞争？
- 动机是如何发挥作用的，孩子的社会心理是如何成熟的？

发展适宜性实践
（DAP）

第7章: 为青少年改编体育运动	第8章: 青少年运动员的技能教学

第4章: 身体生长和成熟	第5章: 技能学习和竞争的准备就绪情况	第6章: 动机和社会心理发展

- 如何完善青少年体育运动以满足孩子的需求？
- 如何循序渐进地遵循DAP原则教授青少年技能？

第2部分是本书的核心，探索为什么青少年体育运动与成人体育运动不同，哪些方面不同？想象自己在做每日例行工作，如努力完成分配的任务、接受上司的反馈以及与同事协商等。您现在就是 9 岁大的孩子。这好像很荒谬，对吗？不过，期望孩子们参加成人体育活动，并认为让他们按照成人的方式学习和竞争是一种激励，这种做法同样荒谬，毕竟他们不是成年人。我们应该让青少年体育运动以青少年为核心，并塑造青少年体育运动文化来满足他们独特的成长需求。

身体生长和成熟

本章预览

在本章中您将学习如下内容：

▷ 儿童的身体是如何生长和成熟的；

▷ 生物年龄和实际年龄的区别；

▷ 如何评估儿童的发育情况；

▷ 相对年龄效应如何影响青少年运动员。

上页照片中的两个男孩都是13岁，他们是来自不同国家的队友，年龄相同，生日只差2天。很显然，他们的成熟程度有很大不同。左边的男孩是杰克逊，正在经历青春期迅猛增长；而右边的男孩是大卫，他还没有开始快速生长。因此，尽管这两个男孩的年龄相同，他们却处于大不相同的发育点上。虽然杰克逊和大卫的个头差别似乎令人难以置信，但这在13岁男孩中是很常见的。

我们必须思考这种发育差异是如何影响青少年运动员的。成人教练如何根据孩子的身高和体形评估他们是否适合特定的运动呢？教练会给他们分配什么样的角色，将根据这些角色教给他们哪些技能？身体成熟状态如何影响到他们理解和执行运动技能的能力？与队友的身高和体形相比，他们对自己的身高和体形的感觉如何？所有这些都是我们要考虑的。

要想确定儿童是否做好准备学习和执行运动技能，我们必须考虑他们的成熟水平，而不只是年龄。在孩子的身体做好准备之前，尝试教他们运动技能会让他们感到沮丧，而且不利于他们的学习和积极性。青少年体育运动领导人了解儿童的生长和成熟程度，然后以之为依据采取DAP原则开展青少年体育运动至关重要。

发展在此指的是所有的身体和心理变化，它伴随人的一生（Bukato & Daehler, 2012）。在本书中，我们饶有兴趣地探索了孩子的身体是如何变化的以及如何给青少年带来最佳的运动体验。本章重点讨论青少年身体生长和成熟，这是青少年发展的重要组成部分。发展是一个广泛的概念，不仅包括本章讨论的生物学方面的发展，而且包括本书其他各章讨论的行为学方面的发展。与身体的生长和成熟不同，发展并不在某一特定的年龄停止，而是贯穿整个人生。儿童开始接触青少年体育运动以及之后的整个青春期的体育活动是非常重要的发展过渡阶段。我们希望这些发展过渡阶段是成功的，而且只要我们作为成年人了解生长、成熟和发展以及孩子在不同发育阶段的关键需求，发展过渡阶段一定会取得成功。

生　长

生长的最明显表现形式之一是"向上"，如身体增长。同时增长也指身体大小的增加，无论是整体还是具体的身体部位。随着孩子一天天长大，他们的身高、体重、肌肉和脂肪组织也不断增加，内脏器官的大小也会相应增大（Malina, Bouchard & Bar-Or, 2004）。

关于生长的某些普遍原则

1. 在不同的阶段，身体的生长速度不一样。儿童会经历快速和缓慢增长时期，而且身体的不同部位在不同的生长时间表现出不同的生长速度。出生时20英寸（50厘米）的女孩18岁时身高为70英寸（178厘米），此时身高将停止增长，而且从出生到18岁每年增加的高度不同。她经历了快速和慢速增长期，直到达到成年身高。

人类的生长模式通常是呈S形的，被称为S形曲线，如图4.1所示（Adapted from Scammon, 1930）。人类的生长通常是（1）婴儿期速度较快，（2）在童年的早期和中期速度较慢但稳定，（3）在青少年时期速度较快，（4）速度减慢，最后在青春期后期停止。

2. 人类的生长遵循从头到尾的模式，这意味着生长按照从头部向脚部的顺序进行。虽然身体从整体上通常遵循S形增长模式，但不同身体部位的生长速度差异导致不同年龄阶段体形的差别。

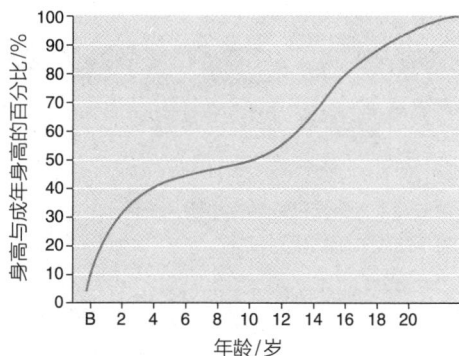

图 4.1 S形增长模式

如图4.2所示，人类在出生时头部为身高的1/4，但成年之后只有身高的1/8（Timiras，1972；Haywood & Getchell，2009）。人类在出生时腿部长度大约为身高的3/8，但成年之后大约为身高的一半。注意，红线代表随着年龄的增加重心下移，因为孩子头重脚轻的状态逐渐缓解。想想学步期的宝宝是如何走路的——由于较高的重心，他们总是上半身向前倾斜蹒跚前进。与成年人相比，保持平衡对儿童来说要困难得多，尤其表现在童年早期下楼梯时，他们都是使用两只脚一步步走

的。运动技能方面，如滑冰或骑自行车，对年幼的儿童是非常具有挑战性的，因为他们的重心较高。

3. 人类的生长是由近及远的，这意味着从中心向外围生长。由近及远描述了胎儿从里到外的生长，而且运动技能的发展也是一种由内而外的过程。婴儿和蹒跚学步的幼儿首先学会控制身体的中心部位（头部、颈部、肩部和躯干），然后才是远端部分（如四肢的敏捷性），用于精细运动技能控制的手指和脚趾肌肉是最后发展的。

生长模式和一般要经历的各个阶段

虽然人们的生长模式各不相同，但也存在普遍性的生长阶段和生长模式（见表4.1；Horn & Butt，2014）。怀孕时期和婴儿时期（怀孕到2岁），生长速度非常快，头部和躯干的生长速度快于腿部。根据刚才讨论过的从头至尾原则，婴儿和幼儿的头部都很重。早期（2～6岁）和中期（6～10岁）儿童生长的特点是生长速度慢，但很稳定。注意，儿童早期腿的生长速度更快；到了6岁时，儿童的骨

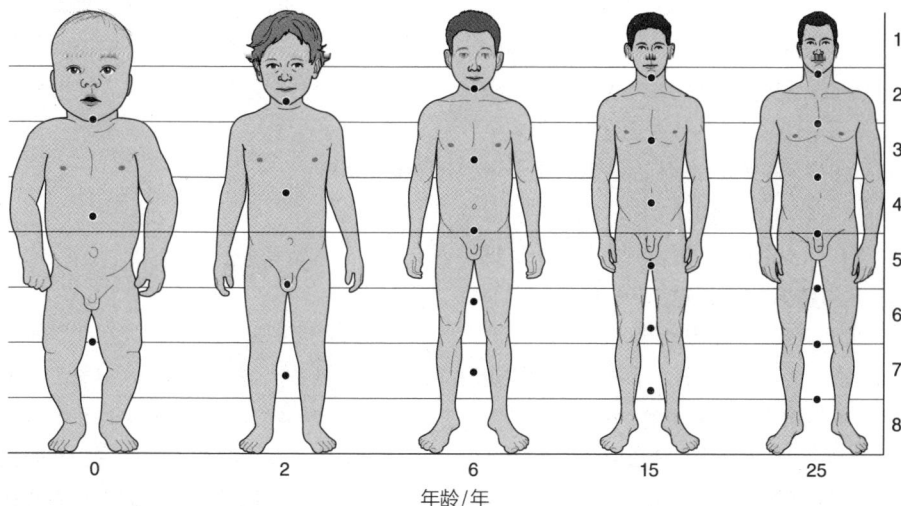

图 4.2 身体比例随年龄的变化

表4.1　身体成长的阶段和模式

生长阶段	大致年龄范围	生长模式
妊娠	怀孕到生产	• 生长非常快速； • 头部和躯干的增长快于腿部（出生时坐高是全身高度的85%）
婴儿期	从出生到2岁	• 生长非常快速（尤其是婴儿期的最初几个月）； • 头部和躯干的增长仍然相对较快
童年早期	2 ~ 6岁	• 生长速率较慢； • 小腿的生长速度比头部和躯干快（6岁时，坐立高度是全身高度的55%）
童年中期	6 ~ 10岁	• 生长速度较慢，但有些孩子在6.5 ~ 8.5岁之间出现中等快长期
童年后期到青春期早期	10 ~ 15岁	• 生长速度非常快； • 性发育开始； • 体形和身体各部分的比例发生变化
青春期中后期	15 ~ 20岁	• 生长速度较慢； • 性发育趋于成熟； • 体形和身体各部分的比例继续发生变化

骼和肌肉的增加速度通常快于脂肪的增加速度。肌肉和骨骼系统的发展为6岁的儿童提供了更好的运动能力（Horn & Butt，2014）。

童年后期到青春期早期（10 ~ 15岁）是另一个非常快速的生长时期，但总的来说女孩和男孩的这个生长突增期发生的时间不同（Horn & Butt，2014；Malina，2014）。女孩的生长突增期通常发生在10 ~ 13岁，在这期间她们的身高可能会增长20 ~ 23厘米，体重增加14 ~ 16千克。男孩的生长突增期通常发生在12 ~ 15岁，在这期间他们的身高可能会增长23 ~ 30厘米，体重增加16 ~ 20千克。所以在10 ~ 13岁期间，女孩比男孩高是常见现象。通常情况下，这种增长从手和脚开始，然后过渡到双腿，最后是躯干（Horn & Butt，2014）。这一生长阶段，性发育开始并逐步走向成熟，体形和身体比例也发生变化。

最后的生长阶段是青春期中后期（15 ~ 20岁）。生长速度放缓，性发育日趋成熟，体形趋向稳定，大部分17岁的女孩和21岁的男孩已经达到成人身高（Payne & Isaacs，2008）。

总的来说，青春期，青少年的身高生长突增期发生在体重生长突增期之前。这一总规则使青少年体育运动从业人员了解到青少年当前处于个人生长模式的什么位置上。但请记住，表4.1所示的身体生长各个阶段和模式是一个平均值，是以大量儿童样本为基础的。实际上，个人的生长模式还有很大差异。有些孩子的生长突增期来得早，有些来得晚；有些孩子的生长突增期更长，有些生长更快而且更早停止。

成　熟

成熟是指逐渐达到生理成熟状态的过程（Malina，2013），或指在身体、认知和情感上逐渐达到成年状态。不同的生物系统对成熟的定义不同。性成熟在人们拥有完全的生殖功能时出现。骨骼成熟在人们拥有完全骨化（硬化的骨）的成人骨骼时出现。

信息栏

我的孩子成年后有多高？

家长和教练常常猜测青少年运动员成年之后有多高。从事研究的科学家和医生可以使用X光片来评估手部和腕部骨头的成熟度，由此估算出孩子成年之后的身高。此外，也可以借助人体测量学公式来预测成年身高，其依据是父母的身高和孩子当前的身高、体重和年龄。

1. 将母亲和父亲的身高加在一起除以2，找到父母的平均身高（以英寸或厘米为单位）。

2. 要想计算男孩成年后身高，可在父母的平均身高上增加2.5英寸（6.5厘米）；要想计算女孩成年后身高，可在父母的平均身高上减去2.5英寸（6.5厘米）。

3. 得到的结果是女孩和男孩的遗传靶身高。孩子的成年身高会在此身高的基础上上下浮动4英寸（10厘米）。

如本章开始的照片所示，成熟是一个自然的个体成长过程。您可能听说过"生物钟"，它通常是成熟的代名词。每个人都有独特的生物钟，而且每个人成熟的时间和节奏不一样（Malina，2014）。在时间方面，在个人生物钟的影响下，有些人早于或晚于其年龄实现成熟（如进入青春期，生长突增期的开始）。生物钟的节奏不同体现在某些成熟阶段的时间长度上，如青春期的时间长度和生长突增期的时间长度。虽然肥胖、营养、压力和环境及化学因素可能会导致一些孩子早熟，这将于稍后讨论，但我们每个人的生物钟很大程度上天生就已经固定。

一个人的成熟过程与其实际年龄不同步。实际年龄是根据特定的出生日期计算出的年纪。生物年龄是指还要多久才达到完全成熟状态，也称为成熟年龄。实际年龄相同儿童的成熟年龄可能相差5年，具体取决于个人的生物钟。两个运动员实际年龄可能都是12岁，但是就成熟年龄而言，一个可能是10岁，另一个可能是14岁。青少年体育运动联赛、运动队和比赛都是按照实际年龄组织的，因此成熟年龄的差异让某些孩子处于有利地位，另一些则处于不利地位。而且在教成熟年龄不同的孩子时，教练和老师的感知也会受到影响。

我们在青少年体育运动中如何评估孩子的成熟程度

按年龄分组来组织青少年体育活动是最实用的办法。但青少年体育活动组织者需要明白即使同龄组的孩子也存在着成熟程度的差异。成熟是无法直接测量的，但我们可以用某些指标来推断成熟程度。三种常见的发育评估方法是影像学评估骨骼成熟度、性成熟标志和跟踪记录体重与身高的增长。

影像学评估骨骼年龄

评估发育年龄的最佳方法是使用X线片来评估生长中儿童的骨骼成熟度。所有的孩子在出生前的骨骼都是软骨，而且在成年早期骨骼都会得到充分发育。

从软骨到骨骼这一发展过程使我们可以

通过对骨骼进行X射线检查观察到孩子的骨骼成熟程度。尽管也可采用其他部位的骨头，但通常情况下，主要通过手部和腕部的骨头来评估骨骼成熟度（见图4.3）。虽然骨骼评估是最可靠的方法，但是大多数青少年体育运动组织人员和父母不具备这些条件或者没有专门的知

休息一下

是否有青春期笨拙这一说

一种流行的说法是青春期身高的快速增长会导致孩子暂时失去某些运动协调能力，或者动作变得笨拙。许多关于儿童发展的教材都对青少年这种青春期出现的暂时性能力下降描述为"笨重的、笨拙的、缺乏协调的"（Lambert, Rothschild, Altland & Green, 1972, p.114），或者描述为"运动能力在青春期轻微滞后"（Eckert, 1987, p.317）。

这一说法源于生长陡增（PHV）概念，指的是孩子在青春期生长突增期生长最快的一段时间。在青春期，身高的生长速度在达到峰值或最大值之前都是不断增加的（女孩的生长陡增的平均发生时间是12岁，男孩是14岁）。随后生长逐渐放缓并最终停止，此时身高达到了成人高度。这种生长陡增期间的快速长高，尤其是男孩，导致人们猜测男孩肌肉力量的增加跟不上身高的增长速度。这部分是正确的，因为青少年普遍先是出现身高猛长，接着出现体重猛长。然而，运动能力和协调的普遍下降并未得到研究证实。

在一项研究中专门对"笨拙"说法进行测试。该测试采用一系列运动任务检测青春期早期、青春期中期和青春期后期的个人表现和协调能力（Davies & Rose,

2000）。这些任务包括走平衡木、单腿平衡、投掷、跑步、立定跳远、手臂运动准确性、头部运动控制、骑滑板车、障碍通道等。这些包含精细动作和大幅度动作任务的动作协调能力和双边运动控制能力的要求高。

研究人员发现了什么？没有任何证据表明运动协调削弱或者青春期笨拙，不管男孩还是女孩都是如此，这是非常可信的结果，因为测试所选择的运动技能对青春期笨拙的反应非常敏感。相反，他们发现孩子们在每个连续阶段表现得更好，从青春期早期到青春期中期再到青春期后期。有趣的是，青春期早期和青春期中期的测试参与者的表现差异大于青春期中期和青春期后期的测试参与者。这意味着，运动技能的发展变化更多发生在青春期早期。

在青春期，有些孩子在某些运动任务上出现表现减弱的情况（Beunen et al., 1988），这可能是双脚迅速增长暂时影响敏捷性和协调性（Horn & Butt, 2014）。但这很罕见，而且是暂时的，研究证据不支持普遍的青春期笨拙或运动协调能力减弱这一观点。孩子在生长突增期过后需要重新学习技能的想法是错误的观念，因为他们很快就会适应不断增长的身体。

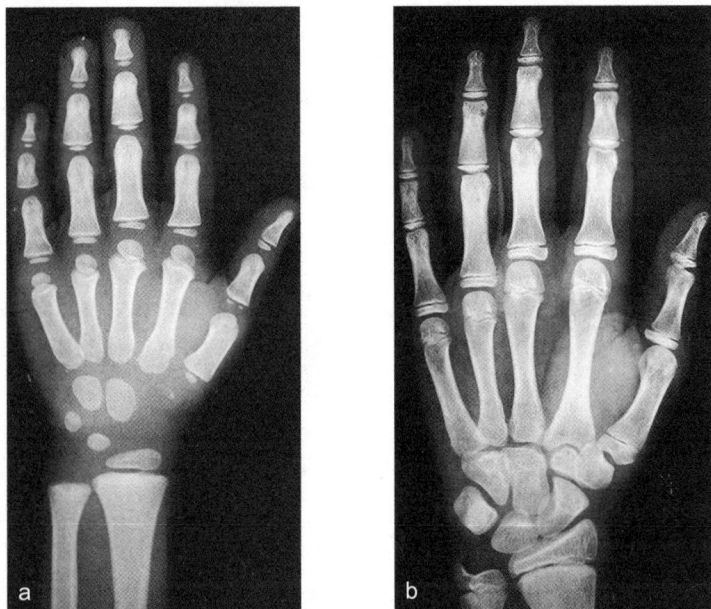

图4.3　通过手部和腕部骨头的X线片来评估成熟程度。这些影像来自解剖图册：（a）显示了37个月大的女孩和48个月大的男孩的标准情况；（b）显示了128个月大的女孩和156个月大的男孩的标准情况。注意，在代表年龄较大的儿童的图像b中，骨化程度更高（骨骼的硬化），因此该图像中的骨头更白。

识，因此无法以这种方法来评估成熟度。

性成熟标志

更为实用的方法是青少年体育运动教练员、家长或指导员通过观察性成熟标记来评估孩子的成熟度。如表4.1所示，在童年后期和整个青春期（10 ~ 20岁），性成熟总伴随着一些身体特征的变化。青春期是童年和成年之间的过渡期间，包括第二性征的出现、生殖系统的成熟和青少年生长突增期（Malina, Bouchard & Bar-Or, 2004）。青春期是一个阶段，不是一个时间点。女孩通常会在9 ~ 14岁进入青春期，男孩通常在10 ~ 16岁进入青春期（男孩通常比女孩晚1 ~ 2年）。青春期通常会持续2 ~ 5年，但也可能持续很长时间。不管是身体特征还是运动能力，都将在这段时期内发生最大变化。

通常用青春发育期来描述童年和成年之间的过渡期，但是青春发育期的意义比青春期更广泛，包括身体、心理和社会发展的过渡。青春期在拉丁语中意思是"生长"。

评估性成熟以青春期出现的明显标志为基础，这些标志被称为第二性征，即用来区分两种性别的特征，但并非直接表现为生殖系统的一部分（第一性征是与生殖直接相关的身体结构，比如阴茎、睾丸和卵巢）。男孩第二性征表现出面部和身体长毛发，声音变沉，肌肉组织、体重和肩周长增加。女孩第二性征是乳房变大和体重增加。青春期荷尔蒙的增加会导致孩子的脸部和身体长青春痘，而且还加重出汗和体味。当然，其他性征包括青春期男女都会长出阴毛，女孩还会出现月经初潮，这是女性发育的标志，但这些信息太隐私，不适合用作评估指标。

跟踪身高和体重的增长

　　第三种评估生物或成熟年龄的方法是跟踪记录每个孩子的体重和身高的增长。在进入生长突增期之前，儿童平均每年长高6厘米，体重增加2.3千克。平均而言，青少年生长突增期的起点或开始时间分别为女孩9~10岁和男孩11~12岁（Malina et al.，2004）。平均生长陡增（PHV）或最快生长时期分别为女孩12岁和男孩14岁。然而，这些只是平均值，因为我们知道每个孩子的成熟方式都是个性化的。

　　因此，跟踪儿童成长过程中的身高、性成熟以及身体各部分发生的变化是很有用的。女孩在生长突增期乳房发育，在这之后，女孩达到她们的PHV和出现月经初潮（通常在PHV后一年）。在PHV之后，女孩的身体组成开始发生变化（肌肉增加了一些，而脂肪大量增加）。同样，对于男生，PHV也伴随着第二性征的发育；然后肌肉和体重在PHV后一年左右开始增加。双脚的快速增长往往是生长突增期开始的特征之一。

　　总的来说，青少年遵守这种成熟模式：身高突增、第二性征的出现和体重的猛长（肌肉和脂肪均增加）。跟踪青少年的基本生长，每年至少四次（每季），可做出相对于实际年龄的成熟状态评估。这些系统的测量数据可以通过图表显示出来，让PHV变得明白易懂（Balyi & Way，2011）。

成熟状况如何影响男孩和女孩参与体育运动

　　根据生长速度和达到成熟的程度，孩子也可以分成三个成熟群体。早熟孩子的生理年龄比实际年龄大一年。晚熟孩子的生理年龄比实际年龄小一年。正常发育孩子的生理年龄与实际年龄相差不到一年。青少年体育运动组织者应特别注意早熟和晚熟的女孩和

男孩，因为这些发育阶段的群体具有鲜明的特征，而且对他们作为青少年运动员而言，这可能是优势或劣势。下面的说明是基于典型的发育模式的一般性概括，因为并不是所有青少年都严格都遵循这些分类。

早熟男孩

　　与同龄人相比，早熟男孩在身高和体重上超过他们，而且有更多的肌肉和更大的肩周长。在需要力量和体能的活动中，这是他们的优势。如与晚熟的男孩相比，早熟的青春期男孩（12~17岁）在某些方面更有优势，比如静止手臂拉力，往返跑的速度、敏捷性和垂直跳跃的爆发力（Malina et al.，2004）。因此，由于成熟程度方面的原因，这些男孩在很多青少年体育运动中通常能够超越他们的同伴。由于早期的成功，早熟男孩得到了许多认可，从而提升了他们的自信心、自尊心和继续参加体育运动的积极性。

　　但通常情况下，随着晚熟男孩开始发育，早熟男孩通常被他们追赶上，因此导致早熟男孩常常想不明白，为什么自己曾经的优势一去不返了。青少年体育运动教练员和家长应了解这种迎头赶上的现象，在这段时间内给早熟男孩提供建议和支持。因为早熟男孩更强壮、个头更大，他们可能学不到未来运动生涯中的高级技能发展所需的基本的技能。教练应强调每个人都应掌握方法，为这些早熟男孩设置个人表现目标，使他们避免依靠其短期的发育优势。随着时间的推移，他们将失去这些优势。早熟者还可以提升一个级别，和与他们的发育年龄相似的孩子进行竞争。教练应避免给青春期早期的运动员安排特定的角色，因为在青春期后期，他们的身高和体格可能都不再适合这个之前被迫接受的角色。如如果青少年篮球教练指定早熟的男孩作为内线队员，而没有教他们外围投球或运球技能，可能会损害到他们的

发展。

具有讽刺意味的是，早熟男孩和女孩成年之后往往矮一些。早熟者的身高先停止生长，而其他两种发育类别的孩子在较长一段时间内继续增长（Malina et al.，2004）。此外，与其他两个成熟群体相比，早熟男孩和女孩成年之后平均体重和体重-身高比更大，他们身材倾向于矮胖结实。

休息一下

为什么女孩会提前进入青春期

如今在美国，大约有16%的女孩在7岁开始进入青春期（根据乳房的发育定义），大约有30%的女孩在8岁进入青春期（Fuhrman，2011）。另一事实是月经初潮或第一次月经的年龄不断下降。在欧洲，1830年月经初潮的平均年龄是17岁。在美国，1900年月经初潮的平均年龄是14.2岁。到了20世纪20年代，在美国月经初潮的平均年龄已经降至13.3岁；到了2002年，它已降到12.34岁（虽然下降速度较20世纪60年代放缓了）（McDowell，Brody & Hughes，2007）。

研究人员指出，几个因素似乎促使进入青春期的年龄不断下降（Walvoord，2010）。第一，越来越多的儿童超重，肥胖与女孩较早进入青春期有关。多余的脂肪会改变调节青春期出现时间的激素。第二，儿童增加动物蛋白质的摄入量与月经初潮提前有关。食用肉类和奶类也会吸收内分泌干扰性化学物质（EDC）和牛生长激素，因为这些物质会在动物组织中累积。第三，环境中的EDC可能会模仿、抑制或改变自然的荷尔蒙，如双酚A或BPA（可出现在塑料杯、水瓶和食物储存容器中）。第四，巨大的家庭压力和冲突与青春期提前有关。最后，早熟在某些情况下是由药物引起的，因为有些药物影响早熟荷尔蒙的分泌。有时这被称为性早熟，或者青春期的身体变化早于正常发生（女孩在8岁前，男孩在9岁前）（Berberoglu，2009）。

为什么性早熟是问题呢？根据目前的研究，它与乳腺癌、肥胖、自卑、胃口失调、抑郁、焦虑和身材矮小（骨骼生长板过早闭合）有关（Walvoord，2010）。早熟的女孩更有可能参加危险的行为，包括吸烟、酗酒、暴力和性活动。7岁或8岁的女孩在情感和心理上尚未做好进入青春期的准备。

孩子早熟的家庭该怎么办？去看儿科医生，以排除可能需要治疗的症状。将重点放在帮助女孩保持积极的身体活动和健康的体重。要按照孩子的年龄对待她们，而不是按照她们的外表。保护她们免受不良文化的影响，避免使女孩过早地呈现性感特征（详细介绍在见13章）。支持和教导她们做出正确的选择，避免危险行为。让她们参加青少年体育运动，当她们的身体在青春期发生变化时，支持她们继续参与体育运动。

晚熟男孩

晚熟男孩的身材更修长。这种男孩的青少年运动经历通常不是在早期取得成功的，因为他们的身体没有那么强壮或成熟，所以在需要力量和体力的体育活动中处于劣势地位。在年轻的时候，他们可能在越野和潜水这些运动领域取得成功。通常情况下，晚熟男孩会遭到取笑，因为他们缺乏典型的男性"运动身体"，而且在流行的团队运动中表现也不好，这可能导致他们变得灰心丧气，并试图脱离体育运动。青少年体育运动教练员当务之急是继续为晚熟男孩提供能力指导和技能发展指导，不要认为他们"不如"早熟男孩。虽然他们在发育方面滞后，但是身体劣势是暂时的。

教练的责任是按照年龄、体形大小、成熟程度和技能水平给运动员分配适当的体育活动。如果教练在接触性练习中（如足球或冰球），将晚熟的、个子小的男孩与早熟的、个头更大、肌肉更强壮的男孩安排在一起，那么教练就违反了该责任。如果晚熟男孩因为这种不适宜的搭配受伤，在法庭上可能认定教练存在疏忽，而且要承担相应责任。如果团队中出现明显的不搭配时，建议根据发育水平搭配运动员或修改训练教学结构，以保护身体更小的晚熟运动员免受伤害。

晚熟男孩成年之后往往更高。研究表明晚熟男孩的运动能力在18～30岁期间都会提高，而早熟和正常成熟男孩的运动能力在该期间内变化不大或出现下降（Lefevre, Beunen, Steens, Claessens & Renson, 1990）。这项研究强调晚熟男孩的继续发育和运动能力的不断增强，超越了青春期的典型年龄界限。作为青少年体育运动组织者，我们面临的挑战是在关于青少年发育方面教育教练、家长，让晚熟的年轻运动员能够在艰难的青少年早期阶段挺住，避免他们退出体育运动。

早熟和晚熟女孩

像男孩一样，早熟女孩在身材上往往倾向于矮胖结实，而晚熟女孩子则更加苗条。然而，对女孩而言，发育程度对运动能力的影响不像男孩那样明显。早熟女孩比晚熟女孩更高、更强壮、个头更大，但女性在青春期增加的更多是脂肪而不是肌肉，这点与男孩相反。因此，早熟女孩的总体力量优势来自于比较大的体形，如在篮球中拦截对手或者掷铁饼有优势，但在相对力量上不一定有优势，如引体向上、俯卧撑或跳跃能力。

此外，文化可能潜移默化地诱导体形矮胖的早熟女孩退出体育运动；而且与晚熟女孩相比，早熟女孩们显示出自卑、不满自己的身体形象和更明显的社会性体格焦虑（Negriff & Susman, 2011）。教练可能需要根据早熟者体形的变化改变对这些孩子的期望。特别是，发育成熟程度影响参加体操、跳水和滑冰等适合体形更小女运动员有优势的运动项目。克里斯蒂·菲利普斯在14岁时成为美国顶尖体操运动员，当她出现在体育画报封面上时，大家都认为1988年汉城奥运会金牌非她莫属。从1985—1987年，在美国举行的每场比赛中她都斩获胜利。但1987年青春期的开始和随后出现的生长突增期阻碍了她发挥最高水平，因此尽管她训练多年并获得早期的成功，但她还是无缘1988年奥运会。

和男孩类似，晚熟女孩比早熟女孩有更长的、稳定的腿增长期，一般成年之后更高。早熟者成年之后通常更矮，而且早熟与超重和女性肥胖有关。

晚熟男孩和早熟女孩最可能因为错误的原因停止参加体育运动。要留意这些人，运

青少年的大脑与成人的大脑不同吗

我们和其他青少年家长一样，对青少年的喜怒无常、纪律性差、组织性差、爱冒险和冲动行为表示无耐。最近一些关于大脑发育的研究从发育成长的角度揭示了产生这种典型的青少年的行为的原因。与成年人相比，青少年的大脑前额叶皮层没有得到充分发展，通常并不完全成熟，需要到25岁左右才能成熟（Giedd et al.，1999）。大脑的这部分构成有助于抑制冲动，了解行动的后果以及计划和组织行为。

因此，虽然成年人在面对感情抉择时可以进行理性处理，但青少年在生物发展上还不具备这种处理能力。研究表明，在处理情感时，成年人的额叶活动比青少年更活跃。此外，成年人的杏仁核没有青少年的活跃。大脑杏仁核是情感中心，并参与本能（直觉）反应，包括人的战斗或逃跑反应。在决策、控制行为和处理情感方面，青少年的大脑成熟发育逐渐从杏仁核转移到额叶。青少年的大脑也有非常活跃的奖励中心，这使他们更热衷于寻求短期回报，在出现不确定情况时他们倾向于冒险。

当轴突（长神经纤维，连接神经元）被一种名为髓磷脂的脂肪物质完全包裹时，我们的大脑就发育成熟了。髓磷脂隔离轴突，使神经信号能够快速沿着轴突和跨越突触连接点传递（Sowell，Thompson，Tessner & Toga，2001）。髓鞘的轴突发育得越好，思考就更快、效率更高。在十几岁的时候，另一种发生在额叶的变化正在加快，那就是突触适应，即经常使用的突触得到加强，而很少使用的那些衰退。在童年早期，髓鞘和突触适应都集中在脑区后部。大脑的成熟从后向前进行，最后成熟的是额叶。

了解青少年的冲动、情绪化和非理性的行为与他们的大脑的生理发育过程有关，这有助于成年人教练和家长教育孩子。虽然孩子的青春期时不时会烦人，甚至恼人，但这种情况是暂时的。

青少年的冲动和情绪化行为都与他们的大脑的成熟发展延迟有关。

用生长发育知识支持和鼓励他们继续参与体育运动。给他们提供一些著名运动员是如何克服发育问题并最终在体育运动中获得了成功和快乐的例子。

身体的生长和发育成熟状态对体育运动机会和表现的影响

青少年运动员身体发育特点和成熟状态对他们的体育运动表现和机会起到很大的作用。

发育成熟状态决定运动类型和位置

成熟状态经常预示着谁参与哪些类型的运动，以及他们在运动中所处的位置。在青少年棒球运动中，参加小联盟世界锦标赛和精英队的球员在身高、体重和骨龄上表现出发育更成熟（French, Spurgeon & Nevett, 2007；Hale, 1956；Krogman, 1959）。尤其是投手、游击手和一垒手位置上的球员，他们的发育已经进入青春期后期，比起其他位置的孩子个头更大。在8月中旬打开娱乐体育节目电视频道收看小联盟世界锦标赛时，您就可以看到发育比较成熟的青少年棒球运动员，他们的成熟度与他们的位置有关。

英式橄榄球联赛的球员也表现类似的结果，与正常同龄人相比，他们都长得更高、更重、更成熟（Till, Cobley, O'Hara, Chapman & Cooke, 2010）。在体育运动中的位置也反映出成熟差异，前锋位置上的球员身体更高大，发育明显更成熟，因为他们所在的位置需要应对身体碰撞和拦截对手。一项针对13～15岁葡萄牙男性足球运动员的研究发现，身体重量和成熟程度能够反映出短跑速度和垂直跳跃能力（Malina et al., 2004）。

在青少年体育运动中，花样滑冰则代表另一种相反的对身体发育的要求。在依靠主观判断的体育运动中，审美情趣是很重要的

休息一下

安东尼·戴维斯的惊人生长突增期

晚熟男孩的一个著名例子是安东尼·戴维斯，他是2012年的NBA选秀状元，现在是新奥尔良鹈鹕队的明星。从高中三年级开始，戴维斯作为后卫的控球和外围快步上篮技术已经小有名气。他当时身高187厘米。到了高中毕业，他又惊人地长高了21厘米，身高达到208厘米，成为优秀的盖帽王和篮板手。但因为他在生长突增期之前发展了运球和投篮技巧，所以他在高三时成为了一个全面的球员，既可以打内线，又可以控球和投外线三分球。戴维斯滞后的生长突增期帮助他成为一个能打任何位置的大学生和NBA选秀香饽饽。如果他过早地进入生长突增期，很可能就不会发展出这么全面的篮球技能。

描述您的成熟时间

回想一下您的青春期。与同龄人相比，您是早熟、晚熟还是正常成熟？在您参加体育运动的过程中，它对您的运动能力和选择体育活动有何影响？您的发育成熟时间如何影响到您对自己身体的感觉以及您的总体信心和自尊？

部分，对苗条、流畅的体形要求较高，因此晚熟者有优势（Monsma，2008）。80%的准精英和精英花样滑冰运动员都是晚熟者或者正常成熟者。

因此，发育成熟状态往往会影响到青少年对体育运动类型的选择，以及他们在这些运动中被分配到的位置以及他们的表现。这很好，对于所有运动员，无论成熟水平如何，都给他们提供了机会，让他们的个人潜能得到发展。记住，早熟者成年之后普遍更矮，而且早熟限制了运动类型的选择和位置的分配，这可能会损害到他们整体潜能的发展。

发掘身体天赋

身体的生长和成熟特点经常作为系统性天赋发掘项目评定过程的一部分。天赋发掘是识别和挑选在特定体育运动中表现出潜力的儿童和青少年并为他们提供更专业的训练的过程。如澳大利亚和中国在青少年体育运动领域有系统性的天赋发掘项目（见第10章中的讨论）。根据青少年的身体特点对他们进行测试，然后挑选出有潜能的青少年参加特定的运动训练。针对特定体育运动项目的强化训练让他们获益。选拔指标包括身高、体重、臂展以及手和脚的大小等。

这种做法的目的是试图引导孩子参加与他们的身体特征相适应的体育运动。因为天赋发掘并未得到广泛普及，所以青少年运动员通常是偶然选择到最适合他们的身体特征的体育运动。迈克尔·菲尔普斯并没有被任何系统性项目发掘，但是考虑一下他的身材，就是为游泳而生的（Hadhazy，2008）。他身高193厘米，臂展达到203厘米。这一身高和超宽臂展为游泳提供重要的身体优势。他有巨大的双手，脚踝活动幅度比大多数游泳运动员大15°，美国鞋码为14码（中国鞋码47码左右）、像鳍状肢一样的双脚。菲尔普斯是有记录以来获得奥运游泳比赛奖牌最多的人（18枚金牌和获得超过22枚奖牌）。米西·富兰克林是另一个美国游泳明星，多次获得奥运会和世界游泳比赛冠军，相似的身体特征提高了她的游泳能力。她身高185厘米，拥有195厘米的臂展，并有美国鞋码13码（约30厘米）的大脚。当然，作为游泳选手，菲尔普斯和富兰克林还具有其他影响他们成功的特征，包括努力刻苦训练，以应对这样一个精英级别的竞争。但从身体角度讲，您可以说他们是天生的游泳健将。

对于非常成功的运动员，这类身体构造优势的例子还有很多。著名棒球接球手约翰尼·本奇一只手能够握住七个棒球。身高和身材大小是精英职业篮球生涯的先决条件之一，足球、冰球、橄榄球、美式足球也是一样。短身材和较小的身体通常能够在体操、跳水和花样滑冰中取得成功。除了身材大小之外，肌肉纤维类型的优势和有氧代谢能力也是在某些类型的运动中取得成功的重要因素。总体而言，天赋发掘变得越来越复杂，因此，许多体育运动的教练和指导员指定了适合特定体育运动的技能发展的身体特征和身体类型。第10章将更充分探讨青少年体育运动中的天赋发掘的利弊。

相对年龄效应（RAE）

在青少年体育运动中，球队和联赛常见的做法是按照1岁或2岁年龄间隔将运动员分成组，如11岁年龄组和11 ~ 12岁年龄组。按照生理年龄分组的目的是提供适合发展的指导、公平的竞争和平等的机会。然而，即使是同一年出身的人由于年初和年末的出生时间不同从而也会导致同龄差异，这被称为相对年龄（Barnsley, Thompson & Barnsley, 1985），研究表明它对孩子在运动中取得的成功产生了重要影响。

RAE是什么

如果青少年冰球联赛年龄资格为1月1日到12月31日，那么一支球队的球员可能出生在1月1日（相对年长），也可能出生于12月31日（相对年轻）。资格年龄的截止日期是12月31日，而年末出生的运动员（接近截止日期）比年初出生的运动员年轻。因此任何年龄组内球员的生日差距都可能达到364天。其他运动项目年龄资格也遵循相同的模式，如典型的青少年足球年龄资格为本年度的9月1日至次年的8月31日（8月31日为年龄资格的截止日期）。

这些年龄差异导致了RAE，在资格年龄范围内，运动队中出生早的运动员（相对较大的运动员）比出生晚的运动员（相对年轻的运动员）的比例大。这一现象在精英冰球项目上首次被发现。在全国冰球联赛和三个精英男子青年联赛中，很明显发现更多的运动员出生在第一季度（1~3月），而出生在当年最后一个季度的运动员明显较少（10~12月）（Barnsley el at., 1985）。RAE应也出现在加拿大女子冰球项目上（Weir, Smith, Paterson & Horton, 2010），甚至出现在加拿大5 ~ 8岁的青少年冰球球员身上（Hancock & Young, 2013）。

RAE是一种世界范围内存在的现象，已经出现在足球、篮球、板球、橄榄球、棒球、网球、排球、游泳等体育运动中（Cobley, Baker, Wattie & McKenna, 2009; O'Connor, 2011）。以下为RAE在青少年体育运动中的几个例子。

1. 在美国青少年男子精英足球运动员中，就可能被选为国家队候选运动员的概率而言，1月出生被选中的概率是12月的五倍以上（Glamser & Vincent, 2004）。

2. 参加全国精英赛的14岁以下的巴西女排队员中，有74%出生在年龄资格的前6个月（Okazaki, Keller, Fontana & allagher, 2011）。

3. 西班牙青少年男子精英足球运动员出生日期的分布从年龄资格的年初（1~3月）到年末（9~12月）比重依次明显下降（Del Campo, Vicedo, Villora & Jordan, 2010）。RAE在不同的年龄段也非常明显（见图4.4），而且在跨年龄段的不同的位置中也是如此（见图4.5）。和其他关于RAE的研究一样，运动员的这种分布和西班牙总体人口出生日期的分布有显著的差别。这意味着RAE打破了出生日期在一年12个月中的典型分布特征。

为什么会发生RAE

显然，RAE是青少年运动中的一个问题。它阻碍了相对年轻运动员的个人发展以及社区和国家全体运动员天赋的发展。它产生了一种结构性不平等，以青少年出生的月份为根据，可能妨碍或促进青少年的发展。它为

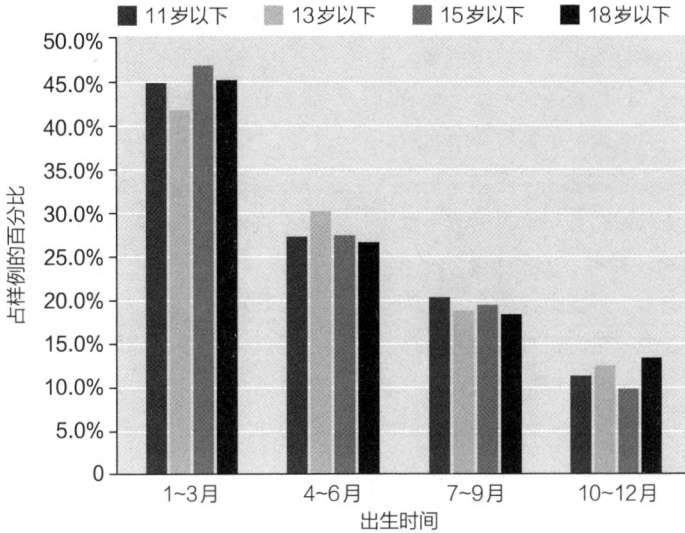

图4.4 西班牙青少年精英足球中不同年龄组的相对年龄效应

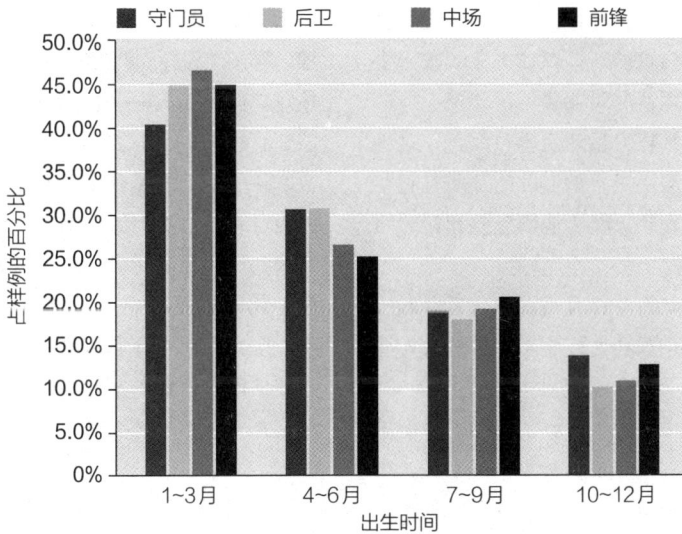

图4.5 西班牙青少年精英足球中不同位置的相对年龄效应

什么会发生？我们认为这是多米诺骨牌效应。

RAE的第一块多米诺骨牌是身体上和认知上的成熟状态。年长的孩子个头更大、更

强壮、速度更快，并且在运动技能和比赛方面有更多经验。随着早熟优势导致后面的多米诺骨牌的倒下，这个初始优势变成了累积

优势。年长的运动员在他们的体育运动中经历更多的成功，因为他们获得教练更多关注和更多的出场时间，特别是在关键位置的运动员。这使他们能够通过更强的竞争和更好的训练达到更优秀的运动队所需的水平。与年纪更轻的运动员相比，年长的运动员基于这一早期的成功，对自己的发展更有信心，认为他们更有能力，而且也有更高的自尊心和更强的动力。想一想，相对年轻的男孩经受双重的折磨，一方面相对年轻而且发育成熟滞后，另一方面由此造成大多数体育运动机会都与他们无缘。相对年轻的运动员和晚熟的男孩一样，都更倾向于灰心丧气和退出青少年体育运动。

如何对付不公平的RAE

RAE是难以克服的。另一种代替按照实际年龄对运动员进行资格分组的方法是结合使用前一章所讨论的一些评估方法，按照生理年龄，即发育情况对青少年运动员进行分组。但对青少年体育运动指导员而言，这种做法在很大程度上是不切实际的，而且有些孩子们可能不喜欢，因为他们想要和同龄组的朋友在一起。

在大城市有很多体育运动参与者，可以成立两个或三个联赛，按照出生月份对青少年运动员进行分组，以减少年龄范围差异。然而，这种做法在较小的城镇和社区是行不通的，由于没有足够多的青少年运动员，所以不可以按照相对年龄进行细分。青少年体育运动指导员可以每年轮换截止日期，让不同的年龄组拥有相对年龄优势。至少，不同的体育运动应该使用不同的资格年龄和截止日期，确保不同体育运动的相对年龄不同。

对付不公平的RAE的最实用、最重要方

式是普及教育和提高认识。教练和老师必须充分了解青少年体育中可能出现的RAE，而且将这种了解纳入到他们的理念和目标中。这需要以帮助运动员发展独特的能力为目标，无论其技术或成熟程度如何，取代让相对年长、技术更好的孩子上场以确保赢得比赛的目标。致力于DAP意味着理解RAE和其他成熟因素对孩子们参与青少年体育运动的影响。这不仅是一切为了孩子，更是为了每个孩子。教练要考虑到晚熟男孩、早熟女孩、相对年轻运动员和某些方面发育相对欠佳的孩子。

本章小结

这一章包含大量技术信息，在试图了解关于身体生长和成熟的复杂细节时，您可能会感到力不从心。不要担心这个问题。如果您以后想要回过头看，本章的一些材料可以作为参考。现在，我们希望您对一些重要的生长和成熟方式有一个基本了解，知道它们是如何影响孩子们参与体育运动和身体活动的。

孩子们通常是什么时候生长得最快？他们的成熟状态如何影响到其在体育运动中的表现和能力及其对自己的感觉是什么样的？您如何评估孩子在发育过程中处于什么阶段？您如何在体育运动项目中帮助早熟和晚熟孩子以及他们需要什么样的帮助和鼓励？您将如何对付青少年体育运动中不平等的RAE？

如果您能给这些问题提供基本答案，那么就走在了DAP的大道上。现在，您意识到青少年体育运动和成年人体育运动可能存在的巨大差异，而且有了这些了解之后，就可以持续地使用DAP原则。我们希望是这样。祝您好运！

学习帮手

关键术语

青春期——身体、心理和社会技能从童年到成年的过渡期。

正常发育的孩子——他们的发育年龄与实际年龄相差时间在一年之内。

生物年龄——根据人体生理学和解剖学的发育状态所推断出来的年龄，也称为发育成熟年龄。

实际年龄——根据特定的出生日期计算出的年纪。

发展——人类一生中经历的生理和心理方面的变化。

早熟孩子——他们的发育年龄比实际年龄大一年。

苗条体形——精瘦修长的体形。

圆胖体形——矮胖结实的体形。

生长——身体的整体或特定部位的增大。

晚熟孩子——他们的发育年龄比实际年龄小一年。

成熟——逐渐达到生理成熟状态的过程或者在身体、认知和情感上逐渐达到成年状态的过程。

月经初潮——女孩第一次来月经的时间。

精壮体形——多肌肉的结实体形。

生长陡增（PHV）——孩子在青春期生长突增期，生长最快的一段时间。

早熟——青春期的身体变化比正常时间更早发生。

青春期——童年和成年之间的过渡期，包括第二性征的出现、生殖系统的成熟和青少年生长突增期。

相对年龄——日历年龄相同的个体之间的差异。

相对年龄效应（RAE）——在资格年龄范围内，运动队中出生早的运动员（相对年长的运动员）比出生晚的运动员（相对午轻的运动员）的比例大。

第二性征——区分两种性别的特征，但并非直接表现为生殖系统的一部分。

性成熟——拥有完全的生殖功能。

骨骼成熟——拥有完全骨化（硬化的骨）的成人骨骼。

天赋发掘——在特定体育运动中识别和挑选表现出潜力的儿童和青少年，并为他们提供更专业的训练的过程。

要点归纳

1. 与身体的成长和成熟不同，发展并不在某一特定的年龄停止，而是贯穿整个人生。

2. 人类的成长呈S形；两个增长最快的时期是婴儿期和青春期。

3. 由于儿童的重心高，因此很难保持平衡。

4. 研究结果并不支持青少年时期协调能力普遍下降或者变得笨拙的观点。

5. 实际年龄相同的儿童的发育年龄可能相差5年。

6. 可以通过使用X线片来确定骨骼年龄，观察第二性征以及跟踪记录生长过程来评估成熟程度。

7. 肥胖、服用某些药物以及摄取过多动物蛋白和出现在塑料中的化学物质都可能导致女孩的青春期提前。

8. 青少年的大脑前额叶皮层尚未充分发育，这让他们很难抑制情绪冲动、有计划地组织自己的行为并理解自己的行为后果。

9. 早熟男孩在依靠力量、速度和体能的青少年体育运动中具有得天独厚的优势。

10. 晚熟男孩和女孩成年之后通常更高，因为他们的生长期比较长。

11. 女运动员通常是晚熟者，而早熟女孩通常对自己的身体形象不满意，并且可能会较早退出体育运动。

12. 成熟状态影响到谁参与哪些类型的运动，以及他们在运动中所处的位置。

13. 相对年龄效应在青少年体育运动中造成不平等，因为相对年龄较大的运动员的身体更成熟、经验更丰富，而且获得教练更多的关注和更好的指导，他们比相对年轻运动员发展出更积极的自我认识。

问题探究

1. 解释发展、生长和成熟之间的不同。

2. 识别和解释身体生长的三个一般原则。

3. 识别和解释身体生长的一般阶段和模式。

4. 解释实际年龄和生物年龄之间的差别。

5. 解释评估儿童和青少年生理成熟的三种方式。

6. 从解剖学上解释为什么青少年的大脑与成人不同，这如何影响他们的推理和行为。

7. 描述早熟和晚熟女孩和男孩的身体、心理和行为特征。举例说明成年人应该如何帮助青少年个人处理其成长过程中的问题。

8. 解释相对年龄效应（RAE）是什么，并提供体育运动中的一些RAE例子。RAE为什么会发生？我们该做什么来克服青少年体育运动中的这种现象？

思考性学习活动

1. 研究一项特定运动的RAE。为该体育运动项目的教练设计和分发宣传页或情况说明书，让他们了解RAE，并给他们提供关于如何克服运动队RAE的技巧。

2. 阅读附录C中提供的四个案例研究。对于每个实例的描述：

a. 识别出孩子是早熟、晚熟或正常成熟；

b. 估计孩子的当前生物年龄；

c. 估计孩子成年后的身高；

d. 就成年人如何帮助孩子理解他或她的独特成熟模式提供一些建议。

资源指南

美国游泳协会（USA Swimming）的文章：身体生长模式，青少年运动员的生长和发育，参与体育活动和身体成熟程度的关系。

第 5 章

技能学习和竞争的准备就绪情况

本章预览

在本章中您将学习如下内容：

▷ 关于运动技能发展的山峰模型；

▷ 帮助儿童培养基本运动技能的策略；

▷ 孩子们应该何时和如何开始学习运动技能；

▷ 儿童应该何时和如何开始体育竞争。

1996年泰格·伍兹20岁时在专业高尔夫协会（PGA）巡回赛中爆发，赢得了他的七场职业联赛中的两场，这在PGA巡回赛上是一个非常艰难的壮举。而且这一壮举是紧跟在他的6个全国业余冠军头衔以及1996年全国大学体育协会冠军头衔之后的。他在1997年赢得了著名的争霸锦标赛，而且继续赢得了更多高尔夫锦标赛，除了传奇人物杰克·尼克劳斯之外，他是高尔夫历史上最成功的明星。伍兹经常被称赞为体育运动比赛史上最伟大的运动员之一。

泰格·伍兹的高尔夫球是如何起步的？他在18个月大的时候就在高尔夫球练习场上击球，困了就睡在他的推车上（McCormick & Begley，1996）。在儿童玩耍的沙池中，他不是玩耍，而是练习挑球动作。他在3岁的时候，48杆打下了9洞，达到成人业余爱好者的水平。他是高尔夫神童，从婴儿就开始练习。这就是我们要讨论的问题。

哦，我们不是说泰格·伍兹有问题。作为高尔夫运动员，我们看到了他在高尔夫球场上伟大的壮举，心中既惊讶又钦佩。问题是，世界各地数以百万计的父母认为只需按照"泰格模式"进行训练，他们的孩子就可以是下一个泰格·伍兹、或者是西德尼·克罗斯、小威廉姆斯、勒布朗·詹姆斯。

不幸的是，这一模式并不适合每一个人，甚至大多数孩子。不是每个孩子在这么年轻的时候就准备好开始体育运动。据泰格·伍兹父母描述，他从婴儿就开始喜欢高尔夫球。他父亲在车库练习挥杆时，他会坐在高脚椅上观看。他在10个月大时开始挥杆，而且整个婴儿和儿童早期，他都会请求父亲带他去练习场。这是不寻常的动力，是教或强迫不出来的。伍兹的父亲厄尔在 *Training a Tiger* 一书中（Woods，1997年）承认"武断地强迫孩子参加比赛只能带来负面结果"（p.

17），而且"有时不管您初衷多好，您的孩子就是不感兴趣"（p. 19）。嘉利韦伯，女子职业高尔夫协会名人堂成员，8岁开始打高尔夫球。格雷格·诺曼（另一个世界高尔夫名人堂成员）直到15岁才打高尔夫球。诺曼是个例外，他很晚才接触高尔夫球。伍兹也是个例外，他极早就开始。

儿童应该何时开始参与体育运动？他们何时准备好学习运动技能？他们何时准备好在比赛中使用这些技能呢？虽然没有一个公式可循，但是本章的目的是为您提供可以用来回答这些问题的信息。您将明白，对于何时准备好参加青少年体育运动，每个孩子都有他自己独特的"模式"。

什么是准备就绪

准备就绪是正在为某事做好准备的状态。在青少年体育运动中，准备就绪是发育过程中的一个时间点，即孩子有能力成功地学习或从事某一项活动。该活动可能是特定运动技能。如孩子准备学习滑冰。但准备就绪也适用于以下几个问题。孩子何时准备好在滑冰时使用曲棍球球棒或冰球？他向后和向前滑冰一样好吗？他能够很好地控制冰球在某些训练和活动中取得成功吗？他准备好参加曲棍球比赛了吗？此时要考虑对手和战术策略，而且有观众观看。他应该加入高级俱乐部还是停留在娱乐水平？我们不仅需要评估青少年运动员开始参与体育运动时的准备就绪情况，而且要继续评估他们在整个青少年体育运动过程中对不同挑战和活动类型的准备就绪情况。

确定一个孩子是否准备好参加一项活动，需要考虑三个因素：成熟、必备的技能和动机（Magill & Anderson，1996）。如图5.1所示，这三个因素就像一辆三轮车上的三个轮子，要想确保一个孩子为某项活动做好准备，这三个因素缺一不可。

图5.1　准备就绪的三个重要轮子

成熟

　　孩子比成人更矮小、力量小、意志力薄弱，而且协调能力也不足。他们在生理方面可能还不够成熟，不能以正常的速度和准确性投垒球，在3米线上投篮球或者在球门禁区之外将球踢进球门内。此外，儿童的认知（心理）过程正在成熟。一个孩子可能生理上的成熟已经可以很好地击球和投球，但在认知方面却还不够成熟，不能理解简易棒球战术和战略。作为曾经的简易棒球教练，我们对此非常了解。许多孩子会跑过一垒进入右翼外场，当他们绕过一垒之后都不知道到哪里去，或者在防守中截住对方的球之后，完全不知道怎么办。

　　父母、老师、教练和青少年体育运动指导员应仔细考虑不同运动或体育活动的要求，并尝试在最佳时机引入这些活动。运动技能是通过反复练习最初学不好的技能来获得的，而且在学习过程中理所当然会发生错误。然而，成人必须将学习过程中自然出现的错误与孩子因为不够成熟去执行某一项技能而导致的错误区分开来。让孩子尝试一项活动没关系，但要观察儿童是不是准备好了，如果不是，等孩子更成熟以后再向其引入该活动。孩子4～6岁的时候带他们去滑冰，他们经常摔倒，而且摔倒后被冰面弄得浑身湿透，所以他们讨厌去滑冰。显然我们对他们准备就绪评估不是很好！然而，我们在第二年之后再次尝试，他们表现不错，而且喜欢上了滑冰。孩子的身体成熟就绪该来就会到来，不可强行提前。

必备技能

　　成熟很重要，但它本身不足以确保孩子达到准备就绪状态。女孩子可能要到了12岁，身体和认知能力的成熟程度才适合打垒球，但她仍然缺乏投掷和接球能力，这成为她们在垒球运动中取得成功的主要障碍。所有体育运动都有必备技能，青少年运动员必须掌握它们才能在该运动中表现出色。必备技能是指"提前需要掌握的技能"。冰球运动员必须擅长滑冰和高尔夫球，而且眼睛和手的协调能力要好；跳水运动员必须具备良好的姿势和平衡能力。所有这些技巧都是必备技能，只有事先掌握它们才能精通这两项体育运动。作为家长和青少年体育运动指导员，我们设计体育运动项目时要让孩子能够发展必备技能，从而让他们在体育运动中取得成功。这意味着把时间花在发展技能上，而不是在孩子还没有掌握参加竞争必须具备的技能之前，就迫不及待地让他们参加比赛（见"斯巴达克网球方式"）。

　　美国青少年足球的局限性在于过早强调发展个人技能参与竞争、团队运动以及赢得比赛（Farrey，2008）。一位青少年发展教练解释说，"发展的关键时期是在早期年龄，此时孩子们习得技能非常重要。但这个国家并不强调在适当的年龄或发展阶段学习特定技能。孩子们应该做的并不是赢得锦标赛和比赛。足球是一项技能运动，需要花大量时间与球接触，而且大人不应该过多的干扰练习足球的环境，该环境只要能培养孩子的创新能力就可以。球本身就是最好的教练"（Schaerlaeckens，2012）。另一位杰出青少年足球教练提醒我们，"对孩子们不停地大喊传球是一个错误。年轻球员需要尝试带球。如

休息一下

斯巴达克网球方式

俄罗斯已成为生产世界级网球球员的基地，其中又以莫斯科斯的斯巴达克网球俱乐部为代表。斯巴达克俱乐部不像许多其他体育学院一样环境优美，这个训练场地已经显得破旧不堪，有一个室内球场和15个室外红土球场，而且在俄罗斯的气候中，这些球场有一半时间都是结冰的。然而这并不是问题。近年来，这个俱乐部已产生20名顶尖的女子运动员，比整个美国的顶尖网球球员都多。

可以用一个词概括斯巴达克俱乐部的教学理念：技术。该俱乐部专注于让运动员学习通向辉煌的网球之路的必备技能。传奇教练拉里·琴斯格亚所教的5~7岁的运动员（"低龄组"）的一些例子包括：

- 热身运动：15分钟的伸展、健美操、灵敏性练习、传健身实心球，以及简单的眼手练习，孩子只需要拍球并抓住它。
- 模仿：用假想的球和搭档连续对打；左右两只脚轮流轻轻跳跃，旋转和挥臂，琴斯格亚在球场上走动，纠正孩子们的

技术动作，通常是抓住孩子们的手臂，然后通过正确的击球动作引导孩子的身体。她把重点放在正确挥臂上，而且没有球分散孩子的注意力时更容易做到。琴斯格亚说，"动作是重中之重。它对每一件事情、每一个练习都非常重要"（Coyle，2007，p.5）。

- 慢动作：以正确的慢动作技术练习各种网球击球法。

斯巴达克俱乐部的学生在学习运动项目的前3年是不允许参加比赛的。"技术就是一切"，琴斯格亚如是说。"如果开始比赛时没有技术，这就是大错。非常严重的错误！"（Coyle，2007，p.7）。琴斯格亚没有在战术或者位置上给"低龄组"成员提供任何指导，也没有提供任何心理技巧。她的所有注意力和精力全都指向教孩子基本的网球击球，让他们做到干净利落有节奏。显然，"斯巴达克方式"着重于开发实现卓越网球成功所需的必备技能，而且结果令人印象深刻。

果我的一个年纪大一些的球员总是喜欢带球，那么鼓励或教他传球就变得很容易了。但如果一个球员在年轻的时候没有机会练好带球，那么要想让他变成一个出色的带球手是不可能的"（Woitalla，2014）。

职业篮球巨星科比·布莱恩特解释了他不参加美国青少年篮球所获得的优势，因为在那里对竞争的强调超过了技能的发展。他是这么说的，"我感到很幸运，当美国的 AAU 篮球名声大噪的时候，我在意大利（6～13岁）练习篮球。美国的教练停止教孩子们基础技能，但这并没有影响到我。在意大利，我们没有到处参加比赛，而且这被看得非常重要。相反，我们练习基础技能、步伐、空间感和反跑，都是一些基础的东西"（McCollum，2013，p. 39）。在强调竞争之前学习的必备的基本技能是重要的指导原则，能够确保正常技能的发展以及在以后的比赛中取得更大的成功。

动机

在这辆准备就绪三轮车中，第三个重要的轮子是动力。如果孩子没有动力，那么即使他在成熟和必备技能方面已经准备就绪，也是没有用的。动机就是渴望、喜欢和想要去做一件事情的意愿。很多时候，孩子们很兴奋去尝试自己观看过的某一项运动，而且他们喜欢并希望继续参加。然而认为年幼的孩子知道他们想尝试什么活动这件事是不切实际的。在童年期间应该尝试不同的活动，看看哪一种活动最适合孩子以及孩子喜欢什么活动。父母应该让孩子参加多项体育活动。作为父母我们的经验是，有时甚至坚持让孩子尝试某项活动，即使他们最初抵触并抱怨，但最后可能会看到他们爱上这项运动，并培养出继续参与该活动的强烈内部动机。动机是一个复杂的过程，将在第 6 章中详细讨论。

运动技能发展的山峰模型

如果孩子已经做好参加某项活动的准备时，他们应该（a）在身体和认知上已经足够成熟，能够取得成功；（b）具备参加该活动的必备技能；（c）具有尝试该活动的动力。但孩子怎么获得运动技能呢？他们应该首先学会某些东西或者在发展过程中按照特定顺序学习某些东西吗？

正如孩子的身体生长和成熟是有一个独特模式的（在第 4 章讨论），孩子运动技能的发展也有一个总体模式。运动技能是习得的一系列动作，他们连贯起来形成流畅、有效的移动，能够完成特定任务。如散步、吃东西、写作、投掷、上下楼梯、投篮、网球发球以及花样滑冰中的三周半着陆，这些都是运动技能。

大肌肉群运动技能是涉及整个身体或身体的主要部分的动作。如跳跃、跑步和踢足球。精细运动技能指需要使用较小的肌肉群来完成精确的动作。如写字或者在射箭运动中准备放箭。许多体育运动同时用到大肌肉群与精细运动技能，如投掷棒球、握住和挥动高尔夫球球棒、接足球的传球以及带球通过对手。

运动技能也可以划分化为移动、操控和稳定技能。移动技能涉及身体在空间中移动，如行走、跑步和跳跃。操控技能，也称为物体控制技能，涉及移动或抛投物体（如投掷和带球）以及接住物体（如各种接球）。稳定技能，也称为的身体控制技能，涉及在对抗重力作用时保持身体的相对位置，如在平衡木上、跳水或花样滑冰时保持姿势。

那么，这些不同类型的运动技能的开发模式是什么呢，它又如何引导孩子们在体育运动中获得足够的能力甚至是专业技能呢？把它看成是运动技能发展的"顶峰"（图 5.2），其中各种类型的运动技能在特定的发展水平中按照一定的顺序进行开发（Clark & Metcalf, 2002; Horn & Butt, 2014; Ulrich, 1987）。这些发展水平在图5.2中用数字表示，而且标上大致的年龄，尽管水平之间和个人差异之间存在重叠。

婴幼儿、儿童和青少年在攀登运动技能发展的山峰时需要一些帮助。也就是说，运动技能不会自然而然地发展，也不会因为身体成熟了就自然出现。孩子所处的环境对他们攀登运动技能的山峰产生了重要影响。人类天生具有预适应运动行为，使我们倾向于

某些条件反射和基本动作，但这些运动技能会被周围的环境和学习过程加强或改变（Haibach, Reid & Collier, 2011）。父母和其他成人应该注意孩子的运动技能发展，并传授各种适合发展的经验，在孩子攀登这座山峰的过程中支持和帮助他们发展各种各样的运动技能。

水平1：条件反射和基本的身体控制技能

运动技能发展山峰的"水平1"表示婴儿期，即从出生到2岁左右。这一发展时期

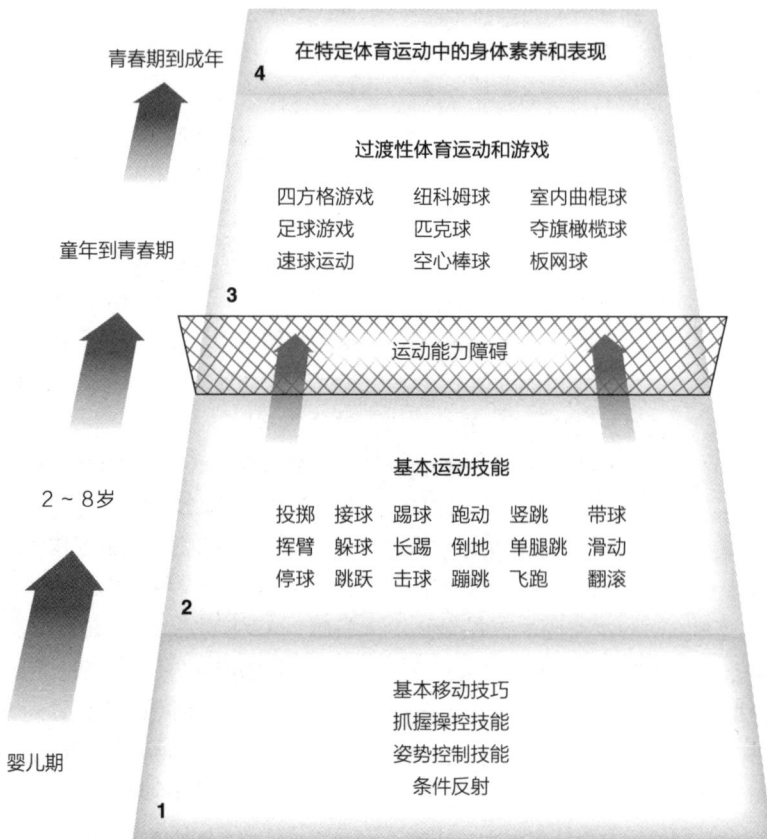

图5.2 运动技能发展的山峰模型

的特点是各种条件反射的有序出现和随后的消失。**条件反射**就是婴儿对特定刺激物的不自主动作，如手掌抓握反射。这些按照顺序发生的条件反射可以帮助父母和儿科医生评估婴幼儿正常身体发育水平。姿势控制技能，例如翻身、坐立和站直和基本移动技能（例如爬行和行走）是所有婴儿运动技能发展的里程碑，这表明他们开始采用以目标为导向的方式与环境进行交互。"水平1"运动技能发展的其他方面包括抓握操控技能，或者伸手够或抓物品并对物品进行操控，如拿玩具玩。在这一阶段，提供操控性玩具、机会和空间，可以促进孩子的基本运动技能的发展。

水平2：基本运动技能

在我们运动技能的发展山峰模式中，到达"水平2"时孩子应该学会执行各种各样的基本运动、操控和稳定技能，这些统称为**基本运动技能**。基本运动技能是最基本的运动动作，是所有体育技能的最小组成部分。它们之所以被称为基本，是因为它们是儿童要学习更多的运动技能的构成要素。图5.2展示了这些构成要素的一些例子，包括投掷、接球、跳跃、单腿跳和击球。这一阶段的其他重要基本技能是精细动作技能、眼手协调能力、平衡能力、灵敏性（在改变方向的同时保持平衡的能力）以及信息处理和决策能力，比如在游戏和比赛中观察环境并选择恰当的线索（Horn & Butt, 2014）。这些基本技能是儿童参与体育活动的重要先决条件，是图5.1所示的准备就绪三轮车中的其中一个轮子。

基本运动技能发展达到成熟阶段的重要性

您可能会看到图5.2列出的许多基本动作

技能，而且暗自想，"嘿嘿，这些都很容易。所有人都知道如何跑步、接东西和跳跃等等。"是的，我们都可以做这些事，但是做得好吗？孩子熟练掌握多种基本运动技能非常重要。这就好比房子的地基。如果基础不牢固，房子可以住人，但是它可能会出现裂缝和凹陷。同样，基本运动技能发展不佳的孩子随着年龄的增长也能够运用体育技能；但他们将处于不利地位，而且与其他基本运动技能熟练的孩子相比，他们的运动表现没有那么稳定或优秀。

儿童第一次尝试在执行基本运动技能时还不熟练。这就是所谓的*初始阶段*，孩子们的第一次尝试执行动作时会缺乏适当顺序，而且没有节奏感，身体动作要么夸大或要么不够舒展。想象一下，处于初始阶段的3岁大的孩子练习篮球运球时球会拍得很高而且缺乏控制，但高中篮球运动员就不一样了，他们有更大的灵活性和控制能力，而且动作也很平稳。接下来是*初级阶段*，孩子的基本运动具有更好的控制能力和更好的节奏协调能力（Gallahue et al., 2012）。然而，初级阶段运动模式仍然受到限制或被夸大。初级阶段的一个常见的例子是，儿童尝试向上挥臂投掷物体，但未能旋转躯干和肩膀（见表5.1和图5.3）。许多个人、成年人和儿童在挥臂过肩抛投技能上都未能超越初级阶段，这种情况也发生在其他基本的运动技能上（Gallahue et al., 2012）。

基本运动技能发展到*成熟阶段*的特点是高效、协调和控制能力好。在前面的高中篮球运动员的例子中，他们运球灵巧、可控而且流畅，这是运球的成熟形式。我们已经通过表5.1中的挥臂过肩投球例子，说明了从初始到成熟阶段的不同级别的熟练程度（Adapted from Haywood & Getchell, 2009）。

表5.1 从初始到成熟阶段的挥臂过肩投球熟练程度例子

	躯干动作	
初始	没有躯干动作；只使用手臂来推球，或者躯干从臀部向前弯曲（见图5.3关于该动作的展示）	
初级	上部或整个躯干旋转	
成熟	有差别的旋转；投掷者扭身离开目标线，然后开始向前旋转，先是转动骨盆，然后才上上半身，按照顺序进行	
	手臂后挥	
初始	手臂没有后挥动作	
初级	弧形向上、向后挥动手臂	
成熟	弧形向下、向后挥动手臂	
	投掷时脚的动作	
初始	没有踏步	
初级	同侧踏步；投掷者踏出与挥动的手臂同侧那只脚	
成熟	对侧踏步；投掷者踏出与挥动的手臂不同侧那只脚	

图5.3 刚开始学习投掷的孩子投掷时躯干弯曲而不是旋转

避免运动能力障碍

儿童在童年通过多项基本运动技能获得成熟的运动模式极为重要。作为体现基础运动技能重要性的一个例子是手臂过肩投掷的成熟模式，这不仅打好棒球或垒球要用到，而且在网球的头顶杀球、排球的发球与扣球中也经常用到（Horn & Butt，2014）。

发展全面的基础运动技能可为年轻运动员在学习技能和参与体育训练时提供更多的选择。由于具备多项运动能力，他们的身体素质将变得越来越全面。一位澳大利亚女子

职业篮球教练说道，"篮球需要高水平的基本技能发展。然而，如果球员的身体平衡能力很差，而且缺乏灵活性、爆发力和横向速度，那么到了十几岁时再尝试培养这些技能将会导致他们进步艰难"（Cooke，2006）。很多运动发展专家认为，如果个人想要在一生中保持活跃，那么熟练掌握基本运动技能至关重要。我们完全同意该观点。

然而，基本运动技能的发展不会随着身体的成熟而发生。孩子们需要实践、游戏、指导和鼓励来培养这些技能。我们要给他们提供这些机会。如果没有这些机会，孩子们就会遇到运动技能障碍（Seefeldt，1980）。如图5.2所示，**运动技能障碍**阻碍了儿童从基本运动技能阶段向上前进的能力，并影响他们过渡到更正式的体育运动之后实现成功。与拥有这些技能的成熟模式的同龄人相比，基本运动技能得不到发展或者发展欠佳的孩子无法实现相同级别的运动技能娴熟度。图5.2中的黑色箭头表示儿童通过发展多种成熟的基本运动技能来穿越运动技能娴熟度障碍的

为了避免运动能力障碍，孩子在2 ~ 10岁需要通过各种基本运动技能发展出成熟的运动模式（Gallahue，Ozmun & Goodway，2012）。

能力。对于个人何时开发基本运动技能，时机很重要。注意，建议从2~8岁发展基本运动技能。虽然这可能延长8岁之后的几年内，但是孩子过了童年之后，发展这些技巧的成熟模式更加困难。

因此，如果在童年的最佳学习时间缺乏机会或实践，导致基本运动技能的成熟模式得不到发展，就会出现运动技能障碍。如果没有这些技能，孩子很可能不会参与体育运动。如果他们确实尝试了，很可能会因为没有获得成功所需的基本技能而退出体育运动。可以将这看作是"如果您没有能力，您就不会参与"原则（Balyi，Way & Higgs，2013）。如果您不会跑步，您就不会去玩足球、篮球、橄榄球或网球。如果您不会投掷，您就不会打棒球、垒球、足球、水球或者打保龄球。如果您不会游泳，您就不会参加冲浪、游泳、皮划艇和帆船运动。"如果您没有能力，您就

不会参与"原则强调在幼年发展孩子的最基本技能的重要性。

帮助儿童发展基本运动技能的策略

帮助孩子克服运动技能障碍需要我们成年人为基本运动技能的发展提供机会、鼓励和指导。对于年龄在2 ~ 10岁之间的孩子，这里有一些应该遵循的特定策略：

1. 为儿童提供对面积很大的开放空间（公园、院子、健身房和游泳池）。

2. 让孩子们花时间在游乐场玩不同类型的健身器材。

3. 设计有趣的障碍通道（室内和室外），让孩子必须跑、跳、爬、滚、匍匐、单腿跳、倒着走路、保持平衡和做精细动作（例如移动和更换保龄球）。

4. 购买家庭用的体育活动设备，如球、呼啦圈、球拍、篮圈、飞盘、自行车、滑板

车、滑冰鞋和让孩子动起来的玩具。

5. 和孩子一起玩。摔跤、玩捉人游戏（及其他各种变化的玩法）、接球、骑自行车、滑冰、足球游戏和四方格游戏。游戏内容要有创意。我们曾经在客厅里的咖啡桌上玩气排球，在地下室玩沙滩足球。每一天让整个家庭参与趣味体育活动，让一家人活跃起来。

6. 与其他孩子约定玩耍时间。在您的房子招待他们，给他们准备有趣而且具有挑战性的活动。

7. 寻找与有组织的青少年体育运动队，如不同的、指导性运动技能发展项目。这些项目有时由社区娱乐中心提供，有时由大学提供。重点应该是让孩子在以熟练掌握技能为目标的环境中发展运动技能，而不是以竞争为目的。如美国青少年运动联盟（NAYS）赞助智能体育运动发展启蒙项目。将父母和3~5岁孩子汇集在一起，让他们学习基本的、必备的运动技能，为以后的棒球、足球、篮球、高尔夫、足球和网球等运动打下基础。美国青少年运动联盟提供可订购的不同的智能体育运动发展启蒙项目，家长也可以购买可在家中进行的项目。

8. 引导孩子在年幼的时候参加各种体育

信息栏

教孩子手臂过肩投掷的策略

您需要注意的四个关键要素是：（1）开始时向下、向后挥动手臂；（2）对侧踏步；（3）对角线顺势动作；（4）躯干旋转和反旋。对于做好上述动作，孩子们需要不断实践；研究显示直到10岁才有60%的儿童能够在成熟的手臂过肩投掷动作中演示这四个关键要素（Ulrich，1985）。

为做好这一动作，其中一个策略是就使用提示词"鼻子、脚趾、展示和投"。首先，持球在前方并远离身体（到达鼻子位置）。然后朝着脚趾方向将球向下移动到大腿位置（这让向后挥臂开始时是向下的）。其次，将球向后、向上移动，直到它到达您的肩膀后面。此时，您后仰手腕，向身后的人展示您的球，让他们能够看到球。最后，快速向前挥臂投球。

您可以按照下面的说明，做一些改变。开始时以非投球那只手指向目标。想象您的肚脐发出一道激光束。

向投掷侧转动臀部或者将激光束直接转向一侧（离开目标线90°）。投掷侧手臂的肘部弯曲，保持齐肩高。手握住球，手腕后仰。投球手臂另一侧的脚向前踏步，让臀部向前转动或者将激光束射向目标，同时向前挥动投球的手臂。让球飞出的时候，甩动松弛的手腕。投掷那只手的拇指指向前脚外侧的地面上，完成动作。

其他策略和视频可通过互联网获得。教师、教练和父母应该了解，到达成熟的投掷模式是一个发展过程，不可能在一次训练课中就学会。不断地和孩子玩传接球并提供提示和反馈，这将帮助他们改进投掷模式。但是要让投掷保持简单和有趣，如向小溪投掷石块、在游泳池玩落沟球、玩躲球游戏等，而且只提供少量的指导和反馈，让孩子能享受到乐趣并希望继续玩下去。

活动。如入门的舞蹈和体操课程对女孩和男孩而言都是不错的，可以培养身体控制能力和运动技能。

9. 通过一些活动帮助孩子发展精细运动技能，如描色、搭积木、玩乐高拼装游戏活动或者补锅匠玩具；使用剪刀、浆糊或胶水制作图片或物品；一些自己完成的事情，如穿袜子和鞋，扣扣子和拉拉链。

10. 不要让所有基本技能的发展都变成结构化、系统化的实践。更好的策略是创造有吸引力的环境，让儿童自发加入到探索性的游戏中，并享受其中的乐趣（Balyi et al.，2013）。就这个阶段而言，*玩而不是实践*，才是正确的心态。

水平3和水平4：从过渡性体育活动和游戏到身体素养和特定的运动技能

要想走完运动发展山峰（见图5.2），就要优先让孩子参与各种改编的体育运动和活动，以此作为参与成年人体育运动的过渡阶段。在图5.2中，提供的例子包括跳跃游戏，四方格游戏、足球游戏和室内曲棍球。大多数有组织的青少年体育运动都可以改编成儿童版，而且应该为儿童进行改编，使它们符合儿童的发育成熟程度和技能发展需求（请参阅第7章）。之前为了基础而发展的基本运动技能，现在可用于过渡性体育运动和游戏中，让孩子们能够继续发展他们的技能。

从运动技能发展山峰的"水平1"成功攀登到"水平3"，就具备了成功执行特定体育运动所需的能力及相应的身体素养。**身体素养**是让个人在一生中坚持参与适合自己水平的身体活动的能力、动力、自信、理解和知识（Whitehead & Murdock，2006；as cited in Balyi et al.，2013）。

身体素养在"水平4"上提供一系列选择，因此，个人在一生中可以尝试许多不同的体育运动和活动并取得成功。家长可以查看运动技能发展山峰的"水平4"，然后为孩子选定一项体育运动去重点发展。显然，我们逐渐变得更喜欢某些体育运动，并愿意花时间训练。但身体素养的目标也是运动技能发展山峰的终极目标，即有广泛基本技能、灵敏性、平衡和协调能力来成功参加许多体育运动和活动。这是成年人让孩子终身参与身体活动的最佳投资。在第10章中，您将了解到在没有发展出广泛的身体素养之前，让孩子在体育运动中过早地专业化实际上可能会损害他们的专业表现。青少年体育运动领导者必须要致力于帮助每个运动员在攀登运动技能发展山峰的过程中不断前进，最终实现具备身体素养和终身有机会参加多种体育活动的终极目标。

运动技能发展的敏感时期

就像运动技能发展山峰所描绘的一样（见图5.2），在童年早期和中期（2~8岁）学会基本的运动技能将带来优势。这个阶段被称为**敏感期**。在这个有限的发展时期内，特定的经历会对大脑产生特别强烈的影响。敏感期的一个好例子越早开始训练第二语言，在以后的生活中就能更熟练地运用该语言。您可能会认识一些人，他们在家里就是说第二语言长大的，与试图在高中或大学习得第二语言习相比，他们的这种语言发展方式要容易得多。学习体育技能也是如此。

敏感期是最佳的准备就绪期

运动技能发展的重要时期有时候被称为*关键期*。然而，神经学家将关键期看作是非常短的一段时间，而且在该时间段内，必须通过适当刺激和经验才能促进大脑和行为的正常发展（Knudsen，2004）。*关键*在这个意义上意味着在特定的发展窗口期之外将无法习得重要的功能或技能。视力发展就是发生在关键期的事情之一。除非婴儿在出生后的前6个月看到光线，否则从眼睛通到大脑的、处理光信号的视觉皮层神经将会退化并消失。

最关键的时期受基因的控制，就像视力的发育一样，而敏感期有更灵活的时间框架，并且受到经验的强烈影响（Penhune，2011）。

因此，*敏感期*最适用于描述在童年早期和中期发展基本的运动技能、眼手和眼脚协

休息一下

迈克尔·乔丹的职业棒球的实验

1993年春天，迈克尔·乔丹宣布从职业篮球退役震惊了体育界。他刚刚率领芝加哥公牛队夺得NBA三连冠，而且获得了篮球运动的每一个荣誉，包括多个MVP奖项、得分王、全明星和奥运金牌。更惊人的是乔丹声明他与芝加哥白袜队签署了一份合同，开始职业棒球生涯。

他为芝加哥Double A小联盟球队打棒球时已经是一个合格的防守型球员，不仅能够盗垒，而且他的速度也可以应付内场击球。然而，职业棒球击球手超出了许多运动员的能力，包括像乔丹一样伟大的运动员。他最后的平均成功率是0.202，而且有28.4%的时间三击不中出局。像迈克尔·乔丹这样有才华和爆发力的运动员在职业棒球运动中击球甚至达不到中等水平的原因是什么？答案就在他早期的大脑发育上。

哈罗德·克罗文是一名医生和神经学教授，他在 *Why Michael Couldn't Hit*（1996年）中说道，"作为神经学家，我知道他达不到大联盟棒球选手的水平。他的击球水平在大联盟棒球赛中没有竞争力。他的击

球不佳是神经问题的直接结果。成功击球不是单纯的的肌肉技巧。击球是一种视觉运动技能，而且和其他技能一样，需要学习才能掌握。当球离开投手的手时，大脑必须学会如何识别它的旋转、速度和方向，然后以刚好的速度、在精确的位置挥球棒，让球棒有力地击在球上。这对任何人的大脑都是一个艰巨的任务。不幸的事实是，当时迈克尔·乔丹已经31岁，大脑太老了，难以掌握这项技能"。

乔丹学习击棒球的最佳机会窗口期或敏感期在他还是个孩子时已经关闭。不过，他可以玩业余休闲垒球，那样可能会获得成功，但在大联盟比赛中，快球从投手的手出发到达本垒板只需0.041s，这是体育运动中最难的视觉运动技能之一。乔丹的特殊篮球天赋是他早年实践和打球的结果，他那时的神经突触网络仍然在发展。乔丹认识到他学习棒球的敏感期已经过了，于是他又回到了NBA。很快，他又赢得了三次NBA冠军。

调、身体控制、精细运动技能以及其他类似的技能。技能发展的敏感期也可认为是最佳的准备就绪期,这意味着孩子已经为学习某一技能做好最佳准备(Magill & Anderson, 1996)。在这段时间学技能更容易,所需的训练更少,而且孩子进入青春期和成年期之后通常变得更精通这些技能。然而,我们不能明确表示,如果在这敏感期学不会运动技能,将永远学不会。相反,这只是学习这些技能的最好、最有效、最简单的时期,机会之窗打开得最大的时候。以后培养这些技能会变得更加困难。为什么呢?答案就在于我们大脑的发展方式。

神经网络和早期大脑发育

大脑的发育或学习实际上是生成、加强和丢弃突触的过程,或者神经元之间的连接过程。突触通过形成通路将大脑各个部分连接起来,从而控制我们所做的一切。大脑的发育依赖于行为,这意味着所形成的突触中,不断使用的将得到加强,而不使用的那些将被大脑裁剪掉。大脑就是连接在一起的神经细胞,它们相互传递信息。"裁剪"听起来有点刺耳,但它是大脑健康发育的关键步骤,让儿童的神经处理过程更加流畅,并使其余的神经回路更快、更高效。修剪或选择活跃的神经回路发生在我们的一生中,但是在儿童早期更为常见。

儿童早期多种多样的体育活动经验和运动技能实践对于连通大脑回路非常重要,有益于孩子以后的体育发展。粗大和精细运动技能的发展机会主窗口在1~9岁。在10岁左右,大多数运动功能窗口将大大缩小(Chugani, 1998)。如前文所述,窗口不会完全关闭(就像关键期一样),但它确实有所收窄,因此大龄青少年发展基本运动技能将是更困难的挑战。

除了突触发育和修剪之外,大脑发育时发生的另一个重要过程是髓鞘的形成。髓鞘是让神经纤维绝缘的白色脂肪组织,确保信号能够在大脑突触之间清晰传输。年幼的孩子处理信息更慢,因为他们的大脑缺乏确保神经冲动快速、清晰传递所需的髓鞘。髓鞘越厚,它的绝缘效果越好,因此控制运动信号的传递就更快、更准确。我们如何增加髓鞘?那就依赖于经验和实践。每次重复一个动作,运动员针对该动作的髓鞘都会加厚一些。他们的神经纤维的绝缘效果更好,因此获得更高的精度、技巧和速度。虽然一些髓鞘的发育是基因决定的,但运动技能或体育技能的髓鞘发育依赖于活动本身(Coyle, 2007;Fields, 2005)。尽管成年人的一生也保留着髓鞘生成的能力,但与孩子相比,需要更多的努力,而且速度更慢。

总体来看,发育中的大脑首先创建突触连接,控制着运动技能的执行。通过积极参与不同的基本运动和体育技能,儿童就创造出一个运动神经连通的大脑。通过持续的运动技能发展和反复练习,青少年运动员产生髓鞘来增强他们的大脑运动神经回路。童年早期到中期是运动神经连通和加强的最佳时期。虽然人的一生均保留一些大脑可塑性,但发展体育的大脑最敏感期是童年。

认知准备就绪情况

认知准备是指儿童理解体育运动的技术和战略需求的能力,特别是他们处理与自己的表现和体育环境相关信息的能力。运动表现是运动技能执行(如能够垫起排球)和认知决策(如知道在何时将球垫给哪个进攻手)的结果。因此,和身体的成熟与参与体育活动的必备技能一样,儿童认知的发展影响到他们针对不同类型体育活动的准备就绪情况。

在体育运动的认知能力方面，非专业儿童（专指那些不参与青少年精英体育的孩子）有别于年纪较大的运动员（Haywood & Getchell, 2009）。他们具备以下特点：

- 关于"如何做"和策略知识更少，因为他们的体育运动经验较少；
- 更多是从思想上琢磨如何执行技能，而不像更有经验的运动员，他们可以自动地执行技能；
- 预测和预期事物和事件的能力更低；
- 识别模式的能力更低（如其他球队的防守策略）；
- 往往未能预先计划和响应体育运动中的具体情况；
- 体育运动决策更慢，而且不是很准确。

通过经验和有效的教学，孩子们在认知上更加熟练，增强了他们在体育运动中的表现能力。教练可以教孩子一些注意力策略，如"休息一下"专栏中关于棒球游击手的计划和训练的例子。一个有用的认知策略就是教孩子标签化，使用口头词语或线索让孩子的脑中呈现正确做法的形象，也称为提示线索。在本章前面，我们使用"鼻子、脚趾、展示、投掷"为例子，通过这种丰富多彩的方式来提醒孩子正确投球技巧。我记得在学习左手上篮所需的步法并使其流畅化时，就不断地重复念"右""左""右"。标签能够提升学习效果和运动表现，而且5岁的儿童就可以受益于标签的使用。一种有效的教学策略是帮助孩子给运动技能贴上简单的、色彩鲜艳的标签，然后在运用技术之前使用这些标签来练习正确的技巧。

越早越好吗

越早参加训练越好的信念已经根植于大众体育文化中；这种信念的另一种表达是"向下竞争"，指的是开始参加体育运动的年龄越来越小（Farrey, 2008）。关于这一问题还有相当多的争论，不是一个简单的是或否能够回答的。这里是我们关于这一问题的三个假设条件。

1. 就基本运动技能的发展而言，大多数孩子越早参与越好（即在儿童早期发展这些技巧非常重要）。

2. 儿童在幼年做什么比他们什么时候开始更重要。

3. 就参与有组织的体育活动而言，有些孩子越早参与越好（但是有些孩子越早越糟糕）。

根据运动技能发展山峰模型，从出生到童年后期这个早期阶段接触各种各样的粗大和精细运动技能对运动能力的发展非常关键，而且是运动技能和身体素养发展的前提条件。因此，从这方面看，应该尽早和孩子一起玩耍，向他们介绍有趣的体育活动，帮助他们发展广泛的基本运动技能。赶早不赶晚，不是吗？通常情况下，这是对的。但请记住的这个公式：成熟 + 必备技能 + 动机 = 准备就绪。有些孩子身体成熟比较晚，不像其他孩子那么早就准备好滑旱冰或投球。由于恐惧或缺乏学习的动机，有些孩子不像其他孩子那么早就想尝试从跳板上跳下。这没关系。他们还没有准备好，给一些时间做好更充分的个人准备。

此外，我们知道孩子的大脑在童年最容易接纳运动技能的学习，这也支持越早发展运动技能越好的想法。也就是说，早开始的话，可以确保孩子利用短期窗口机会，而且在该时期内他们最适合学习运动技能。但请记住，它是一个窗口，时间长度可能是几个月或甚至一年，而不仅仅是因为运动发展专家是这么说的，要求孩子刚过完第二个生日就迫使他们参加运动技能活动。

休息一下

青少年棒球游击手是怎么想的

一项关于认知准备就绪的有趣研究考察了青少年棒球游击手（年龄为 8 岁、10 岁、12 岁和高中生）在将球投向对方击球手之前是如何想的（Nevett & French，1997）。游击手说话的声音记录在绑在腰上的录音设备中，同时还用录像机拍下视频。首先告诉他们在打防守时要大声喊出自己脑中所想的事情并让他们整场比赛中遵循这个流程。

高中游击手（更加专业）提前决定他们的防守策略，选择了更高质量打法，而且大脑对计划进行更加复杂的思维演练。在思维演练中，运动员在执行技能之前，在脑中想象有计划的动作或策略或通过嘴喊出该技能。那些 12 岁或者更年轻的游击手的计划相对滞后且不周全，而且没有进行思维演练或使用更低极的演练形式。

如将跑垒者安排在第一垒和第二垒，高中游击手是这样计划和演练的，"如果球在我的右侧，就去第三垒；如果球在中间，就去第二垒，来个双杀。"更年轻游击手只想着"把球投到任何一个垒"或者"去第二垒"。通常情况下，更年轻的游击手只是喊出一些棒球"家常话"（棒球运动文化的一部分，比如"嘿，击球手，击球手"），这与提升自己表现的计划毫无相关。

根据这些调查结果，教练如何帮助年轻的游击手做计划和更有效地保持注意力？可以教球员学会观察动态情况（多少出局者，多少跑垒者），然后在每次投球之前做出计划。教练可以教球员两次投球之间短暂地放松注意力，但接下来，每次将要投球之前，都要积极进行演练（大声喊出或对自己说）如果球奔向自己会怎么做。只告诉孩子们要注意是不够的，我们必须教他们在不同的情况下如何注意或者注意什么。

青少年游击手（12 岁或以下）既没有提前计划他们的防守，又没有在思想上提前演练每次投球之前要怎么做，而高中游击手在每次投球之前采用认知规划和思想演练。

"*越早越好*"的问题是，一些父母将它理解为孩子越早加入竞争性青少年体育运动队越好。有位家长就经历了这种紧迫感，她打算让7岁女儿报名参加青少年垒球项目。她解释说，"我女儿开始时不玩小球，而他们都说，如果她不玩小球，就不给她签约。她才7岁，好像她的职业生涯已经结束了一样，只不过是因为她没有从5岁开始进队训练。"（Wiersma & Fifer，2008，p. 520）。任何研究都不支持越早参加青少年体育运动队越好的想法，也不支持在最小的年龄"学习如何竞争"的做法。事实上，研究显示这可能会阻碍技能的发展。记住斯巴达克式网球学习方法和科比·布莱恩特关于先学习基础运动技能再关注比赛的重要性的观点。DAP是指技能学习总是比竞争和青少年体育运动的胜利更加重要，特别是在青春期之前。

然而，请考虑本章的开头的几段中关于泰格·伍兹的例子。伍兹是一个从蹒跚学步就开始沉迷于高尔夫项目的例子。对于有些表现出对体育运动的迷恋和运动技能很早就得到发展的孩子，他们很年轻的时候就参加竞争性体育运动可能是完全适当的。西德尼·克罗斯在3岁的时候学会滑冰，在7岁的时候已经成为家乡里的小天才，而且在运动队和联赛中与年龄更大的运动员一起训练和比赛。另一个曲棍球巨星韦恩·格雷茨基也有类似的童年经历，他从6岁开始和年龄更大的运动员一起参加竞争性曲棍球比赛。人们读到这些著名的运动员的事迹时，可能会想他们应该效仿这些成功的运动员，让他们的儿子或女儿尽早开始。但大多数人都不是泰格·伍兹、西德尼·克罗斯比或韦恩·格雷茨基。这3位运动员都是跨时代的伟大运动员，仅仅是具有天赋的个例。

成年人在很多时候热衷于让孩子早早参加体育运动，但忘记了准备就绪三轮车的第三个车轮——动机。如果孩子们还没有在积极性上做好准备，就将运动技能学习的任务推到他们身上，他们可能会将体育活动看成是工作而不是他们喜欢的事情。过早开始的一个危险是倦怠，由于年轻人因为期望和压力而不堪重负，可能会对之前所喜欢的体育活动失去兴趣（将在第11章中讨论）。过早开始的另一个危险是受伤，过度使用身体是青少年体育运动中的头号受伤因素。

过早参加青少年体育运动也存在运动或者生物力学方面的担忧。如果依据特定年龄组孩子的成熟需求改编体育运动，可能会发展出不良的生物力学习惯，而且孩子一旦成熟之后养成习惯就很难纠正过来。有个名叫杰伊的6岁小男孩，在我高中篮球比赛中，他的高超射球技艺总会在中途博得观众的喝彩。然而，在三分线上，他费力举起一个成人用的篮球，由于球太重，他只能从肩膀下方发出推射动作。在青春期之后，他在试图纠正这种射球方法时面临巨大的困难。最后，在孩子们还没有做好准备时（身体、认知、动机和必备技能），过早地教他们体育运动技术可能只是浪费时间。这可能会让孩子灰心丧气，并退出体育活动。等到以后年龄更适合再参加体育活动，往往使得学习更容易，挫折更少，所需的时间更少，而且所展现的最终表现水平和较早接触到的体育技能的孩子一样。

孩子们应该什么时候开始参加有组织的青少年体育运动

要想准确无误地说出孩子应该在什么时候开始参加特定的青少年体育运动，这无疑是天真的想法。和您所了解到的一样，不同个体对于不同的体育活动的准备就绪情况是不一样的。然而，关于孩子生长和成熟过程中的总体准备就绪状态和最佳实践，还是存在一些指导原则的。

长期运动员发展（LTAD）模型

长期运动员发展（LTAD）模型为个人提供适合发展的、系统的体育活动进程，优化孩子的技能发展和身体素养（Balyi et al., 2013）。LTAD模型包括七个阶段，在每个阶段为个人规定了适合发展的目标和活动。我们在这里简要回顾这些阶段，帮助我们确立各种青少年体育活动的准备就绪情况的一些总体性指导原则。

1. **活跃的开始**。从出生到6岁。"活跃的开始"强调玩耍、探索和乐趣，从中掌握基本运动技能。它可以是有组织的和无组织的自由玩耍，旨在发展基本运动技能，获得对身体能力的信心以及建立与运动相关联的喜悦。

2. **基本运动技能**。6～9岁的男孩和6～8岁的女孩，应该继续发展基本运动技能，特别是涉及灵敏性、平衡和协调的技能。顾名思义，焦点仍然在乐趣上，而且应该最小限度地引入正式竞争。

3. **为训练而学习**。男孩从9～12岁，女孩从8～11岁，或者直到生长突增期开始之前，这个阶段涉及发展基本运动技能。然而，重点仍是习得广泛的技能，因为在这个阶段不鼓励过早专业化。建议孩子将更多的时间用于训练（70%），少部分时间用于比赛

（30%）。

4. **为训练而训练**。这一阶段是专门为孩子的生长突增期设计的。女孩的生长突增期一般是11～15岁，男孩的一般是12～16岁。由于孩子的生理反应能力显著提升，因此这段时间适合大量增加训练。孩子应继续改进特定体育运动的技能，而且习得更加高级的战术战略，并加强有氧基础、速度和强度。在这个阶段，过程和进步要优先于竞争。这意味着重点应放在技能训练和身体发展上，赢得比赛是次要的。训练时间仍然应该占大多数（60%），其次才是比赛时间（40%）。

5. **为竞争而训练**。这一阶段将重点放在优化体育技能和学习如何竞争上。运动员可以选择专攻一项体育运动和重点发展这项体育运动的潜能，或者也可以继续参与娱乐级别的体育运动，并由此进入"活跃的生活"阶段。在这个阶段，重点更多地放在竞赛和与竞赛有关的训练上，如队内分组比赛（60%），其次是训练或练习（40%）。

6. **为获胜而训练**。这一阶段适合有卓越才能的精英运动员，他们想要追求强度最高的训练，以适应国际竞赛。因为在最高级别的比赛中获胜是重点，所以重大赛事决定了这个阶段的训练。

7. **活跃的生活**。只要具备身体素养，年轻运动员可以在任何年龄进入该阶段。在这个阶段中，他们将在第3章所介绍的体育运动

个人小插曲

您多早开始参与体育活动

您什么时候开始参与体育活动？这个时间适合您吗？回过头来看，您会选择以另一种不同的方式来开始您的青少年体育运动经历吗？原本可能发生什么不同的事情，让您的体育运动生涯有一个更好的开始？

棕榈叶社区模型中自由活动。我们希望，他们具备基本运动技能、信心和知识，从而在各种体育活动中保持活跃的生活方式。

LTAD模型认可体育运动和身体活动中两条道路，一条以参与为指导，另一条以运动表现为指导，而在此之前，应该以乐趣和技能为基础培养身体素养（Balyi et al., 2013）。前三个阶段强调身体素养所需的基本运动技能，紧接其后的是更加正式、严格的体育运动或身体活动训练。作者虽然提供大概的年龄范围，但从一个阶段进入另一阶段时应基于能力和成熟程度，而不是实际年龄。

与体育有关活动的年龄准备就绪建议

看了LTAD模型之后，在这一小节我们提供一些关于开始参加和专注于各个级别体育活动的年龄的总体性指导原则（见表5.2）。我们还没有谈到孩子专攻一项体育运动的问题，第10章会专门讨论这个话题。有些体育运动，如体操、花样滑冰和潜水，称为早期专业化体育运动（Balyi, Way & Higgs, 2013；Malina, Bouchard & BarOr., 2004）。这对女性而言尤为如此，通常在青春期之前就需要特定的体育运动训练和优秀表现。这些运动需要走不同的路，和前面在LTAD模型中所描述的路不同，而且我们刚才建议的年龄准备就绪指导原则也不适用。表5.2中的重点是晚期专业化的体育运动，指运动员在年轻的时候能够参加几项体育运动，而且到了十几岁仍然可以选择特长体育运动。

我们通过整章解释了学前儿童（2～5岁）所需的重点是什么。如表5.2所总结的一样，这段时间应该尝试多种活动和自由玩耍，侧重于基本运动技能发展。像舞蹈、体操和翻筋斗这样的活动非常适合这个年龄组的孩子发展身体控制和平衡能力。应该让孩子使用和操控多种运动或游戏器材，便于他们掌握投掷、接球、击球、踢球等技能。

在6～9岁时大部分孩子都开始参加有组织的青少年体育运动。很多教练和专家将此视为开始参与棒球、高尔夫、网球、足球、篮球和曲棍球的最佳时间（Bigelow, Moroney & Hall, 2001；Eradi, 1998）。尤其是棒球和垒球，早期参与能够获得优势，因为可以促进跟踪、接球或击球所需的眼手协调能力。击球教练和前大联盟成员肯·葛瑞菲说道，"我从来没有见过从十几岁才开始打棒球，而且成年之后能够成为成功的击球手的人"（Eradi, 1998, p.D6）。葛瑞菲的儿子小葛瑞菲是美国职业棒球大联盟明星，他从4岁开始打棒球，而且一直持续到他从职业棒球退役。他哥哥克雷格·葛瑞菲也在同一时间开始打棒球，但8岁的时候失去了兴趣。在大学踢足球之后，克雷格试图重新捡起棒球，但作为一个击球手，他像迈克尔·乔丹一样，尽管费尽了千辛万苦，再也没能达到精英棒球球员的水平。

如表5.2所示，我们建议6～9岁的孩子将精力集中在技能发展而不是竞争上，而且应该将体育运动改编成小型版本，最大限度地发展孩子的接触技能和乐趣。正如之前所讲的一样，在9岁之后就很难让孩子开始身体活动或参加体育运动队了，因为前期没有广泛的自由玩耍和必备技能的发展。我们估计8～9岁的孩子已经做好参加队间比赛，所以青少年体育运动指导员应该考虑采取措施，确保优秀运动员均匀地分布在整个联赛的运动队中。要做到这一点，一种办法是进行运动员评估测试。这样，教练就可以评估孩子的成熟程度和必备技能，以此作为运动员的"选拔"标准（见附录D，它解释了这个评估过程）。

应该逐步引入竞争。适合发展的进展可

表5.2　与体育有关的活动的准备就绪年龄的建议

年龄	活动	重点
2～5岁	多项免费或有组织的体育活动,配备大量器材和体育用品;非正式的竞争游戏,比如足球游戏、空心棒球、接力赛跑、匹克球和四方格游戏	探索,乐趣,以不同的方式移动身体;基本运动技能的发展,指导和实践
6～9岁	有组织的青少年体育运动;改编体育运动以促进技能的发展;小场游戏,比如3对3篮球、足球或冰球;继续进行非正式的竞争游戏,在过渡性的体育活动中练习多种基本运动技能	技能发展和体育运动乐趣;6～7岁的儿童在运动队内进行练习和比赛;8～9岁的儿童与其他运动队进行比赛,但是没有排名或者锦标赛;这两个年龄组的重点都放在技能掌握和用于练习技能的游戏式比赛上
10～13岁	还要对成年体育运动稍微进行改编;大约从12岁开始选择体育运动(学校和俱乐部);基本的战术和策略,但不是以牺牲技能发展为代价	技能发展、体验快乐和竞争;联赛和排名;更加注重技能的发展和在竞争中运用技能,而不是在竞争中获胜
14～18岁	成人形式的体育运动;健身和力量训练;高级战术和策略;通过更好的教练来加强的技术训练	更多的技术发展,重点放在技能掌握上;竞争获胜;由多项体育运动慢慢减少至少数体育运动或者特长体育体育运动

能包括通过愉悦的活动发展技能,然后通过一些团队内竞争测试技能,接着是团队内竞争,但没有联赛或锦标赛,最后是联赛内的团队之间的竞争,有冠军赛和锦标赛。许多社区的游泳和潜水队向所有年龄组(5～18岁)开放,参与者可以在运动会竞争或者只是通过游泳学习技能。这些体育运动项目提供模拟运动会,初学游泳者可以在尝试团队内竞争之前练习比赛。请牢记,准备好学习运动技能和准备好使用这些体育技能参与竞争是两码事。

在10～13岁时,孩子们的身体和认知能力的成熟程度能够提升他们的技能执行水平,这个时期的重点放在战术和策略上,提升他们的体育运动表现。我们相信,孩子们在这个年龄已经准备好参加有排名和锦标赛的联赛。然而,仍然需要通过竞争结果来加强技能发展。

来到高中年龄(14～18岁),将使用成人形式的体育运动以及更高级的身体和技术训练。此外,青少年在这一阶段的常见做法

是,根据时间和精力要求将许多体育运动缩减至少数几个或通常是自己喜欢的特长体育运动。

没错,尽早开始开发身体运动技能非常重要,但是与此相比,孩子们做什么以及他们这样做时感觉如何则更加重要。首先,在儿童早期的时候强调技能发展至关重要,而且应该贯穿各个水平级别的青少年体育运动过程。帮孩子们一把,让他们的技能得到发展并成为具有身体素养的运动员,以保持一辈子都活跃于体育运动中。

本章小结

金斯伯格和他的同事(2006年)提供的青少年体育运动指导三步曲是总结孩子的准备就绪情况的好方法。(1)了解您的孩子;(2)了解青少年体育运动环境;(3)了解您自己。

1. **了解您的孩子。**通过检查孩子的发育

成熟程度、必备技能和动机，了解您的孩子或您教的孩子什么时候准备好参加青少年体育运动。一定要特别考虑每个孩子的独特需求和能力。虽然运动技能的发展和体育运动准备就绪情况有模式可循，但在这些模式中，孩子们之间的差异还是很大的。我的一个朋友名叫亚历克斯，他7岁时和父母一起首次去参加团队内游泳运动会。当他们到达比赛场地时，亚历克斯告诉他的父母，他感到不舒服，不能游泳。父母了解亚历克斯的情况并理解他的焦虑，告诉他没事了，并建议他到车里坐一会儿，直到他感觉好些。这样，也许他可以参加第二场游泳比赛。亚历克斯的父母理解他以及他的第一次比赛恐惧感。亚历克斯进入游泳池后，看到队友们在游泳，于是同意参加第二场游泳比赛；他表现不错，而且在那个夏天和接下来的几年中，他的游泳表现都非常有竞争力。了解您的孩子意味着知道并接受他什么时候做好学习和竞争的准备。

2. **了解青少年体育运动环境。**了解技能发展和竞争性体育运动项目之间的区别。记住，在参加竞争之前先发展技能非常关键（如斯巴达克训练方式）。寻找发展基本运动技能的体育运动项目和活动，或者强调技能发展的体育运动项目。如果您是青少年体育运动领导，需要为3~5岁的孩子提供基本运动技能发展项目，并给教练提供关于如何评估体育运动和培养必备技能的信息。

3. **了解您自己。**第三步对父母来说尤其重要。当父母或教练想要孩子在尽早参加体育运动或者运动技能学习时，有时候孩子们还没有做好准备。有时候他们没有兴趣参加父母最喜欢的运动。

父母热爱的某些体育运动而且有比赛经验，希望给孩子提供最好经验指导，但这有时可能会让他们变得失去耐性，影响到他们了解孩子的最佳准备就绪状态。我们理解这一点，因为我们就有过几次这样的经历。提醒自己一切为了孩子，等到孩子最适合参加体育运动而且能够享受到其中的成功和乐趣时，才让孩子参与。

学习帮手

关键术语

运动技能障碍——发生在童年时期的障碍，阻碍孩子在童年阶段发展出成熟的基本运动技能，这将妨碍他们在未来的体育运动中精通更高级的运动技能。

认知准备——儿童理解体育运动的技术和战术需求的能力，特别是他们处理与自己的表现和体育环境相关信息的能力。

精细运动技能——使用较小的肌肉群执行精确动作的能力。

基本运动技能——基本的运动动作，是所有体育技能的最小组成部分。

大肌肉群运动技能——涉及整个身体或身体的主要部分的动作。

标签化——使用口头词语或线索让孩子的脑中呈现正确做法的形象。

移动技能——涉及身体在空间中移动，如行走、跑步和跳跃。

操控技能——移动或抛投物体（如投掷和带球）以及接住物体（如各种接球）。

动机——渴望、喜欢和想要去做一件事情的意愿。

运动技能——习得的一系列动作，它们连贯起来形成流畅、有效的移动，能够完成特定任务。

运动技能发展山峰——各种类型的运动技能不断上升的发展模式。

髓鞘——神经纤维绝缘的白色脂肪组织，确保信号能够在大脑突触之间清晰传输。

身体素养——个人在一生中坚持参与适合自己水平的身体活动的身体能力、动力、自信、理解和知识。

必备技能——孩子必须基本熟练掌握以在未来的体育运动中取得成功的技能，如熟练掌握投掷和接球是垒球的必备技能。

准备就绪——发育过程中的一个时间点，即孩子有能力成功地学习或从事某一项活动。

条件反射——婴儿响应特定刺激做出的不自主动作。

演练——运动员在执行技能之前，先通过有计划的动作或策略在脑中想象或通过嘴巴喊出该技能。

敏感期——身体发育的一个有限时间段，其中特定的经验对大脑的影响特别强烈。

稳定技能——在对抗重力作用时保持身体的姿势，例如在平衡木上、跳水或花样滑冰时保持姿势。

要点归纳

1. 通过评估孩子发育成熟程度、必备技能和动机来确定他的准备就绪情况。

2. 运动技能发展遵循运动技能山峰模式，孩子按照顺序发展各种运动技能，而且从基础开始，并慢慢上升到体育运动技能的顶峰和提高身体素养。

3. 运动技能可以分为大肌肉群运动技能或精细运动技能以及移动、操控和稳定技能。

4. 条件反射是按照顺序出现和消失的，因此科学家和医生可以根据它评估婴儿的正常身体发育。

5. 基本运动技能是儿童学习的更多的体育技能的构成要素。

6. 如果在童年的最佳学习时间缺乏机会或实践，导致基本运动技能的成熟模式得不到发展，就会出现运动技能障碍。

7. 敏感期是最佳的准备就绪时期，在身体发育的一个有限时间段内特定的经验对大脑的影响特别强烈。

8. 儿童早期多种多样的体育活动经验和运动技能实践对于连通大脑回路非常重要，有益于孩子以后的体育发展。

9. 越早参加青少年体育运动队越好，越早学会竞争越好，对于这种想法，目前的研究并不支持，而且甚至认为它可能会阻碍孩子运动技能的发展。

10. 青少年尽早参加体育运动有利也有弊，因此越早越好对一些孩子来说有好处，而对另一些孩子来说有坏处。

11. 长期运动员发展模型包括七个阶段，这些阶段由适合发展目标和活动组成，引导青少年通向最佳的技能发展和身体素养提高。

12. 针对6～9岁儿童青少年体育运动项目，应该侧重技能的发展和乐趣，使用小游戏并逐步过渡到竞争性比赛。

问题探究

1. 就确定孩子是否准备好学习运动技能而言，说出三个需要考虑的因素。解释为什么每个因素都是至关重要的，并提供例子。

2. 描述运动技能发展山峰的不同部分。解释运动技能发展本身的顺序性为什么是必要的，以及为什么每个阶段都重要。

3. 为什么会发生运动技能障碍？为了帮助孩子克服这一障碍，找出成年人能够做的几件事情。

4. 达到运动技能的成熟阶段是什么意思？使用特定运动技能描述运动技能的初始或初级阶段的特征以及运动技能的成熟阶段的特征。

5. 解释什么是敏感期，特别是就学习运动技能而言。通过大脑的发展来解释为什么会有敏感期。

6. 非专业儿童运动员和年纪更大的运动员之间的认知差异是什么，它们如何影响到体育运动表现？解释关于棒球游击手的认知就绪情况的研究结果，以支持您的答案。

7. 说出支持越早参与体育活动越好的论据，然后说出越早越好这种观点可能导致的负面影响。

8. 根据LTAD模型和从本章学到的知识，概括地描述孩子应该从什么时候开始参与体育活动，以及他们在各个发展水平上应该做什么。

思考性学习活动

选择您熟悉或感兴趣的一项特定体育运动，对其进行深入了解。为这项体育运动创建一个运动技能发展项目。为参加这项体育运动的孩子提供建议，他们应该什么时候开始参加，而且随着年龄的增长应该如何发展他们的技能。务必确定要在这项体育运动取得成功所需的必备技能的类型（包括基本运动技能）。此外，描述您如何将比赛引入到青少年技能发展中。不要简单地照搬目前青少年体育运动正在做的事情。以创新的方式思考，根据您对准备就绪情况的了解提供新的、有创意的想法。

步骤1：研究特定运动技能的发展顺序（如投掷、踢球、凌空踢球、接球）。您可以通过网站或者关于运动技能发展的教材了解该主题。您必须认识这种技能从初始到最成熟模式的各个发展阶段。

步骤2：选择一个孩子（最佳年龄是3～8岁）作为观察该技能执行情况的样例。在观察的时候叫孩子重复执行该技能。您的任务是评估孩子技能发展的熟练水平，或者孩子在该运动任务中技能水平的成熟程度（从初始到初级再到成熟）。做笔记，或者对照您创建的图表检查孩子对各种技能的执行的熟练程度。

步骤3：写一份书面报告总结您的经验。展示技能的发展序列，并描述样例孩子（提供年龄、性别和运动经验）在该发展顺序中是什么位置。就孩子所参与的活动，描述您对孩子技能发展的感受，包括您对任务或者观察结果的任何其他感受。

资源指南

美国儿科学会（American Academy of Pediatrics），健康儿童网站（Healthy Children Website）。该网站提供关于儿童的预期发育和运动技能习得的指导原则和时间表。该网站由美国儿科学会管理，提供许多由医生撰写的、关于适合年龄的体育运动和身体活动的文章。

加拿大教练协会（Canadian Coaching Association）。在这个简短的视频中，卿科林·希格斯博士讨论了基本运动技能的重要性。他简要地讨论了这些运动技能是如何发展的，并从体育和公共卫生的角度谈论了它们的重要性。

儿童与运动组织（Kids at Play）。这是澳大利亚的一个组织，它专注于年幼孩子的幸福成长。儿童与运动组织在其网站上为所有年龄阶段的孩子提供活跃玩耍的建议。该网站有可供下载的资料摘要，提供关于基本运动技能和必备技能的信息。

第6章

动机和社会心理发展

本章预览

在本章中您将学习如下内容：

▷ 儿童为什么要参加青少年体育运动；

▷ 青少年运动员的三个基本动机需求；

▷ 满足这些需求的实用想法和策略；

▷ 如何为运动员创造动力FEAST。

如果您正在阅读这本书，您很可能喜欢体育运动。您爱上了体育运动是因为和朋友一起玩得高兴，掌握技能之后感到自豪，以及在比赛中感到兴奋。您今天可能还保持活跃的生活，那是因为您在童年养成了热爱体育运动的习惯，为您提供了技能和兴趣，让您在成年之后仍然热爱运动。这就是我们希望孩子们得到的东西。成年人的一个重要目标是帮助孩子爱上体育运动。热爱体育运动是孩子参与体育运动动机的重要组成部分。

正如我们在前一章中定义的一样，动机是想要做某件事情的愿望、意图或渴望。但在这一章中，您将了解到动机是很复杂的。它涉及多个相互作用的内部和外部力量，诱使人们以不同的方式行事。由于动机的复杂性，有时看起来像是能够激发孩子积极性的好主意可能适得其反。虽然获奖通常被认为是动机的回报，但有时会伤害孩子的学习动机。同样地，青少年教练认为总是保持积极心态和赞扬运动员有助于提升他们的动机，但实际上这也可能降低孩子的动机。

通常将动机认为是行为或者一个人做的事情。如果一个孩子选择到外面练习点球，尤其是日复一日这样做，每次都练习几个小时，我们就认为这个孩子的动机受到激发。如果顽强地不断尝试用脚将球挑起射向球门的最高角，即使最初失败了，我们也认为他有参与体育运动的动机。如果孩子拼命地追球和挑战对手，他也呈现出参加比赛的强大动机。当然，可以从这些观察到的行为推断孩子的动机，但这些只是内在动机的外在行为表现。为了真正地了解孩子的动机，需要了解孩子的内在动机取向是如何发挥作用的。动机取向是一些内部特征，如信仰、价值观、需求、态度、目标和自我感受，在以成就和目标为重点的活动中（如体育运动），它们引导人们思考和行动偏向某些方面。动机的秘密

不是一些噱头，而是了解人们的动机是如何以及为何得到激发的。

孩子的动机取向是整个社会心理发展的一部分。这意味着，个人如何看待自己在很大程度上受到他们社会经验的影响——那就是与父母、兄弟姐妹、同伴、教师、教练以及大众媒体接触形成的经验。如需要考虑的一点是，有些家长只有在儿子赢得网球比赛时才表达支持和祝贺，而另一些家长无条件地支持自己的孩子，并接受孩子的一切表现，不管好还是不好。显然，年轻运动员的动机取向和其他心理特征受到父母反应的影响。

动机气氛用来指某一情况下各种社会因素影响下动机取向是如何发展的，而这又反过来影响到动机。这些社会因素包括反馈的类型，奖励和惩罚的使用，表现预期和评价以及整体沟通模式。正如您可能想到的一样，动机气氛强烈影响到青少年运动员的动机取向及其学习和表现。本章和本书的一个重要目标是，如何为特定的青少年体育运动情形创造最佳的动机气氛提供策略。

孩子们为什么要参加青少年体育运动

5～18岁的青少年给出的答案是"很有趣"（Murphy，1999；Sit & Lindner，2006）。相反，"不好玩"是孩子退出青少年体育运动的主要原因（Sabo & Veliz，2008）。除了乐趣、兴奋、挑战之外，孩子们参加体育运动的其他两个重要原因是"学习或提高技能"和"和朋友一起或成为团队的一部分"（Weiss & Williams，2004）。

尽管这些是孩子们经常列举的参与体育运动的三个主要原因，但还有其他原因。询问孩子想参加体育运动的原因是有必要的。为了帮助您做到这一点，附录E提供了"为

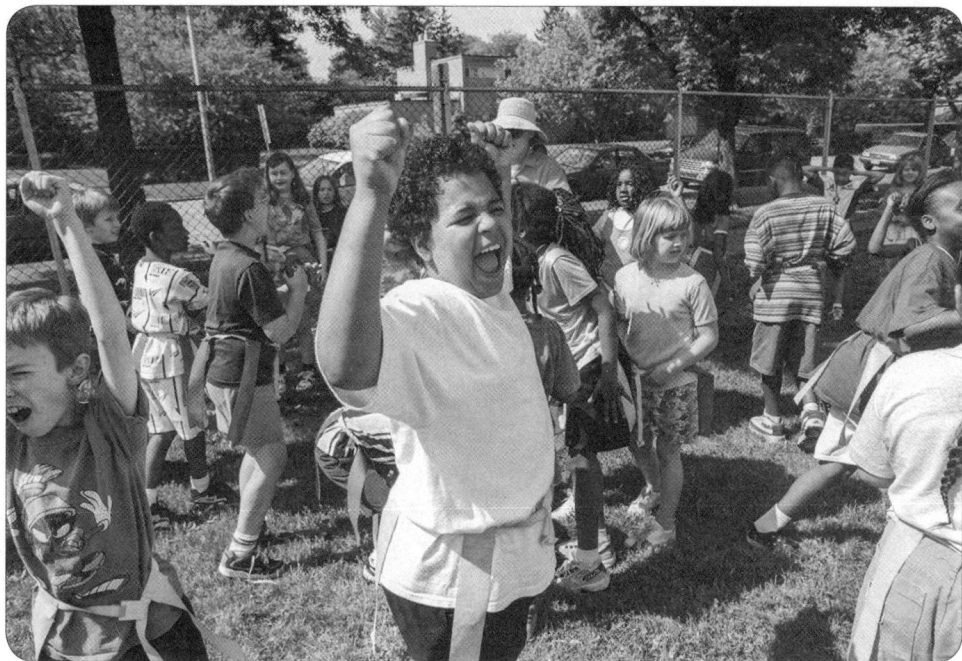

5～18岁的青少年认为参与体育运动的主要原因是好玩。

什么我参加体育运动问卷调查"（Adapted
from Murphy，1999）。教练可以利用这份调
查问卷来了解青少年体育运动参与者的动机，
而家长可以用它来考虑哪些类型的体育活动
最符合孩子的参与动机。

　　前面列出的原因和附录E都是描述性的，
或者以参与者陈述自己参与青少年体育运动
的原因为依据。然而，要更好地了解青少年
运动员的动机取向，我们需要探究他们的基
本心理需求，最终推动他们行为。有三种基
本需求得到多个动机研究理论的支持（如
Deci & Ryan，1985；Harter，1999；Nicholls，
1989），并认为它们是儿童参与体育运动的
动机的核心：能力、自主性和相关性。本章
的其余部分重点讲解动机与这些需求的关系
（见图6.1），其中能力是重中之重，它对青少
年运动员非常关键。

图6.1　孩子在体育运动中的基本动机需求

能　力

　　个人能力是动机的核心，而且追求能力
是人类本能，从婴儿时期就有。婴儿试图以
不同的方式移动身体和操控物体，努力对周
围环境产生影响。儿童继续追求能力，通过
身体任务测试自己，如从跳板上跳下、学骑

自行车和从水下横穿游泳池等。父母经常会听到小孩子说"妈妈，看我这样做"或者"爸爸，给我算时间"。在该过程中，孩子测试自己的能力并努力使之得到加强。能力就是有足够的技能来实现某一目的，所以我们可以将自我感觉能力是执行特定任务的个

休息一下

人类的需求和动机：埃琳娜·阿尔多恩案例

您是否曾经怀疑过其他人的行为方式，想不明白为什么他选择的做事方式在您看来似乎不符合逻辑？最重要的是，动机是满足需求的愿望或意图。而问题在于，我们可能不了解与其他人最相关的需求。虽然我们经常都在试图理清我们的需求和决定做什么，但是我们大多数人都不像埃琳娜·阿尔多恩一样，需要在公众的审视下完成该过程。

阿尔多恩是历史上最卓越的女子篮球运动员之一。在八年级的时候，北卡罗莱纳州大学就给她提供篮球奖学金。在高中时，她就是一个身高196厘米的篮球运动员。她全面的技能表现令人印象深刻，媒体预言她的技能将改变女子篮球比赛。她带领高中篮球队三次夺得特拉华州冠军，她得分超过2 000分，是全美高中明星篮球队运动员，并被评为全国高中第一储备人才。阿尔多恩选择了参加康涅狄格大学的女子篮球队，这支球队是近10年以来全国顶尖球队。这似乎是合乎逻辑的选择。但是在康涅狄格大学的校园里待了两天之后，她突然离开斯托尔斯市并退学，理由是"个人问题"。她后来就读于特拉华大学，离家很近，走路就可以上学。但是，她参加的是特拉华大学的排球队！人们当然大为震惊，且全国的媒体都质疑阿尔多恩的动机。

阿尔多恩和她家人的关系非常亲密，尤其是她的姐姐丽兹，她患有脑性麻痹，而且失明失聪。这对姐妹的唯一沟通途径是触摸和拥抱。"丽兹对我来说意味着我的世界，"阿尔多恩说，"她不知道我是她的妹妹，她也不知道我是一名篮球运动员。但是她知道我是她生命中非常重要的人"（McGraw，2013）。一次与她的姐姐团聚之后，也是一个排球赛季之后，阿尔多恩最后对自己说，"我在做什么，为什么不打篮球"（Wertheim，2012）。于是，她加入了特拉华州的篮球队，得分超过3 000分，赢得了许多国家级奖项。WNBA在2013年举行的第二次全体选秀中，阿尔多恩在她的第一个职业赛季中获得年度最佳新秀称号。

和我们大家一样，埃琳娜·阿尔多恩有她自己动机需求。她的故事非常感人，因为她不仅要努力满足与家人团聚的需求，而且也要满足作为一名优秀篮球运动员必须实现自己使命的需求。在指导青少年运动员时，要知道他们的个人价值在多大程度上基于满足他们的独特动机需求，这点非常重要，要牢记在心中。

人能力或技能。

能力动机的棒球钻石模型

在一个连续的循环中，动机和能力相互补充，如图6.2中能力动机的棒球钻石模型所示（Adapted from competence motivation theory by Harter，1978；White，1959）。从本垒开始，儿童追求能力的动机（A）驱使他们进入第一垒，尝试不同的技能和活动，这个过程称为"试图精通"（B）。当挑战自己能力的活动中获得成功（C，在第二垒），就觉得自己有能力，这反过来使他们觉得自己是有价值的，同时感到自豪、满足和快乐（D，在第三垒）。自我价值也称为自尊，指的是一个人价值感或者作为人的价值。在第三垒还需要付出很多努力，因为这些都是促进动机的重要内在情感和自我感觉。但如果实现了它们，就得到了全垒打！价值感、积极情感和"我能做到！"的信念（自我感觉能力），会让获得全垒打的孩子自豪地小跑到三垒线（回到A），而且让他们更有动机，重新回到本垒再尝试一遍（回到B）。我们来总结一下这个模型，

由"想要参与"，到"试一试"，到"实现"，到"感受"，最后到"想要来一遍"。

因此如果轮到其击球并取得成功，那么如图6.2所示，更有动机继续参与该活动。如果他们遇到障碍，也会努力并坚持（Whitehead，Andree & Lee，2004）。然而，还需要考虑这个循环也可能产生负面结果。一个孩子加入青少年体育运动队并开始参与训练和比赛（试图精通），却并不成功，因此觉得自己无能、无价值、对自己不满意或者甚至感到羞愧。这会削弱他继续参与这项体育运动的动机。那些觉得自己没有能力的孩子将失去兴趣、努力和毅力，最终可能会脱离体育运动（Cervello，Escarti & Guzman，2007；Whitehead et al.，2004）。

在这个棒球钻石模型中，成人可以对很多地方进行干预，帮助每个孩子去实现自己的全垒打。事实上，在能力动机棒球运动中，青少年体育运动领导、教练和父母扮演着所有孩子的裁判、管理者和跑垒引导员。如图6.2所示，我们已经在第一垒和第三垒的成人的教练区中将它们标注出来。我们的工作为所

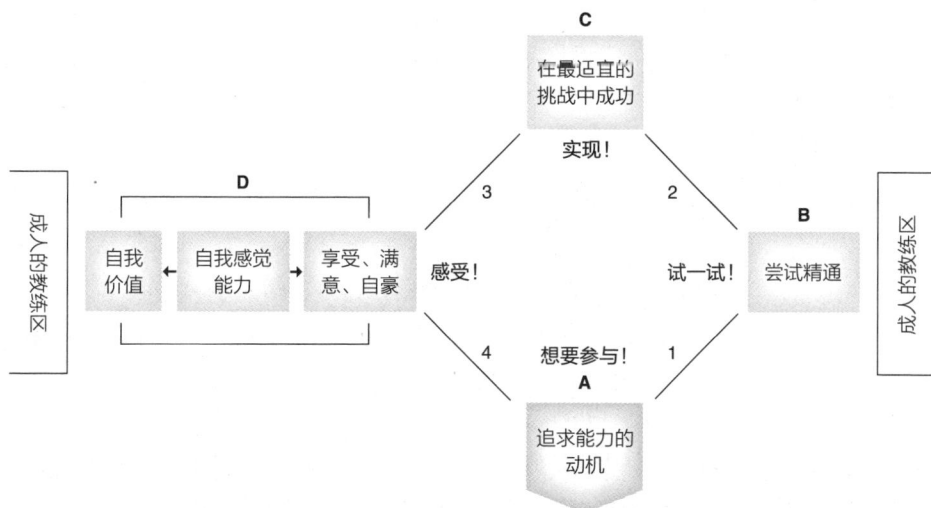

图6.2 能力动机的棒球钻石模型

有参与棒球运动的孩子创造和维护一项适合发展的棒球运动。让我们看看，如何在基础路径上进行干预（1～4，见图6.2），帮助孩子能够围绕各个垒转一圈，以增强其动机和自我感觉能力。

如何对待失败恐惧和完美主义（垒路径1）

如果教导青少年运动员将青少年体育运动看作一项令人兴奋的挑战和学习进步的机会，将犯错看作该过程的正常一环，那么他们将更轻松、更愉快地从本垒进入第一垒。这点有时候做起来很困难，因为体育比赛是一个社会评价过程（如第3章所述）。

失败恐惧

由于在乎社会评价，有些孩子开始担心失败。害怕失败是因为害怕失败带来的结果，通常是担心丢脸、尴尬、不够好或者让其他人失望（父母、教练、队友）（Conroy，Willow & Metzler，2002）。对失败的恐惧是后天习得的，通常在5～9岁时出现，此时孩子开始在意他人的评价和批评（Sagar, Lavallee & Spray，2007）。他们的焦点从将学习作为自由玩乐的一部分转向在公共社会评价场合下参加比赛（Martens，2012）。

害怕失败的孩子受到青少年体育运动的威胁，而且通常会退出体育运动。一些害怕失败的孩子虽然艰难地待在体育运动中，但是当他们犯了错误时，整个人都快要崩溃了，而不是将犯错看成是任何尝试的正常后果。一些害怕失败的青少年运动员根本不努力，因此无法克服出现的困难，而且装作满不在乎的样子，试图挽回面子。不努力就是他们为失败找的方便借口。尽管很多运动员多少都有一些对失败的恐惧，但目前仍然参与体育运动的大多数人均有着更强烈的成功取向。以成功为取向的运动员理解失败带来的不良后果，但他们会想着成功之后带来的成就感和自豪感。这些运动员寻求挑战，而且面对挫折和障碍时选择坚持。因此，我们的目标是帮助青少年运动员专注于挑战成功而不是失败带来的消极后果。

完美主义

和害怕失败相似，完美主义是另一个避免无用的动机取向（Kaye，Conroy & Fifer，2008），它影响到孩子在青少年体育运动中尝试精通技能的方式。完美主义是指青少年运动员倾向于实现完美无瑕的表现（Gilman & Ashby，2006）。完美主义的一些方面是能够适应的，如对表现有高标准，尽力做到最好的强烈动机以及对组织的偏好。然而，不能适应的完美主义者对错误表现出过度焦虑而且无法接受，在评价自己的表现时过于挑剔，而且不切实际地、非理性地追求没有瑕疵的完美。怀有不能适应的完美主义的孩子可能会说"今天我不能犯任何错误""玩的时候要注意安全，别出了洋相""我不敢相信我没有命中，我真是无用"。不能适应的完美主义与青少年体育运动参与者的焦虑、过度愤怒和敌对心理、负面身体形象、信心下降以及倦怠有关（Sapieja，Dunn & Holt，2011）。

加强技能掌握的策略

在棒球钻石模型中，我们怎么才能够帮助儿童和青少年运动员从本垒进入第一垒，同时消除他们对失败的过度恐惧和消极完美主义？这条升迁路径涉及帮助孩子发展和保持对待体育运动和竞争的健康心态，并为他们提供发展能力所需的技能。

1. 致力于以运动员为中心的理念，并在运动员面前反复强调。第3章提供了一些例子和一些朗朗上口的口号，如"运动员第一，获胜第二"或者"一切为了孩子"，能够提醒成年人和青少年运动员为什么来到这里，重点应该是什么。确保孩子们在每次训练和比赛中看到和听到这些口号。将口号印在他们的T恤或者任何分发给运动员和家长的书面材料上。

2. 对训练和比赛进行改编，使之适应孩子的需要。在第7章和第8章中将提供更多细节，但在这里需要注意的是，您要设计符合孩子身体大小、成熟状态和学习能力的活动。您需要多行动和少旁观，增加活动的多样性，通过策略让每个人都参与每次练习以及提供大量的成功机会。

3. 做（或找到）一位伟大的老师。总是要记住，对体育运动的热爱和保持长期动机的关键因素是掌握技能。也许跑来跑去和朋友一起玩能够激发一时的动机，但如果孩子不能发展出参与体育运动所需的技能，他们将不会继续参与。发展基本运动技能（如必备技能）至关重要。可以通过创新的方式强调技能的发展，不要过分强调毫无乐趣的"蛮练"。

4. 对于那些对失败表现出害怕心理的运动员，要让他们的思想和感情得到认同，而不是告诉他们不要害怕。如果有个孩子说"我怕我可能会输掉"，不要以"哦，你不会输的"或者"不要担心"这样的话去安慰他们。他们依然会担心。要表达理解他们的感受："那种感觉肯定很难受，告诉我更多关于害怕的感觉。"提出问题，认同他们的感情，然后引入关于如何对待和处理失败的讨论。学习实际上就是一连串的成功和失败。帮助他们采用成长的心态去理解他们尝试掌握技能的努力是不断发展和壮大自己能力的一部

分（Dweck，2007）。

5. 家长和青少年体育运动教练应该给运动员犯错误的权利。让他们知道，错误表明他们正在努力尝试新事物，而且是学习过程的必要组成部分。教会孩子对待错误的习惯性动作（Thompson，2010b），或者象征性动作，帮助他们在出现错误之后重新恢复注意力。如轻轻拍肩膀（"拍掉霉运"），手指擦擦眉毛（"其实没有汗"），脱下帽子再戴上，用曲棍球球棒轻轻敲击冰面，撕开高尔夫手套上的搭扣再粘上，或者在投球时将脚从本垒板划过。您甚至可以采用团队习惯性动作，帮助孩子认识到每个人都会犯错误，让他们对错误产生积极的响应。

教运动员以个人的、可控的方式定义成功（垒路径2）

在培养追求能力的动机上，我们的下一个目标是帮助青少年运动员从棒球钻石模型的第一垒进入第二垒（如图6.2中的垒路径2所示）。为此，运动员要学会用个人的、可控的方式定义成功。在一个媒体根据表现大肆宣扬输家和赢家的社会里，这很难做到。但是大人可以采用一些方式来解释孩子的表现，帮助他们提升动机。

目标取向

成功和失败都不是具体的事件，当然不应该由报纸的头条新闻来定义。相反，它们是基于个人是否认为他们已经实现有意义目标的心理状态（achievement goal theory，Nicholls，1989）。两个基于目标的动机取向已被证实会影响到青少年运动员的成就感、能力感、自我价值和乐趣：任务和自我取向。当孩子们专注于做到最好或者掌握和提高技能时，他们就投入到任务中去。当孩子们专注于打败他人或展示自己卓越的能力，他们

就能投入到自我中去。

当然，孩子在体育运动中可以同时拥有这两个目标，而且经常如此。在任何体育竞赛中，努力争取胜利是固有的目标，但适合发展的青少年体育运动中强调技能发展和个人进步，认为其重要性大于竞争获胜。然而，很难让孩子处理好这两个相互冲突的目标。这需要教练和父母帮助他们在训练和比赛中专注于个人的可控目标。

孩子高度投入到任务中至关重要，这会让孩子更努力，更有毅力以及有更多的能力感、自我价值和乐趣（Harwood, Spray & Keegan, 2008）。自我投入还有助于将精力集中在对手身上，从而设计出合适的比赛计划，以及通过高强度的比赛获胜来保持竞争性。然而，没有任何任务投入意识的自我投入会导致青少年运动员欺骗、在训练中走捷径和少付出努力。对那些缺乏能力的孩子而言，自我投入（没有任务的投入）是致命的，因为在他人卓越能力面前，他们注定要失败，导致他们感到焦虑、无能和无价值，而且经常会退出体育运动（Cervello et al., 2007）。

青少年运动员的最佳目标取向

我们向青少年体育运动参与者推荐两个目标取向策略，即基于任务和自我投入的组合。首先，高任务动机取向和低自我投入让青少年运动员能够将重点放在他们的表现和进步上，而不必关心如何与他人比较。通常在某些体育运动中采用该目标取向，如田径、越野和游泳，运动员能够获得关于其表现的明确个人信息，而不受他们最后相对于其他竞争对手所取得名次的影响（Harwood & Biddle, 2002）。

其次，高任务动机取向和高自我投入让青少年运动员能够追求展示能力的目标，在试图击败其他竞争对手的同时理解他们只能控制自己的表现。这个目标取向的巧妙之处在于在比赛和展示时，专注于比赛的过程和个人标准，这是与他人竞争的最佳心理策略（Burton & Weiss, 2008）。当青少年运动员无法战胜他人或者势均力敌时，任务投入充当一道"保险"。即使在个人或团队失败时，青少年运动员也能够找到他们表现得成功的方面。

提高成功感受的策略

垒路径2涉及创建动机气氛，孩子可以从中体验到成功，同时得到最恰当的挑战。这一点很重要，因为研究表明，青少年运动员的目标取向与指导员、教练和家长为他们提供动机气氛保持一致（Boyce, Gano-Overway & Campbell, 2009）。

1. 帮助青少年运动员识别特定的任务目标，让他们以此来评价自己在运动中的表现。如球回弹时与对手接触将其隔开（篮球）；更多地使用反手击球（网球）；通过更高效的翻转节约时间（游泳）；以自己的节奏开始，在山坡上坚强地跑，最后以冲刺结束（越野跑步）。

2. 向青少年运动员提问关于竞争的正确问题。像"告诉我今天的比赛怎么样？""你今天的比赛打出漂亮球了吗？"以及"今天前排表现怎么样（排球）？"这样的问题能让运动员专注于任务成就。像"你赢了吗？"和"你得多少分（或进多少个球）？"这样的问题单纯地强调自我投入。

3. 根据运动员的表现提供包含有用信息的具体反馈。简单地陈述正面的反馈不会激发动机；而会削弱其作用。它不能提供青少年运动员取得成功所需的挑战。特定的信息反馈（"当击球手从罚球区穿过时跳到她前面去拦截"），让运动员能够从中学习和提高，而概括性的评价反馈（"你的防守位置偏离了！"）并不是很有帮助。

信息栏

您的团队的动机气氛是什么

嘿，教练们，你们想知道如何在自己的团队中创造任务投入和自我投入气氛吗？请使用附录F中的青少年体育运动动机气氛标准（Smith，Cumming & Smoll，2008）。将它复印之后，和铅笔一起发给团队中的运动员。向他们解释你想成为最好的教练，这将获得有用的反馈。告诉他们不要将名字写在单子上，并要求他们在回答问题时要诚实和认真思考。向他们保证您无法知道哪张单子是谁的，并感谢他们为你提供有用的反馈。根据附录F中的打分说明，计算出任务投入和自我投入气氛的分数。查看您的总分，但也要看每个项目的平均分。使用该反馈来考虑为运动员改善团队动机气氛的方法。

4. 奖励努力（甚至是不成功的努力）、进步、坚韧不拔、情绪控制以及任何其他您从青少年运动员身上可以观察到的可控制的成功。当篮球运动员使用非惯用手正确地执行篮下跳投但是球没投中，应该口头奖励他发展这一技能的决定和努力。

5. 向运动员解释他们应该将比赛作为测试个人技能和发展的一种方式，以增进知识，而不是将它作为评价参考，找出谁最优秀（Veroff，1969年）。通过在激烈竞争的情况下测试他们的技能，运动员可以评估技能是如何发挥作用的以及哪里还需要改进，然后相应地修改个人目标。竞争对许多方面都是很有益处的，但不是为了找出谁是第一名。

帮助运动员健康地归因（垒路径3）

我们继续探讨能力动机的棒球钻石模型（图6.2），现在到垒路径3了。这条路径涉及帮助青少年运动员内化他们的成功，让他们感受能力、价值和自豪。为此，主要方法是帮助运动员正面地对成功和失败进行归因（attribution theory；Weiner，1986）。

什么是归因，它如何产生影响

归因就是运动员认可的解释他们成功和失败的原因。运动员常见归因包括努力、运气、对手的技能、组织者、个人能力、受伤、天气和教练。它们不是借口，而是相当重要的个人结果自我推理解释。

归因非常重要，因为它们影响到成功对能力感和自我价值的作用，这远比实际的成功重要。想想你在大学考试中取得了优异的成绩。如果你认为你的成功源于勤奋学习和掌握学科知识，而不是这次考试比较简单或者教授没有为难你，那么你就会感到自己更有能力、更自豪。我们相信我们能成功的原因对于建立我们的能力感和未来的成功期望非常关键。

所有的运动员，特别是青少年运动员，在他们成功和失败的时候，需要帮助他们找到适当的归因。我的女儿所在的青少年足球队有一年赢得了所有常规赛，因此进入了国家级锦标赛，而她们在国家级锦标赛的第一轮中输了。在比赛之后，教练布雷特和她们一起坐下来，所有球员都哭了，由于输掉了比赛而难受。布雷特教练告诉她们想哭就哭吧，因为他理解这场比赛对她们非常重要，失去了比赛自然令人失望。然而，他告诉她们他很自豪，她们也应该对该赛季的成就感到自豪。他帮助她们理解对手的技术非常熟练，值得赢下这场比赛，但作为第一次参与国家级比赛的 9 岁儿童，她们对如何踢好足球有了更多的了解，而且可以继续发展她们的技能。布雷特教练帮助她们将失败归因于自己缺乏经验和另一支球队技能太好，因此她们需要继续学习和发展技能。这帮助球员重新获得能力感，使她们期盼着下个赛季再挑战。

那么，在球队赢得或输掉比赛之后，你打算怎样帮助您的青少年运动员呢？下面是一个正面归因的总体指导原则。在孩子失败的时候，帮他们把这次失败归因于可以控制和改变的事物上。如更充分的准备、提高技能、身体不断成熟和发展以及更好的策略和重点。一个优秀的游泳运动员回忆他年少时，每次比赛失败之后，他的父亲是如何帮助他进行正面归因的，并将他的发展和毅力归功于此："我少年的时候，每次参加游泳比赛我爸爸都会到场，而且每次我输了，他不是怀着失败者的心态，而是告诉我如何找到失败的原因，然后在这些方面更加努力，争取以后取得成功"（Connaughton, Wadey, Hanton & Jones, 2008, p. 89）。

在孩子取得成功的时候，帮助他们将成功归因于内在的、可控的事物上，如他们的能力、辛勤付出、充分准备和良好的决策。也许可以说："你应该对你的个人混合泳感到骄傲。你学习蝶泳的辛苦付出没有白费，仰泳技术看起来也很流畅、很有力。"当然，结果的发生通常是有正当理由的，但激发动机的策略是将能力感和自豪感内化，为孩子们创造未来继续取得成功的期望。

习得性无助

习得性无助是一种心理状态，孩子们会感到无能为力，无法控制某一情形的结果（Abramson, Seligman & Teasdale, 1978）。它的特征是不能适应的归因模式，将成功归因于外在的、不可控的事物，如运气或太容易的任务。甚至更糟糕的是，将失败归因于缺乏不可改变的能力。因为具有习得性无助的孩子不相信他们可以变得更好或改变处境，所以他们只知道"学会"放弃，而不是努力尝试。这当然会损害他们的表现，并让他们确信自己缺乏能力，无法取得进步。

如果碰到习得性无助运动员，教练员要设立符合逻辑的训练或练习情形，让运动员一小步一小步地走向成功。但不能适应的归因模式的问题依然存在。运动员可能会说，"哦，你说得容易"或者"这次我能做到只是运气好而已"，将他们的成功归功于自己无法控制的事物。那么面对习得性无助运动员，教练应该如何做呢？

建立通往成功的小步骤是一个良好的开端。然而，除了在专门设计练习中训练技能之外，教练还必须和运动员一起改变他们的归因思维，让他们认为自己能够控制自己的进步（Pelletier, Dion, Tuson & Green Demers, 1999；Rees, Ingledew & Hardy, 2005）。强调以下四个方面可以帮助重塑青少年运动员的归因。

1. 问题的*共性*（"和你同龄的其他孩子在这项体育运动中也发现该技能很难掌握，而且刚开始的时候也觉得不成功。"）

2. 发展变化的过程（"随着时间的推移，这个任务将变得越来越容易，而且你将感到更加成功。因此，你要给自己充足的时间去学习该技能。"）

3. *策略*（"你可能还没有找到执行该技能

的最佳策略，但是我们一定会找到的。"）

4. *努力和恒心*（"经常练习你的新策略真的能够帮助你进步。"）

研究表明，使用类似这些方法去改变孩子们的归因思维，存在习得性无助的11～12岁的孩子在带球技能方面，他们的成功感、动机和可控制归因显著增加（Sinnott & Biddle，1998）。与其他仅接受反馈的运动员相比，经过为期四个星期的归因训练的高中篮球运动员不仅发展出更加可控的归因，而且在投球方面也有较大的进步（Miserandino，1998）。激发习得性无助运动员的动机需要缜密的运动计划，深入到他们的思维当中，让他们感觉到自己在一定程度上可以控制技能的学习和运动表现。通过小步骤逐渐实现成功非常有用，前提是必须和改变归因策略相结合。

通过内化成功优化能力感的其他战略

我们为您提供了多种策略，让您帮助运动员实现最有益处的归因，让他们内化成功并建立成功感和自我价值。下面是最后两个方法：

1. 表扬年轻运动员的努力，而不是表现结果。在我们试图表示支持和认可时，很容易忘记表扬青少年的努力，但当他们取得好表现时很容易言不由衷地发出赞叹。虽然他们的成就应该得到认可，但对表现结果的过多赞美往往导致压力。试图将评价的重点放在可控的努力、实践和毅力上，使他们能够取得积极的结果（如"通过努力，您的速度提升了，真棒，祝贺你！"）。一项研究表明，与因努力而得到表扬的孩子相比，那些因智力得到表扬的孩子更关心的是考试成绩而不是学习，而且在失败时毅力没有那么好（Dweck，2006）。

2. 避免试图通过赞美和过度关注来提高孩子的自尊。正如我们的棒球钻石模型所示，

自我价值（自尊）来自于在最适合的挑战中取得成功和获得的能力感。20世纪70年代至80年代，人们过于强调通过赞美来建立孩子的自尊，但缺乏挑战，最后事与愿违，反而催生自恋和自以为是。心理学家罗伊·鲍迈斯特解释说，"这是一个诚实的错误。早期的研究结果显示，自尊高的孩子表现好。只是后来我们才发现，自尊是结果而不是原因"（Stein，2013，p. 28）。自尊必须通过努力得到，是别人给不了的。

了解孩子如何看待能力的发展变化（垒路径4）

能力感、自我价值和乐趣（第三垒）通向最后垒的路径，并由此回到动机起点（本垒板）。大量的研究支持这个棒球路径模型（Weiss & Amorose，2008年），它确实成了整个棒球比赛的核心。当孩子意识到他们有能力时，就会有动机参与体育活动。这种能力感为自尊和乐趣提供源源不断地支持，从而激发动机。

总结棒球钻石模型对能力发展变化的描述，有助于解释儿童的心理发展对能力感的影响。能力感在所有发展阶段都是变化的，因此青少年体育运动领导人应该明白这种发展是如何进行的。

我的能力怎么样

随着年龄的增长，孩子们能够更加准确地评估他们的个人能力（Horn，2004）。幼儿（3～7岁）的能力感与其实际能力相比会出现过度膨胀。这不一定是件坏事，它可能对促使孩子发展基本运动技能非常有价值，而基本运动技能对这个年龄阶段来说是非常重要的。这个年龄阶段的孩子只要肯努力和坚持，教他们应该是很有意思的，因为努力和付出意味着他们有能力。

到了童年中期（8～11岁），孩子的认知发展已经可以更加现实地评估自己的能力。这标志着一段非常脆弱的时期，运动能力较低的孩子也意识到自己的不足，身体活动将变得没有那么活跃，而且可能退出体育运动（Stodden et al.，2008）。

在青春期（12～18岁），青少年运动员通常会发展出成熟的能力，能够准确地评估自己的能力，特别是在不同阶层和成就领域（如体育运动、学校和朋友）。

我们怎么知道自己有能力

随着年龄的增长，儿童将使用不同的信息来源来确定他们的体育运动能力（Horn，2004）。在孩子年幼的时候（4～7岁），他们通过三件事情来确定自己的能力感：简单的任务成就（"我做到了！"），重要的成年人的评价性反馈（"教练，我做得怎么样？"）以及个人努力（"我努力，所以我做得好"）。特别是教师、教练和父母应该意识到，他们的反馈和评价对幼童发展能力感极其重要。

在童年中期到后期（7～12岁），儿童继续使用非常具体信息来源（如成功与失败、个人表现数据、称赞），而且在该阶段和同龄人之间的比较成为一个非常重要的信息来源（Horn，2004）。事实上，在7～12岁，同龄人的评价变成非常重要的能力信息来源，而父母评价变得相对没有那么重要。在这个阶段，教练应该将重点放在如何营造青少年体育运动环境，如通过不断地轮换热身运动搭档和训练小组，避免孩子按照能力分组和发展成派系。父母和教练应该也不断强调专注于个人表现目标的重要性，尤其是对能力较低的孩子，他们经常会被人取笑或在比较中感到自卑。

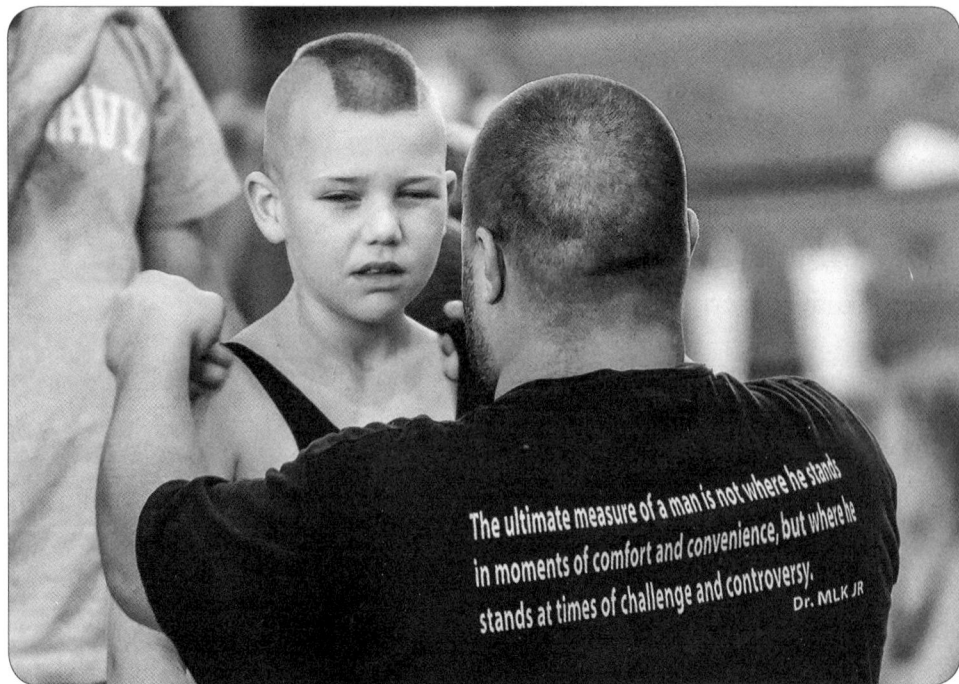

重要的成年人的反馈和评价对儿童发展能力感非常关键。

到了青春期（13～18岁），青少年运动员能够权衡和使用多种来源的信息来评估他们的能力，而且他们能够运用内化或个人喜好标准增强他们的能力。利用个人标准的成熟程度让运动员能够内化与任务有关的重点，这对支持能力感和动机非常重要。

棒球钻石模型的能力动机总结

现在，你已经围着我们能力动机棒球钻石模型的各个垒走了一圈。青少年运动员参与棒球运动的前提是：（1）根据动机尝试掌握运动技能，提升自己的能力；（2）以个人可控的方式定义成功；（3）通过正面的归因内化成功，让自己感到有能力和有价值；（4）因为感到有能力和享受成功的喜悦而获得更多动力。在这一点上，青少年运动员都非常有动机重新拿起球棒，再次开始下一轮跑垒。记住，能力感是孩子们的运动动机基础。作为成年领导者，我们的工作是引导他们在这些垒路径中前进，以提高他们的能力感和乐趣，使他们想继续参与体育运动。

自主性

除了能力之外，自主性也是儿童的一个基本心理需求，它会极大地影响他们的动机和行为。自主性是管理自我的能力和机会。自决权类似于自主性，即人类认为他们能够控制自己和自己的行为时就会产生动机——当他们觉得已经确定了自己的行为路线时，也同样会产生动机（self-determination theory；Deci & Ryan，1985）。自决权引发对自主性的感知。当运动员获得自决权时，他们的动机就得到提升，这是符合逻辑的。

但我们在这里谈论体育运动，认为由教练负责设计训练和控制运动员的行为，可以引导他们学习技能和表现得更好。究竟如何才可以让运动员，特别是青少年运动员，自己管理自己，或者控制自己的训练？这是一个好问题。要想找到答案，就要理解教练可以利用多种形式的动机，而且如果使用得当的话，它们都可以有效地提高运动员的技巧和自主性。

内在动机和外在动机

动机可以从根本上分为内在和外在动机。内在动机是指参加活动是为了从中获得快乐和满足感（Deci & Ryan，1985）。孩子们踢足球、滑冰和游泳是因为他们喜欢参与这些活动时的感受。活动本身就是最好的奖励。显然，内在动机是可取的，因为它是自我决定和完全自主的。

当孩子们出于内在动机爱上体育运动时，你会看到他们选择训练，坚持做得更好，而且努力地参与到其中。篮球明星亚伦·戈登（2013年的全美明星和高中前五名大学储备生源）的父母谈他们是如何被戈登半夜在自家后院铲泥土的声音吵醒的（Anderson，2013）。看来他是迫不及待地要安装新的篮球架和篮筐了，那是他9岁生日那天收到的礼物。早上他戳醒昏昏欲睡的父亲，而8:30时篮圈安装好了，戈登坐着等待混凝土快点干，那样他就可以打篮球了。你很可能听过类似这样的故事，强烈的体育运动欲望在某些孩子身上很早就显现出来。作为青少年体育运动领导人，我们的目标是为内在动机的发展或者热爱体育运动的精神创造最肥沃的土壤。

然而，孩子并不是从内在对所有体育运动都感兴趣。有时需要外在动机来推动反复练习，这可以发展技能或锻炼出健壮的身体，而这又是耐力和体力所需的。外在动机是指参与活动不仅仅是为了活动本身，更是为了获得结果或奖励。这些结果往往是有形的物质奖励，如奖杯、全联盟表彰和大学奖学金。

外在动机因素也可以是无形的社会奖励，如父母的肯定、受欢迎、被朋友和队友接受或认为很酷。

动机的自主和受控形式

外在动机并不总是由教练的要求、父母的压力或者朋友的认可这些外部因素来驱动的。有时外在动机是自主的，如运动员选择在假期参加跑步或游泳训练。他们做这些活动是为了获得活动以外的回报，但参与该活动和管理自己的行为是个人的选择。自主的外在动机对青少年运动员的发展非常重要，因为随着孩子们进入更高水平的体育运动，入门级体育运动那种以乐趣为主导的内在动机发生了改变。运动员需要自我决定外在动机和内在动机，将更多的精力和时间投入到更加高强度的训练和练习中。

自决权连续体

思考动机的一种有用方式是将动机的各种不同形式放在自决权连续体[2]中去看待（见图6.3）（Lonsdale，Hodge & Rose，2008；Ryan & Deci，2002）。内在动机位于自决权连续体的顶端。自主的外在动机的自决权也非常高，因为运动员已经将参与体育运动的外在原因内化成他们的一部分。受控外在动机是自决权最低级的动机形式，当运动员为了满足他人而参与体育运动、避免羞辱与惩罚或为了获得奖励时会发生这种动机形式。甚至内部的情感压力，如因为错过了一次训练而内疚或羞愧，也属于受控动机，因为行为是被迫选择而不是自由选择的（Ryan & Deci，2002）。无动机或缺乏任何类型的动机，位于连续体的底端。

---

[2] 这里显示的连续体是简化版，不包含朗斯代尔和他的同事提出的自主和受控外在动机的特定亚型（2008年）。

不同类型的动机通常在同一时间起作用。运动员因为以下两个原因参与体育运动也是非常常见的，一是他喜欢体育运动（内在动机），因为他觉得从体育运动中能够学到东西

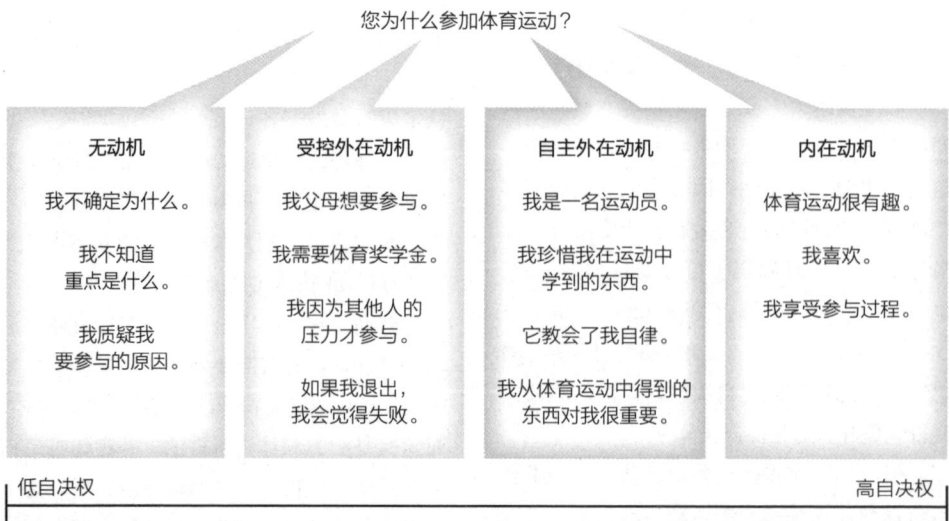

您为什么参加体育运动？

无动机	受控外在动机	自主外在动机	内在动机
我不确定为什么。	我父母想要参与。	我是一名运动员。	体育运动很有趣。
我不知道重点是什么。	我需要体育奖学金。	我珍惜我在运动中学到的东西。	我喜欢。
我质疑我要参与的原因。	我因为其他人的压力才参与。	它教会了我自律。	我享受参与过程。
	如果我退出，我会觉得失败。	我从体育运动中得到的东西对我很重要。	

低自决权　　　　　　　　　　　　　　　　　　　　　　　　　　　高自决权

图6.3　自决权和动机类型的连续体

和保持身体健壮；二是因为他家有参加体育运动的传统（受控外在动机）。有时候我们需要受控动机（例如我今天必须上学），但只有当它与自主外在和内在动机相结合时，才能达到最佳效果。

为什么自主形式的动机最好

自主形式的动机与以下各方面有关联：更多地参加体育运动和身体活动，退出体育运动的想法较弱，愿意付出更大的努力，更加集中精力，实现目标、享受体育运动带来的乐趣，不容易倦怠（Weiss & Amorose, 2008）。很多教练员，甚至青少年体育运动教练员，仍然持有专制的教学思想行为，试图通过恐吓、威胁和处罚来激发运动员的动机，认为这样做效果最好。控制式的教学风格可能在短期内能够驱使运动员想尽一切办法获得成功。然而，要想维持长久的体育运动参与以及满足运动员的动机需求和增加他们对体育运动的投入，则需要采用自主的青少年体育运动项目和教学方式。

青少年体育运动如何实现自主性

采用自主方式的青少年体育运动领导者应该倾听和尝试了解运动员，在投入和选择上为他们提供机会，而且将苛刻或控制性行为降至最低限度。这并不意味着运动员可以乱来，而是根据特定的结果、限度和规则，为运动员提供选择和倾听他们的声音（Mageau & Vallerand, 2003）。自主性和独立性并不完全相同。即使遵循教练制定的训练指导和战略决策，运动员也能够感觉到自决权。重要的是教练员和运动员交流采用什么样的决策方式，提供信息和反馈的方式。下面是我们的一些建议，鼓励您开发自己的创造性的方式，在青少年运动员中培养自主性

思想。

1. 流露对运动员的真正关心和支持。定期与每一个运动员进行和表现无关的谈话。了解运动员的感受，并询问他们是如何做的。避免使用"哦，你会没事的"这种居高临下的评论，表明你理解并接受他们的感受。

2. 为你的决定提供一个理由。经常解释为什么，使用类似于"这样做的原因是……"或者"我认为我们应该这样做，因为……"的说话方式。指出你为什么认为某一项活动或策略对运动员有益。当您将运动员安排到新的位置，要他们尝试新的角色，不让他们参加比赛，或者缩短他们想要的上场时间时，一定要让运动员知道你背后的理由。

3. 要求运动员投入，并在团队结构内给他们提供选择。"你觉得今天的训练怎么样？""你有没有觉得某些地方我们应该改进？""昨晚的比赛我们哪些地方做得很好，哪些地方可以做得更好？""今天我们应该以什么样的射门练习结束？""我们团队的热身运动让你做好跑动准备了吗？有什么建议吗？"运动员需要知道你真诚地倾听和考虑他们的反馈，但这并不意味着你总是会同意他们的看法。他们必须理解他们的想法重要，而且值得认真倾听，但教练仍然保留着对整个团队负责的权利。

4. 为运动员提供主动和独立训练的机会。偶尔指定一个球员充当教练，让指定的球员帮助策划和组织训练，在小群体中进行训练并提供反馈。将运动员划分成小群体，每个小群体分别站在不同的位置上，让他们练习一项技能，并被要求作为教练，彼此提供反馈。在周末休息之前给运动员额外一天休假，如周五，并要求他们自己训练一天。提供一些例子或想法，让他们知道可以选择做什么。休假结束回到团队训练时，问问他

们整个团队的进展怎么样以及他们做了哪些训练。

5. 最小化控制性反馈和行为。应该避免控制性语句可能包括："你到了来得分的时候了""坚持下去——我们还要参加下一场比赛""如果你听了我的话，就不会发生这样的事""我今天就指望你了，所以不要让我失望"。相反，下面这些是信息性反馈的例子："非常结实的击球——击球时你的臀部转动了"和"今天的防线布置得很好"。

6. 问问题而不是纠正运动员的失误。运动员发展出自己内在反馈系统来评价其表现和改正错误之后，就能够取得巨大的进步。要想帮助他们做到这点，先问他们关于表现结果的意见："你为什么参加这项体育运动？""如果二传手在前排，我们进攻的缺口在哪里？"在告诉他们哪里错了或要怎么做之前，先引导他们思考和学习。

老师和教练支持运动员的自主行为将让青少年体育运动产生积极成果。以一个学期为试验期限，研究结果表明，与严格控制的、不支持自主的教学方法相比，支持自主的教学方法所教出来的运动员技能发展水平更高、更喜欢参与体育运动、满意度较高，而

信息栏

自主性和纪律：不兼容还是互补

对各个级别的教练而言，按照行为准则来管理运动员的行为是一个独特的挑战。行为准则应该反映出相互尊重以及教练和运动员之间的责任。避免"抓人游戏"，总是想着要逮到运动员做错事情。相反，应该和团队一起讨论团队行为准则，让队员们提供建议。行为准则要保持简单，不要列出一长串的不可执行的、无用的规则。让行为准则以团队的利益以及帮助引导运动员的行为为核心，而不是为了体现您是多么强硬、不可违逆的教练。一旦建立了行为准则，就要问每个人是否可以遵守它，这将有助于团队走向重要目标。

避免创建"连带遭殃"规则，让运动员以前的不良行为受到教练的长期惩罚或排斥。要设定大多数运动员认为公平和适当的后果。试着让违反行为准则的后果符合逻辑，不是依靠惩罚。如果娜塔莉训练课晚到了，合乎逻辑的后果并不是跑圈。更合适或更符合逻辑的做法是，让她下次训练早到30分钟，或者训练结束后晚走30分钟，帮助收拾和整理训练器材。在和运动员讨论问题时，重要的是教练要将特定逻辑后果与运动员的行为关联起来。

通过连带处罚来控制运动员往往会适得其反——例如，因为一个运动员在训练中骂人而要求所有团队成员跑步。这可能会导致更多骂人事件！设计和执行一个符合逻辑的后果，确保该后果结束之后就成为过去。不要出现连带影响。总体来看，纪律的目的是帮助运动员将指导系统内化，使他们将纪律看作运动员的重要部分并加以重视。

且自主性动机更大（Cheon，Reeve & Moon，2012）。青少年运动员如果感觉到教练支持他们的自主权，就会觉得自己更有能力，与队友的关系更紧密，幸福感增强，而且不容易倦怠（Adie，Duda & Ntoumanis，2012；Coatsworth & Conroy，2009）。我们已经注意到一些由全国知名教练，包括青少年教练和职业教练，所撰写的流行书籍中出现了自主性教学方法的趋势。我们敦促青少年体育运动领导者向教练和父母宣传相关知识，让他们知道可以采用哪些特定的方法来让青少年运动员实现自主性。

注意！使用外在奖励

读书奖励计划（BOOK IT）旨在通过奖励激励孩子养成阅读习惯。BOOK IT由必胜客赞助发起，又称比萨奖励计划。它规定一旦孩子们实现了老师给他们设定的阅读目标，就得到一个免费的比萨。

自1986年以来，已有数以百万计的孩子参加了该计划，他们读了很多书，也吃了很多比萨。因此，这个计划成功了，是吗？真正的问题是，曾经参与该计划的孩子，现在还有多少人保持阅读的习惯？这个计划是否让他们养成了阅读习惯，还是他们阅读大概只是为了吃比萨？

心理学认为奖励一种行为能够增加这种行为重复发生的可能性。事实通常也是这样的，因为我们都经历过。然而，外在奖励（如免费的比萨）有助于激发自主性动机（终身阅读的习惯）吗？答案是有可能，具体取决于给予奖励的方式和接受奖励的人是如何感受的。但它也有可能减少孩子的自主性动机，并导致他们对活动失去兴趣。因此，我们要谨慎地奖励孩子，特别是奖励他们做自己本来就喜欢做的事情时（如体育运动）。

过度使用或过分重视奖励可能会减少孩子参与体育运动的内在动机。

过度辩护效应

如果您为孩子内在感兴趣的活动提供外在奖励，那么他们的动机可能会从内在动机改变为外在控制动机。这就是所谓的过度辩护影响。你过度辩护为什么人们在做这项活动，所以人们关于他们为什么这样做的看法开始改变。多项研究显示，孩子做他们感兴趣的活动时，给予外在奖励（奖杯或奖状），最终将降低他们参与该活动的内在动机（Deci，Koestner & Ryan，1999）。这为什么会发生？过度奖励发出任务本身不够有趣的信息，将孩子的注意力转移到奖励上，而不是积极参与活动上。

控制性或信息性奖励

青少年体育运动中的外在奖励的性质不

同，会影响到孩子的动机。一些运动员可能将外在奖励（奖杯）认为是他的运动能力积极的反映（信息性），而对于同样的奖励，另一些运动员可能觉得是为了强迫他们参与体育运动（控制性）（Deci & Ryan，1985）。

"有偿比赛"研究项目考查了有奖学金和无奖学金的大学生运动员对奖励的看法是如何影响他们动机的。有奖学金的足球运动员的内在动机低于无奖学金的足球运动员。相比之下，有奖学金的摔跤运动员和女运动员的内在动机高于无奖学金的同类运动员。这些结果可以根据奖学金对运动员的意义来理解。因为足球运动员知道足球运动中的大部分人都有奖学金，所以奖学金没有特殊意义，不能反映出他们的能力，更多地体现出控制性。摔跤运动员和女运动员，特别是在20世纪70年代后期，奖学金还不流行，所以奖学金是对运动员能力的承认，有特殊的意义。

有趣的是，最近的有偿比赛研究发现，教学行为对大学生内在动机的影响大于奖学金（Amorose & Horn，2000；Matosic，Cox & Amorose，2014）。实际上，教练采用的自主性教学行为对运动员内在动机产生最强烈的影响。因此，教练对待运动员的方式和使用奖学金的方式比奖励本身更重要。

总体而言，如果以正确的方式提供奖励有可能增加运动员的自主性动机。这种"正确的方式"意味着奖励必须支持青少年运动员的能力和自主性，而不会试图要挟或控制他们。下面是在体育运动中提供奖励的一些具体建议。

1. 外在奖励最佳类型是新颖、有创意和无压力的奖励。奖励不应该超越活动本身（或者超越孩子，如采用大得离谱的奖杯）。我儿子的越野教练的做法是，只要谁在训练中的成绩优于上一次比赛，就得到棒棒糖作为奖励。我（第一作者）的高中篮球队将紫心勋章训练球衣作为奖励给在上一次比赛中"表现最卖力"的球员。在您的团队中开启这样一个传统，提供青少年运动员非常重视但又不奢华的新颖奖品。

2. 外在奖励必须靠努力获得，而且以特定的成绩为依据。如果不分青红皂白地给予奖励，那么它很快就会失去激励效应。避免人人有份的参与奖杯或奖状，仅靠出现在团队名册上就能得到。这些奖励对运动员没有任何意义，除非它们与具体的事件联系起来，比如参加所有训练。一个好主意不是表彰所有的团队成员，而是当他们为团队做出特别贡献时才提供物质奖励或口头表扬。奖励必须靠努力赢得，否则它们将被看作毫无意义和不诚实。

3. 帮助青少年运动员认识外在奖励的意义。祝贺获得冠军奖杯或奖牌的青少年运动员，并让他们解释奖励对他们意味着什么。帮助他们理解物质奖励只是一个符号，表示对自己的努力和成就感到自豪的最高奖励。

4. 淡化奖励的控制性方面，因为它会形成有压力的、希望孩子取得更大成绩的期望。当运动员赢得荣誉或其他人的关注时，要根据他们的付出帮助他们觉得获得荣誉很好，而不是生活在通往荣誉的压力之下。记住，赞许是强大的外在奖励，但应该诚实地、不进行任何操纵地给予。避免"我们希望您继续保持"这样的压力。

关联性

美国游泳选手米西·富兰克林在2012年奥林匹克运动会赢得了五枚奖牌，其中四枚是金牌，完全有机会从职业赞助中捞金。但是她没有这样做，而是回去完成她的高中最后一年学业，在科罗拉多州的高中游泳队游泳。富兰克林的动机很简单，她享受与朋友和队友的时光，这比当职业运动员赚取数百万美元更重要。在她最后一次高中运动会中，她拒绝戴圆顶帽（经常戴在平时的泳帽上面），理由是"这是最后一次游泳时戴着标有高中名字的泳帽，我不想让圆顶帽遮住学校的名字"（Thomas，2013）。

激发青少年运动员动机的第三种基本需求是关联性，也就是我们要与身边的人建立联系，获得归属感（Baumeister & Leary，1995）。青少年运动员与父母、教练和同伴（队友和朋友）的关系对他们的动机产生重要影响（Keegan，Spray，Harwood & Lavallee，2010）。

我们已经讨论了教练组织训练和与运动员沟通的方式对青少年运动员动机产生重要影响，并且将在第14章深入讨论教练在青少年体育运动中的角色。但作为青少年体育运动的一个关键动机因素，教练给予运动员情感支持的重要性怎么强调都不为过。除了学习技巧和策略之外，青少年运动员渴望与教练建立情感联系（Williams，Whipp，Jackson & Dimmock，2013）。正如您可能预料到的一样，父母的支持、反馈和榜样作用也对青少年运动员的动机和社会心理发展产生重要影响。我们将在第15章更充分讨论家长和家庭在青少年体育运动中的作用。

如米西·富兰克林的例子所示，在满足青少年运动员的关联性需求时，与同伴建立联系非常关键。在童年后期和青春期早期，这种联系的建立更加迫切。总体而言，在青少年体育运动中，与朋友和队友建立更加积极联系的孩子的能力感更高、自我价值感更强、感到更多的享受和更少的压力、自主动机更多，以及更主动地继续参与体育运动（Smith，Ullrich-French，Walker & Hurley，2006）。

根据观察，我们热衷于发展青少年的技能和比赛战略，但忽视了他们在动机上对关联性的需求。那些能力感较低或者实际能力不足的青少年运动员，以及那些害羞或者新加入团队或社区的孩子，对关联性的需求尤为迫切。我们曾经观察过我们的孩子，特别是在青春期早期，当他们感觉到不能融入到朋友或其他同龄人中时，就会感到悲伤，而且自我价值感和信心也随之降低。有人可能会辩解，作为青少年体育运动的专业人员，目的是培养青少年的技能，而不是方便他们的社会生活。但如果对关联性的基本需求能够提高青少年运动员的动机和能力，那么我们应当帮助孩子们建立有意义的关联。

不要认为仅仅需要在青少年体育运动中建立社会关系，相反，我们敦促青少年体育运动教练和指导员周密地、有目的地设计活动和策略，确保解决所有参与者的重要关联性需求。这些活动可能包括为运动员和他们的家庭举办户外野炊或比萨饼聚会，比赛后停下来吃零食，以及家长孩子之间的比赛，

个人小插曲

什么样的奖励对您有效？

在您的青少年体育运动经历中，您还记得获得过什么奖励吗？哪些奖励对您最有意义或增强您的动机吗？哪些奖励产生事与愿违的后果，或者降低了您的动机？考虑这些奖励给您造成积极或消极影响的原因。

事实上孩子们喜欢这样的活动。我儿子的夏天游泳培训课有着优良的建立关联性的传统，将孩子们集中到市游泳池，孩子在那里从5岁开始游泳一直继续到高中。他们有团队T恤，有一支由高年级学生带领的、口号精心编排的赛前啦啦队，有一场季前赛模拟运动会，运动员学习如何为彼此加油，还有一个游泳好友活动，孩子们在赛前交换好友礼包。在夏天，有三个晚上被指定为海马游泳之夜，游泳池只对团队成员开放至很晚，让他们享受好玩的游戏和接力赛。在我们社区，成为海马成员意味着与其他人建立联系。

另一种满足孩子的关联性需求的方式是在训练中有意地、合理地给孩子分配不同的搭档和小组。或者教练可以指导运动员在不同的活动中换搭档，让他们尝试了解他们之前不知道的、新搭档的有趣事情。在练习收尾时，运动员可以与整个团队分享搭档的有趣事情。应该教青少年运动员认识到支持所有队友的重要性。有许多简单易行的训练可以用来建设团队，而且可以通过分享训练经验来深化队友之间的关系。将关联性放在日程安排的头条，作为青少年体育运动中的重要动机需求，每天强调。

本章小结

作为本章的总结，我们建议您通过向青少年运动员提供激发动机的盛宴（FEAST），记住青少年体育运动的动机的关键方面。下面讲解FEAST是如何组成的（见图6.4）。

F表示是反馈（Feedback）。确保您的反馈具体、言简意赅，让孩子们可以学习和依靠他们的表现或行为。太多积极的反馈会伤害孩子的动机，因为这种反馈不诚实，让孩子们感到自己的能力没有那么好，而且有受到胁迫的感觉。在运动员做对事情的当下告诉他们。

图6.4　青少年运动员的动机盛宴（FEAST）

E表示情感联系（Emotional Connection）。倾听运动员，并让他们知道你理解和关心他们。每天都给他们的"情感油箱"加油（Thompson，2010b）。通过组织活动在队友之间建立友谊和社会关系，教团队成员如何建立关系并为他们填充"情感油箱"提供机会。不要等待这种情况发生，而是促使它发生。

A代表自主性支持（Autonomy Support）。请确保您的运动员感到他们的声音能得到倾听。让他们在结构和规则内自由选择。奖励努力而非结果，让他们将自己能够控制表现的感觉内化。

S代表刺激（Stimulation）。孩子参与体育运动是因为好玩，我们相信各个级别的体育运动可以而且应该令人愉快。通过创新和多样性来帮助孩子们爱上体育运动，这样他们就可以将成为一个熟练的运动员所需的自主外在动机内化。在训练中挑战他们，因为如果没有最适合的挑战，成功就没有什么意义。

T表示教学实力（Teaching Prowess）。做一个伟大的老师。研究如何更有效地帮助孩子们学习技能，因为能力是动机的核心。在每次训练和比赛中，为青少年运动员准备这份盛宴（FEAST），而这将为他们在运动中取得成功所需的动机提供燃料。

学习帮手

关键术语

无动机——缺乏任何类型的动机。

归因——运动员认可的解释他们成功和失败的原因。

自主性——管理自我的能力和机会。

自主性支持——是指倾听和尝试了解运动员，在投入和选择上为他们提供机会，并且将苛刻或控制性降至最低限度的行为。

能力——实现某种目的的足够能力。

自我投入——专注于打败他人或展示自己卓越的能力。

外在动机——参与活动不仅仅是为了活动本身，更是为了获得结果或奖励。

失败恐惧——害怕失败的后果，最典型的是害怕丢脸、尴尬、做得不够好或者让其他人没面子（父母、教练和队友）。

内在动机——参加活动的欲望来自于从中获得快乐和满足感。

习得性无助——是一种心理状态，孩子们会感到无能为力，无法控制某一情形的结果。

动机——做某事的欲望、意图或驱动力。

动机气氛——指某一情况的各种社会方面是如何发展的，而这又反过来影响到动机。

动机取向——一些内部特征，比如信仰、价值观、需求、态度、目标和自我感受，在以成就和目标为重点的活动中，它们引导人们思考和行动偏向某些方面。

能力感——个人感觉自己完成特定任务的能力或技能。

完美主义——倾向于实现完美无瑕的表现。

社会心理发展——社会经验的影响，是与父母、兄弟姐妹、同伴、教师、教练以及大众媒体交流过程中形成的有关自我评价经验。

关联性——我们要与身边的人建立联系，获得归属感。

自决权——运动员觉得他们能够控制自己和自己的行为；如果他们有这样的感觉，他们就能够决定自己的行为方式。

自我价值——个人觉得自己作为一个人的价值感。

任务投入——专注于做到最好或者掌握和提高技能。

要点归纳

1. 动机受到激发的行为在选择、努力、持久性和强度上表现得很明显。

2. 孩子们说乐趣、学习技能、和朋友在一起是参加体育运动的主要理由。

3. 激发孩子动机的三个基本需求是能力、自主性和关联性。

4. 能力动机的棒球钻石模型解释了孩子们的动机会引导他们尝试掌握技能，如果得到最合适的挑战并成功了，将增加他们的能力感、自我价值、乐趣和继续下去的动机。

5. 失败恐惧和不能适应的完美主义动机取向将使青少年运动员倾向于避免显得自己无能，而不是将体育运动看成挑战。

6. 不论青少年的自我投入水平高还是低，他们的任务投入都非常重要。

7. 当成年人奖励可控的成功时，如努力和进步，或者帮助运动员确定特定的任务目标，以此来判断自己在体育运动中的表现时，就是强调任务投入。

8. 归因影响到成功对能力感和自我价值的作用，这远比实际的成功重要。

9. 通过强调共性、发展变化、策略、努力和恒心，教练可以帮助习得性无助运动员改变归因。

10. 表扬年轻运动员的努力而不是表现结果时，动机将得到提升。

11. 7 岁以下儿童的能力感会过度膨胀，但这随着年龄的增长会变得更加准确。

12. 随着儿童年龄的增长，他们使用不同信息来源来确定他们在体育运动中的能力如何。

13. 动机的三种形式是内在动机、自主性外在动机和受控外在动机。

14. 所有形式的动机都是有用的，其中自主性动机与体育运动的目标实现、努力和坚持的关系最直接。

15. 以正确的方式提供奖励有可能增加运动员的自主性动机。

16. 在青少年体育运动中，与朋友和队友建立更加积极关系的孩子的能力感更高、自我价值感更强、更多的享受和更少的压力、更多的自主动机以及更主动继续参与体育运动。

问题探究

1. 孩子参与体育运动的三个原因是什么？这些的原因与驱动孩子的动机的三个基本需求有什么关系？

2. 青少年运动员为什么会出现失败恐惧和完美主义，你将采用什么策略来帮助运动员克服这些动机取向?

3. 为什么归因很重要,您如何帮助青少年运动员在成功和失败的时候进行适当归因?

4. 您向运动员推荐什么样的任务和自我投入比例?解释为什么您认为这种取向最适合您的运动项目。

5. 什么是习得性无助,您如何和青少年运动员一起克服这种消极的动机取向?

6. 解释如何让外在动机仍然保持自主性,为什么这是青少年发展过程中的一种重要的动机类型。

7. 定义自主性支持,说出青少年教练可以使用自主性支持行为的四个例子。

8. 解释儿童评估他们能力的方式的发展变化,他们可以使用哪些信息来源来确定他们的能力。

9. 解释给予外在奖励时的过度辩护效应,并解释控制性和信息性奖励之间的区别。就教练在青少年体育运动中奖励运动员方面提供三个指导原则。

10. 什么是关联性,为什么它是激发青少年运动员动机的基本需求?提供如何在青少年体育运动实践中促进关联性的例子。

思考性学习活动

1. 选择一个跨度两岁的年龄组(如9岁和10岁)和一项特定的体育运动。确定将在这个团队中使用的奖励方式,包括具体的奖励以及何时、如何给孩子们奖励。提供一个摘要,解释你的奖励想法如何支持运动员的基本动机需求。要有创意。

2. 选择一个跨度两岁的年龄组和一项特定的体育运动。找出一些具体的地方,让运动员在团队内可以做选择或承担职责。解释教练和运动员在这些选择和职责中的角色。

3. 阅读附录G提供的关于不同动机问题的案例研究。解释您对每个案例的动机问题的看法(使用本章关于基本需求的知识),并就教练、指导员或父母如何处理每个案例提供建议。

资源指南

Ed Deci博士的TEDxTalk节目。在这期TED谈话中,自决权理论(SDT)的创始人之一,Ed Deci博士概述了什么是自决权,自决权的解释目标是什么,以及如何使用自决权来提升青少年的动机。在他的讨论中,Deci博士从动机的角度举例说明了该做什么和不该做什么。

支持运动员的需求(Supporting Athletes' Needs)。这是一个讨论了动机理论的视频,尤其是自决权以及它和运动员的需求的关系。该视频的目标受众是教练,所涵盖的主题包括内在和外在动机,动机来源以及教练在激发运动员的动机方面可参考的建议。

第7章

为青少年改编体育运动

本章预览

在本章中您将学习如下内容：

▷ 为什么需要为青少年改编体育运动；

▷ 为什么改编经常遭到成年人的抵制；

▷ 如何为青少年改编体育运动的例子；

▷ 为孩子改编体育运动的正面结果。

想象以下情形。一个年仅7岁孩子在3分线投篮，而且球从不沾篮圈。一支5岁的足球队球员穿上完整尺寸的护垫，在标准大小的球场上进行11对11比赛。一支13岁的排球队每周训练5次，从五月持续到十月，因为这能让团队有最佳的胜算机会。这些例子有什么问题？如果您的答案是孩子玩成人的体育运动，使用成人的装备、器材和规则，那么您就答对了。在这一章，您将了解到青少年体育运动改编的重要性，改编对儿童的技能和社会心理发展的好处，以及如何为孩子实施适合发展的改编。

改编意味着改变体育运动体验，使其适合儿童的发展。回想自己的运动经历，也许您能够想起根据您的发展需求对规则、场地或者体育器材进行更改的情形。下面是青少年体育运动改编的几个常见例子。

- 篮球的周长小于标准男子篮球的周长（分别是69厘米和75厘米）。
- 击球工具（如球棒、球拍和球板）应该更短和重量更轻。
- 目标更矮（篮球的篮圈）或更小（足球的球门）。
- 场地或球场尺寸更小。
- 在比赛期间，更少的球员上场。
- 策略受到限制（如篮球比赛中没有紧逼，橄榄球比赛中没有四分卫冲阵）。
- 改变规则以增加每个孩子的参与时间（如在垒球中双方换位之前每个球员击球，在橄榄球中每个球员打所有位置）。

这几个改编例子可以显著提高孩子的体育运动体验，当然这只是许多改编中的几个。读完这一章之后，您要挑战自己，以创新的方式思考改编体育运动，以便为所有儿童提供更好的体验。一个很好的经验法则是让体育活动与孩子相匹配，而不是试图让孩子们适应成人的体育活动。

为什么应该为青少年改编体育运动

儿童不会自行发展出安全地、成功地参与体育运动所需的身体技能和行为。因此，成年人需要肩负起组织青少年体育运动的责任，创造适合青少年发展的体育运动文化。这就需要针对青少年改编比赛、训练、战术、选拔和日程表规则及指导原则，并选购适合青少年的运动器材。如果做得正确，改编之后的青少年体育运动能够提高活动质量，最大限度地提升成功概率，改善青少年的享受体验。

儿童的发展差异

也许进行青少年体育运动改编的最重要原因是青少年的发展与成人之间差异悬殊。儿童在向成年发育的过程中，在生理、身体结构、社会经验和认知上，会经历不同的发展阶段。这些差异表明成年人经常玩的运动不太适合孩子或对孩子无益。孩子们的身高、体重、四肢都小于成年人，而且力量、肌肉耐力和协调水平也低于成年人。身体各部位比例的差异会影响技能表现的力学参数，如重心、力度和角度。然而，我们经常要求青少年在身体处于劣势的情况下参加成人形式的体育活动。

美国国家青少年体育运动教练协会（Engh，2002）的一项研究考察了5～8岁的小运动员是否有必要的技能来成功地参与他们选择的运动项目。这些研究测试了投掷、接球、跑动和踢球等项目所需基本运动技能。通过对超过1 000名儿童进行测试，发现49%的儿童缺乏他们想要获得成功所需的最低技能。如果不为这一年龄组的孩子改编体育运动，至少一半的孩子们没有能力来执行甚至是传统体育运动的基本技能。运动发展专家已经发现，幼童在学习发展技能的敏感期需要习得技能（如第5章所述）。

我们知道，如果任务适应孩子的体形大小、力量和发展水平，他们就有更好的机会来学习正确的技能；否则，可能会阻碍技能学习。如卡莉6岁时，她爸爸就想让她打网球。他会带她去当地网球场练习。卡莉的爸爸曾是高中网球运动员，所以他知道一些训练和网球技能。他给女儿一个他的旧球拍，然后开始向她的正手和反手方向击球。当然，6岁时她还未发育出良好的手眼协调能力或者正确挥拍的身体结构。卡莉发现只要她能够使用笨重的球拍碰到球，她的爸爸就会说"做得不错"。采用这种方式和她爸爸练习网球多年之后，卡莉学到的是错误的正手和反手击球方式，这阻碍了她在高中打网球的能力发展。

研究证实，被迫采用成人球拍学习网球的孩子击球时倾向于躯干偏离球，他们远离球（Ward & Groppel, 1980），从而导致效率低下、技术上有缺陷的动作模式。在年龄小的时候学会正确的动作姿势就像为大厦奠定坚实的基础。没有适当的基础，上层结构永远不会真正牢固。

信息栏

如何让体育运动适合孩子

1. 青少年橄榄球的规则往往和高中或大学规则相同。然而，许多地方机构修改了青少年橄榄球规则以保护球员或者让该运动更具竞争力。下面列出了一些青少年橄榄球常见的规则修改。

- 后卫列队不允许出现空隙。
- 不允许突袭。
- 进攻性后场必须有两个后卫。
- 不允许猛跑踢凌空球或定位踢。
- 只能采用6对2防守阵式。
- 四分卫不允许带球跑动。
- 所有防守者在扣球时不能移动。
- 防守线上的球员不能超过5个，而且至少要有两个球员距离球9米远。
- 如果一支球队赢得的比分超过18分，就要去掉4个最好的球员（由另一支球队的教练挑选）。

2. 俄亥俄州南部的青少年篮球联赛已经修改了比赛规则，让每个球员都有机会投篮得分。每个季度开始前，球队都在各自的篮圈罚球线上排成一行，每个男孩或女孩都可以投一个罚球。如果投下篮了，给比赛分数加1分。只要得分，马上将这些分数加到整个团队记分牌上。

3. 杰克·尼克劳斯学习联赛在公园和其他有娱乐设施的场所引导孩子接触高尔夫球，那里提供安全、适合使用的运动器材。5～12岁的孩子使用塑料球棒、类似网球的高尔夫球以及尼龙搭扣目标。该计划的目标是让孩子从早年开始对高尔夫球感兴趣并体验到乐趣。

如果运动器材和设施与孩子的身材、力量和发展水平相适应，那么他们有更好的机会习得姿势正确的技能。

在一些情况下，成人形式的体育运动可能危害年轻运动员的健康。一个例子是年轻的投球手在年幼时投弧线球或投掷次数过多，有可能导致投掷手臂损伤（将在第12章中讨论）。在青少年体育运动中，过度使用伤害已经达到普遍程度，主要原因是青少年体育运动的训练和比赛在强度上的设计类似成人体育运动。

因此，在计划改编青少年体育运动时，应该考虑哪些发展因素？在设计适合发展的青少年体育运动训练和比赛时，青少年体育运动领导人和教练应该问这些问题：

1. 我的球员的注意焦点是什么（如他们可以坐下来听讲多长时间）？

2. 他们的感知运动技能（如眼手和眼脚协调能力）是否达到这项训练或比赛的要求？

3. 对于这项运动，他们可以执行基本的运动技能（如投掷、接球、滑冰、击球、跑

动和游泳）的合理距离和速度是什么？

4. 他们现有的认知能力能否理解我的策略和战术？

5. 他们身体能否执行这项运动所需的技能？

6. 在这项活动中，他们的神经肌肉和心血管系统的极限是什么？

孩子参与体育运动的动机

为青少年改编运动的第二个重要原因是孩子参与体育运动的原因和成年人不一样。如第6章所描述的一样，孩子参与体育运动是为了乐趣、学习和提高技能、与朋友们一起以及成为团体的一部分（Sit & Lindner, 2006; Weiss & Williams, 2004）。然而，成年人往往专注于获胜和冠军。不幸的是，我们发现成年人的动机在许多情况下影响着青少年体育运动文化。如果让孩子自己组织他们体育运动，那么修改后的规则通常是适用的。下面这四项基本原则适用于儿童自己管理自由体育活动（Murphy, 1999）。

行动。体育活动必须受到激励，而且必须融入比赛中，比赛才有乐趣。规则让比赛合理。由孩子决定每队多少球员，以创造最佳的竞争环境，并且将体育运动改编成小场游戏，以带来更多的参与、乐趣和竞争。

个人参与。问孩子这个问题："你愿意和团队上场比赛，但不会经常获胜，还是愿意坐在板凳上看团队比赛，但总是获胜？"回答始终是相同的。孩子们宁愿在比赛中输掉，也不愿意坐着获得胜利。所有年龄段的运动员感觉都是一样的，看别人上场比赛很无聊，而且没有实践，光看几乎学不到什么技能。儿童经常修改比赛规则，允许有第二次成功机会。更重要的是，他们组织的比赛让每个人都参与。

兴奋。不公平的比赛不能给孩子带来乐

趣。如果团队变得不平衡，要么结束比赛和挑选新的团队，要么交换队员。随着新的比赛开始，输掉的团队有了获胜的新机会。年轻运动员经常修改比赛规则，以创造更好、更令人兴奋的比赛。

友谊。青少年运动员喜欢和朋友在一起，与朋友并肩作战或相互较量。他们也喜欢通过体育运动结交新朋友。参加青少年体育运动的一个好结果就是获得友谊，孩子们可以建立和维护他们之间的友谊。

实现最大的成功体验

为青少年改编体育运动的第三个重要原因与帮助孩子实现最大程度的成功有关。研究表明，成功的表现导致更高的自信心，而失败导致怀疑自己的能力和更低的自信心（Chase，2001）。自信对孩子非常重要，因为它会影响到孩子是否选择参与体育运动，是否付出足够的努力去进步以及在偶尔的失败中坚持下去。如果想进行体育运动却没有坚定的信心，孩子可能在还没有机会学到技能之前就退出了。

如果亚历克斯还没有掌握正确的划水动作或者没有根据他的经验水平对游泳运动进行任何改编，就加入当地游泳队开始比赛，那么他将不断地遭遇失败。亚历克斯开始对自己的游泳能力失去自信，因为他从来没有经历过成功。很可能出现的情况是，亚历克斯觉得游泳不好玩，自己不够好，甚至退出游泳队。如果亚历克斯确定游泳并不适合他，而且发现另一项更适合的体育活动，就无需担心。但如果因为体育文化未能提供成功的经验，而导致亚历克斯在任何体育运动者都没有尝试到成功，会有什么结果呢？最后的情形很可能是因为非常缺乏信心和觉得体育运动不好玩，亚历克斯完全退出体育运动。

那么，我们如何最大限度地让青少年在体育运动中获得成功？虽然大多数教练理解成功对增加信心的重要性，但很多成年人使用成人的标准来定义成功。儿童，特别是10岁以下者，看待成功的方式与成年人不同（Fry & Duda，1997；Nicholls，1989）。10岁以下的儿童最喜欢自己能够完成其技能或任务的活动（如仅参与）。与谁胜谁负相比，谁完成了任务和谁的努力得到了赞扬更加重要。

一旦孩子超过了10岁而且能力对他们越来越重要，教练应该创造良好的学习环境，为孩子的进步提供机会。在这一年龄段的儿童需要感觉自己通过努力来提升技能，然后获得成功的表现。因此，在规划训练场景时，教练应该让它们适合孩子的年龄，避免将重点放在最后的结局上，而且要鼓励孩子不断进步。改变规则、策略、运动器材和场地，让体育运动需求和成功的定义与孩子的发展水平相匹配，这将能够增加青少年体育运动的成功概率。

研究支持改编

改编确实有效！在本节中，我们将为这一想法提供研究支持；我们鼓励青少年体育运动领导人利用这些研究成果来帮助说服其他人，以适合发展的方式为孩子设计青少年体育运动。

塞特恩、梅西尔和凯勒-恩纳尔蒂（1989）从生物力学角度检验了篮圈高度对投球表现的影响。他们发现，改变篮圈的高度会影响7年级的男生的犯规投篮表现。他们根据4点计分制度对投篮表现进行了评估，该制度能够反映投篮成功与否以及球是否碰到了篮圈、击中篮板或者什么都没碰到。使用两个16毫米高速摄像机来测评投球力学，结果表明较低的篮框高度更符合投球力学。

蔡斯、尤因、利尔和乔治（1994）研究

了运动器材的改造对青少年篮球运动的影响。他们将篮圈高度从3米降低至2.4米，将篮球大小从标准的男子篮球改为适合青少年的大小，并调查这些改变对成功（投中数）和球员信心的影响。研究结果表明，采用2.4米高的篮圈时，不管用多大的篮球，儿童投球变多了而且信心增加了。另一项研究发现，采用更小的球时，9 ~ 11岁青少年的运球、传球和接球都变多了（Arias、Argudo & Alonso，2012）。

在卡雷瓦和里德（2005）所开展的一项研究考察了7 ~ 12岁的孩子参与纽科姆排球

信息栏

其他改编想法

青少年冰球改编：道格·艾布拉姆斯（曾经是大学曲棍球队队员、教练及法学教授）建议参加冰球的8 ~ 9岁的孩子遵循以下训练计划（Bigelow, Moroney & Hall, 2001）。训练时长为1个小时，划分成10分钟的热身，15分钟的"技能训练"，15分钟的"快乐学习游戏"，15分钟的队内分组比赛，以及最后5分钟的接力赛。随着赛季的推进，可以将更多的时间花在技能训练和队内分组比赛上，并减少有趣的学习游戏。然而，训练必须让所有球员保持活跃。在训练中为了适应这一年龄组而必须做的具体改编包括每隔5 ~ 8分钟轮换位置，这刚好是孩子的注意力保持时长；在赛季开始时，冰面上的队内分组比赛要横向而不是纵向进行；两个队内分组比赛同时进行，让所有人都参加比赛，没有人被沦为观众；教基本技能和基本位置打法，然后让孩子自己练习。对于这个年龄组，延长课堂讲课没有必要或者不会提升效率。最后，艾布拉姆斯建议在所有球员之间轮换位置，甚至包括守门员位置，以便所有球员都了解每个位置，并学到打好比赛所需的必要技能。

简易棒球改编：最佳的简易棒球体验之一就是在小场比赛中以保持孩子的活跃性为主要目标（比如，击球更多，接球更多，以及投球更多）。为5 ~ 7岁的孩子改编简易棒球要让孩子保持活动，避免他们觉得厌烦。下面是实现这一目标的几个建议。

1. 设计4个或5个球员接球和4个或5个球员击球的游戏。

2. 每次击球队完成出场击球次数之后，双方轮换位置。

3. 没有淘汰和记分。

4. 每个人一个球座，没有教练投球。

5. 球员投球时不能随便跑动。

6. 对于这一年龄组，比赛持续的时间最多为四局或1个小时。

如果孩子早早就退出棒球或垒球运动，那是因为他们在打防守的时候接球机会很少，或者每隔一局才能击球一次。要将简易棒球设计成让运动员快速移动的游戏，让他们在接球过程中需要大量跑动，而且每局都有击球机会。

运动及其体验情况。在35名参与者中，其中15名儿童存在某种身体残疾，另外20名没有身体残疾。对纽科姆排球进行的改编包括（a）较矮的球网，（b）采用气排球而不是标准排球，（c）球队的所有球员都必须接触气排球之后才能将球送过球网，（d）发球线更接近球网。结果表明，有无残疾的儿童都能够执行更成功的传球，也更为活跃，与传统运动相比，孩子在改编后的运动中处于非活动状态的时间减少了。作者指出根据孩子的发育年龄进行改编，让改编后的运动具有挑战性和趣味性非常重要。

一项经典的研究调查了9岁和10岁的孩子在传统的棒球运动和改编后的棒球运动中的差异，包括击球、投球和接球上的表现差异（Martens, Rivkin & Bump, 1984）。改编后的棒球运动和传统的棒球联赛不同，由教练而不是孩子将球投给击球手。结果清楚地表明，改编后的棒球运动教练给孩子投球，大大增加了他们的活动量。

在传统孩子投球的联赛中，其中70%的投球球员都处于非活动状态。这意味着70%的时间进攻和防守都没有进行！在改编后教练投球的联赛中，球员处于非活动状态的时间只有29%。在改编后的联赛中，所有投球中有1/3被很好地击中，而在传统的联赛中只有1/10的投球被很好地击中。很明显，与传统的联赛相比，改变后的联赛由于进攻性活动增加，防守活动也随之增加。

您更愿意玩哪种棒球？如果您是棒球传统主义者，就选择传统棒球形势，这点我们理解，因为您是成年人。但这是青少年体育运动，孩子们想要和需要发展自己的能力——投掷、击滚地球和接弹起球。无论如何，我们可以通过改编青少年体育运动增加孩子的活跃时间。

关于改编网球运动的研究表明，尤其是球拍的大小和球的弹性，改编后的网球对孩子的技能发展有益。国际网球联合会在2005年修改了网球规格，增加了三种柔软度、重量和弹性不同的球，而美国网球协会也做了同样的事情。多项研究发现，与标准（成年人）弹性球相比，采用低弹性球时，孩子经历更好的技术发展、获得更多的享受、对打时间更长，而且过网的球更多（Buszard, Farrow, Reid & Masters, 2014; Farrow & Reid, 2010; Hammond & Smith, 2006; Kachel, Buszard & Reid, 2015; Larson & Guggenheimer, 2013）。与标准的网球相比，因为改良后的球反弹更低，儿童更多地从身体的前方和侧面由低到高挥动球拍击球。这些技巧是发展上旋球的关键，而且是正手击球的重要组成部分（Buszard et al., 2014）。同样，更小的球场和更轻的球拍与孩子的更好表现有关（Buszard et al., 2014; Farrow & Reid, 2010; Larson & Guggenheimer, 2013）。本章后面将描述由美国网球协会赞助的改编后的网球项目。

成年人为什么抵制改编青少年体育运动

在孩子如何学习运动技能和变得更熟练方面，父母的看法有时被误导了。如果不选择标准的（成人形式的）体育运动，他们担心自己孩子在优秀运动员竞争中落后了。有些父母想要他们的儿子或女儿坐上通往体育明星的快车道，并获得随之而来的种种好处。很多家长被潜在的大学奖学金或职业赛事合同所驱使。他们想要通过自己的孩子来实现他们的体育明星梦想（将在第15章讨论）。这些非理性的恐惧和思想可能会给青少年运动员导致非常严重甚至是致命的后果。

根据美国青少年体育运动安全基金会

公布的一份报告，在1973~1994年，有超过20名儿童在有组织的棒球运动中死亡。死亡的原因是儿童被坚硬的棒球击中。该报告进一步表明，因为孩子们的眼球跟踪能力、协调能力和时间判断能力尚未发育完善，很难避免被投掷或击打过来的球打中。棒球通常击中孩子的胸部或头部，造成严重的创伤和死亡。一个简单的解决方案是，对于12岁以下的运动员，任何球队都应该使用柔软的、安全的棒球。这种棒球和标准棒球的大小相同，重量相近，但更柔软，这意味着不太可能导致致命一击。然而，使用软棒球不是强制性的——因为成年人不改变针对儿童的棒球规则，每个棒球赛季仍然有儿童受伤。我们为什么不对棒球进行改变？报告表明，一些教练和家长担心软棒球起不到传统的硬棒球的效果，因此使用软棒球的球员在技能发展上会落后于使用传统的硬棒球的球员。

有些成年人尝试控制青少年体育运动，想要以成人的目标代替孩子的目标。父母和教练忽视青少年体育运动的重点的最好例证之一就是简易棒球。全国各地都开展简易棒球联赛，但教练拒绝使用击球球座，而球座可以说是简易棒球的核心！相反，教练给每个击球手投一定次数的球（如投5个球）。只有所投的5个球都没有击中时，才会架起球座让孩子从球座上击球。

这种情况的第一个问题是，如果不靠近并将球从本垒板上方抛过去，教练根本不能将棒球投给身材矮小的儿童击球者。投手距离击球手过近将减少后者的反应时间，因此，当球从击球区飞过时，就会显得太快，孩子还来不及挥棒击球。原本可以通过球座习得的所有基本技能都消失了。何况还要花费更多时间和麻烦来给每个孩子投5个球，然后又要安装球座。任何一个家长都会说观看简易棒球非常折磨人。但教练和观众痛苦地坚持看完简易棒球（不是真正的简易棒球），因为成人希望儿童能够将投掷的球击中。

应该做什么改变

青少年体育运动的改编可以在场地、器材、规则和战术方面进行。在对这四个方面进行改编的时候，您要在创新上挑战自己，专注于儿童参加体育运动的原因，并考虑如何构建优良的体育文化，让所有参与者都积极参与体育运动并提升他们的技能。

场地

因为孩子的个子矮小，而且有氧代谢能

个人小插曲

您的青少年体育运动是如何改编的？

想想您的青少年体育运动个人经历。您小时候所参与的青少年体育运动进行了哪些改编？这些改编有什么影响？该体育运动更有趣或更容易了吗？现在想一想您在青少年时期，是否按照成人的标准参加过任何体育运动。这些类型的体育运动的结果是什么？根据您的个人的经验，您曾参加的改编体育运动是否影响到您现在对青少年体育运动的看法？

力不如成年人，所以采用小场地是有道理的。另一个理由是，在更小的场地中，球或其他物体更容易控制，那样孩子就花更少的时间来追球，可以将更多时间花在投球、接球或将球踢给队友上（训练该运动的必要技能）。因此球员都可以真正参与进来，而且提供了更多的得分机会。

器材

运动器材需要匹配球员的身材，让他们在体育运动中可以获得一些成功、避免受伤和发展出扎实的基本技能。不当的体育器材（太重、太大）可能导致儿童发展出不正确的动作姿势，从而导致蹩足的基本技能，甚至在一些情况下会导致严重的伤害。想想孩子需要使用特定的器材来做什么，以及如何让孩子更容易地执行这项运动任务。对于软球和可能导致伤害的硬球，接哪个好？短球棒还是长球棒容易控制？一般来说，对运动器材进行修改时，要从重量、高度、周长、颜色、质地（光滑或粗糙）或表面（软的还是硬的）方面考虑。

规则

修改青少年体育运动规则应该使之与儿童参与体育活动的原因相一致。记住，儿童参与体育运动是为了乐趣，提高技能，保持体形以及和朋友在一起。首先，从第一个任务（如如何选择团队？）到最后一个任务（如有联盟锦标赛吗？）进行考虑。如何设置训练和比赛场景，让所有孩子都非常活跃的参与？通常修改的规则包括上场时间、换人、位置、比赛的结构（如在一局结束前每人击球一次）以及一个团队的人数。

在创新上挑战自己，超越常规。如考虑外场只有四个球员的简易棒球。比赛真正看起来是什么样的？我们将会看到孩子跑过去接球，然后将球投给正在跑去防守垒的队友。哇，这对所有的球员都是巨大的活动量！与8个孩子围在球场上的传统棒球运动相比，改编后的棒球运动有什么区别？总是会有教练和家长出来反抗，以前面所述重重理由挑战修改后的规则。您要坚定自己的立场采用修改后的规则，让比赛适合孩子的发展。

战术

战术和规则不同。然而，制定战术的理论依据和制定规则相同：将制定战术的理由与孩子想要参与体育活动的原因保持一致。在比赛和训练中，战术涉及策略（如进攻与防守），而且战术应该以保持所有球员参与运动和学习技能为重点。要小心防范战术适得其反。下面这个战术我们不喜欢，因为它几乎没有提升比赛的质量：在队友试图得分前每个人都必须触球。您见过孩子采用这种战术吗？在球队中最好的球员把球给最差的球员，然后马上抢回来。他们反复这样进行，然后尝试得分。

一个更好的战术是小场游戏，有时按能力分组，让所有的"球迷"都在同一个球场上，而其他孩子在自己的比赛中可以担任关键角色。或者，安排轮换位置，这样占主导地位的球员就不能主宰所有比赛时间。关键是要经常调节体育运动的结构，让更好的球员得到挑战，同时让需要提高技能的球员有更多机会。

美国网球协会网球快速入门项目示例

美国网球协会（USTA）在2008年启动了网球快速入门项目（QuickStart Tennis），为10岁以下的儿童修改球场大小、运动器材和网球规则。这个项目的目的是让孩子参加网球的时候立即体验到一定程度的成功，让他们感到愉快和充满动力。如图7.1所示，球、球拍、球网高度和球场大小都是逐步改变的，以适应孩子的成熟和经验。

对于8岁以下的儿童，球场是缩小版的，一个标准的网球场在横向上可以容纳4个QuickStart球场（见图7.1）。球网高度比标准球网矮7.6厘米，让孩子在连续对打时容易过网。球拍比较短，球是红色的，由低压缩轻泡沫或毛毡制成，反弹和在空中飞行的速度更慢。修改后的评分系统是三种比赛中最好的，首先得到7分的球员赢得这场比赛。

对于9～10岁的孩子，球场大小有所增加，但仍然不是标准大小的网球场（见图7.1），虽然球网高度是标准高度。使用低压缩的橙色球；它们是比红色泡沫球快，但与标准的黄色网球相比，弹跳和飞行速度都要慢一些。球拍（58～64厘米）仍然比标准网球

拍（69厘米）短，但比8岁以下的孩子用的球拍长。得分制为是三局两胜制，获得四分赢得一场，第一个在第三场比赛（如有必要）中获得7分的人获胜。

11岁的孩子在标准网球场上打网球（见图7.1），使用绿色的球，这种球的弹跳力比标准的黄色网球稍微低一些。网球场采用标准大小，球拍略小于标准尺寸。这个年龄段的计分遵循标准的网球计分规则。

美国网球协会认为该项目将吸引更多的孩子参加网球运动，而且如果对8岁以下的孩子采用QuickStart球场，即将标准球场在横向上划分为4个小球场，娱乐和俱乐部项目将能够让更多孩子在球场上运动。已经有青少年俱乐部和项目对快速入门项目进行改编，而且人们可以通过网上和体育用品店购买各个级别的完全器材。

美国网球协会为10岁以下的孩子提供的网球指导

颜色	红色	橙色	绿色
年龄	8岁以下	9～10岁	11岁以上
网球	红色毛毡或泡沫 移动速度和弹跳高度 比橙色球较低	橙色 移动速度和弹跳高度 比绿色球较低	绿色 弹跳高度稍微低于黄球
球场尺寸	36'×18' （约11.0m×5.5m）	60'×21'单打（约18.3m×6.4m） 60'×27'双打（约18.3m×8.2m）	78'×27'单打（约23.8m×8.2m） 78'×36'双打（约23.8m×11.0m）
球网高度	2'9" （约0.8m）	球网中间3'（约0.9m） 两侧球柱3'6"（约1.1m）	球网中间3'（约0.9m） 两侧球柱3'6"（约1.1m）
球拍	达到23"（约0.58m）	23"～25"（0.58～0.64m）	25"～27"（0.64～0.69m）

图7.1 QuickStart项目按照年龄对网球器材和球场标准进行修改

网球快速入门项目是改编青少年体育运动的示范模板，其口号为"让孩子在比赛中学习，而不是学习比赛"。

本章小结

青少年体育运动机构认识到儿童需要特定的、适合发展的环境，这样才能发展技能、体验乐趣和和保持参与。在所有类型的运动中，人们越来越接受改编是促进孩子技能发展的最佳实践。如果您仍然不相信改编

青少年体育运动是发展技能的关键一步，那么可以想想您学骑自行车的经验。您的父母把您放在成人的自行车上，然后让您从家附近的陡坡骑下去吗？还是先用带有辅助轮的小自行先学会怎么骑车？一旦掌握了蹬踏板和刹车，获得了一些信心，并克服了快速移动的恐惧，您很可能就会拆除辅助轮。而且，随着身体每年增长，自行车也要逐渐加大，直到变成成人自行车。这看起来就像青少年体育运动应该遵循的好模式。

在考虑是否应该和如何为儿童改编体育

休息一下

回到未来帮助孩子发展技能

唐·卢西亚（2009）是明尼苏达大学非常成功的男子冰球教练，他对自己作为初级运动员时的优秀教练表示感谢。根据卢西亚教练的陈述，那些教练全部都是以一个共同的主题：以技能发展为指导思想。他希望那些教练能"回到未来"，为今天的教练做示范，让他们专注于发展孩子技能的方式。

卢西亚教练觉得如今的成年人教练倾向于让孩子过度训练和比赛。他建议为体育运动寻找适合的方式，让"冰面成为学习冰球的孩子的老师"，就像他儿时那样。他大力提倡小场游戏，认为孩子们在小场地中不仅可以提高他们的技能，而且可以提升在有压力的情形下的快速决策的能力。

他还主张改造年幼孩子的活动表面，不要完全在冰面上训练或比赛。他建议沿着护板放几块网，横跨冰面比赛，这将让球员能够更多地接触冰球和击球。

卢西亚教练强调这种更加自由的技能发展和改良的冰球有助于帮助孩子发展大学和职业教练认为重要的技能。他指出，"他们正在寻找那些会滑冰、使用球棍、传球和击球的孩子。他们不在乎在前方和后方的阻截水平如何，或者他们的防守区的什么位置"。按照卢西亚的见解，这些在后面都是很容易教会的。他关于改编冰球的见解非常重要，是DAP范例，强调的是技能的发展和参与乐趣，而不是过于强调冰面上的战术和团队比赛。

运动时，请记住这个重要的问题：运动项目、训练或者比赛适合这一年龄组的所有孩子的需求吗？还是主要是为了满足成年人的需求（Bigelow, Moroney & Hall, 2001）？在组织和改编青少年体育运动时，很明显我们应该根据孩子的需求做出选择。

学习帮手

关键术语

改编——改编体育运动体验，使其适合儿童发展。

要点归纳

1. 应该为孩子改编体育运动，因为他们的体型小、四肢短（胳膊和腿）、肌肉力量小、耐力差，而且协调能力不足。

2. 如果体育运动适合孩子的身材大小、力量和发展水平，他们就有更好的机会来学习正确的技能；否则，可能会阻碍技能学习。

3. 在包含行动、个人参与、兴奋和友谊的环境中，孩子参与体育运动的积极性更高。

4. 改编后的体育运动让孩子获得更大的成功和自信心，这预示着孩子是否继续参与体育运动。

5. 研究表明，改编体育运动能够增加所有参与者的技能效率、成功、自信和活跃程度。

6. 有些成年人担心孩子参加改编的青少年体育运动会妨碍其技能的发展。

7. 青少年体育运动的改编可以在场地、器材、规则、战术和目标方面进行。

问题探究

1. 找出孩子的几个发育差异，以支持需要改编青少年体育运动。

2. 解释儿童参与成人形式的体育活动的负面结果，至少列举三个例子。

3. 举出至少三个证据，反驳那些因担心改编会给孩子带来不利影响而抵制改编青少年体育运动的家长。

4. 孩子们参与体育活动是追求什么？我们如何在有组织的青少年体育运动中为他们提供这些东西？

5. 描述研究是如何支持改编对儿童的运动经验产生积极影响的。

6. 找出并描述至少五种您建议在体育运动中实施的改编。

思考性学习活动

1. 就您当前最喜爱的青少年体育运动中，找出至少三个局限性或问题。您如何能改编这项体育运动，使其更加适合孩子的发展？

2. 本章提到的网球快速入门项目是改编特定的青少年体育运动的国家级计划。尝试找出另一个打算进行改编以适合孩子的发展的体育运动项目。解释这些改编以及为什么您认为它们很有用（或者没有用）。

3. 选择一项运动，并建议几处适合发展的修改，让参与者更好地经历这项运动的入门、初级和中级水平。

资源指南

家长运动教育网站（Educated Sports Parent）。该网站讨论改编青少年体育运动项目的重要性。它不仅解决了学习在体育运动取得成功所需的必要基本技能的重要性，而且探讨了不针对年轻运动员改编体育运动可能导致的伤害。在这个网页的底部列出了一些体育运动以及改编它们的方法。这些体育运动包括篮球、棒球、橄榄球、曲棍球和足球；此外，网站提供了对任何体育活动进行改编的基本方法。这些改编按照不同的年龄组进行细分，而且鼓励发展必要技能，让青少年运动员在现在和未来都取得成功。

Start Smart项目，由美国青少年运动联盟创立。该项目是创建青少年体育运动的循序渐进方法，其中孩子在有趣、安全的环境中学习参与青少年体育运动所需的基本技能。该项目包括棒球、橄榄球、篮球、高尔夫、足球和网球。

第 8 章

青少年运动员的技能教学

本章预览

在本章中您将学习如下内容:

▷ 儿童的思考和学习方式与成年人的区别;

▷ 青少年体育运动五步教学周期;

▷ 怎么才能成为好教练;

▷ 通过教授孩子技巧来最大限度地提升学习效果。

青少年体育运动的最重要目标之一是帮助孩子培养和提高运动技巧。因此,青少年体育运动领导者需要成为能帮助年轻运动员学习、提高和改进运动技能的高效率的老师,可以通过许多不同的方式将技能传授给青少年运动员。好的老师和教练能够找到适合年轻运动员的教学风格,不仅符合他们的特长,而且适应他们的准备就绪水平和不同的学习方式。

您还记得特别有效地帮助您学习特定运动技能的老师或教练吗?为什么他在帮助您学习上如此有效?是什么使他或她成为一个伟大的老师?我们敢打赌,当您读完这一章所建议的高效教学实践之后,就会看到这样的好老师。他能够了解您和您的学习方式,提供适合发展的指导和学习进度,提供有用的个人反馈,激发您的动力,以及让您学习想要学习的东西。

有一本关于传奇的大学篮球教练约翰·伍德的教学原则和方法的书:*You Haven't Taught Until They Have Learned*(Nater,2010)。在训练中给孩子们解释或示范一些东西并不意味着他们已经学会了它。学习是随着实践发生的、相对持久的表现进步(Wrisberg,2007)。在青少年体育运动中,引导孩子学习的有效教学方法需要以适合发展的方式系统地使用示范、动机和实践。我们发现许多青少年体育运动领导者不是职业教师或教练,但我们相信通过学习一些与教学效果有关的基本原则和方法,他们可以提高自己的教学技能。

五步教学周期

学习是一个需要时间、努力和重点的过程。此外,有一位好的老师也很有帮助。本章的重点是如何成为真正的好老师。我们从描述教学的五步教学周期开始:动机、示范、实践、反馈和实践(见图8.1)。

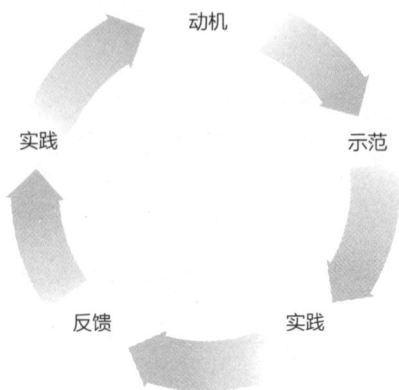

图8.1 五步教学周期

动机

现在,孩子们问,"它对我有什么好处?"和"我为什么要学习这个?"因此,学习动机是所有教学指导的起点。下面提供几个激发孩子动机的方法,它们可能会抓住运动员的注意力,让他们做好学习准备:

- 以他们认识的、也使用该技能的著名运动员(职业、大学或高中运动员)为例。"当拉斐尔·纳达尔打网球时,他谈到步法是他成功的秘诀。他每天都在步法上下功夫,以便做得更好。今天,我们先从步法练习开始学习正手击球。"

- 告诉他们稍后要提问或测验,因此让他们理解您解释的东西非常重要。"今天我们要开始实践了,现在先解释什么是1-3-1区域防守。请仔细观察该区域中每个球员的角色。在去球场实践之前,我要先测验大家。"

- 解释如果他们学习这个新的技能很可能产生的结果。这并不意味着您将提供外在奖励,而是提供后果,如改进表现或赢得更多分数。"今天我想要强调比赛时团队沟通的重要性。优秀团队的成员在比赛过程中会进行沟通。结果是他们在比赛中会表现更好，赢得更多，而且比不进行沟通的团队享受到更多一起参与的乐趣。优秀的团队都会进行沟通，因此我希望大家在今天的队内分组比赛中进行交流。"

励志的句子言简意赅。这不是赛前的动员讲话。目标是吸引运动员的注意，让他们将注意力集中在您的示范上，激励他们努力学习所教的内容。

示范

如果下一次您身边有一个四五岁的小孩子，让他向您展示他从来没有见过的技能。例如，让孩子向您展示良好的运动姿势。由于脑中没有清晰的运动姿势，孩子会呈现各种不同的姿势。只有青少年运动员的脑中有关于某项技能的清晰图像或心理模型，才能实际尝试执行该技能。

成年人教练在示范和解释时要保持简要，时间控制在30秒~3分钟，然后让运动员实践。

要想向学习者做好示范，需要遵循几个关键的原则（Rink & Hall, 2008）。教师或教练应该全速演示整个技能数次，时机合适时再将该技能分解成多个小部分，最后再全速演示整个技能数次。这项原则给学习者提供该技能清晰图像，以及如何以比赛速度从整体和部分上执行该技能。避免以慢动作示范技能或者只示范部分技能，因为这不能向孩子提供学习该技能所需的正确的心理模型。此外，从几个不同的视角或角度进行示范，以便学习者可以从正面、背面和侧面观察技能的执行过程。

在"整体-部分-整体"示范完成之后，为学习者提供1~3个容易记住的教学提示（标签），让他们在训练该技能的时候说出来。这些提示在学习过程中非常重要，因为它们提醒执行计量所涉及的步骤和次序。对于孩子来说，教学提示应该表示他们熟悉的脑中图像（见表8.1）。要确保脑中图像是相关的，而且适用于现在的孩子。几年前，教练教球员用教学提示来投篮，"就像在一个电话亭投篮一样，让球从顶部飞出"。现在，年轻的孩子很难想象到什么是电话亭，因为电话亭已经很少见了。

关于示范的最后一条原则是在运动员开始练习之前检查他们是否已经理解示范内容。问球员与技能的示范和表现相关的问题，强化他们需要做的事情。让他们复述教学提示或标签，因为他们在尝试技能时需要记住它们。

教练犯的一个常见错误是教新技能时在口授和示范上花太长时间。他们讲的细节太多，示范的内容太多，而运动员根本记不了那么多。在向青少年运动员展示技能时，激励、示范和教学提示的时间多长合适？通常情况下，建议不要超过3分钟。根据所教的技能的复杂性，激励和和示范可能只需30秒。让我们计算运动姿势例子所需的时间。开始

表8.1　技能的脑中图像教学提示（标签）

运动技能	青少年运动技能教学提示
击球——后面的脚旋转	用脚碾死小虫
投篮的顺势动作	手臂弯曲成鹅脖子——加上一声鹅叫
在跑道上开始冲刺	感觉就像从炮筒里射出去
让高尔夫球入洞	手臂像钟摆一样摆动
排球发球	手臂后拉，就像弓上待发的箭
足球停球	把脚当作吸住球的枕头
网球发球	将球拍收回到背后，好像给背部挠痒

用手表计时，并阅读我们的例子。

今天，我们将要学习如何做好运动姿势。有人能说出我们观看过其运动姿势的著名运动员吗？苏·伯德是西雅图风暴队的控球后卫，她打篮球防守其他球员时会使用良好的运动姿势。如果你想要像她那样打好防守，你需要有良好的运动姿势。良好的运动姿势意味着您准备好跑动和比赛。这就是运动姿势的样子（下蹲做三次运动姿势，从不同的角度示范该姿势）。当我说"开始"，你就要站起来，尝试做运动姿势。在练习运动姿势时，要记住这三个提示（在解释的时候做示范）:（1）双脚分开，与肩同宽;（2）弯曲膝盖和臀部，就像坐在椅子上;（3）将双臂放在身体两侧保持平衡。记住，双脚——坐下——双臂。现在有两个问题:谁能告诉我为什么要学习良好的运动姿势？列举出三个你将对自己说出的"提示"。我认为你已经准备好展示你的运动姿势。听到"开始"，你们分散开来，开始做运动姿势。"开始"。

这个例子需要1分钟15秒。如果您确信运动员对于所学的技能有清晰的认识和脑中图像，那么他们就准备好了继续进入技能教学周期的下一步:实践。

实践

在尝试学会一项技能时，没有任何东西能够取代重复和实践。好的教练对实践进行组织，以实现最大的成功、最多的活跃学习时间和乐趣。活跃学习时间被定义为学习和实践技能所花的实际教学时间。坐着听关于如何组织练习的指导不是活跃的学习时间，因为没有任何人参与到学习活动或活跃实践中。排队等候轮到自己也不是主动的学习时间，因为孩子们站着等待参加活动时，不会学到任何东西。研究表明，与低效的教师相比，高效的教师为学生提供更多的活跃学习时间（Kirk, Macdonald & O'Sullivan, 2006）。

在整个章节中，我们将讨论通过几种方法来增加实践和活跃学习时间，其中考虑到空间、器材和分组等方面。现在，我们想要强调提供反馈的重要性。我们将在五步教学周期的下一个实践阶段讨论影响到实践的其他因素。

反馈

有许多不同类型的反馈可供考虑。它们包括内部反馈、外部反馈、关于表现的知识、关于结果的知识、非口头反馈和口头反馈。此外，您应该想想提供反馈的频率（多久一次）和时长（多长时间）。虽然听起来很复杂，但有一些很容易遵循的具体原则。

首先，让我们讨论这些反馈的意思。内部反馈是运动员从自己的身体内部获得的信息。它是来自肌肉、肌腱和关节感受器的反馈。如果您打高尔夫曾经发过一个非常漂亮的球，在抬头看球的去向之前，您很可能就感觉到这是个好球。您感觉挥杆得劲。有时，运动员第一次学习一项技能时，很难使用内部反馈，因为他们太年轻和缺乏经验。然而，您仍然应该让他们尝试使用这种反馈。让运动员感觉技能执行得怎么样并记住这种感觉。告诉他们使用来自身体的信息来获得有用的信息。举个例子，如果您在教体操的前滚动作，当他们正确地落到垫子上时，就要让运动员记住感觉到背部的什么位置有压力。

外部反馈是运动员从身体之外接收到的信息。这可能是他们从教练、同学、父母或自己的表现所接收到的文字、声音或视觉图像。同样使用高尔夫球发球为例子，运动员可能从最佳击球位置听到杆头打在球上反馈回来的声音。从球杆的最佳击球位置发出的"噗"一声和打在球上方发出的声音不同。和内部反馈一样，要让运动员记住这些信息，帮助他们学会在下一次发球时利用它们。

关于表现的知识（KP）是教练或其他人在技能表现或实践完成之后给出的口头信息，包含与运动模式的形式或技巧有关的信息。该反馈可能包括技能的各个部分的信息，可能是正确执行的部分，也可能是不正确执行的部分。关于表现的知识对于学习者来说至关重要，因为教练为他们提供他们自己无法获得的主观信息。教练必须能够观察和诊断关于运动员表现的信息，而且要就此与运动员进行有效沟通。好的教练在观看一项技能或一系列进攻防守技能之后，能够剖析哪里是正确的，哪里是错误的，然后向运动员提供正确的信息。

关于结果的知识（KR）是在表现结束之后提供给运动员的信息，通常由教练或同伴告知表现的结果。如排球发球在界内，或者棒球击出界了。运动员也可以通过看结果获得关于结果的知识。球击中了目标或未击中目标，得分了或没有得分。这些结果非常客观。教练员应避免过分强调关于结果的知识，可以更加强调关于表现的知识。对于年轻的学习者来说，技术或正确姿势远比结果重要。通常情况下，有了好技术，运动员最终会取得好结果。但技术差就不一定有好结果了。关于结果的知识对更有经验的运动员很有用，他们已经确立了技术要领，只需轻微的调整就可以改变结果，而且不会牺牲姿势。

非口头反馈对运动员的影响往往会被忽视。非口头反馈是以非口头的形式向提供给运动员的信息，包括面部表情、身体语言和

个人小插曲

我的最好的老师

就体育或运动技能教学方面而言，谁是您的最好的老师？回想一下，并试图找出这位老师所做的让您的学习和表现发生了变化的具体事情。是什么使他或她很擅长教学？您从这位老师身上学到了什么，您如何将这些经验融入到现在的青少年运动员教学中？

行动（如教练为球员分配位置）等。如被分配到右场或没有那么活跃的位置的球员可能会想："教练认为我不是很优秀"。运动员经常误解教练的非口头反馈。教练员应该致力于让非口头反馈与口头反馈保持一致，而且尝试让非口头反馈尽量保持一致和易懂。

最佳的口头反馈包含关于如何进步的信息，就像积极的激励短语或非言语手势一样。年轻运动员更喜欢包含有用的建设性信息的口头反馈，而不仅仅是积极的评论。即使是小孩子也懂得信息性评论能够提供信息输入，帮助他们进步和做得更好。最重要的是，孩子们知道当教练给运动员提供信息性反馈时，教练通常认为该运动员有能力，会做得更好。（一些教练不愿意花费时间和精力来帮助运动技能较差的孩子获得进步。）所以，要避免虚情假意的"很棒"和没有任何信息的鼓励。孩子们能够感觉到这些评论是无用的，而且表明他们不够好，未能得到教练注意和培养。

反馈对学习非常重要，您应该设立这样的目标：在每一天的训练中为每个运动员提供大量信息性反馈。一个积极的激励短语或非口头手势以及一个信息性评论，都让运动员觉得您在乎他，您希望他成功和您对她的学习能力有信心。非口头手势和正面语句的例子包括拍拍背、击掌、竖起大拇指、微笑或眨眼、拍手、"我知道你能做到"和"你应该为你的努力感到骄傲"。

其他影响实践的因素

我们谈论实践中活跃学习时间的重要性，但您还可以做许多其他事情来提升青少年运动员的实践效率。

注重过程而不是结果

过程涉及表现的姿势或技术，比结果对学习更重要，特别是对青少年运动员而言。因此，在实践中运动员必须专注于技能的执行过程而不是结果。

有时孩子早年的运动表现给父母留下了

信息栏

青少年高尔夫球手的四个教学技巧

下面是一些有用的教学技巧，它们来自一个顶尖的青少年高尔夫老师（Patterson, 2013）：

1. 孩子们在不知道的情况下会学习到更多的知识。让他们犯错误，并尝试不告诉他们正在做的是错的。只为他们已经做过的事情提供指导，让他们做得更好。

2. 如果没有趣，他们就不会继续去了。他们通常要到高中才懂得致力于比赛。让他们做自己，不要让事情过于紧张。

3. 如果孩子告诉您他想要去打球，放下一切，陪他去。但请记住，孩子没有叫您教他。您只是给他提供玩的机会。要准备好回答问题，但仅当孩子问才回答。

4. 孩子和朋友一起学习高尔夫球效果更好。要保护杆数，讨论仅限于孩子的水平。这将有助于让孩子保持参与，甚至可能让他们着迷。

深刻的印象，但几年之后，才发现他们的真正天赋被糟糕的技术限制了。如斯科特是高中棒球队的成员，他有很高的成功击球率，甚至一个赛季连打几个循环（在一场比赛中参加单打、双打、三人和本垒打）。他家乡的每个人都认为他在高中毕业后会被职业棒球队选走，因为他的击球率令人印象深刻。当职业棒球人才发掘者拜访斯科特并让他执行一些击球练习时，他们清楚地发现斯科特并没有很好的职业棒球前景。您认为斯科特为什么不被选中？棒球人才发掘者注意到斯科特在挥杆时存在一些严重的缺陷，这将阻碍他在职业级别上的表现。他在年轻的时候没有关注过程或者纠正击球姿势，这将阻碍他实现长期的成功。

使用脑中图像

研究人员发现，没有什么能够代替实际的身体实践。但和身体实践一样，脑中实践或脑中图像也可以提升表现（Vealey & Forlenza, 2015）。孩子们特别擅长处理形象的图像，因为他们有丰富的想象力。利用孩子的想象力，让他们在家里通过脑中想象的图像或形象练习和复习技能（不是在校期间！）。

只需告诉他们闭上眼睛，然后在脑中想象自己执行技能的情景。他们应该试图在脑中看到和感觉到成功执行技能；告诉孩子这样做可以加深该技能在脑中的印象。他们可以在脑中复习一些基本技能，如从罚球区两侧打板进篮所需的罚球和步法。青少年运动员还可以在脑中演练自己在团队队形或阵式中的具体位置。在学习和实践技能时，鼓励运动员使用非常强大的想象工具。告诉他们大脑无法区分真实和想象的事件之间的差别。

使用整体-部分方法

传统运动技能学习在示范和实践技能方面提供两种可行方法：整体-部分方法和部分-整体方法。大多数人要么倾向于这种方法，要么倾向于那种。如果孩子喜欢整体-部分方法，他们一开始就喜欢从头到尾将整个技能看一遍，然后再看技能的部分（如果技能可以分解成部分的话）。而另一些孩子可能更喜欢部分-整体方法，这意味着他们喜欢先看到技能的所有部分，然后将它们放在一起形成整体。在教年幼的孩子时，我们相信使用整体-部分方法会更好。建议以全速示范整个技能，然后它分解成单独的可学部分（如果合适的话）。然而，并不是所有的技能都可以很容易拆分成部分进行实践。

使用分布式实践

关于分布式与集中式实践的研究表明，采用分布式实践的孩子学得更好。分布式实践被定义为将实践分布在短时间的几天或几周内，这与集中式实践刚好相反，后者将实践集中地分布在1天或2天。如垒球教练想要教球员如何滑入二垒，他可能会选择分布式实践。该球队可能在数周之内每隔一个训练日就实践5～10分钟，学习如何滑入第二垒，直到他们感觉已经学会了如何滑垒。与连续三天每天花1小时学习滑入第二垒相比，这种方法更加明智。

此外还有分阶段技能实践，先是实践和学会一项技能再进入下一项的技能学习，这不如随机技能实践高效。随机技能实践意味着同时学习和实践几种技能，让它们同时进步。

总而言之，只有专注于过程，使用脑中图像演练技能，使用分布式和整体-部分方法以及大量重复，才能实现高效的训练实践。

最大化学习效果的教学策略

现在，您掌握了基础知识。即使没有大量的教学经验，您也可以设计出遵循五步教学周期的训练。但让我们继续前进！您还可以使用其他策略来增强运动员的学习。

循序渐进、扩展和完善

好教练和差教练的主要差别在于前者拥有在训练中设计和使用合适的循序渐进教学的能力。循序渐进教学涉及设计学习体验，使其从简单任务渐进到复杂任务。如在学习如何接地面球的循序渐进教学应该：（1）不用球的情况下，过一遍接地面球的动作；（2）接由教练投的慢速地面球；（3）接由教

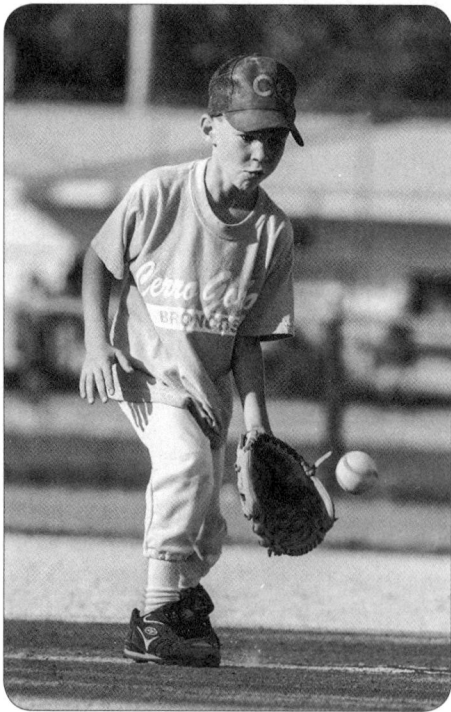

优秀的青少年体育教练采用循序渐进的方法教技能，从简单到复杂，比如从不用球的情况下学习接地面球的动作，到接慢地面球，再到接快地面球。

练投的快速地面球；（4）接由球拍击出的慢速地面球；（5）接由球拍击出的快速地面球。应该以循序渐进的方法教体育运动中每个技巧和战术，不要跳过任何一个步骤，进度不要太快或太慢，而且让运动员为所有比赛情形做好准备。

扩展与任务的困难程度有关，有时扩展使任务更难，有时扩展使任务没有那么难，具体取决于学习者。下面是两个关于足球射门的扩展实例。

- 通过扩展让踢球入球门更困难，即添加一个防守球员。
- 通过扩展让踢球入球门更容易，即不需要防守球员，而且让球更接近球门。

完善是指让学习者专注于提升任务的特定方面。如完善篮球挡切战术的教学可能要给执行该战术的球员提供更加具体的指示，如"双腿下部放宽，左转，在转身的时候用背部挡开防守球员。"当运动员准备好改进或提升技能或策略的复杂性时，就可以教他们如何完善了。

教青少年运动员新的技能时，您需要精通采用循序渐进、扩展和完善方法。对于循序渐进，要决定大部分运动员（80%）能够从什么技能水平开始。首先从简单的任务开始，随着大部分运动员开始学习该技能之后，就进入到更复杂的实践任务。一定要使用激励、示范、实践、反馈和实践教学周期。您在运动员实践的过程中提供反馈，这是扩展和完善实践的最佳时机。对于学习技能比较快的运动员，添加稍微难些的完善或扩展任务，让他们在挑战中进步。对于碰到困难的运动员，要修改训练，降低难度，直到他们学会该技能。一些优秀的教练让不同的运动员训练类别不同、难度不同的技能，这种做法非常常见。这种个性化方法能够满足所有运动员的需求，而且让每个运动员以自己的

速度进步。

　　随着经验的增加，开展循序渐进、扩展和完善教学方法会变得更容易。了解与年龄相适应的能力之后，您就会知道从哪里开始教，从哪里开始计划循序渐进教学。对于大多数的体育运动而言，从简单递进到复杂涉及这些方面的完善：运动器材、场地表面、参与人数、增加或减少防守、速度、允许时间、技能组合数量、空间大小以及进攻或防守战术。

战术比赛方法

　　有一种新发明的创新性技能教学方法，名为战术比赛方法（Griffin，Mitchell & Oslin，1997）。这种方法侧重于通过小场游戏来解决经常发生在比赛中的战术问题。如果您认为孩子在比赛中可以学习技能，那么这种方法值得考虑。我们喜欢这种方法，因为教授青少年运动员技能的问题之一就是如何让技能从训练转移到比赛。有时转移效果很差，这意味着比赛开始之后，运动员在训练中所学的东西（正确的姿势和规则）都忘记了。在战术比赛中，儿童在类似于比赛的活动中学习技能，从而将技能、战术、进攻和防守策略交织在一起。

　　如在篮球运动中，如果教练希望球员学习如何移动，以及如何摆脱防守去接传球，那么他可以教他们从两边底线切入篮底，包括 L 形和 V 形切入。他可以安排训练让球员学会这些切入，以及如何在训练实践中摆脱防守（有或无防守），然后将技能运用到比赛中。在战术比赛方法中，教练会解释战术：无球移动摆脱防守。教练可能设置2对2或3对3的小场游戏，专门训练移动摆脱防守。他将监督球员尝试多种方法来摆脱防守获得传球，以便提供反馈和建议。当球员开始弄清楚如何摆脱防守时，比赛将扩展至4对4，然

后是5对5。战术比赛方法需要更多的时间来安排和组织，但让技能从训练转移到比赛的成功概率很高。

安排球员实践

　　关于执行青少年体育运动实践，教练通常忽略的一个方面就是统筹安排。在教或实践技能时，安排或组织运动员的最好方法是什么？首先要考虑的问题是分组。在教学过程中将运动员分组的最佳方式是什么？有各种分组方法可以使用，比如按性别、体型、社会适应性、能力水平和随机选择。我们建议在实践中使用所有这些方法，因为各有长处和短处。

　　如果总是按能力分组（技术好的和技术好的同组，技术差的和技术差的同组），那么技术差的运动员就享受不到和技术更好的运动员一起训练带来的优势。以网球为例，如果两个技术差的球员总是在一起练习，他们没有一个能够很好地回球，这样他们练习凌空球的机会就很少。但如果能力水平不同的运动员混合在一起（高水平和低水平），那么水平低运动员和水平高的运动员一起训练时能够得到提升。当然，如果这个技术好的网球运动员总是和技术差的搭档训练，由于得不到挑战，前者的技能可能得不到提高。

　　只要等待时间不要太长，对运动员进行随机分组也很好。请记住，运动员通过大量重复和实践学习技能，而不是排着队等着分成组。阅读了解下面两个场景，判定哪一个的时间利用更高效。

　　1. 迈克教练决定将球队随机分组，变成四支球队进行训练。他将所有球员排在一条直线上。然后沿着队伍向下走，让球员按照1到4报数。随着球员开始报数，队伍开始有人换位，一些球员正在试图确保能够和朋友分到一组。当所有球员完成报数之后，教练要求所有

报数为1的球员站到红色圆锥标记物旁边，报数为2球员站到蓝色圆锥标记物旁边，报数为3和报数为4的球员也对应的成为了一组。斯密特和尼尔来找教练，因为他们忘记了自己的报数。迈克教练看着这4支球队，一个支有10个男孩，另一支只有3个男孩。

2. 布雷特教练决定将球队随机分组，变成4支球队进行训练。他让孩子们集合，然后心里数着今天有多少人参加训练。一共是22人。他用22除以4，就知道其中两个球队为5人，另两个球队为6人。他告诉孩子们要注意，如果轻拍到谁的肩膀，谁就走到所指定的球队。他宣布，"球队1站到红色圆锥标记物旁边"，然后轻拍5个男孩的肩膀。他说，"球队2站到蓝色圆锥标记物旁边"，然后轻拍6个男孩的肩膀。他继续进行，直到选出所有4个球队。尽管布雷特教练今天对孩子们进行随机分组，但是他仍然可以确保查理和蒂姆在不同的球队，这是必要的，因为他们在同一个球队时往往会打架。

布雷特教练的方法比迈克教练的方法更快、更有效率，您同意吗？在确定如何对运动员进行分组时，要保持组织安排快速高效。

在组织运动员学习技能时，第二个考虑因素是分组的大小。训练时每个组应该有多少个人？我们经常使用的指导原则是，选择高效执行训练所需的最少人数为一组。我们的想法是，这可以为每个运动员提供最大的重复次数。某些场合有时需要人数更多的分组，比如防止疲劳或提供类似比赛的训练；除此之外，都要以可行的最小分组为指导。

小团体或训练站可以提供各种各样的机会来练习技能或技能组合。训练站是保持青少年运动员注意力的好方式，因为他们一般在一个训练站练习3～5分钟，然后切换到一个新的训练站和新的活动。训练站还能促进分布式实践，支持在几个训练课中实践多项技能。

空间的使用

在教学中考虑空间的使用意味着您设计了一个安全、高效的学习环境。确保有足够的空间来让运动员安全地进行训练。如当队友正在进行击球练习时，垒球运动员就不应该练习防守性拦接。在简易棒球中进行投接热身运动时，应该按照平行线进行，而不是按照垂直线或者随便进行，因为乱投球可能会击伤队友。高效的学习环境意味着您要考虑组织运动员训练的最有效的方法。一些最常见的队形包括圆形，两列面对面的队伍，几个纵队形成的小队以及分散训练。

通过组织运动员充分利用所有可用空间，争取让所有球员最大限度地参与到训练中。对于大多数单项技能训练，我们赞成采用分散的队形，让每个运动员或每对搭档有一个运动器材（如足球）。这种队形可以提供最大的活跃学习时间。对于小场游戏，如2对2或3对3，可以在整个空间中设置多个训练区。不要让所有其他运动员在队列中等待和观看4个或6个运动员进行训练，而是让所有人都参与训练，您在每个训练区之间来回走动，为每个小组提供反馈。重要的是，组织运动员必须让他们在您直接监督之下，能够听到您的指挥。

训练器材的使用

教青少年运动员新技能需要大量的训练器材。我们建议每个运动员至少要有一个训练器材，避免有人站着等待。习得技能的最好方法是练习和重复，所以要提供必要训练器材，让运动员保持活跃。在规划体育器材的使用时，另一个好主意是制定一个关于分发和收回器材的规定。如果运动员需要排队等候从袋子中取出足球练习带球，就是在浪费本来可以用于练习的时间。

时间的使用

仔细计划如何组织训练，要教哪些技能以及每个技能要花多长时间。在规划过程中，要考虑运动员的发展能力，让他们保持注意力和精力参与训练。孩子的身体和精神疲劳会阻碍学习过程。在活动中要加入饮水休息、节奏变化和保证训练的多样性。

另外，运动员学习每一种技能时安排多长时间？答案是视情况而定的。这取决于运动员的年龄、经验水平以及赛季的长度。如果赛季比较短（6周），那么就不能在开始学习基本技能上花4周。使用分布式实践模式来引入和训练运动员比赛所需的所有技能，只要时间允许就不断地进行完善。相比老运动员，青少年运动员只能坚持较短的时间，然后就要饮水休息或者切换到新任务。想要确定切换到另一个任务之前需要在一项技能上花多少时间，请使用这个指导原则：最小分钟数等于运动员的年龄，最大分钟数等于其年龄的两倍。所以，8岁的孩子练习时间为8～16分钟，然后就要切换到另一项新技能。当然，在这个时间框架内，还包含扩展、完善、开始和停下来提供反馈。

强化的使用

教练和老师经常以奖励或惩罚的形式使用强化，以改变孩子的行为。其中的原理是，孩子的特定行为得到正面奖励时（拍拍背部或给个糖果），他们将更有可能重复这种行为以获得更多奖励。孩子的特定行为受到处罚时（皱眉、跑圈或坐在外面），他们更可能避免消极后果，并因此改变他们的行为。一般情况下，只要正确使用，强化有助于儿童的技能教学。但如果使用不当，即过于频繁或者动机不对，强化可能会导致许多意想不到的后果。请阅读"休息一下"小节，在该例子中，教练善

意的奖励孩子却适得其反。

为什么凯利的强化不起作用？阅读下列关于使用强化的指导原则，看看是否能够确定凯利的想法哪里出错了。

1. 不同人对相同强化的理解可能不一样。了解您的运动员，根据他们的需求选择合适的强化。

2. 正面奖励的效果好于负面处罚。在运动员学习新技能时，避免通过惩罚来改变他们的行为。

3. 正面奖励的重要性应该与行为的重要性相匹配。避免使用运动员每次正确执行行为时无法兑现的大奖励。

4. 在学习新技能时，间歇性强化的效果好于持续性强化。

5. 情感强化（微笑、表扬）的效果好于物质强化（奖品、奖牌、绶带）。

6. 要奖励努力和表现，而不仅仅是结果。

在青少年体育运动中，教练不应该以惩罚，尤其体罚，为改变孩子行为的主要方法（如第6章所述）。在教孩子技能时，如果发现有必要消除的干扰学习的消极行为，请遵循下列建议。

1. 不要通过愤怒大叫或身体接触惩罚青少年运动员。

2. 不要让孩子在同龄人面前感到尴尬。

3. 惩罚的强度应该和消极行为的程度相适应（避免盲目和过度使用惩罚）。

4. 请记住，对努力的队员给予简单的口头或非口头奖励能够激发团队的期望。

5. 青少年体育运动领导人应该留心观察孩子的良好行为和做的正确的事，然后给予适当奖励。

维持纪律

如果您不得不花费大量时间来管教孩子

休息一下

贴纸风波

凯利教练执教 8 岁女子垒球队。她觉得女孩在训练中需要更加努力，然后开始强化她们在这方面的行为。凯利告诉孩子们，她会奖励当天训练最刻苦的人一张垒球贴纸。这听起来是个好主意，而且孩子们都非常想争取到一张贴纸。在训练收尾的时候，凯利选定一个女孩并发给她贴纸，领到贴纸的孩子眼睛充满喜悦。其他女孩似乎为队友感到高兴，训练像往常一样结束了。

随着时间的推移，凯利开始发现孩子们在训练结束时变得紧张。那些非常努力但没有得到贴纸的孩子非常失望，而且因为至今还没有得到过一张贴纸而感到尴尬。那些得到过一张贴纸的孩子在训练中似乎也懈怠了，因为她们很快就注意到教练每天都将贴纸给不同的人。只有轮完一圈才可能得到第二张贴纸。到了后来，整个球队只有最后 3 名女孩仍然没有得到贴纸，凯利觉得很难受，几乎不敢面对这些女孩。她意识到她的想法彻底失败了，于是决定给最后 3 个女孩每人一张贴纸，并结束了贴纸强化方法。

或试图控制他们的行为，那么您的技能教学能力将受到影响。从本赛季一开始就要让运动员非常清楚地了解运动员的哪些行为是可以接受的，哪些是不可以接受的。对于不可接受的行为，要让孩子们明确知道其后果，而且当他们违反团队纪律的时候，要严格执行先前所告知的处罚。我们建议在第一次训练开始之前召开家长会，让他们了解您对孩子行为的期望和后果。然后以有组织的、一致的、有纪律的方式开展训练和比赛。青少年运动员喜欢组织有序、有一定灵活性、能带来乐趣的常规训练，以及对他们训练行为保持高期望的一致性。

维持纪律的最佳途径之一就是计划并执行组织有序的、活跃的训练。如果青少年运动员无事可做，排着长队或者感到无聊，就会找些东西自娱自乐，而这通常会导致麻烦。确立训练惯例，让运动员总是保持活跃，有事可做。对于每天的训练，要制定一致开始时间。运动员聚集在同一个地方，然后开始热身。热身期间的活动可以变化，但运动员要理解训练的组织结构。明确开始和停止信号。一些教练喜欢吹口哨向运动员发出信号，让他们立即停下来听讲。如果您喜欢，召集运动员在一起讨论或示范的时候，可以让他们单膝跪地或坐着。开始活动的信号一定要清晰，如"当我说'预备开始'就开始"或者"听到我的口哨就开始"。

信息栏

如何维持纪律

1. 评估孩子的行为是不是为了吸引您的注意。如果是，可以忽略。如果不是，可能需要采取行动。如果是后者，通过采取以下步骤直到不良行为停止：向该运动员靠近，要让他知道您看见了，通过眼神接触，然后私下和他谈话。

2. 让该运动员暂停参与。根据其年龄和不良行为，暂停他的活动一段适当的时间。在暂停结束之后，允许他返回参与活动。

3. 在训练之后和运动员及其父母交谈。确保他们了解到该行为是不能接受的，必须停止。如果不良行为继续存在，告知他们后果。

4. 如果步骤1～3未能纠正不良行为，就拒绝该运动员参与活动。一定要告知联赛主管或体育指导主任该纪律问题的严重性。概述为什么该运动员的行为需要改变才能返回团队。

本章小结

有时志愿青少年教练员担心自己缺乏体育运动技能知识。他们可以通过很多方式学习更多关于体育运动的知识，提高技能教学和辅导能力，如使用互联网资源，阅读关于特定体育运动的教学书籍，观察其他教练的做法。然而，青少年体育运动教师和教练应该具备的最重要的素质是对青少年教育的热情。与青少年运动员建立个人关系，流露出对他们学习和进步的真诚关心，这通常会获得良好的青少年体育体验。

我们希望您学完本章之后认识到，高效的教学和辅导光靠体育运动知识是不够的。教学技能是一门科学和艺术，特别是针对处于发育期孩子的教学技能。从教学角度讲，我们最讨厌的事情就是看着孩子经常站在一旁等待。如孩子排着长队等待打板进篮，而却有3个篮球闲着；一个运动员在练习击球，而其他人都眼巴巴看着他；每个人都花足足10分钟听教练讲如何做某事。花时间做规划，优先考虑重要的教学策略，优化团队里每个孩子的活跃学习时间。这样，孩子们不仅学到更多东西，还会喜欢上体育运动，希望继续参与，不断进步。

学习帮手

关键术语

活跃学习时间——直接花在学习和实践技能上的教学时间，而不包括听讲或排队等候。

分阶段技能实践——先练习和学会一项技能再移动到下一项技能。

分布式实践——将实践分布在短时间的几天或几周内。

扩展——与困难的程度有关，有时扩展使任务更难，有时扩展使任务没有那么难，具体取决于学习者。

外部反馈——运动员从身体之外接收到的信息。

反馈——运动员接收到的关于其表现的信息。

内部反馈——运动员从自己的身体内部获得的信息。

关于表现的知识（KP）——教练或其他人在运动员技能表现或实践完成之后给出的口头信息，包含与运动模式的形式或技巧有关的信息。

关于结果的知识（KR）——在表现结束之后提供给运动员的信息，通常由教练或同伴告知表现的结果。

学习——随着实践发生的、相对持久的表现进步。

集中式实践——将实践在集中的短时间内，比如1天或2天。

非口头反馈——以非口头的形式提供给运动员的信息，包括面部表情、身体语言、甚至是行动，如教练为球员分配位置。

惩罚——控制和改变行为的消极方法。

随机技能实践——同时学习和实践几种技能，让它们同时进步。

完善——尝试改进之前所学技能的特定方面。

强化——使用奖励和惩罚来改变行为。

战术比赛方法——通过小场游戏来解决经常发生在比赛中的战术问题。

循序渐进教学——设计的学习环境，让孩子学习从简单的技能逐步过渡到学习复杂的技能。

要点归纳

1. 五步教学周期由动机、示范、实践、反馈和实践组成。

2. 高效的示范采用"整体-部分-整体"方法，以正确的速度执行动作。

3. 与低效的教师相比，高效的教师为学生提供更多的活跃学习时间。

4. 为学习者提供的反馈包括内部反馈、外部反馈、关于表现的知识、关于结果的知识、非口头反馈和口头反馈。

5. 只有专注于过程，使用脑中图像演练技能，采用分布式和整体-部分方法以及大量重复的训练实践才是最有效的。

6. 好教练和差教练之间的主要差别在于在体育运动中设计高效的训练的能力，这些训练是循序渐进的，可以进行扩展和完善。

7. 战术比赛方法通过小场游戏让青少年运动员将技能从训练转移到比赛中。

8. 强化是有效的，但如果使用不当，即过于频繁或者动机不对，可能会导致意想不到的后果。

问题探究

1. 什么是五步教学周期？
2. 说出如何提升示范在运动技能教学中的效率。
3. 解释本章所描述的各种反馈，各举一个实用例子。
4. 提供三个可用于运动技能教学的教学提示例子（书中例子除外）。
5. 提供一个如何在训练中应用循序渐进、扩展和完善的例子。
6. 说出一些与运动员分组相关的有用的训练管理策略，并说出如何高效利用时间和空间。
7. 在应用强化时，哪些事情可以做，哪些不可以做以及如何维持青少年运动员的纪律？

思考性学习活动

1. 选择一项体育技能，详细描述训练的循序渐进情况，从最简单的任务开始，逐步过渡到最复杂的任务。

2. 计划一节60分钟的训练课，将一项新技能教给运动员。一定要解释如何组织教学技能周期，并提供具体细节。

资源指南

Wrisberg, C.A.（2007）. Sport skill struction for coaches. Champaign, IL: Human Kinetics.

棒球投球基础训练视频（Baseball Throwing Fundamental Drills）。该视频包括多个投球练习。

青少年体育运动的活动强度

欢迎来到本书的第 3 部分，这部分将重点讨论适合青少年运动员的生理和心理强度。接下来的 4 章中，您将要学习如下内容。

- 适合孩子身体训练的数量和类型。
- 如何发展孩子的天赋，体育运动过早专业化对孩子好不好。

发展适宜性实践
（DAP）

第12章:
青少年体育
运动中的损伤

第9章:
身体训练和
青少年运动员

第10章:
青少年体育运动
中的天赋发展

第11章:
青少年体育运动
中的压力和倦怠

- 为什么青少年运动员会出现倦怠，如何防止倦怠。
- 青少年体育运动损伤的主要类型，包括过度使用、膝关节受伤和脑震荡。

　　这一章重点关注"过度"的消极后果，包括过度训练、过度专业化、过度紧张和过度使用。当成年人发现自己处于无法控制的处境，忘记青少年训练并非越多越好时，就会发生这些过度情况。揠苗助长通常导致身体训练超越孩子身体的承受范围，而且过早专业化可能会剥夺孩子参与体育运动的乐趣和健康。请继续往下读，了解这些过度情况以及如何通过遵循DAP原则来避免它们。

身体训练和青少年运动员

本章预览

在本章中您将学习如下内容：

▷ 体育训练对孩子的积极影响；

▷ 强度过大如何导致饮食失调和青年运动员药物使用；

▷ 青少年运动员身体训练指导原则。

"儿童健身运动：您的孩子有多强大？"这是一篇流行杂志文章的标题（Spitznagel，2011）。这个故事讲的是朱利亚诺·斯特罗埃的体能训练传奇事迹。朱利亚诺是一个7岁罗马尼亚男孩，他的肌肉曾被撕裂，不过仍然保持着空中俯卧撑世界记录。空中俯卧撑和标准的俯卧撑相似，唯一不同的是双脚不能接触地面，这对体能和平衡是极大的考验。朱利亚诺以20个空中俯卧撑保持着世界纪录。

"跑步里程太多会不会毁掉年轻的跑步运动员？"这是另一篇杂志文章的标题。这篇文章质疑孩子可以安全跑步多长距离（Beverly，2011）。这篇文章讲述的是一个14岁的姑娘每个星期跑步11.3 ~ 12.1千米。大多数医学专家指出，儿童参加长跑训练是安全的，前提是他们喜欢这项运动，而且没有表现出任何负面的身体影响。但并不是每个人都赞同这一看法。选手必须年满18岁才能参加的匹兹堡马拉松赛，休斯敦马拉松要求运动员至少要12岁，而洛杉矶马拉松没有最低年龄限制。

体育科学家已经发现儿童的身体训练能力远比之前所想象的要高得多，尽管应该遵循适合发展的训练指导。虽然过度训练令人担忧，但目前儿童不爱活动和肥胖的情况非常普遍，这促使我们设计对孩子有挑战性和乐趣的身体活动，让他们了解和喜欢上身体活动。过去30年以来，儿童的肥胖人数增加了1倍，青少年的肥胖人数增加了3倍（CDC，2015）。在2012年，超过1/3的美国儿童和青少年的体重超标或肥胖。

肥胖青少年比正常青少年更有可能受到心血管疾病、癌症、糖尿病前期、骨骼和关节问题、睡眠呼吸暂停以及低自尊等问题的困扰。

因此本章的重点是讨论孩子的身体训练。什么对孩子的身体和总体发展有好处，什么对身体有坏处或将导致伤害？孩子的可训练程度如何，我们如何才能让孩子保持活跃？在不同类型的训练中，我们应该遵循什么样的指导原则？

身体活动和训练对孩子的积极影响

身体活动，包括青少年体育运动中的身体训练，能为孩子提供许多益处。虽然青少年的训练反应低于成年人，但他们的身体对一定强度的训练都有着一定程度的身体反应。

增加瘦体重和减少脂肪

经常参加身体活动能够增加儿童的瘦体重和减少脂肪。如一项纵向研究项目[3]在两个学年内每周给孩子额外提供4次体育课，这大幅改善了8 ~ 13岁儿童的身体组成，他们有更多瘦体重和更少脂肪（Klakk, Chinapaw, Heidemann, Andersen & Wedderkopp, 2013）。对于明显超重和肥胖的儿童，该项目的效果尤为显著。

同样，参加抗阻训练项目让肥胖或者存在肥胖风险的儿童和青少年的身体成分发生了积极的变化（Faigenbaum et al., 2009）。与不参加体育运动的孩子相比，在幼儿园和一年级参与有组织的体育运动和室内身体活动项目的儿童在6 ~ 10岁时身高体重指数（BMI）增长比较慢（Dunton et al., 2012）。正如您可能料到的一样，看电视的时间长度

---

[3] 纵向研究是在一段时间内（几个月、几年、甚至数十年）内反复收集相同参与者的数据的一种研究，从而使得研究人员能够分析研究对象在一定期限内发生的变化。这不同于横向研究，这种方法在一个时间点内收集不同的个人的信息，而且通常将它们进行对比。

信息栏

不要使用"练习"这个词

一天，上一年级的女儿回到家，我们问她在今天的体育课中表现得怎么样？她带着沮丧的表情，回答到，"只有无聊的练习。没有什么好玩的。"这里有个技巧，不要使用练习这个词。孩子们通常将它看成是乏味的苦差事。类似我们在第5章关于如何发展基本运动技能提供的建议，我们的目标是为孩子提供有趣的身体活动，使他们迷上这些活动，有继续参与的欲望。我们喜欢听到我们的儿子这么说，"我今天想要做些活跃的活动"，而他经常都这样说。

创造家庭氛围中，让身体活动几乎成为每一天的常规活动。但是要让身体活动多样化、富有创造性，使之成为孩子喜欢做的事情。一家人漫步、慢跑、徒步或参加社区主办的有趣跑步，都是非常好的活动。了解家附近是否有允许团体参与的铁人三项训练、全程或半程马拉松，然后以家庭或团体参加。在俄勒冈州本德市举行的滑雪、骑车和划船比赛中，参赛者往往是团队或者家庭，他们以接力的形式比赛，包括高山越野滑雪、骑车、跑步、划独木舟和皮艇。并不是所有人都那么幸运，刚好生活在本德市，但是很多社区都提供各种不同的比赛。

为孩子购买不同的"带轮"运动器材，包括自行车、滑板车、滑板、滑冰鞋和直排旱冰鞋。鼓励孩子步行或骑自行车上学，并提倡社区提供孩子可以使用的安全自行车和步行道。尝试体育活动，享受后院的体育活动和即兴户外体育活动，甚至是室内体育活动，比如气排球和使用沙滩球的地下室足球。当然，儿童在5岁左右就可以参加有组织的青少年体育运动项目，但是我们建议继续进行家庭身体活动，让孩子养成让身体动起来的习惯，而且要尽早开始。在2～5岁的孩子当中，大约有14%的人已经超重，因此要从一开始就为他们提供榜样和活跃的生活方式。请记住：要小心使用"练习"这个词！

和孩子的身体肥胖程度密切相关（Marshall，Biddle, Gorely, Cameron & Murdey, 2004）。

更强壮的骨骼

身体活动的最重要积极影响之一就是增加骨骼矿物质密度或者骨密度。骨骼的机械负荷，如身体活动，将刺激骨骼的形成，从而增强骨骼密度和强度改善骨形状。20岁出头时，骨密度达到了顶峰，此后，随着年龄的增长逐渐下降。妇女在停经后骨密度下降将加快。因

此，在儿童期和青春期的负重性身体活动极其重要，因为我们的骨骼在这个时期得到最大的增长。

与不爱活动的青少年相比，活跃的儿童和青少年骨骼发育更好、骨密度更高（Faigenbaum el at., 2009；Nordstrom, Tervo & Hogstrom, 2011）。促进骨骼健康的最好活动就是高强度的、不同方向的负重训练，如体操、沙滩排球、足球、手球、篮球和有球拍类的球类运动。有益于增加骨骼的基本运

动包括跳房子、跳绳、跳跃、捉人游戏和躲球游戏。因为童年和青春期的骨密度将决定成年之后的骨密度，所以在青少年时期参与身体活动和体育运动有助于预防成年之后罹患骨质疏松症（Baxter-Jones, Mirwald, Faulkner, Kowalski & Bailey, 2009）。骨质疏松症是一种会让骨头变薄变脆，容易骨折或断裂的疾病。

肌肉力量

孩子，甚至青春期之前的儿童，通过身体训练都会表现出肌肉力量的增强。力量就是施加或抵抗作用力的能力。通常看到，由于上半身缺乏力量，孩子在篮球的投篮、橄榄球的投球和游泳的蝶泳动作受限；或者在足球运动中缺乏核心力量来防御对手。通过训练，孩子的肌肉力量与正常的生长发育相比，通常会增加13% ~ 30%，但与成年男子相比，增加量则明显减少。

在青青期以前的儿童中，通常不会发生显著的肌肉体积增大。相反，青少年力量的增长来自于神经肌肉的适应，因为训练可以增加控制肌肉收缩的运动神经元的数量（Faigenbaum et al., 2009；Matos & Winsley, 2007）。当然，在青春期期和之后，肌肉增大变得更加明显，这进一步解释了力量的增加。

有氧和无氧运动

有氧运动对孩子非常重要，因为这能够使他们更长时间保持身体活动。有氧运动的意思是"需要氧气"，因此它指青少年运动员在耐力活动中（比如跑步或游泳，这些活动的持续时间通常超过12分钟）输送和使用氧气的能力。

孩子对有氧运动的响应不如成年人，因为与成年人相比，他们的肺活量更小，心脏泵出的血液也更少。此外，儿童的耐力表现受到跑步经济性不良的制约。在特定的速度下，儿童跑动所消耗的氧气水平高于成年人。青少年的四肢较短、肌肉量较少，这导致较低的机械动力。因此，儿童和青少年的有氧健身水平通常只能提升5% ~ 10%（Matos & Winsley, 2007）。青春期前儿童的耐力训练效果主要来自于机械效率的提升，而不是身体有氧运动能力的提高。在青春期后，尽管每个人在遗传上存在有氧训练差异，但均可进行高强度有氧运动（Rowland, 2005）。

无氧运动是青少年运动员在短时间内全力参与活动的能力。无氧运动意味着"不需要氧气"，这是一种非常重要的健身运动能力，用来完成高强度的短时间活动，如冰球的变位、游泳和田径的冲刺、跑垒和打网球。较高无氧能力也有助于青少年运动员进行长时间的耐力活动，因为他们可以在无氧水平下坚持较长一段时间。儿童通过冲刺训练能够提升无氧水平大约10% ~ 14%（Matos & Winsley, 2007）。随着孩子进入青春期和成年早期，他们通过无氧运动产生能量的能力显著增强。

身体活动和训练的心理和认知益处

研究表明，对儿童和青少年而言，身体活动与提升自尊、能力感和降低抑郁有关。（Sallis, Prochaska & Taylor, 2000）。也许令人最印象深刻的是多项研究表明，身体活动能够导致更好的认知表现（数学、语文、普通思维和记忆测试的分数更高）（Howie & Pate, 2012；Singh, Uijtdewilligen, Twisk, Van Meechelen & Chinapaw, 2012），而有氧训练对认知结果的影响最为显著（Fedewa & Ahn, 2011）。

因此，体育活动和训练使孩子更聪明！在畅销书*Spark: The Revolutionary New Science*

of Exercise and Brain（2008）中，约翰·瑞特解释了身体锻炼如何提高孩子的学习能力。

1. 它可以优化儿童的思维方式，从而提升机敏性、注意力和积极性。

2. 它准备和促进神经细胞的连通，以接收新的信息。

3. 它刺激大脑生成新的神经细胞。

身体活动和训练对孩子益处的总结

如果我们能够让孩子坚持参加活动，这将给他们带来非常大的好处。除了之前所述的各种好处之外，身体训练还能够锻炼青少年运动员的肌肉、肌腱、韧带和骨骼，有助于预防损伤。此外，还可以增强孩子的运动表现，对已经掌握基础运动技能的青春期运动员而言尤为如此，这对他们的身体健康有更大的好处。

本小节所讨论的各种好处需要进行一定强度的训练才能获得。家长需要知道，大部分入门级别青少年体育运动项目的身体训练所涉及的强度水平还不足以增强有氧和无氧健身水平。绝大部分入门级青少年体育运动项目以传授基础运动技能和团队社会心理为目标。**身体活动**（活动身体和耗费能量）涉及各种各样不同程度的活动。**身体训练**特指运动员为了锻炼身体而执行的有序的、固定的专业化训练流程（Martens, 2012）。在竞技水平更高的青少年体育运动中，如俱乐部团队、优选团队和初高中团队，身体训练的时间和强度都增加了。

强度过大的身体训练对青少年的负面影响

随着青少年体育运动变得越来越专业化和职业化，为了强化表现，训练强度不可避免地变得更加极端。当训练强度超越孩子的生理和心理健康承受范围，就可能导致几个负面后果。其中一些后果将在下一章讨论，如过度专业化、倦怠和过度使用伤害。在这里，我们重点讨论的负面后果包括女运动员不健康的三联征、男运动员体重的极端增加和下降以及提升表现药物的使用。

女运动员三联征

女运动员三联征指的是能量供应、月经功能和骨骼矿物质密度之间的相互关系（American College of Sports Medicine, 2007）。如图9.1所示，如果运动员通过适当的营养获得最佳能量供应，月经功能正常而且骨骼健康状态良好，才会得到健康的三联征。但由于多种原因，运动员可能沿着如图9.1所示的箭头走向不健康或病态的三联征。这种三联征包括较低的能量可用性（其中可能包括饮食失调）、闭经（无月经周期）和骨质疏松症。

不健康的三联征可能导致不可逆转的后果，包括死亡。亨利·克丽缇是一位精英选手，因为0.0188分之差而落选1988年的奥运会代表队。由于罹患饮食失调并发症，22岁时死于多器官衰竭。在她的职业生涯高峰期，亨利身高为147厘米，体重为42千克，但有一次裁判告诉她太胖之后，她就痴迷于减肥。在她死亡时，体重只有21千克。不健康的三联征可怕的后果包括心血管并发症（会因为心脏骤停而导致猝死）、低骨密度导致的应力性骨折、肠胃问题、电解质异常、贫血、蛀牙（源于大吃大喝）、疲劳和临时性不育症。

什么是饮食失调

低能量供应是导致月经紊乱和骨质疏松症的根本原因。有些运动员通过延长身体训练时间来以消耗热量，从而导致能量支出大于能量摄入。有些运动员采用不正常的饮食行为，如禁食、暴饮暴食、服用泻药或减肥

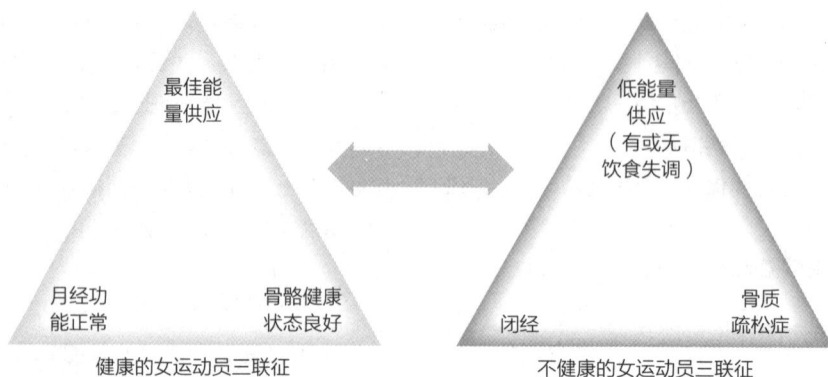

图9.1　女运动员三联征

药。这些行为可能会导致严重的临床饮食失调，这种病症已被美国精神病学协会正式承认。**"厌食症"**是饮食失调的一种，其症状是自己认为自己已超重，并因此限制饮食，即相对于患者的年龄和身高，其体重至少低于正常体重15%。**"暴食症"**是饮食失调的另一种，患者的体重通常在正常体重范围内，陷入暴食、狂泻、禁食和过度锻炼这个恶性循环中。

哪些人更容易患上饮食失调

　　尽管男性和女性都可能患上饮食失调，但女性患上该病症的概率更高。过去数十年以来，青少年的临床饮食失调发病率以惊人的速度增长。厌食症是青春期女性的第三大最常见的慢性病（Bonci et al.，2008）。对女运动员而言，与其他体育运动相比，在注重外表形象的体育运动（体操和花样滑冰）和要保持苗条体形的体育运动（游泳、跳水和田径）中饮食失调的发病率更高（Anderson & Petrie，2012）。性格特征，包括高成就取向、自我激励、严格自律、完美主义和关心身体形象，已被发现和饮食失调有关。可悲的是，亨利·克丽缇的绰号是"超人"，因为她为了体育运动拼命训练。

"厌食症"是青春期女孩的第三大最常见慢性病。与其他体育运动相比，厌食症在注重外表形象的体育运动（体操和花样滑冰）和要保持苗条体形的体育运动（游泳、跳水和田径）中更加普遍。

哪些行为可能暗示着患上饮食失调

您可能注意到该运动员非常注重或关心食物，明显有别于其他运动员。您可能发现该运动员饮食非常极端，要么吃得非常少，要么暴饮暴食。该运动员在情绪或性格上可能表现出变化，或者刚开始的时候仅仅是行为有所变化。如他们可能会一个人做热身运动、单独用餐、不喜欢交往以及和队友开玩笑变少了。一个早期征兆就是越来越沉迷于自己的身体或体重，如可能通过与体重相关的谈话或问题以及与他人比较身材反映出来。他们可能加重自我批判，对自己越来越苛刻，或者对自己的接受程度降低。

如果我怀疑运动员可能患上饮食失调，该怎么办

这是一个非常严重的问题，可能导致可怕的后果，所以最重要的是马上采取行动，去接近、体贴、关心该运动员。约他私下谈话，而且要尽可能避免使用"饮食失调"这个词（Selby & Reel，2011）。描述其行为，而不是评价或指责他。如您可以说，"我有点担心你。我注意到你似乎精神不够集中，和队友的关系没有以前那么密切，而且也不如以前那么开心了。我只是想确定你是不是不舒服。有什么问题或者有什么我可以帮忙的吗？"如果您在学校工作，跟辅导员或学校心理专家说出您的担忧。应该让家长一起行动起来，学习与饮食失调有关的知识。作为老师、教练或青少年体育管理者，您应该提前准备好相关专家的名单，在发现问题时可以向运动员或家长（或两者）引荐。对于临床饮食失调，需要一个专家团队，包括医生、心理健康专家和营养学家，而且通常还需要教练的参与。

我们可以做什么来防止不健康的能量支出，包括运动员的饮食失调

对运动员、教练员和体育培训员实行强制教育计划，而其他体育工作人员应该每年接受教育一次。应该通过教育让女运动员了解月经不调对健康和运动表现的影响，明白在征兆刚出现的时候立即寻求医学指导的重要性。在运动员的身体或体重方面，教练应避免使用贬低性言论，因为该行为是导致运动员饮食失调的部分原因（Arthur Cameselle & Quatromoni，2011）。

男运动员的体重急剧增加和下降

身材苗条给体操运动员带来优势，而恰恰又是橄榄球前锋的劣势。在1970年，美国国家橄榄球联盟（NFL）只有一名300磅（136千克）的球员。在2013—2014年赛季的联赛开始时，一共有358个运动员体重达到300磅或更多。作为大学和职业运动员，尤其是前锋，块头变得越来越大。现在，高中运动员认为他们必须增加体重才能更好地表现，获得进入下一个水平级别的机会。就9～14岁的青少年橄榄球运动员而言，分别有45%和43%的人超重和肥胖（Malina et al.，2007）。在北卡罗来纳州的2012年赛季中，至少有127个高中进攻性前锋体重达到300磅或更多。

因此，孩子变得越来越胖已经成为美国时全国性趋势，有些孩子故意变得越来越胖，以吸引教练的注意和争取到更多上场时间。然而，这种体重增加方式给长期健康带来不良影响：糖尿病、血压高、心脏病、高胆固醇、呼吸困难以及肌肉和关节疼痛。美国男性的平均寿命为77.6岁。而NFL运动员的平均寿命为55岁，NFL前锋的平均寿命为52岁（Hyman，2009）。美国国家州立高中协会全国联合会要

求教练对这个问题负责，因为他们处于改变橄榄球运动需要庞大的身材这一期望的最好位置。

与橄榄球运动员致力于增加体重相反的是，摔跤运动员在最近几十年以来致力于减轻体重，以参加体重级别更低的比赛。他们通常使用的方法包括节食、剧烈运动、脱水和其他许多极端的方法，如穿橡胶服、桑拿浴以及使用泻药和利尿剂，有时甚至仅8岁的运动员就开始经历这些残酷的做法。尽管医学界一再警告，但青少年摔跤运动员依然热衷于极端减肥法（快速减轻体重）。

美国运动医学会鼓励组织者从结构上进行改革，防止摔跤运动员采用极端减肥

休息一下

高强度训练会阻碍女性体操运动员的发育吗

精英体操运动员身材都很矮小。盖比·道格拉斯曾经赢得了2012年奥林匹克运动会的女子个人全能金牌。她登记的参赛身高为150厘米，体重为41千克。1976年以来，获得奥运会奖牌的女性体操运动员的平均身高为155厘米，体重为47千克（Mooney，2012）。她们所经历的高强度训练是导致她们身材矮小的原因吗？这些训练是导致她们成熟延迟的原因吗？女性体操运动员的成熟晚于其他运动员和非运动员。

目前还有没有确凿的证据表明高强度训练导致体操运动员的成熟延迟和阻碍她们的发育。优秀体操运动员的特点是身材矮小和晚熟，这是事实。然而，这是相互关联的[4]，并不意味着体操训练导致生长受到阻碍。体操运动"选择"更矮小的女孩，而生长发育模式决定着谁能留在体操队中。纵向研究表明，与坚持参加体操运动的女孩相比，退出体操运动的女孩身材较高，体重较重，而且成熟较早（Malina，Bouchard & Bar-Or，2004）。就执行技术而言，更矮、更小的身材更适合体操运动的要求，而且这种文化已经根植于教练和裁判的思想中。此外，由于追求保持有利于发挥的最佳体重，青少年体操运动员的饮食习惯常常导致慢性营养不良。尽管饮食没有直接导致体操运动员的矮小身材，但这是个令人担心的问题，而且是可能因素之一。总而言之，体操运动员比其他体育运动的运动员和非运动员矮小，但尚未有确凿的证据表明体操运动训练导致发育受到阻碍。

[4] 相关性研究考察事物之间的彼此相关程度。有时，当人们看到相关性研究的结果时，会误以正在研究的事物导致相关的事物的发生。相关性研究只是告诉我们事物是相互关联的或者它们是相似的或彼此对应的；但是不会告诉我们这个事物导致那个事物的发生。实验研究为确定因果关系提供最好的机会，因为实验研究试图控制可能会影响研究结果的无关因素。

法。如在运动会中允许更多的选手参赛并设置更多的重量级别，制定参赛资格标准，阻止在赛季结束之后快速减肥（禁止降到更低重量级），为教练、父母和摔跤运动员提供教育引导项目（"Weight Loss in Wrestlers"，2013）。美国国家州立高中协会全国联合会已经在高中摔跤运动中实施体重管理规则，其中包括尿比重不能超过1.025，男孩的体脂率不得低于7%，女孩的不得低于12%，而且每周的减肥计划也要受到监督，每周体重下降不得超过体重的1.5%。该规则试图阻止青少年摔跤运动员采用可能导致危险的极端减肥法。

提升表现的药物

为了追求更好的表现，看起来更健壮，而这通常出于同伴或成年人模范带来的无形压力，青少年运动员有时会求助于提升表现的药物（PEDs）。报告指出每20个青少年中就有1个会使用以下类型的PEDs。

1. 肌酸，非处方补充剂，用于提高需要在短时间内爆发的体育运动的表现（摔跤、举重、短跑和足球运动）。高剂量的肌酸与肾脏、肝脏和心脏问题有关。

2. 麻黄碱是一种兴奋剂，被美国食品和药物管理局禁止使用。它可用于减少疲劳、减肥和保持精神的兴奋性。它与中风、癫痫发作和心脏病发作有关。

3. 合成代谢类固醇是合成的睾丸激素，可以通过口服、注射和皮肤吸收（油膏涂抹）进入体内。合成代谢类固醇增加肌肉和增强耐力，但可能导致许多不良身体和心理健康问题。使用类固醇的症状包括体重和肌肉快速增长，痤疮增加，面部浮肿，情绪波动，有攻击性，甚至有暴力行为。合成代谢类固醇可能对健康产生严重、持久的影响，包括身高发育受阻、心血管疾病、生殖系统问题，损害肝脏和肾脏等重要器官。与类固醇相关的死亡形式包括自杀，心脏或肝脏疾病。

4. 类固醇前体是一种特别的物质，身体会将其转换成合成代谢类固醇，它的作用是让运动员更加努力训练，恢复更快和增加肌肉量。常见的药物是雄烯二酮和脱氢表雄酮。

类固醇的使用者绝大多数是年轻的男运动员。许多著名的运动员曾被检查出使用提升表现的药物（例如兰斯·阿姆斯特朗、亚历克斯·罗德里格斯和瑞恩·布劳恩）。虽然这些运动员受到制裁，即暂停参赛一段时间或罚款，但还是有孩子觉得只要不被发现，使用这些药物是没有问题的。我们敦促青少年体育运动相关人员要采取坚定的立场，反对使用提升表现的药物并将这一思想传达给孩子们。

教练和体育运动管理者应该教育青少年运动员使用提升表现的药物可能导致的健康风险，而且制定在青少年体育运动中禁止使用提升表现药物的政策。尽管2002年美国最高法院裁决允许各州随机抽取运动员进行药物检测，但只有得克萨斯州、新泽西州和伊利诺伊州在全州范围执行。对于可以通过网上购买到的药物，教练和青少年体育运动项目可以实施团队管理政策。当然，与药物检测和执行政策相比，要优先考虑为青少年运动员提供教育，让他们能够在训练和健康上做出自主、知情的选择。迪克·布特库斯洁净比赛计划教育和鼓励高中生正确地选择"洁净比赛"，即刻苦训练、吃好、有比赛的姿态，而不是求助于危险的提升表现药物。教育已经成为帮助青少年运动员抵制迫于社会压力尝试提升表现药物的有效方式。

运动性中暑

青少年体育运动进行过于激烈的身体训练的最后一个负面作用是运动性中暑。运动性中暑是一个范围极广的病症，由在炎热环境下进行身体活动引发，轻微的症状可能导致肌肉痉挛，严重的症状可能导致生命危险。每年都会发生很多青少年橄榄球运动员运动性中暑事件，而且通常发生在夏末炎热的天气下，此时正是美国的橄榄球季前赛。1995年以来，美国有52名橄榄球运动员死于中暑，其中41名为高中运动员（Kucera, Klossner, Colgate & Cantu, 2014）。

我们身体的一个重要功能是调节体温，或者防止核心温度大幅上升或下降。和以前的想法相反的是，孩子的体温调节能力并不比成年人低。最近的证据表明，儿童和成人的核心温度和皮肤温度相似，而且在炎热环境下运动的耐受时间也大致相同（American

Academy of Pediatrics, 2011）。最健康的儿童和青少年可以在炎热、潮湿的环境下安全地参与户外体育运动。然而，青少年体育运动领导人要留意运动性中暑的风险因素，并采取适当行动来预防和有效地应对运动性中暑。

表9.1提供了一系列相关的风险因素以及为青少年体育运动领导人提供了行动建议（American Academy of Pediatrics, 2011）。这些风险因素包括气候、训练强度和频率、服装和运动器材，个人健康因素。所提供的建议包括连续补充水分，逐步适应气候和训练，改变训练强度和频率，认识运动性中暑的症状，如果发生运动性中暑，要有明确的行动计划。虽然这些都是需要考虑的一般指导原则，但青少年运动员的健康状况和环境使得一些人比另一些人更容易患运动性中暑。请考虑以下例子（American Academy of Pediatrics, 2011, p.3）：

1995年以来，美国有52名橄榄球运动员死于中暑，其中41名为高中运动员。

表9.1　运动性中暑的危险因素和建议采取的措施

风险因素
炎热或潮湿的天气，或两者同时存在
准备不足（没有适应炎热的环境、没有补充充足的水分、睡眠或休息不足，身体状态不佳）
过度的体力消耗，特别是两次高强度运动之间（比如冲刺）休息或恢复不足
水分补充不足和缺失饮水机会
一天有多节训练课，而且每节训练课之间没有足够的休息和恢复时间
超重或肥胖，其他临床病症或服用药物
正在生病或者最近生过病（尤其是肠胃不适）
导致散热不畅的服装、队服或防护装备

建议采取的措施
在活动前、活动中和活动后，提供和鼓励，甚至强制要求运动员提前准备好饮品并定期补充水分。
允许运动员逐步适应气候、运动强度、运动持续时间、队服和防护装备。
更改身体活动，缩短持续时间或降低运动强度；增加休息（最好在阴凉处）的频率和时间；取消活动或改到凉爽的时间段。
在同一天的训练课之间，提供充足的休息和恢复时间。
如果运动员正在或最近生病，则避免或限制其参与体育运动。
密切留意运动员可能中暑的症状。有紧急情况行动计划，其中明确确定治疗人员和治疗方案。
确保现场配备治疗中暑的团队和设施，让中暑运动员得到有效的治疗。
根据病症的反应，迅速启动紧急医疗计划，迅速给患者降温。

即使在35℃的高温环境下，非常健康的得到充分休息的12岁孩子只要适应了炎热和潮湿的环境，就可以安全地参加一场足球比赛，不会存在重大安全风险。然而，即使是在29.4℃的温和环境下，如果从腹泻中恢复过来的超重高中橄榄球队员，在历时3个小时的训练末尾时进行呼吸训练冲刺，那么他更可能出现中暑和体力崩溃的风险。

青少年运动员身体训练指导原则

身体训练的目的是提高青少年运动员参与身体活动的能力，或者让他们在体育运动中表现得更好。那么，我们如何才能帮助运动员努力训练，同时又避免过度训练带来不良影响？

身体训练的基本指导

所有身体训练项目应该都遵循基本指导原则。这些指导原则能够轻松地被应用在青少年体育运动中。

超负荷和循序渐进

超负荷身体训练基本原则是运动员的训练强度要高于身体所适应的水平。超出当前的身体能力（导致疲劳和压力）会诱使身体适应更高的要求。在提升运动员的身体素质方面，超负荷是经常使用的基础训练方法

（如跑步距离更远一些，要求运动员以更快的速度跑完相同距离，在篮球训练中加快速度）。

教练的难点在于确定适合运动员的超负荷程度。如果负荷量不够，身体就不需要适应，因此没有训练效果。如果负荷量太大，身体就变得不堪重负、疲劳，而且可能受伤。这就是所谓的过度训练。过度训练和恢复不充分的结果通常导致表现水平下降和心理困扰（Richardson，Andersen & Morris，2008）。一项针对多个国家的13～18岁的游泳运动员的研究发现，有35%的运动员至少有过一次过度训练经历（Raglin，Sawamura，Alexiou，Hassmen & Kentta，2000）。过度训练的症状包括表现水平下降，肌肉酸痛加剧，出现负面情绪和易怒，对训练的兴趣下降以及失眠。

一般指导原则是：本次训练课增加的负荷不要超出上次训练课的10%。如果孩子本周每次跑步20分钟，跑步4次，那么在下周跑步时间可以增加到22分钟，跑步4次。在大多数团队性体育运动中，在训练的数量和强度上，通常采用递增10%的指导原则。这一做法基于身体训练的循序渐进指导原则，通过逐步增加训练强度或时间让运动员的身体素质水平得到稳步提升。青少年体育教练制定长期的循序渐进训练计划很有帮助（如每周或每月），这样就可以跟踪运动员不断增加训练要求的幅度。

信息栏

为孩子解释疼痛

成年运动员能够区分疼痛和受伤之间的区别，但是儿童通常不能区分。要向孩子们解释有好的疼痛和坏的疼痛。让孩子靠墙半蹲（背靠墙，大腿与地面平行）60秒，或者向上爬一段楼梯，然后问他们是否觉得腿"酸痛"。这是疼痛，但是好的疼痛。没有出现任何问题或者受伤，疼痛意味着肌肉在超负荷工作，对肌肉是一种锻炼。感觉到酸疼是好事儿，这意味着肌肉在努力工作，身体会变得越来越健壮。

然后问他们，是否有过在训练课结束之后感到酸疼的经历，尤其是赛季早期或者第一次参加训练结束之后。问他们为什么会发生这种情况，这是好的疼痛还是坏的疼痛。然后向他们解释这是肌肉酸痛，是肌肉比平时做更重的工作导致的。这也是好的疼痛，因为它意味着你已经很努力训练，让肌肉超负荷工作，而且肌肉会因此而变得更加强壮。这种疼痛会在一两天之内消失。

然后问他们，什么是坏的疼痛？向他们解释这通常是一种剧烈的、突然的疼痛，是很难忍受的疼痛；它是一种伤害，因此是坏的疼痛。告诉他们如果感觉到这种疼痛，应该立即停止活动，并告诉教练或父母。提醒他们，"没有痛苦就没有收获"这句格言对某些疼痛来说是真的，但不是受伤导致的疼痛。

在青少年体育运动中，另一个需要考虑的循序渐进因素是时间长度，即如何随着孩子的年龄增长和发育程度修改训练课的时长。训练课的时间长度不仅要适合孩子的身体能力，而且要与孩子的注意力跨度和信息吸收能力相适应。尽管会因不同的体育运动和比赛水平而不同，我们在这里提供了关于孩子的训练时间长度的一般指导原则：

- 5 ~ 7岁为45分钟；
- 8 ~ 10岁为60分钟；
- 11 ~ 13岁为90分钟；
- 14 ~ 18岁为120分钟。

恢复

恢复是与超负荷同时存在的基本训练指导原则。要想从训练中获得最大好处，在两次训练课期间应该给青少年运动员充分的休息时间，让他们的身体得到恢复。如果没有恢复，身体就没有机会适应训练刺激。虽然恢复意味着休息和离开健身房或游泳池，实际上恢复在训练结束那刻就开始了。教练应该在每次训练课结束之后加入主动的恢复时间。为此，需要做10 ~ 20分钟的低强度锻炼（如慢跑、散步或简单的运动训练）和15 ~ 20分钟的大肌肉群的伸展运动。

变化

变化原则意味着教练应随时间推移改变身体训练，将较轻松的身体训练安排在较难的身体训练之后，而且在同一次训练课中也要有变化（由易到难）。在训练中通过变化活动的种类，肌肉会感到"陌生"，必须适应身体所受到的各种不同的挑战动作。训练的变化性还与赛季前、赛季或赛季后训练有关。赛季前训练通常很难，它要让运动员进入竞争状态，而赛季训练通常相对轻松，因为后面还有比赛等着。

教练在训练中应该提供多样性。在特定的技能或健身领域多花时间没有任何问题，但是诀窍在于在训练中要包含许多种不同的活动（或练习）。让训练或活动在强度和乐趣达到顶峰时结束。不要等到精力开始减弱或者运动员开始感到厌烦才结束训练。时间的把握和快速变换活动能够让训练课充满生机。

交叉训练，不仅可以通过做另一种运动来增强身体，还可以用来振奋心情、改变节奏，甚至在赛季也是如此。我儿子的中学越野教练总是每周安排一天让孩子们玩极限飞盘，该游戏不仅增强体质，而且为长距离跑步提供有趣的中途休息。

特异性

要想锻炼出适合某种体育运动的身体素质，最好的方法是尽可能按照比赛中的使用方式来训练能量系统（有氧和无氧）和肌肉，这就是特异性指导原则。足球运动员在比赛中上下半场不仅需要45分钟耐力跑，而且经常需要全力冲刺，因此他们既要进行有氧训练，也要参加无氧训练。棒球运动员或高尔夫运动员不需要高强度的有氧训练，尽管基础的有氧能力对所有运动员都有帮助。

对于12岁以下的儿童，身体素质训练应加入到实际学习和技能训练中。在足球运动中，带球游戏和接力既可以像跑步一样轻松锻炼出良好的身体素质，又可以防止球员感到厌倦。使用您在第8章学到的一些想法，设计富有想象力的游戏和练习，让孩子在玩游戏的同时增强身体素质。对于年龄小于12岁的运动员，重点应放在发展运动技能上。一旦掌握了良好的技术，通过身体训练来提升体能、耐力、力量和速度（或它们之间的组合）变得更为重要。然而，球类运动的指导原则是，至少要有90%的训练时间和球在一起，既在该运动特定的技能或健身活动中的时间达到90%（Dicicco & Hacker，2002），对于非常年轻的运动员，和球在一起的时间甚至更长。

体能训练

体能训练利用渐进阻力来增加个人施加或抵抗力量的能力。一般来说，儿童的体能训练重点应该强调渐进的阻力，而不是举重。孩子增加体能的最实用的方法是利用自身体重来攀爬树木，在空中吊杠上摆动，穿越攀爬架以及参加其他活跃的、有挑战性的地面活动。他们也可以参加基础训练，如做仰卧起坐、俯卧撑和平板撑锻炼腹部或核心力量；做俯卧撑和引体向上锻炼胸部和手臂的力量；扶着搭档做弓箭步或深蹲锻炼腿部的力量。有一些相对便宜的设备让孩子的身体可以循序渐进地进行阻力训练，包括在网上或大多数体育用品商店买到的弹力绳和弹力带，用于全身抗阻力锻炼的悬吊训练设备TRX。

青少年体育运动教练可以在互联网上找到许多适合他们的体育运动的例子，如果有兴趣，还可以找到关于青少年运动员的体能训练的书籍（Faigenbaum & Westcott，2009；LaCaze & Dalrymple，2011；Martens，2012）。下面是一些青少年运动员体能训练应该遵循的原则（Faigenbaum & Westcott，2009）。

1. 渐进阻力训练的最重要方面是技术。

让孩子专注于正确的技术通常是折磨人的事情，因为他们对能做多少个俯卧撑或能举重多少次（如果使用自由负重或举重机）更感兴趣。您必须让他们相信，那种做法"诱使"他们偏离了体能训练，他们只是在欺骗自己。

2. 应该由有资质的、了解青少年阻力训练指导原则的成年人提供直接指导和监督。在最初几周的训练计划中，运动员正在学习正确的技术，要多提供指导。

3. 应该由了解孩子和青少年体育运动的成员提供基本教育，让孩子了解训练房规矩、正确的运动技术、个人目标（不是社会比较）的重要性和最终得到的实际结果。

4. 首先以非常低的阻力开始，直到他们学会正确的技术。

5. 以正确的动作完成6~15次重复之后，才可以增加重量或阻力。

6. 每次训练课以5~10分钟的动态热身运动开始（针对上半身和下半身的活动练习）。

7. 以低强度的健美操与静态伸展运动作为训练结束后的放松运动。

8. 体能训练应该至少持续30分钟，在不连续的日子里每周进行2~3次。

9. 通过系统地改变训练，让体能训练保持新鲜和具有挑战性。

个人小插曲

体能训练让您越来越强壮吗

您的青少年体育运动体能训练经历是什么样的？您的教练是否有做什么？如果答案是肯定的，是否有益于增加和保持您的体能？如果得到更好的训练，您的表现和发展可能会有什么不同？

柔韧性训练

柔韧性的定义是弯曲而不断裂的品质。该定义的字面含义通常也适用于人类的身体。身体的柔韧性是指身体完成完整幅度的动作而没有受到伤害的能力。肌肉和韧带的柔韧性对孩子的健身运动非常重要，不仅可以降低受伤风险，还可以提升运动性能。柔韧性训练最好在孩子年幼时开始，因为青春期的孩子开始失去自然柔韧性（Lancaster & Teodorescu，2008）。

拉伸运动是锻炼青少年运动员的柔韧性的主要方式。静态拉伸（拉伸到最大活动范围并保持30秒）有助于提升身体的柔韧性。然而，根据以前的体育运动员的经验，在训练课之前进行静态拉伸并没有多大作用。相反，在训练课之前应该重点进行动态拉伸，即反复执行富有挑战性但又舒适的活动范围，通常重复10 ~ 12次。篮球或棒球运动员以弓箭步动作慢步走，动态拉伸腿部肌肉。排球运动员动态拉伸肩膀肌肉的方法是慢慢地移动手臂完成完整的活动范围，然后在热身运动中与搭档做夸张的上手投球和反弹传球。

动态拉伸和弹性拉伸不一样，后者涉及弹跳动作，迫使肌肉超出平常的活动范围。避免让青少年运动员做弹性拉伸。静态拉伸在训练课结束之后对运动后放松肌肉很有用。青少年体育运动教练在网上很容易找到非常适合特定体育运动的动态和静态柔韧性练习。

ABC训练

就青少年身体训练而言，有一个领域通常被忽视，它就是我们所说的ABC训练（Balyi，Way & Higgs，2013）。ABC训练是关于灵敏性（Agility）、平衡能力（Balance）和协调能力（Coordination）的训练。我们在第5章强调了这些基本身体技能的重要性，它们对提升身体素质非常关键。灵敏性是在保持平衡的同时快速改变方向的能力，如足球运动员快速来回穿插就需要很好的灵敏性。平衡能力是保持身体直立或身体动作受到控制的能力，如体操运动员的落地动作就需要很好的平衡能力。协调能力是以流畅高效的方式移动身体的各个部位的能力，如网球的发球就需要很好的协调能力。这些能力之间是紧密相连的，因为在灵敏性训练中通常也会让平衡能力和协调能力得到提高。想一想，篮球运动员在加速或减速的同时必须能够敏捷地向前、向后和向侧边移动，在动作协调的同时要保持身体平衡和控制，避免球飞到空中或落到地面上。每种体育运动都有其独特的ABC要求。

对小孩子来说，ABC训练可以采用以下

训练课开始之前的重点应该是动态拉伸，或者在舒适的活动范围内重复动作，比如走弓箭步。

活动，如翻筋斗，障碍通道（例如，需要向前滚动，跳过障碍物，从一侧移动到另一侧）以及富有创意的接力赛，在进行过程中需要停止、开始、侧向移动以及向前和向后跑动。我们还记得漫长夏日泡在游泳池里，不仅要高效地学习在水中移动，而且从高度不同的跳板跳下去需要协调和平衡我们的身体。要想发展体育运动的ABC能力，模仿和跳跃潜水等都是很不错的游戏。有很多儿童游戏都可以提升孩子的ABC能力，如骑自行车和滑板、滚轴滑冰和滑旱冰、捉人游戏和躲球游戏。

孩子进入有组织的青少年体育运动项目之后，可以根据特定的体育运动非常有针对性地训练ABC能力，如步法练习以及各种眼手和眼脚协调活动。如曲棍球守门员马丁·布罗德（4次被评为全国曲棍球联盟顶尖守门员）训练时要求运动员每人手里拿一个网球，并将右手的球投向几米远的墙上。然后将左手的球抛到右手，然后用腾出来的左手接墙面弹回的球，并以尽可能快的速度继续这样切换投球接球。该训练能够增强手—眼协调能力和快速反应能力。在训练中使用小场游戏，如在足球中采用五人制足球（在第10章中讨论）或者在棒球和垒球中连续投球，都可以提高青少年运动员的ABC能力。在互联网上有许多针对特定体育运动的训练例子，我们建议教练将基础的ABC训练活动纳入到训练项目中。

有氧和无氧训练

根据特异性指导原则，有氧和无氧训练的数量和强度应该基于特定的体育运动的身体要求。然而，大多数团队运动都要求具有基本的速度、力量（无氧能力）和耐力（有氧能力）。所有的运动员都应先发展有氧能力，最好是在非赛季期间。这样，他们就处于一个有利位置，既可以通过更多的训练增加有氧代谢能力，又可以继续前进到无氧训练，如果他们的体育运动类型要求更快、更强的能量输出的话。

在训练项目中最重要的因素是训练强度。可以通过一些设备来衡量训练强度，如心率监控。但在大多数青少年体育运动情形中，运动员和教练必须估计活动的强度。长距离的慢速训练能够建立有氧代谢能力基础，如跑步、划船、骑自行车、游泳、滑冰或滑雪。这种类型的训练强度应该为个人最大心率的70%～85%。在这个速度下训练，运动员可以和教练交谈。要想提高儿童和青少年的有氧代谢能力，训练应该包括连续性和间隔性练习，每周3～4次训练课，每次训练课为40～60分钟，而且至少要连续坚持12周（Armstrong & Barker，2011）。

孩子有氧训练应该包括丰富多样的、有趣的活动，而且不应该在一次训练中将所有活动都尝试（Lancaster & Teodorescu，2008）。教练可以将不同体育运动加入到训练中作为健身活动；如他们可以让越野运动员偶尔玩极限飞盘这类的游戏。另一个想法是设置跨越不同地形的障碍赛道，不仅可以提供有氧训练，还提供多样性和新鲜的挑战。一般情况下，在跑道上进行的耐力（有氧）训练应该让10岁及以上的运动员参与，因为他们注意力更集中，没那么容易变得厌烦。坚持将有氧训练的活动类型，设计成游戏形式，让孩子觉得不是在训练而是在玩（利用您的想象力或在互联网上或书中寻找范例）（Lancaster & Teodorescu，2008）。

训练无氧代谢系统要求高强度、短时间爆发练习，强度通常为最大心率的85%～95%。训练无氧代谢能力的最常见方法是间隔性训练。无氧代谢系统训练方式为：进行30 ~ 90 秒、强度为最大心率的90% ~ 95%的训练，然后休息一段时间，间歇时间为训练时间的4倍。如冰球运动员在冰上冲刺，然后间歇休息；篮球运动员围绕球场跑步和练习传球，间歇休息；进行400米跑步，每轮跑步之间适当休息恢复。在可能的情况下，无氧训练应包含针对特定体育运动的活动，例如短时间的、激烈的篮球传球和投球训练，或者短距离足球冲刺训练。对于年幼的孩子，竞争性接力总是很受欢迎，而且是组织间隔性训练的有效方式。

冲刺用于速度训练，并且以最大心率的95% ~ 100%进行。或者告诉年轻运动员全力以赴。个人的速度能力是由基因决定的，对快速收缩肌肉纤维的百分比要求较高。帮助青少年运动员理解这一点。然而，速度是可以训练的。所有的运动员都可以提高速度，但是遗传因素限制了他们挑战更快的队友或对手的能力。如果没有感觉到精神或身体上疲劳，最好在热身运动结束之后或者作为热身运动的一部分训练速度（Balyi et al., 2013）。速度训练时间要短，而且每次训练之间要完全恢复。加速训练应该以短距离进行，保持正确的姿势以及正确肘部、膝部动作和头部位置。记住，跑步是基本的运动技能，而且需要学习和训练。孩子可以通过学习正确的姿势和跑步方法来提高他们的速度（和耐力）。

当然，还有很多身体训练方法可以提升青少年运动员的有氧和无氧代谢能力。本章的目的是帮助您了解一些基本概念，然后您可以根据针对特定体育运动的指导原则找到最适合自己的身体训练策略（图9.2为7年级[12 ~ 13岁]的篮球运动员提供了一个身体训练课例子）。青少年体育运动教练最起码应该知道如何在训练中加入渐进式健身活动，作为训练课中的专项训练的一部分。保持活动有趣和有吸引力，这样孩子就会自然而然地努力投入到其中。

本章小结

孩子的身体是适合参加训练的，但他们并不是大人的缩小版，因此不应该像成年人一样训练。他们不断成长和成熟，和身体活动建立起关系。我们希望该关系是令人愉快的，这样青少年运动员一生都会参与身体活动。但我们不希望孩子过于迷恋身体活动。身体训练及其提供的结果有时会诱使青少年运动员走向歧途，特别是青春期的孩子。青少年运动员可能从健康训练行为走向反常的训练行为，会威胁到他们的幸福。

身体训练还可能导致青少年体育运动教练误入歧途，他们可能热衷于认为越多越好。我们喜欢更多和更少都好的观点。如果训练中的超负荷是循序渐进的而且遵循特异性原则，那么更多就是更好。然而，更少是更多的另一端，完全有存在的必要。更少训练意味着充分恢复、巧妙利用多样性来保持训练的新鲜感，为不同的年龄组提供适量（而非过量）的身体训练。我们希望您就如何遵循"更多和更少都好"这一理念总结出自己的想法，通过适合发展的方法让孩子保持运动。

A. 动态热身运动（10 ~ 15分钟）

　1. 不用篮球（运动员在底线和中场之前来回跑动）

　　a. 慢跑

　　b. 后退慢跑

　　c. 卡里奥克舞（面向侧边，腿交叉在前面，然后交叉在后面，沿着球场向下移动）

　　d. 摆动手臂蹦跳移动

　　e. 拖着脚步防守移动

　　f. 走弓箭步

　　g. 后抬腿踢屁股慢跑

　　h. 高抬腿慢跑

　　i. 踢直腿

　2. 用篮球

　　a. 8字形运球（双腿之间）

　　b. 全场半速运球

　　c. 全场运球（在指定点变向和转身）上篮

　　d. 两人全场传球

　　e. 两人全场传球，最后上篮

　　f. 三人全场交叉传球，最后上篮

B. 教授技能并通过练习来提高个人的技能（30 ~ 40分钟）

C. 练习和比赛，训练进攻和防守（20分钟）

D. 队内分组比赛（15分钟）

E. 缓和运动和静态拉伸（5分钟）

　1. 小腿拉伸（腓肠肌和比目鱼肌）

　2. 股四头肌拉伸

　3. 腘绳肌拉伸

　4. 髋屈肌拉伸

　5. 躯干回旋肌拉伸

图9.2　针对7年级（12 ~ 13岁）的篮球运动员的身体训练课示例

学习帮手

关键术语

有氧健身运动——在耐力活动中输送和使用氧气的能力。

灵敏性——在保持平衡的同时快速改变方向的能力。

闭经——月经停止。

合成代谢类固醇——合成的睾丸类激素，用于增长肌肉和增强肌肉耐力。

无氧健身运动——在短时间内全力参与活动的能力。

厌食症——饮食失调的一种，症状是患者认为自己超重，并因此限制饮食，相对于患者的年龄和身高，其体重至少低于正常体重15%。

平衡能力——保持身体直立或身体动作受到控制的能力。

弹性拉伸——涉及弹跳动作，迫使肌肉超出平常的活动范围。

暴食症——饮食失调的一种，患者的体重通常在正常体重范围内，陷入暴食、狂泻、禁食和过度锻炼这个恶性循环中。

协调能力——以流畅高效的方式移动身体的各个部位的能力。

肌酸——非处方补充剂，用于提高需要在短时间内爆发的体育运动的表现。

交叉训练——参与第二种体育运动来增强体质。

动态拉伸——反复执行富有挑战性但又舒适的活动范围，通常重复 10～12次。

麻黄碱——一种兴奋剂，用于减少疲劳、减肥和保持精神的兴奋性。

柔韧性——身体完成完整幅度的动作而没有受到伤害的能力。

肥胖——体内脂肪过多。

骨质疏松症——一种让骨头变薄变脆，导致骨头容易骨折或断裂的疾病。

超负荷——超出当前的身体能力（导致疲劳和压力）的训练，诱使身体适应更高的要求。

过度训练——过度训练和恢复不充分的结果通常是导致表现水平下降和心理困扰。

体重超标——相对于一定的身高，有多余的体重。

身体训练——运动员为了锻炼身体而执行的有序的、固定的专业化训练流程。

循序渐进——通过逐步增加训练强度或时间让运动员的身体素质得到稳步提升。

恢复——在两次训练课期间充分休息，让身体得到恢复。

特异性——按照比赛中的使用方式来训练能量系统和肌肉。

静态拉伸——拉伸到最大活动范围并保持30秒。

类固醇前体——一种特别的物质，身体会将其转换成合成代谢类固醇，它的作用是让运动员更加努力训练、恢复更快和增加肌肉含量。

体能训练——利用渐进阻力来增加个人施加或抵抗力量的能力。

体温调节——防止核心温度大幅上升或下降。

变化——循序渐进地将较难的和较轻松的训练课结合在一起，以及在同一次训练课中加入难的、容易的和不同类型的活动。

要点归纳

1. 身体活动和训练可以增加儿童瘦体重、骨密度、肌肉强度、有氧和无氧代谢能力、心理健康和认知能力。

2. 青春期前儿童的能量和肌肉系统是可以进行训练的，这意味着它们可以得到提升，虽然提升的幅度低于成年人。

3. 女运动员三联征指的是能量供应、月经功能和骨骼矿物质密度之间的相互关系。

4. 某些个性特征和体育运动类型与青少年运动员的饮食失调发病率有关。

5. 目前还有没有确凿的证据表明加入精英体操队会阻碍年轻体操运动员的发育和性成熟。

6. 迫于社会压力，橄榄球运动员过度增加体重，摔跤运动员过度减轻体重，这可能导致严重的健康问题。

7. 合成代谢类固醇，可以增长肌肉和增强肌肉耐力，同时可能导致许多身体和心理健康问题。

8. 青少年体育运动中的身体训练应遵循超负荷、循序渐进、恢复、变化（多样性）和特异性指导原则。

9. 孩子增加体能的最实用的方法是利用自身体重施加循序渐进的阻力。

10. 建议在训练课之前进行动态拉伸，而静态拉伸可以作为在训练课结束之后的放松活动，对肌肉放松和身体恢复很有用。

11. 有氧训练需要参加长距离的慢速活动，而无氧训练需要参加高强度、短时间爆发的活动。

问题探究

1. 尽可能列举和解释身体活动的积极影响。

2. 解释身体活动和训练为什么可以帮助儿童预防未来患上骨质疏松症。

3. 青春期之前的孩子能够通过训练增强体能吗？如果他们的肌肉缺乏适当的荷尔蒙来让肌肉增大，也会得到相同的结果吗？

4. 解释健康女运动员三联征是如何走向不健康或病态的。

5. 导致体重严重超标的不良健康影响有哪些？这种超重的做法在美式橄榄球的某些位置的运动员中很普遍。

6. 说出和解释青少年运动员最常使用的四种提升表现药物，包括它们给健康带来的风险。

7. 说出本章所描述的五个指导原则，并为每个指导原则列举一个例子，展示青少年体育运动教练应该如何让运动员参加适当的身体训练。

8. 列出在儿童中应用体能训练的五个技巧。

9. 在身体训练课开始之前和结束之后，分别采用什么类型的拉伸运动效果最好？各提供一个例子。

10. 有氧训练和无氧训练的关键区别是什么？

思考性学习活动

1. 在您的体育运动中，为一个或一队运动员设计身体训练练习。指定体育运动类型，运动员的年龄、赛季时间（如赛季前训练或赛季中比赛）。在训练中加入特定的热身运动和放松运动，包括拉伸练习。解释您设计的训练为什么能够提升该体育运动所需的体能、柔韧性和能量水平（有氧、无氧、速度和力量）。

2. 设计一本小册子，分发给父母，让他们了解提升表现药物在青少年体育运动中的使用情况。包括以下信息：药物类型和作用、获得难度、健康风险和前兆症状。

3. 设计一本小册子，分发给父母让他们了解青少年体育运动中的饮食失调情况。

资源指南

美国运动医学会（ACSM）。ACSM是美国运动医学的理事机构。在ACSM的网站上，可以找到关于儿童和青少年的身体训练的指导原则。

热适应和热疾病预防指南（A Guide to Heat Illness Prevention），NFHS免费在线课程。

体能训练和健身训练（Strength and Conditioning），NFHS在线课程。

第10章

青少年体育运动中的天赋发展

本章预览

在本章中您将学习如下内容：

▷ 天赋是什么以及如何在体育运动中评估天赋；

▷ 天赋的作用以及发展体育专业知识的实践；

▷ 过度专业化如何危害儿童；

▷ 在青少年体育运动中发展天赋的策略。

精英运动员的专业技能让我们为之叫好。世界一流的体操运动员腾空而起、翻转、旋转和平稳落地已经让人惊叹不已，而他们在122厘米高、不到10厘米宽的平衡木上执行复杂、熟练的动作更是令人叫绝。在体育运动中有许多令人拍案叫绝的专业技能，其中不仅包括通过身体展示的技能，还包括在高度紧张下的情绪控制与专注，预测与决策，展示出激动人心的速度、力量、耐力和身体控制。

我们一般将这些能力称为天赋，而且我们迫不及待地想知道识别和发展儿童的天赋的最好办法。如何以及何时判定孩子是否有天赋？天赋还是训练对发展专业技能更加重要？儿童在青少年体育运动中应该过早专业化或多样化吗？这一章的目的是帮助您理解体育运动中的天赋发展，着重强调青少年体育运动如何受到流行的而且有时是错误的关于孩子的天赋发展的想法的影响。

关于天赋发展的基础知识

有多个与天赋发展相关的术语，不同的人往往有不同的理解。所以，我们的第一步是澄清这些术语的含义。

什么是天赋？

天赋通常被定义为天生的（先天的）能力。天赋的五大特征表明它是先天存在的现象（Howe, Davidson & Sloboda, 1998）。

1. 它基于遗传，因而至少部分是先天决定的。

2. 它的作用在幼年可能没有得到完全体现，但会有一些早期迹象，专业人员能够识别到天赋的存在，而不是等到成熟之后才发现。

3. 天赋的这些早期迹象为预测谁可能非常优秀提供了初步依据。

4. 只有少数儿童有天赋。

5. 天赋是特定于某一领域的，即特定于某些体育运动或体育运动类型。

天赋是指早期发现的、可能导致未来发展出专业技能的品质，因此其重点在于个人在特定体育运动中取得成功的潜力（Cobley, Schorer & Baker, 2012）。下面讲述一位高中新生足球教练是如何将天赋描述为潜力的，并以他的一个球员为例："他的能力上限可以与我见过的任何防守球员相媲美。他身材高挑，一看就是运动型身材，敏捷而又健壮，在这项体育运动中，他一定有光明的未来。"关于杰出运动员的发展的研究表明，家长、教练和运动员自己会在其年幼的时候就发现一些天赋迹象（Bloom, 1985；Cote, 1999；Gulbin, Oldenziel, Weissensteiner & Gagne, 2010）。

人们有时使用天赋这个词来描述体育运动任务中所呈现的能力，但有一个更准确的词汇可以表达运动技能的执行情况，就是表现。技能一般指的通过训练和经验获得的熟练度，而专业技能被定义为长期的、一致的、优秀的运动表现[5]（Starkes, 1993）。我们知道这有点令人困惑。按照定义，"才艺表演"是真正的"专业技能展示"。如果人们说某个球队有惊人的天赋，他们往往想说该球队技术非常熟练而且展示出专业技能。然而，有一些教练宣称（根据我们的定义是正确的）其球队拥有惊人的天赋，这意味着这种能力还处于未开发状态，有潜力发展成为更高水平的技能和专业技能。所以，在这一章中，我

---

[5] 在关于学习天赋的研究中（Gagne, 2009），天才（gift）是指天生的能力，在这本书中我们称之为天赋（talent）；而天赋（talent）通常是指系统地开发出来的能力，在这本书中我们称之为技能（skill）或专业技能（expertise）。

们最关心的问题是如何充分发展孩子的天赋，让天赋转变成体育运动专业技能。

什么是体育运动专业技能

要想知道如何发展天赋，先要知道天赋与哪些体育运动专业技能有关。要想成为一名职业运动员，运动员必须拥有或者习得四个基本领域的专业技能：技术、身体、认知（包括战术知识和感知技能）和心理（Adapted from Janelle & Hillman，2003），如表10.1所示。在任何一个领域出现弱点都将妨碍运动员获得专业技能。与非精英运动员相比，精英运动员在所有这些领域反复表现出更高水平的专业技能（Epstein，2013；Farrow，2010；Helsen & Starkes，1999；Krane & Williams，2010）。没有全部获得这些领域的专业技能的运动员也可以实现成功，不过除非他们能够发展所需的专业技能，否则就可能碰到技能瓶颈，无法达到职业运动员状态。

什么是天赋发展

天赋发展指的是为运动员提供最适当的环境，激发他们的学习和表现。如果天赋与潜力有关的话，那么天赋发展就与帮助青少年运动员实现和发挥潜能有关。通过训练、经验和学习，运动员能够发展出特定于某项体育运动的技能；而且如果继续接受专业的训练和学习，他们可能成为这项体育运动的职业运动员（见图10.1）。所以，只有通过个人的多方面努力让技能得到发展和提炼，天赋才会转化为专业技能。

所有青少年体育运动都应该更多地从普

表10.1 体育运动专业技能的关键领域

专业技能领域	描述	例子
1. 技术	以协调的、高效的和精细的动作执行运动技能的能力，而且要求动作模式有较高的自动化水平	在足球运动中向球门踢角球 在花样滑冰中执行三周跳
2. 身体	身体组织结构和内部系统提升身体训练和表现的能力	肌纤维类型、有氧和无氧能力、柔韧性、身材大小
3. 认知 （1）战术知识	确定在不同的情形什么策略最有效的能力	垒球游击手根据跑垒者和出局数选择最佳的防守策略
（2）感知技能	从环境中提取最相关线索，迅速识别套路以及利用提前预期线索和视觉搜索策略的能力，立即做出最佳的决定或反应	足球守门员通过判读、预测对手的位置和动作并做出反应，从而拦下射门
4. 心理	控制行为的能力，以提高长期目标努力、毅力、自我信念，专注力和情绪控制力	弓箭手在比赛中放箭之前调节警醒水平 在比赛加时压力和观众的呼声下，罚球投篮者保持专注和运动节奏

天赋 → 训练经验教学 → 技能 → 训练经验教学 → 专业技能

图10.1 体育运动中的天赋发展过程

遍意义上考虑天赋的发展，或者专注于帮助每个孩子尽量发展其天赋（第3章所描述的重要的青少年体育运动目标）。然而，青少年体育运动的另一个重要目标（如第3章所述）是发展运动员的天赋，培养运动员的专业技能，让他们能够在精英级别的比赛中进行竞争，如奥林匹克运动会。并不是所有运动员都有天赋或毅力进入图10.1的右侧，成为罗里·麦克罗伊那样专业运动员。大多数青少年运动员通过训练、比赛和采用教学建议来发展基本运动技能（如图10.1左侧所示）。当我建议11岁的儿子参加冬季游泳课时，他就此提醒了我们。他回答到，"我为什么要参加游泳课？我已经知道如何游泳"。没错，他是对的。

虽然我们支持发展所有青少年体育运动参与者的天赋，但这一章着重于从上到下讲解图10.1所示的要点。了解天赋发展转变成体育专业技能的过程非常重要，尽管大多数青少年体育运动参与者不会成为专业运动员。发展体育运动专门技能的目标很重要，它是一个全球性问题，世界各国的国家训练计划都将其作为发展体育人才的最佳方式。

什么是天赋发掘

天赋发掘是辨别（和选择）在特定体育运动中展现出潜质的青少年的过程。有时也使用其他术语，如人才识别和人才选拔，但是它们一般都是指通过评估来辨别出那些有潜力在特定体育运动中取得成功的青少年运动员。为了辨别有天赋的运动员，通常需要执行专门的天赋发展计划。

从20世纪50年代开始就出现了有组织的天赋发掘和发展计划。如第1章所述，中国采用系统的、政府赞助的天赋发掘和发展计划，辨别和选择运动员并送到专业体育学校去训练。

澳大利亚在1976年的蒙特利尔奥运会未能赢得一枚金牌，但在2004年的雅典奥运会赢得了17枚金牌，总奖牌数位列世界第四。这一国际体育专业水平的井喷式增长的主要原因是澳大利亚悉尼在1993年成功申办2000年夏季奥运会。为举办奥运会，澳大利亚政府承诺提供1亿3 500万美元来促进运动员的发展，包括国家体育人才发掘计划。在全国范围内开展发掘和测试计划，涉及的体育运动项目包括田径、自行车、皮划艇、游泳、划船、铁人三项、水球和举重。澳大利亚在2000年获得58枚奖牌，8年来增加了114%（Baker & Schorer, 2010）。这个计划的成功促成了2006年国家天赋发掘与发展（NTID）计划（Gulbin, 2012）。

英国获得2012年伦敦奥运会的举办权之后，也实施了类似的天赋发掘与发展计划（Vaeyens, Gullich, Warr & Philippaerts, 2009）。英国的天赋发掘团队，在全国范围内开展人才招募活动，评估并接受超过7 000名运动员参加这个新计划。其中一个例子就是体育巨人活动，通过筛选找出个子特别高的体育人才，让他们走快速通道进入赛艇、手球或排球项目。英国天赋发掘与发展计划通过对青少年进行天赋分析，不断追求国际体育成功。

大部分青少年体育运动参与者都不会被发掘出来并参与国家天赋发展计划。然而，国际天赋发展计划甚至对基层青少年训练产生影响。因此，在下面的章节中，我们解决了一些关于天赋发展的关键问题，它们不仅影响到少数优秀的、继续为成为职业运动员而奋斗的运动员，而且还影响到绝大多数参加青少年体育运动的孩子。

高尔夫球天赋

罗里·麦克罗伊是图10.1所示的天赋发展过程的绝佳例子。麦克罗伊15岁时在英国公开赛中打比赛，18岁成为职业高尔夫球手和世界前50名高尔夫球手中最年轻的球员。到了2014年，25岁的麦克罗伊一共赢得了四次重大赛事，被评为世界头号高尔夫球手。

他在18个月大的时候，就展现出高尔夫球天赋，那时他总是与他的父亲到高尔夫球场打球。其他人很快就注意到麦克罗伊的天赋。著名高尔夫老师吉姆·麦克莱恩在他9岁第一次参加青少年锦标赛时见到了他，并告诉麦克罗伊的父亲，"这个孩子不错。我告诉您，麦克罗伊先生，这孩子有过人之处"（Morfit, 2012, p. 64）。在一次电视节目中，他表演了将高尔夫球投进洗衣机中（因为他在家里就是以这种方式练习）。注意到他的天赋之后，麦克罗伊的父母做多份工作和额外加班，以支持他的发展。

然而，最重要的是，由于他对高尔夫的痴迷，通过他的努力，麦克罗伊的天赋发展成为专业技能。

麦克罗伊说，还是一个小男孩的时候，"他从早上7点30分一直训练高尔夫球到晚上10点"，而且在夏天每天通常打54洞（Sampson, 2013, p. 53）。因为他一整天都想练习高尔夫球，所以他父亲叫他"奇怪的小男孩"。当地俱乐部的老师这样描述他：喜欢学习过程，有自我纠正能力，自发努力让自己变得更好，不需要大人的任何敦促。在一个寒冷下雪天早晨，他恳求去球场，他的父母试图说服他不要去。但无济于事；他的俱乐部为他在雪地里扫出一块空地，给了他200个球。他的父亲说，有一天他在球场练习击球和比赛之后回到家，居然问他们是否能够再回到球场。当他的父亲表示那天已经练得够多了，麦克罗伊回答到："爸爸，难到您不想让我变得更好吗？"（Coyle, 2012, p. 65）。非同寻常的天赋再加上非同寻常的努力，最终成就了罗里·麦克罗伊高超专业技能。

如何发掘天赋，怎么判断谁有天赋

在电影《曲线难题》中，一个老年的棒球人才发掘者（由克林特·伊斯特伍德扮演）可以根据观察和经验准确地辨别棒球人才，准确率远超过使用计算机和统计学的年轻人才发掘者。美国国家足球联盟的年度人才发掘大会是大型的天赋发掘活动，其中大学球员将参加一系列练习、测试和面试，以评估他们未来发展职业足球生涯的能力。球队经理们对这个发掘大会在价值观上存在分歧，许多经理将该大会作为运动员的医学健康状况和总体个性的最终评价。选秀日"突击"曾经让几个球队的决策团队感到难堪，因为他们不辞辛苦地参加天赋评估，结果发现他们选出的人才表现远远不如预期。2009年，美国职业棒球联盟评审团队选中了17岁的迈克·特劳特，他在三年内成为最佳的棒球运动员之一。

当人们试图评估和预测成年运动员的天赋时，就会出现这种情况！现在，考虑一下试图在儿童中发掘体育天赋的复杂性，因为儿童正在经历一生中最大的生理、心理和社会成熟的变化。我们应该如何发掘孩子的天赋？在体育科学界中，对此有很多不同的看法。大多数人同意很难预测体育天赋。我们表示同意（预测意味着能预言未来）。其他人怨叹没有权威的、确凿的体育天赋发掘路线图。当然没有。对于癌症治疗或语言学习，同样没有确凿的、科学的路线图。但医学和教育界正在继续努力，以找到进一步了解这些现象的最佳方法。

天赋发掘的方法

青少年体育运动的天赋发掘方法通常包括人体测量（身材的大小和比例），评估发育成熟状态，测试总体身体能力以及评估特定体育运动技能（见表10.2）。一定程度上，天赋评估还使用了认知测试（反应、预测和决策）、战术知识评估、比赛和整体智力测验以及心理调查问卷。

通过人体测量和发育成熟状态相结合，就可以评估青少年运动员成年之后的身体特

个人小插曲

您的天赋是如何得到发展的？

想一想您在身体活动和其他方面的早期经历。您是否觉得自己好像有一些天赋？是否有人发现您的天赋，或者您是否认为您的天赋被忽略了？考虑您的天赋是如何得到发展的，并说明在天赋发掘和发展方面，您可以从自己的个人经验学到什么。

表10.2　体育天赋发掘中所采用的方法

方法	例子
人体测量	坐高、臂展和腿长
发育状态评估	第二性征
总体身体能力测试	30米冲刺，折返跑，VO_2最大值
针对特定体育运动的技能评价	足球的带球、传球和射门技能
感知测试	使用测力板来评估反应时间，眼球跟踪运动和预测能力
战术知识评估	采访、体育运动战术问卷调查
比赛或总体智商测试	温德利认知能力测试
心理评估	渥太华心智技能评估工具（OMSAT-3）

征，目的是识别在特定运动中最有优势的体型（Lidor & Ziv，2013）。如有利于提升青少年赛艇表现的人体测量特征包括身高、腿长、臂长和体重（Mikulic & Ruzic，2008）。总体身体能力评估包括体能、速度、力量以及有氧和无氧代谢能力。尽管这些能力都是可以通过训练获得的，但遗传倾向无疑影响到运动员是否适合特定的体育运动。如手眼协调能力、上半身力量、灵敏性和腿部力量都与排球运动表现相关。在青少年体育运动中，针对特定体育运动的技能评估很常见，如足球中的控球、带球、射门和传球准确性。

天赋发掘的问题和担忧

运动科学家对这些评估方法表示极度担忧，他们无法判断这些方法在辨别更有天赋和更普通的青少年运动员（尤其是青春期前的儿童）上准确率如何（Abbott，Button，Pepping & Collins，2005；Lidor，Cote & Hackfort，2009）。年幼时的表现和技术水平并不总是能够准确反映出成年之后的表现，因为儿童的成长、身体的发育、心理和认知的发展以及参与机会都可能从根本上影响到技能的发展（Abbott & Collins，2002）。考虑一下，如果根据体型大小、总体身体能力和针对特定体育运动的技能（这些方面的组合）来评估天赋，那么晚熟的男孩和年龄相对小儿童可能会被忽视。问题在于我们可能会忽视具有极大天赋的青少年运动员，因为很难评估他们尚未明显表现出来的潜力。

我们理解国家体育机构试图通过系统性的天赋发掘计划来帮助青少年运动员找到他们最有可能成功的体育运动。这有利于体育机构，而且可能有利于身体特征和技能适合特定体育运动的青少年运动员。我们也理解发展天赋的资源是有限的。国家体育机构、学校和俱乐部的团队成员名额是有限的，所

以必须使用各种天赋发掘方法对运动员进行评估，选拔出合格团队成员。虽然他们错过了选择一些天赋仍处于休眠状态的个人，但在国家、俱乐部、职业和学校体育机构的选拔性项目中，这种遴选是不可避免的。重点在于如何做得更好。

天赋发展高于天赋发掘的建议

从广义上讲天赋发展的重要性似乎应该高于狭窄的、限制性的、过早的天赋发掘。我们强烈主张设法扩大狭窄的遴选水闸，因为它限制了进入到持续参与体育运动这条大河的孩子的数量和类型。下面是我们的建议：

1. 致力于创建多条通道。第3章的体育运动棕榈叶社区模型提出了从结构上和理念上改变青少年体育运动。关键是要考虑提供多条通道，让儿童在发展个人天赋时可以选择适合自己的道路。

Sport New Zealand制定了天赋发展框架，试图为所有儿童提供可以选择的通道，让他们实现个人潜力。发展基本运动技能和针对特定体育运动的基本技能的第一个目标是为所有孩子构建能力和信心。然后，孩子可以按照参与通道或精英通道前进。参与通道为孩子提供资源和机会，让他们在整个青少年时期获得娱乐体育运动体验。精英通道针对技术高度熟练和动机强烈的孩子，他们希望发展专业技能和追求精英运动员地位。Sport New Zealand的天赋发展框架的理念基础是天赋是动态的，不容易预测到，有天赋的运动员在任何阶段都可能出现。同样，澳大利亚运动研究所已经同时制定了参与通道和精英通道，这个渐进的计划重点是发展所有孩子的技能，其中一些孩子进入到精英体育事业，而其他保持积极参与娱乐体育运动。

在地方级别，学校的体育主任、体育俱乐部董事和社区活动中心负责人可以计划

全面的运动机会（使用第3章的棕榈社区模型），然后向社区成员推广宣传和普及这些机会。因为孩子已经习惯于体育运动的金字塔模型（向上或出局），一旦他们被学校或俱乐部团队淘汰，通常就会彻底退出这项体育运动。我们必须提供有吸引力的可选通道，让青少年能够继续发展他们的天赋。有几个男孩被当地中学队淘汰了，而且没有地方参加体育运动，因为我们社区的娱乐篮球联盟凑不到足够的12～13岁的男孩，无法为他们提供联赛。我们和社区活动中心主任一起努力，成立了一个"室内"联赛，一共只有14个男孩参与，他们一周见面两次，并且安排两位成人教练继续帮助他们发展技能和参加比赛。我们需要更多的选择机会，而不是"一个学校一个团队"的独木桥之争，在孩子们和我们还没有来得及发现他们的天赋就被淘汰了。

2. **在体育运动天赋发掘和发展中强调心理技能。** 天赋发掘和发展计划已经开始偏向身体技能和表现。然而，研究表明心理技能（比如动机，努力和毅力）将职业运动员与业余运动员区分开（Gulbin et al., 2010），而且比身体技能更能预测孩子是否会发展成为精英运动员（MacNamara, Button & Collins, 2010a；Smith & Christensen, 1995；Smith, Schutz, Smoll & Ptacek, 1995）。丹麦精英足球协会的教练培养出很多优秀的职业运动员，他们承认会选择天赋少一点但是非常努力的运动员，而不是天赋多一点但是不够努力的运动员（Larsen, Alfermann, Henriksen & Christensen, 2013）。类似地，挪威精英皮艇学校培养出多个奥林匹克运动员，它强调影响完成艰苦训练的是动机、纪律和自主性，而不是人体测量和身体能力（Henriksen, Stambulova & Roessler, 2011）。

只有拥有发展天赋所需的态度和心理技能，青少年运动员才会成功（无论天赋水平如何）。当然，教练在遴选团队成员时会主观地评估他们的心理技能，但心理评估在天赋发掘与发展计划中没有得到充分利用（MacNamara & Collins, 2012）。

3. **试图通过静态的当前的技能水平评估天赋潜能。** 据我们了解，高中和初中学校的教练必须为名额有限的团队挑选运动员，这些选择通常基于当前的技术水平。然而，要想真正评估天赋，教练和老师可以尝试通过以下方法来评估技术潜能：根据身体尺寸和特征来评估成熟水平，根据大范围的基本运动技能评估协调能力，评估针对特定体育运动的基本技能和必备技能。青少年运动员的体育运动经验可能不相同，但有些运动员可能会表现出原始的基本技能和能力，这些能力可能使他们能够更轻松地发展针对特定体育运动的技能。天赋发掘永远不会是一门精确的科学，其目的在于寻找可以通过训练转变成专业技能的体育素质。有趣的是，几乎所有教练都会说他们可以识别这些素质，尽管他们很难解释清楚是如何做到的。

训练和先天素质对体育专业技能的相对影响

当您看到著名的运动员，如莱昂内尔·梅西，所表现出来的高超技能时，您的第一想法是什么？天才、才子或神童的字眼经常会浮现在脑海中。尽管我们看到梅西积极参加训练以磨练自己的技能，但我们常常会将他的专业技能解释为来自天生的、注定的天赋。对于想要成为精英运动员的孩子，先天天赋和训练对他们的相对影响是什么？这个问题的答案很重要，因为关于先天天赋或训练哪个更重要的想法会对今天的青少年体育运动产生巨大的影响。

休息一下

足球天赋发展计划

德国在一段长达50年的时间里一直是男足强国，但是到了20世纪90年代末，这种传统辉煌消失了，而且德国足球在国际上变得平庸。为了解决这个问题，德国成立一个新的基层青少年足球天赋发展系统，该系统成为其他国家羡慕的对象。在整个国家分布有121个天赋训练中心，用于训练10～17岁的足球运动员，每个中心配有两个全职教练。此外，作为德国职业足球联盟的德甲联赛的所有36家职业俱乐部被要求建立青少年学院。在2012年，36家德甲俱乐部共同投资100亿美元发展青少年足球，比世界任何其他职业体育联赛都多。

德国足球协会特别注意从小开始发掘和发展天赋。为此协会设立了移动教学点，到全国各地去拜访学校和俱乐部，并为当地的俱乐部提供青少年训练方法。它的教学理念是发展技术能力，刚开始时让运动员在小球场练习4对4游戏，鼓励发展个人技能。德国足协主席指出，"我们在德国有一个广泛的网络。任何有天赋的孩子几乎是不可能漏网的"（Grohmann，2013）。

结果是德国有了一支世界上最年轻、屡战屡胜的足球队，而且赢得了2014年世界杯。国家天赋发展计划为德甲俱乐部培养了一半以上的球员。对于职业和国家体育机构如何发展天赋，德国通过系统的基层方法提供了一个典型范例。

训练和经验的重要性

根据大卫·贝克汉姆的父亲的回忆，贝克汉姆在很小的时候就从同一个地方练习踢球数小时。他的父亲说，"他的精神是令人佩服。有时似乎觉得球场就是他的家"（Syed，2010，pp. 61~62）。训练和经验对专业技能的发展的重要性已经得到广泛验证，如贝克汉姆例子所示。

10 000小时诀窍和10年指导原则

刻意训练理论（Ericsson，Krampe & Tesch-Romer，1993）极大地影响到关于专业技能训练的思想。在第一项研究中，Ericsson和同事分析了柏林一家著名的音乐学院的三组小提琴手的练习习惯，找出为什么有些人比其他人拉得更好。第1组由学校的顶尖小提琴手组成，他们正在走向世界级音乐家的路上。第2组是非常优秀的小提琴手，但水平仍然比第1组低一级。第3组的小提琴手的能力并不在表演级别上，而且他们的目标是成为音乐教师。所有小提琴手都是从8岁开始学习小提琴，而且在15岁左右都决定把小提琴当作职业。在学校里，他们的老师和教学指导都是一样的。所以您可能常常这样认为，是内在的天赋导致这三组小提琴手的能力出现差异。

然而，根据对历史的考察，Ericsson和他的同事发现第1组小提琴手在20岁时的平均练习时间为10 000小时。相比之下，第2组的平均练习时间为7 500小时左右，第3组的平均练习时间为5 000小时左右。在第二项研究中，Ericsson和同事（1993）发现专家级钢琴家在20岁时同样累积了超过10 000小时的练习时间，而业余钢琴家的平均练习时间为2 000小时。因此，10 000小时成为习得专业技能的诀窍。

和专业技能发展的10 000个小时诀窍一样，还有一个10年指导原则，它的理论基础是研究人员发现象棋手需要10年左右才能达到国际水平（Simon & Chase, 1973）。研究从总体上支持体育运动专业技能发展的10年指导原则（Baker, Cote & Abernathy, 2003; Bloom, 1985; Gulbin et al., 2010; Helsen, Hodges, Van Winckel & Starkes, 2000）。虽然这两个时间不一定同时要求（可以是10年或10 000小时），让我们在此时限内算一算小时的分配。要想在10年内训练10 000小时，每年必须训练1 000小时，每月84小时，每周21小时，最后是每周七天每天3小时。哇，这是大量的训练。Ericsson的研究表明随便进行训练达不到目的。

刻意训练的重要性

根据Ericsson和他的同事的研究（1993年），除非进行刻意训练，否则10年可以发展出专业技能的观点并不成立。刻意训练是高度结构化的行为，有明确的提升表现目标。它需要的努力，而且本身就不是令人愉快的事儿。它不仅需要重复，还需要刻苦和专注，让技能超越目前的水平。因此，高超表现或专业技能是通过在十年或者更长的时间里艰辛的刻意训练实现的。

虽然体育运动的刻意训练还存在一些限制条件（在后面一节讨论），但刻意训练对体育运动的天赋和专业技能的发展非常重要，而且得到广泛支持（Baker & Young, 2014; Cote, Baker & Abernathy, 2007）。职业运动员不仅投入大量的刻意训练，而且他们还投入更多时间来参加最能提升表现的特定训练（比如高级技术）。因此，这些职业运动员通常不会什么都多做，而是倾向于"在少部分事情上多做"（p.86），从而逐步提升他们的表现，而这也是水平没那么高的运动员未能坚持的地方（Young & Salmela, 2010）。刻意训练思想催生了几本流行的书籍，它们支持在发展体育运动专业技能的过程中，培养的重要性远远大于天赋。这些书包括 *The Gold Mine Effect*（Ankerson, 2012）、*Bounce*（Syed, 2010）、*The Talent Code*、*The Little Book of Talent*（Coyle, 2009, 2012）和 *Talent Is Overrated*（Colvin, 2008）。

为什么人类的"软实力"对专业技能非常关键

在2004年的百事可乐的全明星赛中，奥运会垒球冠军投手珍妮·芬奇击败美国职棒大联盟巨星亚伯特·普荷斯。普荷斯甚至对她的投球束手无策。在不久之后，芬奇以同样的方式战胜了贝瑞·邦兹（Epstein, 2013）。为什么棒球大联盟历史上最伟大的两个击球手，通常以153 km/h的速度将球击出球场的优秀运动员，未能接住芬奇投出的109 km/h的球？

马修·赛义德是国际著名的乒乓球选手，同时也是 *Bounce* 一书的作者，他曾经请求前温布尔登网球冠军迈克尔·施蒂以最大的速度向他发一些网球。在平时的比赛中，施蒂的发球速度曾经达到217 km/h。应对这样的速度是一个艰巨的任务，但是赛义德在年幼的就开始磨炼他的乒乓球技能，而且在与顶尖国际竞争对手的较量中，在接发球和扣球中表现出高超的反应时间。当然，应对网球类似于应对乒乓球。赛义德的表现还差得远。赛义德承认，他几乎看不到施蒂发给他的球，也没有机会将球挡回去。这怎么可能？

这两个例子的答案与运动员在大脑中开发的"软件"有关，它引导着运动员实现高超的职业表现(Epstein, 2013; Williams & Ward, 2003)。运动员通过训练和经验开发的"软件"对技能有极强的针对性。棒球从大联盟投手的手飞到本垒板通常只需400毫秒。由于挥动球棒需要时间，所以击球手在球离开手不久之后就决定是否挥动球棒以及向哪个方向挥动(Takeuchi & Inomata, 2009)。这是一种习得的技能，而不是反应时技能，这就是为什么普荷斯和邦兹击不中芬奇的投球。顶尖网球选手通过观察对方发球手的躯干和臀部，提前收集到球的去向的视觉线索。赛义德打乒乓球有特殊的反应速度，但他在网球上还没有习得利用视觉线索和跟踪轨迹的能力。

人类的"软件"是通过广泛的训练发展起来的，它造成了职业运动员和业余运动员之间的区别(Janelle & Hillman, 2003)。这不同于天生的一般反应时，一般反应时在职业运动员和业余运动员之间通常没有区别。一位著名象棋诺贝尔奖获得者所开展的一项研究发现了另一种"软件"专业技能(Chase & Simon, 1973)。对于比赛中的棋子排列，大师级棋手们在观察几秒之后能够在空白的棋盘上重现棋子的位置，而且准确性高于技术没有那么好的选手。然而，如果随机排列棋子，而且这种排列方式不会出现在比赛中，那么大师的回忆优势就消失了。象棋大师并没有先天的记忆图像的"硬件"优势。相反，基于他们学习棋盘丰富的经验，他们专注于重要的视觉信息，而且能够更轻松地将这些信息组合起来。

与经验没有那么丰富的运动员相比，职业运动员的"软件"具有在结构化比赛场景中保留、记忆和识别更多信息的能力，对事物的原理理解更深刻以及利用视觉信息的高级能力(Helsen & Starkes, 1999)。在大学课堂中，我们喜欢通过一段YouTube视频展示职业运动员的软实力。在该视频中，葡萄牙职业球星克里斯蒂亚诺·罗纳尔多反复在球门前通过接角球射门。关键的是，球从角落踢出时，实验者把灯关上，因此罗纳尔多必须在看不见的情况下踢球。罗纳尔多在黑暗的环境中跟踪、拦截和进球得分的不可思议能力源于他高超的足球软实力，这是经过多年的训练和经验才能获得的。

天生特征的重要性

这些令人惊叹的运动软实力例子是不是意味着人类的硬实力（天赋）对专业技能没有影响？当然不是。最著名的研究者都同意专业技能是天生的生物特征和环境影响（例如，训练）的共同产物(Davids & Baker, 2007; Gagne, 2009; Simonton, 1999)。

在The Sports Gene(Epstein, 2013)这本书中，提供许多天生特质影响到体育运动专业技能的例子。其中一个例子是，职业棒球和垒球运动员都展示出优秀的视敏度（所有运动员的平均值为20/13，大联盟棒球运动员和2008年奥运垒球运动员为20/11，而正常的视力为20/20)[6](Laby, Kirschen & Pantall, 2011; Laby et al., 1996)。当然，这并不意味着所有精英运动员，甚至所有精英棒球和垒球运动员，都有超凡的视觉。但研究的确

---

[6] 一些研究已经表明，一般年轻人的平均视敏度高于20/20。因为优秀的棒球和垒球运动员通常很年轻，这可能会影响研究结果。然而，在这些研究中观察到的运动员视力优势已超过年轻人的普遍视觉优势。

表明卓越的视力有助于在这些体育运动中搜集到预期线索，降低对反应速度的要求。

另一个例子是运动员的有氧代谢能力和肌肉纤维类型对身体可训练性造成的差异。就通过训练提高有氧代谢的能力而言，约有一半取决于个人的基因构成（Bouchard et al.，2010）。因此，可以将运动员归类为有氧训练低响应者或高响应者。根据一位运动科学家说法，"不幸的是，在这些研究中低反应者在天生上（遗传）就不是擅长跑步的人"（Bamman，2010，p.1452）。如第9章所述，运动员身上的肌肉纤维类型分布影响到其可训练性。如果拥有较大比例的慢肌纤维（类型1），那么长跑运动就有优势，因为这类肌肉纤维能够促进有氧代谢能力（Fink, Costill & Pollack，1977）。相反，短跑运动员拥有更大比例的快肌纤维就有优势。训练可以提高两种类型肌肉纤维的能力（使快肌纤维耐力更久、慢肌纤维力量更大），但是不能使长跑运动员变成短跑运动员。

考虑脚的大小（游泳）、肩宽（举重）和腿的长度（跳高）对运动员训练和表现的影响。所有这些例子阐明了爱泼斯坦关于专业技能的关键点（2013）："单独就身体硬件而言，其本身不具有任何价值，就像一台仅有操作系统但是没有任何其他程序的笔记本电脑一样，如视敏度。但一旦获得运动的特殊软实力，天赋将具有决定谁更好的价值"（p.44）。在特定的体育运动类型上有先天优势的孩子更可能致力于在这项体育运动，因为与天赋更少的孩子相比，前者可能感到该体育运动更好玩，更容易得到提高。

这种效应称为乘数效应，其特点是在特定体育活动中很小的初始生物学优势可以与训练相互作用，从而对拥有这些优势的运动员产生较大的影响[7]（Ceci, Barnett & Kanaya，2003）。与在生物学特征上没那么适合的青少年相比，在生物学特征上适合特定训练的青少年运动员将从中获得更大益处和乐趣。以更简单的公式表示该理论：先天硬件（天赋）×习得软件（训练得到的软实力）＝专业技能。针对某项活动的遗传倾向越有利，那么通过专门的训练习得专业技能的可能性越大（Singer & Janelle，1999）。

有些人已经开始探索通过基因测试来预测孩子将来成为某一类运动的优秀运动员的潜能。科罗拉多州博尔德市阿特拉斯体育遗传研究中心可以测试出孩子的基因优势在那些方面，测试费用只需169美元。这种无创技术只需要采集唾液样本，不需要进行令人恐惧的血液或肌肉活检。该测试评估α-辅肌动蛋白-3（ACTN3）的基因水平，据称它能够生成影响到爆发力和耐力两种运动能力的骨骼肌蛋白。通过测试，该公司告诉父母他们的孩子更适合耐力比赛或冲刺比赛，还是两者都适合。然而，使用基因测试来预测竞技潜力仍然非常不成熟，而且未能反映遗传复杂性对运动表现的影响。建议父母和教练都使用普通的身体评估方法来确定青少年运动员是更适合速度比赛还是耐力比赛，因为这很容易通过观察推断出来。ACTN3测试可以告诉我们的只不过是谁不会出现在下一个奥运会100米决赛中（Epstein，2013），而且答案是几乎所有人都不会。

发展体育运动天赋的最好办法是什么

当然，青少年运动员的技术和专业技能的发展受到生物特征的影响。然而，环境和机

---

[7] 乘数效应也用于更广泛地描述任何两个因素可以协同工作产生较大的优势（例如，刻意训练和动机）。

会通常被看作是技术和专业技能发展的最重要因素。因此，对于儿童体育专业技能的发展，重要的是我们要把注意力转向关于最佳方式的已知方面。

训练要多刻苦

对于发展孩子的体育专业技能，在训练的时间长度和类型上不要拘泥于刻板的标准，比如10年或10 000个小时的艰苦枯燥的训练以及让孩子越早开始越好。僵化的刻苦训练和过早对孩子进行技术训练不仅不适合青少年运动员的发展，甚至是有害的。

对运动员的研究已经表明，国际水平职业足球和曲棍球运动员的训练接近10 000小时（Helsen et al., 2000; Helsen, Starkes & Hodges, 1998），这个训练时间比实力更差一点（国家级和省级）的运动员要长。世界级铁人三项运动员和体操运动员的训练时间积累超过10 000小时才达到精英水平，而表现更差一些的运动员的训练时间则更少（Baker, Cote & Deakin, 2005; Law, Cote & Ericsson, 2007）。不过，其他研究表明在几种团队运动中（曲棍球、冰球、网球、篮球），职业运动员的训练积累时间在3 000 ~ 6 000小时之间（Baker et al., 2003; Bruce, Farrow & Raynor, 2013; Soberlak & Cote, 2003），远远低于10 000个小时。这些研究结果只表明训练时间和专业技能之间的关系；不会得到训练必然提升专业技能到某一水平这一确切的结论。

新的或者竞争对手较少的体育运动可能为运动员提供只需要更少的小时数就可以达到精英水平的机会。澳大利亚成立了一个专项天赋发掘计划，让10个运动员全身心投入到俯式冰橇密集训练中，以便让他们能够尽快参加国际比赛。俯式冰橇是一项冬季滑冰运动，在缺席奥运会54年之后，于2002年奥

林匹克运动重新加入（Bullock et al., 2009）。在14个月的训练之后，也就是大约100个小时的专项运动训练之后，其中一位运动员在2006年奥林匹克运动会中获得第13名。当然，如此短暂的训练时间对大多数体育运动都是无效的，但这个例子表明，就通过训练习得专业技能而言，不存在放之四海而皆准的标准。在这种情况下，澳大利亚采用天赋转移概念来发掘表现极佳的成年运动员，认为他们的天赋有利于俯式冰橇比赛。

相反，越复杂的体育运动就需要越早参加训练，这点非常关键。涉及更复杂技术（如高度发达的肌肉控制和协调能力，特定的感知跟踪能力）的体育运动例子包括体操、棒球（击球）、冰球和网球。在技术上没有那么复杂的体育运动例子包括跑步、骑自行车、赛艇和皮划艇，它们不需要很早就开始训练。如抽样调查表明精英摔跤运动员从13岁开始参加该运动，与其他青少年运动相比相对较晚，但这种情况在摔跤运动中非常常见（Hodges & Starkes, 1996）。田径运动员承认，他们直到发展后期才参与大量技术训练，在发展的早期依靠的是天赋和身体特质取得成功（MacNamara, Button & Collins, 2010b）。

对于体育运动中的刻意训练，与Ericsson等人之前所发现的结果不同的一个方面是运动员一般都说很喜欢他们的训练（Gulbin et al., 2010; Helsen et al., 1998, 2000）。事实上，喜欢已被证明是青少年运动员积极投入体育运动的最有效征兆（Scanlan, Carpenter, Schmidt, Simons & Keeler, 1993）。下面是几个前网球冠军关于训练感觉的回忆。

莫妮卡·塞莱斯说："我非常喜欢参加各种各样的相关训练。"

小威廉姆斯说："参加训练是一件幸福的事情，其乐无穷。"

克里斯·埃弗特说："当我早上醒来时，

我会迫不及待地跑到球场去训练。"

发展专业技能的目标被许多青少年体育教练所误解，他们将枯燥无味的练习和让人麻木的战术训练看作有效的教学方法。

我们并没有说专门的训练，包括刻苦的刻意训练，对成为职业运动员毫无必要。刻苦训练是必要的。我爸爸喜欢对我说，"一分辛勤一分收获。"我们想说的是在发展体育运动专业技能中，条条大道通罗马，并不存在一条对所有人都有效的公式。显然，关于体育运动的研究告诉我们，在精英运动员通往高水平的专业技能的路径中，艰苦枯燥的训练并不是他们的起点。

在天赋发展中应该走什么样的发展路径

那么，青少年运动员在发展天赋的过程中，应该选择什么样的道路？对于成功的运动员如何发展他们的天赋以达到精英水平，

几项关于发展的研究为我们提供了一些见解。此外，长期运动员发展（LTAD）模型（在第5章讨论）是一个有用的框架，可以指导青少年运动员的天赋发展。

布鲁姆关于职业运动员的研究

本杰明·布鲁姆（1985年）对120位天才运动员、艺术家、音乐家和科学家的专业技能的发展进行了长达四年的纵向研究。他发现天赋发展需要多年的专心学习，而且老师、教练和父母为学习过程提供大量的、高质量的支持和指导非常关键。

如表10.3所示，布鲁姆发现了天赋发展的三个阶段，并就参与者如何发展成为专家提供深刻见解。我们喜欢将开始阶段称为"浪漫"阶段，孩子在此时爱上体育运动。第二个发展阶段是孩子成为运动员，这个技术训练阶段的特点是付出大量努力和训练。在专业或职业阶段，参与者的生活已经被体育

越复杂的体育运动需要越早参加训练。

运动所主宰。注意在不同的阶段中教练和家长角色的转换，参与者的目标从乐趣变为技能再变为技能的改进。另一个重要发现是，教练在前两个阶段为运动员建立强大的人际网络。也许最重要的是，运动员需要在第一阶段（浪漫阶段）爱上体育运动，然后才进入下一阶段的技术训练。

布鲁姆的研究强调，尽管在发展专业技能的过程中投入时间的数量很关键，但还不能够确保获得高水平的表现。因此，单纯侧重于技术训练的小时数或年数不会自动打开通往专业技能的大门。如布鲁姆所述，学习者做什么，他们是怎么做的以及他们的感受如何远比单纯的时间投入重要。

科特迪瓦参与体育运动的三个阶段

让·科特迪瓦将布鲁姆的最初研究扩展到包含各种体育运动的职业运动员（Cote，1999；Cote, Baker & Abernathy，2003）。根据他的研究结果，科特迪瓦确定了导致运动员获得职业地位的三个阶段：尝试阶段（6～12岁）、专业化阶段（13～15岁）和投入阶段（15岁以上）。每个阶段的特点如表10.4所示。像布鲁姆一样（1985年），科特迪瓦发现职业运动员一开始并没有高强度地参与体育运动，也没有高水平的刻意训练。相反，他们尝试

或入门阶段以乐趣为主，这是培养对体育运动热爱的关键，让运动员能够参加后面的专项刻意训练。如果不能够培养出热爱之心，运动员通常会感到枯燥无味，或者在专业化的阶段中随着训练强度的不断增加而选择退出。

此外，还要注意表10.4中的尝试阶段涉及的多种体育活动。如本书所述，童年应该是个万花筒，而不是死胡同。职业运动员从5～12岁往往参加多个活动，但从13岁开始活动数目迅速减少，因为此时已经进入专业化阶段，需要优化时间的利用（Baker et al.，2003；MacNamara, Button & Collins, 2010b；Soberlak & Cote，2003）。

在不同的阶段父母的角色也要发生变化（将在第15章详细讨论），随着运动员进入投入阶段，家长的情感和资金支持变得尤其重要。在各个阶段中，教练的角色也发生变化。在尝试阶段，教练对孩子友好并提供热情支持非常重要。在后面的专业化和投入阶段，教练的技术知识变得最为重要。这些结果得到大量澳大利亚精英运动员抽样研究的支持。在体育运动的初级阶段，他们将"激励和鼓励"作为教练的最重要品质；到了更高水平的竞争阶段，他们将"体育运动的详细知识"作为教练的最重要品质（Gulbin et al.，

表10.3　布鲁姆关于专业人员的天赋发展的结论（1985年）

开始（浪漫）阶段	发展阶段	职业（专家）阶段
参与有趣和好玩的活动	迷上活动；将自己看成"体操运动员"，而不是玩"体操"	成为专家；现阶段重点在于发展高级别的技能
专注于过程努力，而非结果	训练时间大幅度增加，更加注重成就和技术	孩子深深迷上体育运动，体育运动从此主宰他们的生活
父母负责刺激或培养（或两者）孩子对体育运动的兴趣	教练技术更好，而且对孩子非常关注	将训练和比赛的责任从教练转移到运动员；运动员必须具有自主性，而且知识极其渊博
教练在技术上不是很高级，但是提供热情的支持	训练时间大幅增加，需要运动员和家长做出牺牲	家长在这一阶段减少干涉

表10.4　体育运动的天赋发展阶段和每个阶段的特点

特点	尝试阶段（6～12岁）	专业化阶段（13～15岁）	投入阶段（15岁以上）
目标	乐趣和兴奋；尝试新的东西	技能发展，但乐趣和兴奋还是很重要的	技能发展，精英表现，高级策略和战术
重点	尝试各种各样的活动，包括体育运动	一种或两种体育运动（减少其他体育运动的参与）	在一种体育运动中实现精英表现
家长参与	父母让孩子最初接触活动；提供接触多种活动的机会；家长评估体育活动，但以孩子的快乐为重点	家长强调学校和体育成绩；在经济和时间上给孩子提供大力支持；提升孩子对体育运动的兴趣	家长和孩子一样投入；孩子的体育运动投入成为家庭活动的中心；由于目标变得困难，家长的情感支持就其变得非常重要
教练角色	和蔼和支持；对年幼孩子友好；强调乐趣和基本技能的发展	体育专家；高级的教学和训练，训练强度达到最高水平	教练的体育技术知识更加高级，严肃对待练习和训练

2010）。

长期运动员发展模型

长期运动员发展（LTAD）在第5章中被描述为适合发展的、循序渐进的、系统的活动，个人可以通过这些活动优化进程发展和提升身体素养（Balyi, Way & Higgs, 2013）。该模型的前六个阶段为青少年运动员发展天赋规划了一条路线，最终通向"为获胜而训练"阶段，在这个阶段中，有天赋的精英运动员可以追求高强度的训练，为国际比赛做准备。然而，如第5章所述，此模型的早期阶段强调发展广泛的、多种多样的运动技能，以发展为重点而不是比赛为重点，而且不鼓励过早专业化。

通往体育运动专业技能的发展路线总结

布鲁姆和科特迪瓦的阶段模型提供了普遍的年龄范围，帮助我们理解孩子在体育运动中如何从入门阶段发展到专业阶段。类似地，LTAD模型提供一种适合发展的循序渐进的方法，帮助成年人引导有天赋的运动员成为精英运动员。不过，如果认为所有儿童在发展专业技能上都遵循严格的、预先规定的路线，那未免过于简单化。在体育运动天赋的发展上，存在许多个体差异和文化差异。

刻意训练的代替方法：刻意比赛和自发训练

如前文所述，刻意训练是发展体育天赋的重要方法。不过，对于个人在特定的体育运动中确切需要多少训练才能够达到专业水平，还存在许多变数。

刻意比赛

训练可以是刻意的，比赛是否也可以是刻意的呢？刻意比赛指的是孩子为了好玩而参与的非正式体育运动或游戏，但这有助于技能的发展（Cote, Erickson & Abernathy, 2013）。这些游戏通常以培养运动员为方向，尽管可能会有成年人干预以及根据特定的情形和场地改编规则和指导原则。刻意比赛的例子包括非正式的街头曲棍球、后院足球、家庭垒球以及临时拼凑的篮球、足球和橄榄球比赛。

对于许多希望成为精英运动员的有天赋的儿童，在早期的尝试阶段中，他们在刻意比赛上投入的时间多于刻意训练（Berry,

Abernathy & Cote，2008；Soberlak & Cote，2003）。在巴西足球中，"弹丸地"是一个文化术语，用来指改编规范和规则并在街道、沙滩、城镇广场或泥地上进行的足球比赛（Araujo et al.，2010）。下面描述"弹丸地"在巴西足球人才发展中所扮演的角色："很少看到青少年球员正正经经地练习孤立的技术或战术。在'弹丸地'中，学习悄然发生在竞争性街头游戏中。在那里，孩子可以从自己的错误中学习，在不够正规的比赛中，他们没有意识自己正在发展技术、战术、心理和生理能力"（Araujo et al.，2010，p. 170）。巴西足球偶像苏格拉底，被国际足球联合会（FIFA）表彰为国际足球历史上顶尖的125位足球运动员之一。他说"我们在街上踢足球，而且把牛油果的种子当作足球。有时我们在果园里踢球，地面凹凸不平，并被树木包围，这样就能够发展出许多预防受伤的能力"（Araujo et al.，2010，p. 170）。

弗雷迪·阿杜14岁就入选职业足球大联盟。在来美国之前，他幼年时期在加纳参加刻意比赛。他将自己的专业技能归功于在加纳的游戏。他这样说，"美国体育运动结构化太严重。教练告诉孩子一次触球、两次触球和传球。实际上，随着孩子的长大，他们并不能学会比赛。另外，这很无聊"（Farrey，2008，p. 103）。

五人制足球比赛是小场游戏，作为硬地足球的室内版本，没有美国室内足球那样的曲棍球滑冰场风格的墙壁。五人制足球没有守门员，使用更小、更重的球以减少弹性和增加控制性。由于该游戏可以经常接触到而且离家较近，在西班牙、巴西和阿根廷，五人制足球非常受欢迎，并且被证明与这些国家的足球运动员的超群技术有关系。作为青少年发展的一部分，美国足球官员提倡更多地强调五人制足球带来的乐趣，希望从年幼阶段就开始提高美国足球运动员的技能。

自发训练

大多数运动员，当然也包括大多数精英运动员，都记得在童年的时候花时间参与他们喜欢的体育运动，目的是从中获得乐趣。儿童在自己空闲时间**自发训练**，提升技能和获得乐趣，没有大人的指导或监督（Cote et al.，2013）。这和刻意训练刚好相反，但也是天赋发展的重要组成部分。西德尼·克罗斯在家里的地下室花数小时练习将冰球击向烘干机，以磨炼提升他的技能。前巴西足球明星济科，国际足联世界排名14位，他这样描述他的自发训练，"我常常一整天都与球相伴。有时候我玩用袜子做的球，有时候我玩橡胶球。我在房间里将球投向墙壁，试图独自控制球"（Araujo et al.，2010，p. 170）。

在教练的指导下集中注意力进行刻意训练让技能变得更加精湛，是体育运动专业技能发展的重要部分。然而，还有其他同样重要的方法，尤其是在运动员的早期职业生涯中。在尝试阶段孩子们一定要参与刻意比赛和自发训练活动，这样不仅能够享受到活动带来的乐趣，而且个人的技能也得到发展。

成功的天赋发展计划是什么样的

在第1章中，您了解了佛罗里达州的布雷登顿IMG体育学院，它是著名的青少年体育运动天赋发展院校。为了了解在这些环境中发展青少年天赋的最有效方式，研究者针对此类院校展开了系统性研究（ATDE）（Henriksen，Larsen & Christensen，2014；Henriksen et al.，2011；Li，Wang & Pyun，2014）。ATDE研究的成功案例有以下几个共同特征。

第一，在运动项目、学校、家庭和其他需要有效协调的诸多方面，构建了高度整合和相互支持的体系。按照这种有效协调的方式，运动员不会有训练重点和时间这一竞争性需求方面陷入困境或感到压力。

第二，所有运动员都包含在一个整体训练计划中，尽管他们的表现水平存在差异，但可以建立互助关系。年少的运动员在年纪较大运动员的示范作用下学会了如何训练和比赛。"有前途的运动员与精英运动员之间的关系非常重要。运动员学习训练、文化和技术等。因为知识无处不在，所以称之为潜移默化"（Henriksen et al.，2011，p. 349）。

第三，对长期发展非常重视，而不是短期成功。不太成功的计划总是不断衡量运动员的当前表现，过于强调短期结果。日常训练是竞争性的，在每天的训练课中获胜者得到表彰。然而，重点在于获胜的过程，正如一位主任所述，"我们的目标是成为世界上最好的，而且我们也表扬取得好结果的运动员。但是结果出来的时候，我们帮助运动员问自己为什么结果在这一刻到来？导致结果的步骤是什么？我们试着让运动员以精通为重点；将重点放在日常训练需要发展的技能和素质上，而不是只注重结果。我们这样做是因为我们坚定地认为这种方法会得到想要的结果"

（Henriksen et al.，2011，p. 355）。

第四，多样化很受欢迎，甚至值得推荐。希望去训练学院学习以追求在一项运动中达到顶尖水平的人，一定会感到惊讶。但这些成功的计划让运动员收获参与各种运动的好处，而不仅仅是他们签订合同的运动，甚至在他们的日常计划中加入不同的运动训练。这些计划的理念是多样性的体育运动基础对精英表现有好处。运动员的专业化往往比较晚，而且可以在非赛季参加其他体育运动。

所以，在ATDE的研究案例中，或者特殊天赋发展学院中，我们开始学习一些发展运动天赋的最佳策略，教练和青少年运动领导人可能希望检查他们各自计划的文化特性，以便对优选的天赋发展计划的特点的有效性进行评估（见信息栏）。

要想在体育运动中脱颖而出需要什么

根据我们目前了解到的体育专业技能的发展方式，可以将精英运动员归因于三个基本要素。我们相信运动员需要这三个要素才能在体育运动中名列前茅，即天赋、机会和

信息栏

您的天赋发展文化是什么样的

附录H节选自体育运动天赋发展环境调查问卷（Martindale et al.，2010），可用于评估运动员对自己的天赋发展环境的看法。对于参加专门的发展天赋和专业技能计划的青少年运动员，可以使用该调查问卷。如果想要对运动员使用该调查问卷，

要求他们匿名完成，然后使用他们的反馈来评估您的计划的天赋发展环境的各个方面。要想进行研究或获得更加规范的评估，应该使用完整版本的天赋发展环境调查问卷，可在马丁和他的同事发表的文章中找到（2010）。

激情。如图10.2所示，天赋、机会和激情在一个熔炉中剧烈地相互作用，最终升华为专业技能。

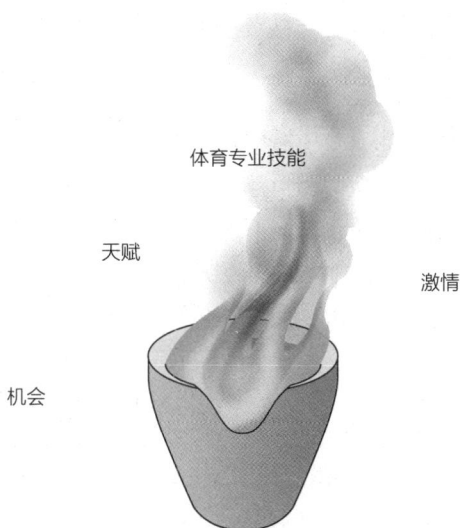

图10.2　实现体育专业技能（顶部）所需的三个基本要素

天赋

该过程始于天赋，这意味着运动员必须具有在特定体育运动中取得成功所需的品质。然而，天赋仍然是原始的潜力形式，光靠天赋还无法实现体育专业技能。

机会

运动员在能够培育其技能的文化或环境中发展数年之后，即使他们没有意识到机会就来了。机会并不意味着需要精良的运动设施。世界上一些最佳天赋发展环境在设备和设施上却是最落后的。如第5章所述的莫斯科的斯巴达克网球俱乐部，以及本章先前所谈到的巴西"弹丸地"足球文化。塞雷娜和维纳斯·威廉姆斯的父亲在加利福尼亚州康普顿的凹凸不平球场上教他们打网球，而他们的

世界级的网球生涯就是从那里开始的。

肯尼亚和埃塞俄比亚是长跑天才运动员的摇篮，孩子每天都跑步上学，跑步者像美国的篮球和足球英雄那样受到尊敬。埃塞俄比亚长跑运动员海尔·格布雷塞拉西曾经8次获得世界冠军，2枚奥运金牌，并且打破25项世界纪录。他在贫困中长大，每天早上需要跑1万米上学，晚上需要跑1万米回家，而且是在高海拔环境下。牙买加MVP跑道俱乐部的成员创下了世界纪录，而且在多次短跑比赛中获得奥运会金牌。该俱乐部的训练设施只不过是草地而已（Ankersen，2012）。

我们意识到许多青少年运动员被剥夺了发展成体育人才的机会。他们的家庭可能缺乏资金资源，可能无法满足许多青少年体育运动需要投入的时间和比赛旅行，或者可能生活在没有必要的体育训练设施的地区。像高尔夫和冰球这样的运动需要使用特定类型的体育设施和设备，而一些孩子住在破旧的城区，没有安全的比赛和训练场地。

通常情况下，机会受运气或者各种因素的综合影响。马修·赛义德（2010）将他的国际水平的乒乓球才能归功于：他的父母在他8岁的时候买了乒乓球桌，年龄和他差不多的哥哥每天陪他打乒乓球，以及他学校的老师恰好是全国乒乓球教练。他的老师资助了一家乒乓球俱乐部，每天24小时对成员中的小孩开放。有很多关于专业运动员的故事，他们所成长的文化使他们能够充分利用他们的潜力。但只有天赋和机会就够了吗？我们认为不是，因为有潜在天赋的运动员必须要抓住机会，并用自己的努力最大限度地利用机会。这就需要激情。

激情

正如韦恩·格雷茨基所说，"也许上帝给我的不是天赋，而是激情。"体育专业技能发

展的大熔炉（见图10.2）要求的第三个基本要素，即激情。它用来点燃天赋和机会。激情是对某项活动的深深热爱，它促使运动员投入时间和精力，而且让运动内化成运动员的一部分（Vallerand et al.，2008）。激情为参加刻意训练提供激情澎湃的能量，而且在追求体育专业技能的过程中碰到令人生畏的阻碍时，激情会让运动员能够坚持下去。研究支持激情可以作为刻意训练和在体育运动中取得精英地位的先决条件之一的观点（Gulbin et al.，2010；Vallerand et al.，2008）。一项关于天才儿童的研究发现，他们都拥有一颗"狂热掌握"之心，他们所选择的活动变成他们生活中最重要的事情（Winner，1996；Horton，2012）。大多数人同意痴迷于某种活动的感觉是发自内心的，无法灌输给运动员。

青少年体育运动的专业化

我们已经了解到职业运动员在12岁之前倾向于参与许多体育运动和活动，以刻意比赛和乐趣为重点。一般来说，他们从13岁开始专业化或者聚焦项目，只专注于一项自己喜欢的体育运动。因此我们知道，在大多数体育运动中，追求专业技能并不要求过早专业化。然而，许多父母和教练相信过早专业化还是有很多优势，所以为什么不这样做呢？如果运动员应该在十几岁的时候进行专业化，那是什么意思呢？他们应该放弃所有活动而专注于一项体育运动吗？他们在专业化过程中应该收窄到什么程度？是不是因为精英运动员在十多岁的时候就进行专业化，就意味着所有的青少年运动员应该走这条路呢？

专业化、多样化和过度专业化

专业化涉及通过系统的训练和比赛投入到唯一的体育运动中，通常包括常年参与该体育运动，追求娴熟的技能以及享受签约活动带来的快乐。专业化的反面是多样化，就是投入到广泛的体育运动和活动中。虽然我们倾向于以二元性的目光将专业化和多样化看作对立的两个方面，但在现实生活中，它们是在一个统一体，代表着运动员的专业化或多样化程度（见图10.3）。

体育运动专业化的程度

我的女儿在14岁之前尝试过足球、跆拳道、篮球、排球和田径，而且在14岁那年选择只专注于排球。她在整个高中期间参加了一个学校的秋季联赛、一个俱乐部春季联赛、一个夏令营赛季以及非赛季排球健身训练。不过，她还参加了钢鼓乐队、艺术俱乐部和学术挑战团队。因此，您可以说她"专攻"排球，但她还选择参加其他活动。一些青少

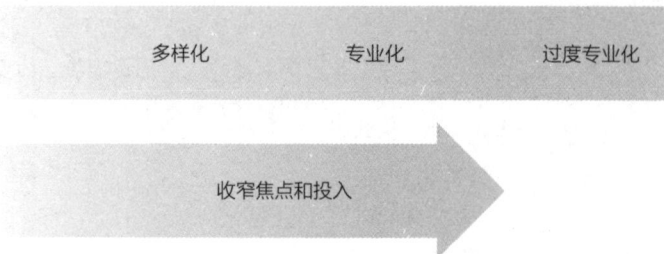

多样化　　　专业化　　　过度专业化

收窄焦点和投入

图10.3　专业化连续体

年运动员还有自己最喜爱的签约体育运动，他们全年参与签约体育运动（通常获得晋升更高水平的奖励和机会），同时在非赛季参加其他体育运动和交叉训练，从中获得乐趣。

所以我们对专业化的定义强调收窄焦点，将主要重点放在作为签约活动的唯一体育运动上，同时还可以继续一些补充性或辅助性活动。研究表明精英运动员在专业化阶段收窄他们的活动数量，将重点放在主要的体育运动上，但他们在非赛季仍参与几项放松体育活动和交叉训练（Baker et al., 2003）。

然而，在美国一个日益增长的趋势是推进排他性专业化，其中运动员停止所有其他体育运动和大部分其他课外活动，常年参加一项体育运动的训练和比赛。这通常是教练出于一些不明的原因强制要求的，因为他们有权将运动员从他们的项目中开除，除非运动员同意放弃了所有其他的运动和大多数活动。例如，我们地区的一位高中足球教练要求运动员整个夏天参加健身训练项目，而且不允许他们缺席任何一次训练，甚至想请假一周和家人度假都不行。

最近20年以来，排他性专业化导致了过劳性损伤普遍出现，并剥夺了青少年运动员的交叉训练和非赛季休息所带来的好处。因此，虽然专业化本身不是什么坏事儿，但过度热情的教练在解读收窄方式时给青少年运动员造成了消极的后果。

过度专业化带来的问题

当专业化的排他性或强度达到较高程度之后，儿童在心理和身体健康上就会受到不良影响，这就成了**过度专业化**。当孩子经常受到父母或教练的控制，通过全年的系统训练和比赛来追求专业技能和外在奖励，牺牲心理发展和幸福，放弃同龄孩子经常参与的大部分其他活动，如果出现这些情况，过度

专业化就发生了。不幸的是，过度专业化的例子在体育运动中非常常见。

前精英体操运动员詹妮弗·赛（2008）的书名就说明了一切——《教训：精英体操运动的无情训练、过分热心的家长、饮食失调和难以实现的奥运梦想》（*Chalked Up: Inside Elite Gymnastics' Merciless Coaching, Overzealous Parents, Eating Disorders, and Elusive Olympic Dreams*）。多米尼克·莫恰努是在1996年奥林匹克运动会中赢得团队比赛金牌的最年轻美国体操队队员（14岁）。她的著作《失去平衡》（*Off Balance*）（2012年）描述了令人震惊的过度专业化体验，在情感和身体上都受到虐待，包括忽视、嘲弄和受伤。在自传《公开》中，安德烈·阿加西（2009）描述了他从小就受到父亲的虐待，"没有人问过我是否想要打网球，更不用说使它成为我的生活。我讨厌网球，全身心讨厌它，但我仍然继续打网球，因为我别无选择。我乞求他给我一次机会和朋友踢足球。他大声冲我吼道：'你是一个网球选手！你要成为世界第一！你要赚很多钱。这就你的规划，就这样。'"（p.27, p.33, p.57）。

情感虐待在许多青少年体育中都有过记录（Gervis & Dunn, 2004; Kerr & Stirling, 2012; Stirling & Kerr, 2007）。这种形式的虐待包括贬低、羞辱、威胁和拒绝关注与支持；它超越了教练在敦促运动员训练时常用的最强烈沟通和外部监督手段。成人行为交错在过度专业化中；运动员的幸福被教练痴迷的外在奖励所取代（如奥运奖牌、大学奖学金或简单的胜利）。这被称为所谓的体育运动辩护，让人类所产生的表现比人类本身还重要（Donnelly, 1993）。一位游泳运动员的父亲解释到，"看到'滥用'的发生很难过，但一旦孩子开始赢得冠军，他可能很快就忘记一路上受到的伤害"（Kerr & Stirling, 2012, p. 201）。

专业化连续体总结

过度专业化是失控的专业化，因为它牺牲了最重要的东西——运动员的幸福，而且这都是成人的自私造成的。应该不惜一切代价避免过度专业化。在走完尝试阶段之后，无论运动员选择多样化还是专业化，都由他们自己决定。

有些运动员选择收窄至专攻一项体育运动，是因为他们对这项运动充满激情，享受它带来的乐趣，并选择将自己的时间投入到上面。职业高尔夫球协会（PGA）明星瑞奇·福勒的母亲回忆他对高尔夫球的执着，"他7

休息一下

马霖诺维奇计划

《马霖诺维奇计划》是一部在2011年首映的关于托德·马霖诺维奇的ESPN电影。托德在一个由他父亲高度控制的环境中长大。他父亲的目标是将托德塑造成最伟大的橄榄球四分卫。他的父亲马维说道，"我问自己的问题是'如果您为孩子提供完美的环境，他能发展得多好呢？'"（Sagar，2009）。马维在托德还在摇篮的时候就让他做了特殊拉伸和柔韧性锻炼。托德在婴儿的时候只吃打成浆或糊的新鲜烹饪的蔬菜，而且在他的整个发展过程中一直保持特殊的饮食。在不上学的日子里，他定期完成4小时的训练，包括体能训练、拉伸运动、举重、增强式训练，并练习投掷。在他的青少年时期，有一支稳定的科学家队伍帮助他不断改进生理、生物和心理技能。

马霖诺维奇的天赋和训练让他在高中取得巨大的成功。到了1987年，他的传球码数打破了美国国家纪录，而且成为美国全国高中年度最佳球员。他选择参加南加利福尼亚大学的橄榄球队。虽然他很成功，但是因为多次犯规而被球队暂停上场。他签约美国国家橄榄球联盟洛杉矶突击者，但是在参加了两年职业橄榄球之后被解雇了。在那之后，他因涉嫌多次滥用药物被捕。后来，他成了吸毒者。《时尚先生》称他为"本不该是这样的人"，可以说，"托德错过了他的童年。体育拿走了他的第一个20年。然后，毒品拿走了他的第二个20年"（Sagar，2009）。

在影片中，马霖诺维奇谈到他个人对自己的成长表示不适应，承认他感觉自己就像一个"怪物"。回忆起他最初作为四分卫成功加盟洛杉矶突击者，他说："我已经做了我想做的事情，满足了我老爸的欲望。我完成了所有想要做的事情。我完成任务了。"他坦承他吸毒是为了逃离高强度的过度专业化生活。我们不是故意诋毁托德·马霖诺维奇，而是要以他的故事作为过度专业化的危害的例子。

岁时告诉我，'妈妈，我不想打棒球或做体操了。我只喜欢高尔夫。我想要成为职业高尔夫球手。'他每天都练习高尔夫。他牺牲了自己的社交生活。不参加任何聚会，没有假期，不参加足球比赛。当时我有点担心他。现在，他总算允许自己多玩一会儿了。但无论如何，他爱上了高尔夫"（Diaz，2014，p. 108）。在本书的前面章节我们也提供了类似的故事，关于罗里·麦克罗伊、泰格·伍兹、西德尼·克罗斯比、小威廉姆斯和克里斯·埃弗特。很明显，有些运动员选择较早专业化，是因为他们对自己喜欢的体育运动充满激情。但问题是，很多成年人看这些例子就认为尽早的、排他性的专业化是所有孩子应该选择的道路。我们忘记了青少年运动员必须有自发的激情和努力，而且应该由他们来决定是否选择专业化以及是否排除大部分其他活动。

许多青少年选择仍然保持多样化，继续参与多种体育运动和活动。对大部分没有兴趣追求体育专业技能或精英地位的青少年体育运动参与者而言，如何选择应该因个人喜好而定。我们已经注意到，由于青少年体育运动的水平越来越高，许多高中体育队会觉得越来越难组织训练。所以，在高中或选拔性俱乐部级别上，有必要进行一定程度的专业化，加强对某项体育运动的投入。运动员应该在父母和教练的指导和支持下，而不是强制要求下，自主决定专业化的程度。

早期多样化的优点

下一个要解决的问题是运动员什么时候或多早进行专业化。大多数体育科学家和专业机构提倡幼年（12岁及以下）进行多样化而不是专业化（American Academy of Pediatrics，2000；National Association for Sport and Physical Education，2010）。在本节中，我们已经找到了几个关于早期多样化对大多数孩子来说是一个好主意的原因。

• 对大多数体育运动而言，早期多样化的儿童成年之后仍然可以成为体育精英运动员。如本章前面所讨论的一样，许多体育运动的精英运动员在童年（通常是在12岁之前）进行了多样化（或者尝试许多种活动）活动，而且成年之后同样获得了精英地位（Baker et al.，2003；Gulbin et al.，2010；MacNamara et al.，2010b；Soberlak & Cote，2003）。一项对超过4 000名奥运会运动员进行的研究发现，他们开始选择运动项目的平均年龄是11.5岁（Gullich，2007；Vaeyens et al.，2009）。总而言之，幼年参加专业化训练而不是达到奥林匹克运动精英水平的先决条件。一项针对708名职业棒球小联盟球员的研究表明，尽管他们开始参与体育运动的平均年龄为6岁，但他们在棒球上进行专业化训练的平均年龄为15岁（Ginsburg et al.，2014）。大多数球员（52%）至少17岁才开始进行专业化训练。大多数体育运动，就像现在这些研究中的体育运动，都是晚期专业化体育运动，而且在12岁之前是没有必要进行排他性专业化和广泛的刻意训练的。

另外，体操和花样滑冰已经被指定为早期专业化体育运动（Balyi et al.，2013；Vaeyens et al.，2009），其中精英水平表现出现在青春期前。体操和花样滑冰是主观裁判的体育运动，要想取得精英水平，一般认为需要有更小、更轻和更灵活的身材来执行高难度动作。因此，想要追求精英地位的体操运动员和滑冰运动员的典型做法是从幼年开始参加广泛的技术训练，而且有证据表明在这些类型的体育运动中，职业运动员的专业化年龄小于业余运动员（O'Connor，2011）。前奥运会选手多米尼克·莫西埃诺在3岁开始参加体操训练，在7岁时她每周至少训练25小时，每周训练6天。

总体而言，研究结果支持在大多数体育中早期多样化对运动员的发展有促进作用的观点。孩子可以尽早开始他们喜爱的体育运动，同时也参与其他体育运动和活动。早期多样化并不意味着青少年运动员不能花大量时间去做他最喜欢的运动。我们只是建议对于晚期专业化体育运动，早期的体验包括大量的刻意比赛和自发训练，而不是技术水平极高的刻意训练。

• 早期多样化能够发展广泛的基本运动技能和不同的运动经验，如果他们以后选择专业化一项体育运动，可以为运动员提供更多的选择和运动能力。一位青少年棒球学校教练这样讨论高度专业化的运动员，他们在老本行运动能够展示不错的技巧，但缺乏全面的运动技能，"我的天哪，这些孩子是糟糕的运动员。他不能跑。他不能移动。他的所有时间都花在了击球练习上。这些孩子中有很多人没有参加其他体育运动。他们是一招灵"（Sokolove，2008，p.204）。

大卫·利德贝特，国际公认的高尔夫球教练，同时也是查尔斯·豪厄尔的教练。豪厄尔是职业高尔夫协会巡回赛球员，他在儿童高尔夫球手时期尚未发现自己的光明前程。利德贝特这样描述豪厄尔（从12岁开始一直教他），"查尔斯有不错的职业生涯，但有人认为他没有达到应有的高度。我一直觉得他的问题的部分原因是他从小就是打高尔夫球长大的。这伤害了他。在其他球类运动中，可以发展出投掷感和距离感。但查尔斯没有那样做。他没有击近球（在110米之内）所需的本能触动或手眼协调能力。如果他在小时候也打篮球就好了，这有助于他获得距离感"（Huggan，2013，p.37）。

• 早期专业化和退出体育运动有关联。与现役冰球运动员相比，那些在12岁和13岁时退出冰球运动的运动员从幼年就开始在冰上训练，并且每年投入更多时间训练（Wall & Cote，2007）。退出和现役的冰球运动员在刚开始接触冰球时都很喜欢这项运动，但过早专业化可能影响到他们继续参与的积极性。

在游泳中也出现类似的现象（Fraser-Thomas，Cote & Deak in，2008a）。那些退出游泳的青少年运动员在小时候参加的课外活动和形式多样的游泳少，而且比现役游泳运动员更早参加更专业化的训练活动（训练营和陆地训练）。因此，尽管退出和现役游泳运动员开始参加游泳的年龄没有区别，但过早专业化可能导致前者终止游泳。有趣的是，退出游泳的运动员也比现役游泳运动员更早到达"俱乐部明星"水平。作者认为，对于过早专业化并取得成功的孩子，可能出现从童星到平庸青少年的落差变化，并由此导致失望情绪和信心下降。

因为退出是动机问题，可能是早期的排他性专业化剥夺了青少年运动员享受体育运动乐趣导致的，而研究发现这种乐趣对12岁之前的运动员的发展非常重要（Bloom，1985；Cote et al.，2003）。过早强调技术训练、刻意训练和竞争可能会阻碍孩子爱上体育运动，也一再证明热爱能够点燃参加更高水平的运动所需的激情和努力。

• 早期专业化与体育运动倦怠有关联。早期体育专业化的另一个消极后果是倦怠。我们将在第11章详细讨论倦怠。当以前令人愉快的活动变得单调乏味时就会发生倦怠，从而导致运动员感到身心疲惫。与参加多样化活动的青少年运动员相比，专攻游泳、跳水和体操的专业化运动员的情感衰竭（倦怠）更明显（Strachan，Cote & Deakin，2009）。从小只专注于网球与精英网球运动员倦怠（退出网球运动）有关联（Gould，Tuffey，Udry & Loehr，1996）。

• 早期多样化有助于孩子发展多维性，

或者在身份认同中存在多个组成部分。发展多维的身份或自我认识对孩子的心理健康和兴奋非常重要。在年幼时开始排他性专业化可能将孩子限制在一维的自我认识中，这与倦怠和心理障碍有关联（Coakley，1992）。与仅参加体育运动的青少年相比，在参加体育运动的同时参与其他活动（如表演艺术、上学和去教堂）的青少年拥有更健康的心理状态（Zarrett et al.，2008）。

对青少年运动员非常有益的是让他们亲手描绘自己的个性身份饼图，通过不同的组成部分来表示他们是谁。图10.4左边的饼图就是一个多维的例子：一个青少年网球运动员找到了其他标识其身份的重要个人活动或个人优点。图10.4右边的饼图可能由另一个年轻的网球运动员所描绘；她将自己的身份收窄至单一的维度，她在追求网球专业技能的过程中如果碰到障碍，可能很难承受自我价值和自我认识上受到的重大打击。多维度身份对孩子而言是一个很好的保险措施，因为它更能更全面地覆盖孩子的自我感觉。帮助青少年运动员在他们的身份饼图中发展出许多不同的部分。

避免过度专业化和排他性专业化的结构性策略

为了抑制职业化、过度专业化和排他性专业化不断加剧的态势，应该制定相关的政策和法规。就青少年体育运动而言，"发展化"应该总是胜过专业化。我们鼓励考虑更多的方法来保护青少年运动员的利益，下面提供两个例子。

- 继续和推广限制运动员参加职业或国际体育竞赛的最低年龄的做法。参加国际体操竞赛的年龄逐步提升，在1981年之前是14岁，1981年为15岁，1997年为16岁（有时在奥林匹克或竞赛当年达到最低年龄规定，就具备参赛资格）。年龄限制的目的是保护儿童运动员，让他们免受伤害和避免过劳。虽然该做法仍然存在争议，往往与国际赛事中的年龄造假有关。职业网球的最低年龄要求为14岁。NBA要求入队者要达到19岁，而且要在高中毕业一年之后，尽管有前途的球员高中毕业就可以加入NBA。

这些限制很重要，因为它们对青少年体育运动有向下的受惠效应。凯文·加内特在1995年高中毕业时马上作为选秀状元以第5顺

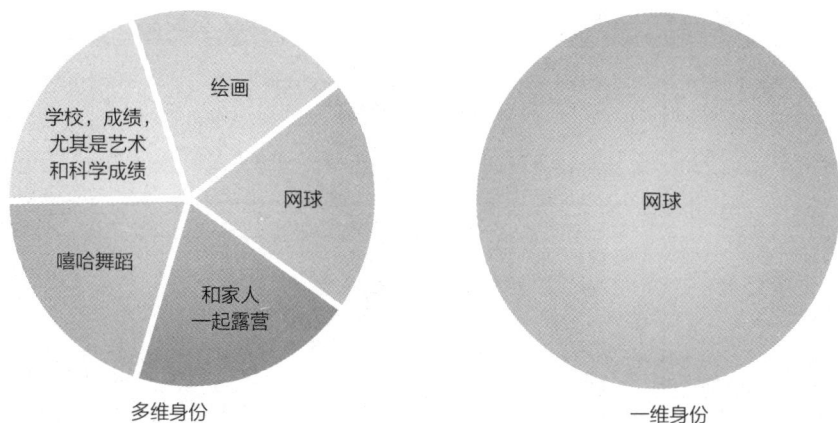

图10.4 多维与一维的身份饼图

位签约NBA。自那之后，明星球员搜索从高中向下延伸到小学（Dohrmann，2010）。常年打球和出差到全国各地参加全国锦标赛给这些非常年幼的儿童带来压力。如业余运动联盟（AAU）从2004年开始赞助二年级的男孩参加全国锦标赛。体育机构和青少年体育运动领导人应该继续为年龄限制游说，保护孩子免受过早专业化或排他性专业化带来的压力。

- 在高中阶段的体育运动中，不应该限制任何运动员的多样化选择。这一建议的目的是维护青少年运动员在高中阶段中参与多种体育运动的权利。有人建议将15岁作为多样化保护截止年龄（Wiersma，2000）。我们同意，这是一个合乎逻辑的截止年龄。然而，我们认为成年人在大学之前没有理由强制要求运动员进行专业化，毕竟98%的高中运动员不打算参加大学体育运动队。教练和家长要在引导青少年运动员在参加多种体育运动和更加专注于一种体育运动之间做出重要决定。但这应该私下讨论，最终还应该由运动员来决定。我们敦促体育主任以及国家和各州的高中体育协会制定规章制度，禁止教练限制运动员参加其他活动。

基于专业化需求的体育运动分类

在本章前面部分，您了解到越复杂体育运动要求越早参加训练，这点非常关键。更复杂的体育运动需要高度发达的肌肉控制和协调能力以及敏锐的视觉跟踪能力。在技术上不复杂的体育运动不需从小开始参与。通过评估各项体育运动的复杂性，将它们分类为早期专业化和晚期专业化体育运动。建议通过不同的专业化类别帮助家长和青少年体育运动领导人更好地了解青少年运动员参加特定体育运动专业训练的最佳时间，如图10.5所示（Adapted from Balyi et al.，2013）。

早期专业化		晚期专业化	
1. 杂技 　花样滑冰 　体操 　跳水 2. 高度运动知觉 　马术 　游泳	3. 早期参与 　a. 运动知觉 　　滑雪 　　单板滑雪 　　雪橇 　b. 团队 　　冰球 　　篮球 　　棒球 　　垒球 　　无挡板篮球 　　足球 　　曲棍球 　c. 视觉 　　网球 　　羽毛球 　　壁球 　　短拍壁球	4. 常见晚期专业化 　足球 　速滑 　摔跤 　田径 　划艇 　排球 　保龄球 　曲棍球 　橄榄球 　冰壶 　空手道 　柔道 　举重 　拳击 　跆拳道 　高尔夫球	5. 极晚期专业化或转行 　雪橇 　自行车 　划船 　划艇

图10.5　早期和晚期专业化体育运动例子

早期专业化体育运动

如图10.5所示，早期专业化体育运动包括需要杂技能力的花样滑冰、体操和跳水。发展精英天赋需要从小（5～7岁）参加针对该体育运动的训练。专业化大约发生在9～13岁。Balyi和他的同事（2013）还建议将需要高度运动知觉能力和精确技术的体育运动归类为早期专业化体育运动，如游泳（8～13岁）和马术（尽早参加骑马，然后在14岁左右进行专业化）。在这些活动中，女性的专业化通常比男性早两年，因为她们成熟较早。

晚期专业化体育运动

所有其他体育运动都是晚期专业化体育运动，尽管可以根据是否需要尽早参与对它们进行分类，这意味着孩子参加与特定体育运动相关的活动（Balyi et al.，2013）。有几种体育运动需要尽早参与，但不是专业化，而是早期参与获得所需的运动知觉、视觉跟踪能力和决策能力。这些晚期专业化、早期参与体育运动又分为运动知觉、团队和视觉体育运动（见图10.5）。

运动知觉体育运动被归类到晚期专业化、早期参与类别，如滑雪，需要尽早参与建立感觉和获得平衡能力。这个类别中的团队体育运动需要运动知觉（如冰球中球棍移动和接球）、视觉跟踪（如跟踪垒球以便击球和接球）和复杂决策（如在足球比赛中）。视觉体育运动需要早期参与晚期专业化，比如网球，视觉跟踪球拍和球非常重要。虽然早期参与（8岁或以下）让大脑开始为这些活动录入信息，但是在14～16岁之前没必要进行专业化。

归类为晚期专业化的常见体育运动包括足球、速度滑冰、田径、排球和高尔夫（Balyi et al.，2013）。"常见"在这里意味着根据研究它们需要在常规时间进行专业化，即

13～16岁。这些体育运动中，有一些确实需要尽早获得视觉跟踪活动（如长曲棍球）以及手眼协调和平衡活动（如高尔夫）经验。当然，这几项体育运动中也有专门的位置可能需要尽早参与，比如排球的二传手。

极晚期专业化体育运动包括自行车和划艇，它们需要大量的力量训练和大运动量训练（Balyi et al.，2013）。这些运动也被称为转行体育运动，因为运动员可以从其他体育运动项目转行过来，而且同样可能获得成功。

这个体育运动分类系统的创始人在几年时间里对许多运动员和团队应用LTAD模型（Balyi et al.，2013）。这一经验促使他们提出了体育运动的早期专业化和晚期专业化分类。这是一个有用的模型，它根据不同的体育运动实现精英水平的不同要求来确定最佳的开始训练时间。显然，对特定体育运动进行精确分类是值得商榷的，但该系统是一个宝贵的开端，非常有助于理解不同体育运动的专业化。

但是，我们不希望父母和教练看到图10.5之后这样说，"哦，游泳是一项早期专业化体育运动，因此要迫使5岁的亚伦游泳了，而且全年训练，禁止参加任何其他活动。"记住，一般建议在13～16岁进行专业化，而对于游泳运动员，只是让他们比这个年龄范围稍微提前一些。这个模型的一个有用的功能是强调尽早参与某些体育运动。如果考虑让孩子尝试各种活动和我们希望他们发展的各种基本运动技能，那么尽早参与就是适合发展的。让孩子从小在四个不同环境中体验活动是不错的主意。那就是在雪地或冰面上（滑雪，滑冰），在空中（体操、跳水）、在水上（游泳）以及在地面上（大多数体育运动）进行活动（Balyi et al.，2013）。如果他们想要成为一名棒球运动员，他们应该体验多项活动，从中可以发展视觉跟踪物体和眼手协调

能力，包括学习观察捡球和击另一个人投来的球。

从图10.5中可以了解到的最重要的一点是，在晚期专业化体育运动项目中过早地进行专业化对青少年运动员的发展有负面影响，这和前一章中所讨论的一样。如果儿童尝试大量的不同项目的体育运动，获得身体素养，并在到了十几岁时选择专业化，他们成为优秀运动员的机会就会增加（Balyi et al.，2013）。一些体育运动需要早参与，以便孩子获得针对该运动的运动知觉并在大脑留下烙印，这两者都是成功所需的。但在年幼的时候尝试和多样化一般是青少年运动员发展天赋的最佳策略。

培养青少年运动员天赋和幸福感的技巧

最后是一些培养青少年运动员天赋和幸福感的技巧。这有时是一个艰巨的挑战，因为为了追求体育运动专业技能，通常整个家庭都要做出牺牲。

将天赋与身份分离

一个很早就表现出天赋并在游泳中取得成功的孩子会受到大量关注——"哦，您就是佐伊，那个游泳健将"。父母应该帮助佐伊意识到她是优秀的游泳健将，学习上的优等生，初露头角的吉他手，同时也是可爱的姐姐和女儿。游泳是她喜欢的运动，也许是她做得最好的事情，但不应该仅以游泳来确定她是谁（她的身份）。帮助有天赋的青少年运动员在其身份饼图上添加一些组成部分。游泳可能是佐伊的身份饼图上最大的一块，但重要的是要加入互补性组成部分，以形成多维度自我认识。父母应该对孩子的所有活动都表现出兴趣，而不仅仅是对孩子擅长的

或父母最喜欢的活动表现出兴趣（Tofler & DiGeronimo，2000）。

预留计划B（C和D，如有必要）

对于处于专业化和投入阶段的运动员，追求大学或精英体育生涯是很不错的目标。前提是他们在追求过程中要有计划B或可选路径。"我要尽最大的努力发展技能，尝试进入大学运动队"这种追求方法比"每个人都希望我拿到奖学金以进入甲组篮球比赛，所以我感觉压力很大"健康。在第6章中，您了解到控制性外在奖励，如奖学金，可能会摧毁运动员的动机。运动员怀有重要结果目标是很常见的（如获得联合会的认可，进入大学运动队），但还要帮助他们认识应该注重的个人表现（如助攻失误率、罚球命中率）和过程（如面对紧逼防守要有耐心和保持镇定，不断变换球穿插前进）目标。如果过于强调结果并为之施加过大的压力，而且采用没有代替方案的刚性计划A，那么就存在极大的风险，限制天赋的发展，而且可能给孩子带来负面结果。目标是神奇的动力，但是它们必须是灵活的，而且如果无法实现特定的目标，要有其他可选的路径。

注重过程

体育运动是为了获胜，所以很容易陷入通过赢得比赛来衡量早期成功。但如果我们真正关注天赋的发展，短期结果就没那么重要了，更重要的是发展未来成功所需的技能和素质。精英皮艇天赋发展学校的主任这样解释，"体育是为了获胜，但要想获胜必须有耐心和聪明才智。我们赞赏好结果，但我们需要帮助运动员问自己为什么得到这样的结果？导致该结果的步骤是什么？我们试着让运动员以精通为重点；将重点放在日常训练需要发展的技能和素质上，而不是只注重

结果。我们这样做是因为我们坚定地认为这种方法会产生好的结果"（Henriksen et al.，2011，p.355）。

以牺牲成本权衡经验给孩子带来的好处

青少年运动员有时离开家到体育学校进行全日制训练，致力于发展特定体育运动天赋（例如克里斯·埃弗特网球学校，IMG学院的波利泰尼网球项目）。我们知道媒体报道了从这些项目中成为职业体育明星的运动员，比如玛丽亚·莎拉波娃、瑟琳娜、维纳斯·威廉姆斯和莫妮卡·塞莱斯。但我们不知道的是，有很多的孩子参加了全日制体育学校，而且最终并没有达到精英水平。如果父母和青少年运动员正在考虑全日制学校训练（或者任何要求苛刻的刻意训练）。在金钱和情感上的付出，他们应权衡万一孩子未能达到精英水平，是否值得投入这么多以换取经验给孩子带来的好处。这些问题如下所示（Tofler & DiGeronimo，2000，p.120）。

- 即使我的孩子未能超越所有人，他（她）也能获得一些有价值的东西吗？
- 如果我的孩子追求的梦想发生了变化，这仍然是宝贵的经验吗？
- 这是否会让我的孩子牺牲一些当前很有价值的东西？

保持一切以家庭而不是以孩子为中心

在以孩子为中心的家庭，每个人的需求都从属于"准明星运动员"的训练和比赛规划。除了不公平之外，这还给有天赋的运动员带来压力，因为他总是想着通过体育成就来"偿还"家庭付出的金钱、时间和关注。可以支持有天赋的青少年运动员，甚至家庭可以作出牺牲，但是以他们为家庭的中心是不健康的做法，对每个家庭成员都没有好处。

我们还发现让孩子参加多个青少年体育活动导致时间安排过紧，家里的节奏乱成一团。尝试阶段应该让孩子尝试多个活动，但家长应该摒弃与其他家长攀比谁的孩子参加的体育活动多的做法。通过避免时间安排过紧和提供在家休息的时间，您向孩子传达这样的信息，用不着一直拼命训练，和家人在一起的时间也很重要。

本章小结

我们认为孩子在自己喜爱的体育运动中，拥有追逐名誉和荣耀的梦想是很好的事情。拥有远大的梦想是童年的一部分，而且这些梦想是很自然发生的，因为孩子受到大众媒体不断地宣传体育英雄的高超表现的影响。梦想点燃发展天赋所需的激情，而且如果天赋或者发展天赋的机会不足以实现体育专业技能，孩子通常会转向其他的梦想和目标。这就是我们在真实世界中如何找到适合的途径的——大多数人成为某一方面的专家。

然而，当前的青少年体育运动似乎已经变得非常疯狂，急于发展儿童运动天赋，成人专注于奖励（大学奖学金、奥运奖牌），而不是专注于帮助孩子尝试各种活动，了解他们擅长什么，并为他们找到正确的途径。在青少年体育运动比赛中总是会听到这样的谈话。父母谈论自己10岁的孩子将获得奖学金，或者如何让4岁女儿开始训练，给她提供成为职业运动员的最好机会。在美国，高中运动员达到了700万，而只有2%的人会进入大学体育运动队。这2%的人中只有1%的人将获得全额奖学金，入选全国大学生体育协会甲组大学运动项目。在这1%的人当中，只有极小比例的人将成为职业运动员或奥林匹克运动员。这些数字表明，绝大多数的青少年体育运动参与者只是想学习技能和享受体育运动，不应该强迫他们选定一项体育运动，然后接受每周20小时的训练。

而正是我们成年人，需要理性判断青少年体育运动中的天赋发展。让孩子有自己的梦想。不要管他们，他们会把事情做得很好。在一项针对初级（青少年）高尔夫球手的调查显示，92%的人认为他们未来能够参加职业高尔夫协会或女子职业高尔夫球协会的锦标赛（"Junior Player Survey"，2010）。然而，85%的人说即使他们没有成为职业高尔夫球手，他们的高尔夫球天赋发展是一段美好的时光。而有71%的人认为大学学位比获得锦标赛资格更重要。信仰、希望和个人观点的完美结合！让我们从孩子身上学习，要关注他们的需求，以适合发展的方式帮助他们发展天赋。

学习帮手

关键术语

刻意比赛——孩子为了好玩而参与的非正式体育运动或游戏。

刻意训练——高度结构化的行为，有明确的提升表现目标。

多样化——投入到广泛的体育运动和活动中。

专业技能——在长时间内保持稳定的卓越运动表现。

乘数效应——在特定体育活动中很小的初始生物学优势可以与训练相互作用，从而对拥有这些优势的运动员产生较大的影响。

过度专业化——当孩子经常受到父母或教练的控制，通过全年的系统训练和比赛来追求专业技能和外在奖励，牺牲心理发展和幸福，放弃同龄孩子经常参与的大部分其他活动。

激情——对某项活动的深深热爱，它促使运动员投入时间和精力，而且让运动内化成运动员的一部分。

表现——执行一种或一系列运动技能。

体育运动辩护——认为人类所产生的表现比人类本身还重要的信念。

技能——通过训练和经验获得的娴熟能力。

专业化——通过系统的训练和比赛投入到唯一的体育运动中，通常包括常年参与该体育运动，追求娴熟的技能以及享受签约活动带来的快乐。

自发训练——儿童在自己空闲时间自发训练，提升技能和获得乐趣，没有大人的指导或监督。

天赋——是指早期发现的、可能导致未来发展出专业技能的天生（先天）能力或品质。

天赋发展——为运动员提供最适当的环境，激发他们的学习和表现，帮助他们发挥自己的潜能。

天赋发掘——辨别（和选择）在特定体育运动中展示出潜质的青少年的过程。

要点归纳

1. 天赋是指早期发现的、可能导致未来发展出专业技能的品质，因此其重点在于个人在特定体育运动中取得成功的潜力。

2. 要想成为一名职业运动员，运动员必须拥有或者习得四个基本领域的专业技能：技术、身体、认知（包括战术知识和感知技能）和心理。

3. 国家体育机构已经制定出天赋识别和发展计划，用于遴选和训练运动员参加国际比赛。

4. 青少年体育运动的天赋发掘所使用的方法包括人体测量，评估发育状态，测试总体身体能力，评估特定体育运动技能，评估战术知识，比赛和整体智力测验以及心理调查问卷。

5. 由于儿童发育的差异性，在幼年识别天赋存在巨大的困难。

6. 需要提供多种途径，让所有孩子可以发展个人天赋，即使是没有兴趣追求体育专业技能的孩子也是如此。

7. 与经验没有那么丰富的运动员相比，职业运动员的"软实力"包括在结构化比赛场景中保留、记忆和识别更多信息的能力，对事物的原理理解更深刻，以及利用视觉信息的高级能力。

8. 乘数效应是指在特定体育活动中很小的初始生物优势可以与训练相互作用，从而对拥有这些优势的运动员产生较大的影响。

9. 对于专业技能的发展建议遵从10年指导原则或10 000小时的诀窍，尽管针对运动员的研究表明不同的体育运动类型和个人需要的必要训练时间不同。

10. 布鲁姆对职业运动员的研究强调，就获得专业技能而言，运动员在不同阶段所参与的发展活动比训练小时数更重要。

11. 科特迪瓦在体育运动中发现了专业技能发展的三个阶段：尝试阶段（6 ~ 12岁）、专业化阶段（13 ~ 15岁）和投入阶段（15岁以上）。

12. 运动员需要三样东西才能在体育运动中名列前茅：天赋、机会和激情。

13. 青少年运动员的专业化程度位于从多样化过度到专业化这一连续体的某个点上。

14. 在晚期专业化体育运动中，早期多样化对运动员的天赋和社会心理发展有促进作用。

15. 根据是否需要发展运动知觉、视觉跟踪技术、高级技术和复杂决策技术，可以将体育运动分类为早期专业化和晚期专业化体育运动。

问题探究

1. 天赋和技能有什么不同？为什么在教年幼的运动员时，这是一个非常重要的区别？

2. 说出构成体育运动专业技能的关键区域，每个区域举一些例子。

3. 至少说出五种在体育运动中发掘天赋的方法，并解释在青少年体育运动中发掘天赋可能存在的问题。我们如何确保所有儿童都有机会发展个人天赋？

4. 刻意训练10 000小时的诀窍和10年的指导原则是如何得到的？解释为何这些指导原则在我们的体育专业技能研究中站得住脚。

5. 提供一些例子，说明为什么在特定的体育运动中人类"软实力"是专业技能的一部分。提供一些关于体育运动中的先天"硬实力"差异的例子，并解释它导致的乘数效应。

6. 解释布鲁姆在关于专业技能发展的研究中提出的三个阶段（1985年），并描述每个阶段的一些重要特征。同样，解释和描述科特迪瓦关于体育运动专业技能的阶段划分依据。

7. 根据对体育运动专业技能的主要描述，解释为什么机会并不一定意味着优异的才能。

8. 解释专业化和多样化的概念以及为什么它们位于同一个连续体上。在青年少年体育运动中进行过度专业化和排他性专业化会导致什么结果？

9. 识别和解释体育运动中的早期多样化的五大优势（相比于早期专业化）。什么情况不宜早期多样化？

10. 描述早期专业化和晚期专业化体育运动连续体，提供一些例子，并分析早期专业化和晚期专业化背后的原理。与没必要早参与的体育运动相比，解释将某些体育运动归类为晚期专业化、早期参与的运动的必要性。

思考性学习活动

选择一个大学或职业运动员进行采访。采访目的是了解运动员在经历不同的体育运动参与阶段时的体育运动发展经历（Horn & Butt，2014）。问题的主要焦点是，"您是如何发展您的天赋的？"要获得的具体信息应包括：（a）运动员开始参与和专业化体育运动的年龄分别是什么；（b）影响到运动员决定选择并继续参与这项体育运动的因素；（c）其他重要人员的角色（如父母、教练、兄弟姐妹和队友）；（d）影响进入更高水平的体育运动的积极和消极因素。问任何其他您觉得重要的问题，了解这位运动员天赋发展。将您的发现写成一份报告，根据本章所提供的材料描述该运动员的天赋发展经验。

资源指南

马霖诺维奇计划（The Marinovich Project），娱乐体育节目电视频道播出的电影。

英国体育天赋发掘网站（UK Sport Talent Identification）。该网站给您提供一些例子，让您了解世界各国运用哪些资源来发掘和发展有天赋的运动员。该网站提供多个链接，通过它们可以了解英国如何识别有天赋的运动员以及如何找到识别未来天才运动员的线索。

第11章

青少年体育运动中的压力和倦怠

本章预览

在本章中您将学习以下内容：

▷ 为什么压力对孩子有好处也有坏处；

▷ 让孩子做好管理压力的策略准备；

▷ 为什么爽快是青少年体育运动的终极目标；

▷ 为什么一些运动员会出现倦怠。

您还记得孩子就参加体育运动给出的主要原因吗？他们参加体育运动是因为好玩，因为比赛充满刺激和挑战。然而，比赛的刺激和挑战往往变成巨大的压力。在某些情况下，由于青少年运动员感觉到倦怠，他们甚至放弃了之前喜欢的体育运动，这多可惜啊。我们要帮助孩子避免倦怠。本章的目标是使您了解压力产生的过程，并提供具体的策略来帮助孩子有效地跨越该过程。

压力是对一个人的要求，而且是生活的必要部分。正如您在第9章中了解到的一样，在身体训练中需要通过超负荷（或要求）来给运动员的身体施加压力，迫使身体适应和变得更加强壮。但您也知道在体育训练中，需要循序渐进、变化和恢复，当然也一样需要压力。没有足够恢复时间的压力或过大的压力称为压力过大，这会给健康造成不良后果。然而，在生活中我们都需要接受适宜的压力挑战才能得到充分发展。虽然伴随压力而来的担心和忧虑让我们不舒服，但正是这种感觉促使我们做好行动准备。担忧就是一种演练，它让思想专心于一个问题，以便高效地找到解决方案（Goleman，2005）。因此，适当的压力是非常有用的。但压力并不总是让人感觉很好，因此一个重要的发展任务是习惯与压力有关的感觉，利用个人和社会资源来有效管理压力。

对于处于发展阶段的年轻运动员来说，随着时间推移，小负荷的压力相当于"预防接种"。它有助于在他们年长时，起到对压力刺激的抗体作用。独立生活之前，孩子年幼时与父母住在家里有机会学到重要的生活技能。青少年体育运动也应该要有压力，逐步引导孩子参加比赛（如第3章和第5章所建议），让他们慢慢获得比赛经验，建立更高级别体育运动所需的应对技能。

压力是一个过程

压力发生是竞争过程的一部分（Martens，1975）。一个青少年游泳运动员经过长时间的考虑决定加入游泳队，认识新队友，训练以参加比赛，应对教练和家长的期望，提前准备即将到来的比赛，应对游泳比赛中的紧张和兴奋，最后如果表现好将经历喜悦和自豪，表现不好将经历失望和尴尬。它是一个从多个方面影响到孩子的过程。图11.1说明了压力产生过程的四个阶段（Adapted from McGrath，1970）。

1. 向运动员呈现要求或者压力源（导致压力的事情）。这可能是比赛或训练对心理或身体的要求，来自父母的期望，或者适应新团队的社会需求。

2. 运动员评估要求。根据自己的个性和可用资源，运动员可能将压力评估为一个激动人心的挑战（"我充满了力量，迫不及待想要做！"）或者一个可怕的威胁（"我压力太大了，熬不到它结束了"）。

3. 运动员应对要求（身体、心理和行为上）。是不是虽然紧张但是表现得很好？是否接受情绪紧张是比赛中的一部分，还是导致消极想法和失败？

4. 对运动员而言，什么是这一过程的结果？他更喜欢这项体育运动比赛还是更加害怕参加下次比赛？她是否有成就感或者学到了东西，还是自言自语"我不确定这样做是否值得"？

如图11.1所示，结果会产生反馈，从而影响青少年运动员对下一次面临要求的评估。因此，这个过程是连续的、循环的。我们想要该过程成为积极的过程，或者至少是一种成长的体验，青少年运动员从中可以学会如何管理竞争和生活中固有的压力。在下面的内容中，

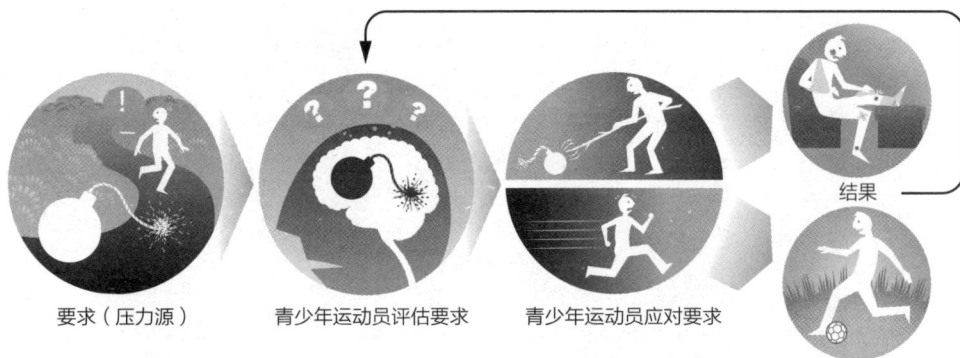

要求（压力源）　　　青少年运动员评估要求　　　青少年运动员应对要求　　　结果

图 11.1　青少年体育运动的压力产生过程

将讨论压力过程的各个阶段，帮助您了解压力是如何发生的，以及我们如何帮助青少年运动员在经历该过程时管理压力。

青少年运动员面临的要求（压力源）

运动员面临三个基本的压力源，它们是竞争性青少年体育运动所固有的：社会评价、重要性和不确定性。

社会评价

体育运动的核心就是接受他人的社会评价，因为体育运动涉及与对手进行公开的社会比较（与他人竞争并接受评价），而且常常是在观众面前。对于许多在自家后院自由玩耍、没有公开接受过评价的孩子，现在必须在家人、队友和对手面前开展简易棒球的孩子，想一想压力可能对他们构成的威胁。

社会评价或让个人的表现水平公开接受评审，是青少年体育运动中具有挑战性的压力源。在青少年体育运动中已经发现许多特定的社会评价压力源，包括害怕失败，受到他人的消极评价以及被他人否定（Reeves，Nicholls & McKenna，2009）。或者像青少年运动员所说的一样，"知道应该好好表现和赢得比赛让我想到失败"和"我爸总是数落我，因此我很担心犯错"（Sagar，Busch & Jowett，2010，p. 222）。

随着社会评价越来越多，孩子感觉到的威胁就越多。与团队运动员相比，个人运动员面临更大的焦虑，这是一种令人不愉快的情绪状态，其特征是紧张和担心或两者兼有（Martens，Vealey & Burton，1990）。在个人体育运动中运动员受到更加直接的评价，而在团队体育运动中，评价分散到整个团队中。研究发现，青少年摔跤运动员、体操运动员的赛前焦虑比青少年足球运动员、曲棍球运动员和棒球球员严重（Simon & Martens，1979）。有趣的是，表演乐队独奏的孩子的焦虑比任何运动员都严重，这表明存在社会评价的场合都会导致孩子产生压力，而不仅仅是体育运动。

重要性

意义更大或者对个人更重要的事件通常带来更大的压力。很重要的、需要表现出色的场合被证明与呼吸困难有关，因为出于对事件重要性的反应，运动员可能出现明显的，甚至罕见的表现不佳的情况（Baumeister，1984）。有许多因素增加了青少年体育运动比赛的重要性，如有家人在观看或者挑战特定的对手。教练和父母强调赢得"重大"比赛而给青少年运

随着社会评价越来越多，孩子感觉到的威胁就越多，而且经历更大的压力和焦虑。

动员造成压力和焦虑。

不确定性

不确定性以两种方式给青少年运动员形成压力。首先，对于自己能否表现得很好，让父母高兴或者不辜负队友，他们往往是不确定的。那就是，他们不确定能否满足竞争场合的要求（Martens，2012）。再者，他们可能会感到紧张，因为他们不熟悉竞争的内容，

没有太多体育运动经验。教练经常给青少年运动员造成不确定性，如不与运动员沟通他们在团队中的角色或者期待他们表现完美，不犯任何错误。

了解伴随青少年运动员发展的多个压力源

所以，青少年体育运动中出现在孩子身上的要求可以概括为"社会评价 + 重要性 +

不确定性"。下面就是对付压力的良方！此外，儿童和青少年面临着多种发展需求。他们的身体随着生长和成熟而正在发生改变，这不仅给他们造成身体压力，还造成社会心理压力（如第4章所述）。他们在学校存在学业要求和各种青少年社会压力，如交友、适应、发展自己的特点以及谈恋爱。进入到更高水平体育运动的青少年面对的主要压力源是时间要求和事务安排过紧。所以，竞争性体育运动环境所呈现的要求只是孩子日常生活中的总体压力源的一部分。负责青少年体育运动的成年人需要牢记这一点，因为压力过大不仅来自于体育运动要求，还可能来自其他多个难以承受的压力源，特别是在充满挑战的青春期发展阶段。

减少或优化青少年运动员所面临的压力源

1. 青少年教练应该减少运动员的不确定性，在比赛前告诉他们已经做好准备，专注于做好训练中所做的事情就可以。提醒他们是可以犯错误的，犯错是学习和体育运动的一部分。他们应该尽力发挥，专注于比赛并从中获得乐趣。

2. 教练与团队的每个运动员建立良好的私人关系，让他们清楚自己的角色和教练对他们的期望。我的女儿作为新手，在排球赛季中变得十分焦急，因为一个高年级的球员受伤了，要求她作为替补加入学校的排球队。教练安慰她说，她已经做好了准备，接受过比赛训练，只需要做好自己的前排角色，不要考虑别人。他们鼓励她如果犯了错误不要担心，只要努力做好自己的角色就可以。教练这种沟通有利于减少青少年运动员面临突然的挑战带来的不确定性。

3. 我儿子的社区游泳队欢迎所有的孩子成为团队的一分子，他们参加训练但是不需

要在竞争性运动会中游泳。一些年轻的孩子喜欢在参加项目的第一年里先学会划水动作和参加团队内部的模拟比赛，以适应真正的比赛。这是让孩子轻松过渡到比赛场合的好方法，并帮助他们适应社会评价。

4. 对于入门级团队体育运动，我们建议考虑如何减少竞争性评价。在简易棒球中通常这样做。每局所有运动员都参与击球，无论出界的球有多少。同时，不记录得分（某些孩子和父母除外！）。可以利用第7章中许多关于如何改编体育运动的建议，来为青少年体育运动设计循序渐进的社会评价。

5. 教练和父母应该取消强调成果重要性的做法，如赢得比赛。实际上，帮助青少年运动员建立关于成功与失败的健康观点，能够使他们在有压力情况下更好地表现。1994年奥运会速度滑冰金牌得主丹·杨森将其成功归功于他父亲帮助他建立了追求成为奥运会和世界冠军的正确观点。杨森在12岁的时候未能赢得他的第一次全国锦标赛，在开车回家的路上哭了一路，他的父亲坐在他旁边解释到，"丹，你知道生活中还有许多精彩的事情，而不单单是滑冰"（Jansen，1999，p.6）。杨森承认，他仍然喜欢竞争和获胜，但他的父亲帮助他从更健康的观点去看待成功和失败。这种观点使他能够在比赛过程中集中精力，不因为其他人的期望而产生压力，因为这种压力可能在重要的比赛中影响到表现，比如奥运会。

6. 不断强调在比赛中追求个性化进步目标，这能够减轻孩子在比赛中的担心和焦虑（Morris & Kavussanu，2009）。在游泳、田径和越野比赛中，孩子应该以突破之前所取得的最好时间为目标。在团队体育运动中，教练和父母应该和孩子谈论他们可以集中精力做的事情，如在篮球中抢篮板球，在排球中的传球，或者作为足球守门员做出良好的

众目睽睽下的魏圣美

很难找到像魏圣美那样经受如此之多的社会评价和审视的体育巨星。作为一个有才华的初级高尔夫球手，魏圣美出现在2003年卡夫纳贝斯克女子职业高尔夫协会（LPGA）锦标赛上，而且年仅13岁的她获得晋级。她接着又在职业高尔夫联赛中七次进入排行榜前十名，而且在16岁时赢得3场锦标赛。阿诺德·帕尔默说，"她和泰格·伍兹一样对高尔夫球运动产生了巨大的影响，甚至比伍兹还来得猛烈"（ESPN，2012）。她与几家公司签署了利润丰厚的代言合同，其中包括耐克。

在公众对她的比赛热情高涨的时候，魏圣美（由她父母操办）开始参加男子专业高尔夫协会（PGA）比赛，但一直没有赢得LPGA巡回赛。这是前所未有的事情，并且招致了更多的报道和社会评价。她的分数止步不前，而且没有获得晋级，获胜也少了很多。大部分关于魏圣美的文章用"令人失望的职业生涯""令人困惑的历程""别期望她会成为超级明星"这样的短语来描述她。在加入LPGA之后，魏圣美从2009年至2014年只赢得两场比赛。人们将她的问题归因于一系列因素，包括傲慢的父母，糟糕的职业生涯管理决策，以及生活在过高期望之下的沉重压力。魏圣美最终爆发了，在2014年赢得著名的美国女子高尔夫球公开赛，并谈到这次获胜对她有多重要，因为在她的职业生涯中，她一直在社会评价的聚光灯下挣扎。

参加精英高尔夫球比赛的运动员越来越年轻，这是很明显的趋势。莱克斯·汤普森在16岁那年成为历史上最年轻的LPGA冠军。她从12岁开始参加美国高尔夫球公开赛。14岁的关天朗在2013年的美国名人赛中获得晋级，他成熟的表现震惊了高尔夫球界。然而，这些高尔夫球手面临的公共审视没有魏圣美那么多。希望她的传奇故事带来的教训可以对家长和媒体产生影响，在他们准备好之前，不要给早熟的青少年运动员太大压力。

决策。

一项有趣的研究表明，仅当父母重点关注结果时，来自父母的压力才会给青少年游泳运动员带来焦虑，比如赢得比赛或打败对手（O'Rourke，Smith，Smoll & Cumming，2011）。父母经常与孩子密切交流，鼓励他们付出努力，从失误中吸取教训，并让孩子侧重于自我完善，这种压力被视为可适应的压力；它实际上降低了评价压力，因为孩子们可以把注意力集中在可控的目标上。这项研究的重要价值在于，强调父母要求导致的压力也可能对孩子有帮助，前提是让孩子将重点放在个人进步上。生活中存在各种各样的要求，有谁能够比父母更好地教会孩子如何对待压力呢？

青少年运动员对要求的评估

压力过程（见图11.1）的第二阶段是关于青少年运动员评估他们所面临的要求。从根本上，这可归结为孩子将要求视为挑战还是威胁。

青少年运动员的应对

如果青少年运动员希望利用比赛机会来表现他们在训练中学到的技能，以及追求技术进步和个人成长，那么他们就将要求视为挑战。要将要求视为挑战的关键是运动员要坚信他们拥有的资源足以应对和管理当前的情况。应对是指个人有意识地尝试管理他们认为有压力的、影响到自己幸福的情形（Compas, Connor-Smith, Saltzman, Harding Thomsen & Wadsworth, 2001）。当运动员觉得他们缺乏足够的资源来应付要求，就会感到受到威胁，而且在体育运动中通常受到威胁的是自我价值感和能力感。因此，青少年运动员的应对能力是基于他们对自己的应对资源能够多好地处理当前情形的信心。

因为不同应对方式产生效果不一样，所以就心理调节和个人成长而言，孩子应对事情的一些方式也要比另一些方式好（Compas et al., 2001）。一般来说，积极应对是青少年运动员学习和使用能够帮助他们解决问题或者减少和管理压力的策略，而且与躲避、退出或者只是缓和负面情绪相比，积极应对让孩子可以更好地调节自己（Nicholls, Perry, Jones, Morley & Carson, 2013）。青少年运动员积极应对策略的一个例子是让他们为比赛设置特定表现目标，然后在脑中不断地想着

将重点放在这些目标上。此外，另一种对运动员有帮助的做法是，让他们找出比赛中导致他们失去了信心和感到压力的一两件事情（例如发挥不好的时刻，受到教练的批评），然后在精神上对这些情形进行强化演练，形成积极的反应。

在这个压力发展阶段，父母和教练起到非常重要的作用，他们要帮助青少年运动员保持正确对待即将到来的比赛的心态，帮助他们准备好接受失败或胜利的结果。正如您可能料想到的一样，随着年龄的增长，孩子应对体育运动要求的效率越来越高。通过经验，他们发展出更广泛的应对资源储备（Tamminen & Holt, 2010）。实际上，运动员在压力模型的各个阶段（见图11.1）都使用应对技能，如在身体和精神上做好比赛准备（阶段2），在比赛中试图管理压力（阶段3），管理关于比赛结果的想法和感受（阶段4）。

什么类型的孩子倾向于感受到更多威胁而不是挑战

儿童和青少年的某些个性特征影响他们如何评估青少年体育运动的竞争性要求。如第6章中所述，一些孩子发展出无能力的逃避动机取向，这让他们更趋向于将体育运动情形视为威胁（Kaye, Conroy & Fifer, 2008）。心里总是想着失败的青少年运动员更关注可怕的消极后果，而不是挑战并期待成功，消极地或过分追求完美无瑕表现，或者过度担心犯错。**特质焦虑**是倾向于将竞争和社会评价视为威胁的人格特征（Martens et al., 1990）。附录I提供了评估青少年运动员的特质焦虑水平的调查问卷。

这些增加孩子压力倾向人格特征的形成原因是什么？虽然这个问题缺乏一个明确的答案，但是似乎与儿童过早参与和体验社会性成功与失败有密切关系。如特质焦虑与这

些父母教育行为有关：过度监管孩子的活动和行事方式，鼓励孩子依赖家长以及变化不定的反馈（McLeod，Wood & Weisz，2007）。

影响青少年运动员将要求评估为威胁而不是挑战的另一个个体特征是运动员养成的看待竞赛焦虑的方式。通过积极应对、心智技能发展和积累竞争经验，运动员可以认识到焦虑是身体对竞争的正常反应，它甚至可以使他们集中精力和保持活力，从而提升比赛表现（Jones & Hanton，1996）。关键的是，青少年运动员要发展出一种能力，在自己的能力范围内，将要求视为挑战，将焦虑作为动力，这样他们就可以有效地展现自己的实力。精英运动员承认，随着他们在比赛中获得了更多经验，他们越来越熟悉焦虑的症状，而且能够为自己的想法和感受找到合理的理由，从而有效地应付焦虑（Hanton，Cropley，Neil，Mellalieu & Miles，2007）。他们甚至发现在年轻时将焦虑症状解读为威胁实际上对提升表现是有必要的。

优化青少年运动员如何评估体育运动要求的策略

1. 向运动员解释他们要乐于面对焦虑，并将不安情绪看着是正常竞争的一部分。知道紧张一定会出现，做好接受紧张的准备。

2. 在训练中让运动员暴露在各种不同类型的压力之下。如在评判者面前表现、在镜头面前表现以及在各种类型干扰下表现。该思路是将运动员反复暴露在各种各样的极限挑战压力源和压力环境下，让他们习惯在面对自己最害怕的情形下表现。这方面的一个非常好的应用例子就是青春期后期的板球运动员，他们被有计划地暴露在压力训练和"表现不佳处罚"环境下，旨在建立他们的心理韧性（Bell，Hardy & Beattie，2013）。这个实验项目让运动员在压力下的表现得到

提升。

3. 对于往往会引发焦虑的竞争性要求，运动员应该找出它们并想好如何应对。他们可以在脑中重现伴随压力源而来的典型的想法和感觉，然后在脑中练习如何有效地响应它们。响应方法可能包括深呼吸，一句能够使他们专注于手中事情的话，养成让他们感到舒服、有备而来的赛前习惯性行为。

4. 明确地表示青少年运动员可以犯错误。告诉他们，这表明他们正在努力表现和尝试新东西，是学习过程的一部分。

5. 让青少年运动员学会专注于自己可以控制的表现方面，从而帮助他们获得正确的认识。附录 J 提供了帮助青少年运动员获取这种认识的练习。在这个练习中，要求运动员找出比赛之前他们"可控的因素"和"不可控的因素"。该练习是积极应对的一个例子，运动员从中可找到帮助他们管理竞争需求的策略。

青少年运动员对压力的应对

我们现在到了压力过程的第三阶段（见图11.1），这里才是最复杂的地方。运动员已处理了要求，现在必须在身体和心理上对要求作出应对。希望运动员建立的积极应对策略，如在压力下的心理和身体训练以及个性化表现目标的设定，这将帮助他们更好地应对比赛情形的要求。

唤醒

运动员在应对阶段的任务是管理和尝试优化唤醒水平。唤醒是一种身体和心理准备就绪状态，也就是在特定时刻个人觉得自己准备的如何。一般来说，运动员在中等水平的唤醒状态下表现最好。因此，如图11.2所示，大多

信息栏

准备应对压力的训练例子

克里斯蒂是一个14岁的网球运动员，在全国年龄组中排在前25名，她需要提升两个方面。首先，她的上网技术非常糟糕，因为她很害怕到球网前截击空中球。其次，因为担心二发失误，她在第二次发球时常常会发挥失常，尽管她有足够的技术来发好球。

克里斯蒂开始着手提升自己的上网技术，首先从最简单的网前凌空击球开始，然后逐渐增加难度。她大声喊出触发性词语"缝隙"；这让她将注意力集中在飞过来的球与她之间的缝隙上，由于脑中专注于此，就阻止了消极想法或忧虑的发生。在各种场合下她在脑中练习网前凌空击球，使用她的触发性词语来形成正确的视觉形象，练习针对不同比赛情形的网前策略。她设定的表现目标是每场比赛至少赢得一

分网前分。在训练中，她赢不了比赛或结尾，直到她完成了这一目标。在25周的干预课程结束之后，她的网前表现进步了。在每场比赛中，她的网前平均分达到了4分。

为了克服害怕二发失误的问题，克里斯蒂想出一个发球前习惯性动作，让自己得到放松，然后专注于连贯地发好球。这个习惯性动作是从向地面拍接四次球开始。然后她松一口气，想象自己把紧张呼出去了，接着想象球成功的落到对手的发球区上，而且跳了几下。她用喊出词语"停止"，把任何不相关的担忧赶出脑海。她的习惯性动作是分成小部分逐步练会的，而且在三个月的不断提炼之后，终于修成正果。克里斯蒂在二发实现了连贯性和顺畅性，通过训练大幅减少了二发的失误。

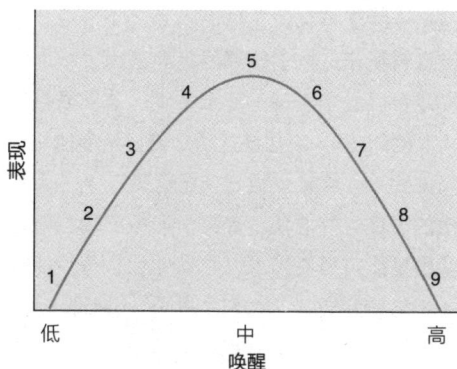

图11.2　唤醒和性能之间的倒U形关系

数运动员在4～6的唤醒水平范围内表现最好，这几个数值都对应大致相同的唤醒水平。

然而，每个人实现最佳表现所需的唤醒水平可能不同。不同类型的体育运动实现最佳表现所需的唤醒水平也不同，有些需要更低水平（高尔夫、射箭），有些需要更高水平（足球、橄榄球）。最优的唤醒水平在相同的运动中也不尽相同。篮球运动员在面对全场防守压力时需要较高的唤醒水平，但在投罚球时需要迅速降低他们的唤醒水平。这就是为什么大多数的篮球运动员在投球前会习惯

性地深吸一口气。他们是为了在投球前优化身体和精神的唤醒水平。

在理解唤醒如何影响表现方面，要给青少年运动员提供指导。帮助他们了解什么时候可能需要亢奋，什么时候需要平静下来。让他们找到最适合自己的唤醒水平，即运动员在体育运动中处于什么唤醒水平下表现最好。然后，他们设计一些策略来管理他们唤醒水平，让它保持在最佳范围内。

聚焦注意力

在比赛过程中，运动员除了要管理唤醒水平之外，还必须管理他们的注意力。当然，当前最应该保持的焦点就是眼前的任务。但是我们都知道，在紧张进行的比赛中要实现这点并不容易。

分心

比赛中的压力源通常会让运动员分心，让他们不能全神贯注投入到任务的相关方面。由于缺乏比赛经验，而且在优化想法和保持情绪控制方面相对不成熟，因此青少年运动员特别容易分心。如第4章所述，儿童和青少年在生理上发育还未成熟，因此其客观和理性反应不如成年人（基于大脑的发育时间）。所以，孩子在管理无关想法上面临更大困难，比如担心其他人的负面评价，担心给团队蒙羞，或者担心表现结果。

焦点内移

虽然焦虑可能阻止运动员最优地专注于执行技能，但也可能导致他们过度专注于执行技能。如果一项技能学得很好，运动员就可以自然流畅地执行它。如一个熟练的高尔夫球手可以专注于球和挥杆动作，而不必考虑每个部分。然而，当运动员在重要场合下觉得有压力，他可能会将注意力转向内部，

然后想挥杆的每一个部分，以便付出额外努力去做好。对于那些熟练的运动员而言，焦点内移被定义为在重要的场合中因为想要做得更好而导致表现不佳，是运动员发挥失常的主要原因。

优化运动员反应的策略

1. 教会运动员简单的身体唤醒管理策略，比如深吸一口气。一个简单的节奏是记住数5下（吸气）和再数5下（呼气）。运动员可以想象或者甚至哼一首让他们达到最佳唤醒水平的歌曲。如年轻的高尔夫球手对把球打入障碍区没有信心，这常常使他急于挥杆。在准备把球打入障碍区之前，他可以哼一段慢华尔兹。华尔兹节奏暗示放慢速度，以正确的节奏挥杆。另一种身体唤醒策略是让运动员保持镇定自若和自信的姿势，即使他们感觉不到。就表现自信和沉着而言，提醒他们"模仿直到成为习惯"。

2. 运动员应让注意力焦点保持简单和指向外部，集中在当前任务或下一场比赛上。他们可以使用行动词语或短语，将注意力转移到外部。更加高级或熟练的运动员应该使用全面的词语或短语来让自己做好准备，比如"刚和柔"（篮球罚球），"目标"（垒球投球），或者"进攻性"（曲棍球）。全面在这里是指专注于事物的整体而不是各个部分。文献资料显示，技术熟练的运动员通过全面的提示可以提升表现（提示感觉、节奏或整体情况的词语），而初级运动员需要更多地使用局部提示，将焦点放在"怎么做"上，为正确的表现做好准备。正在学习技能的初级运动员可能需要使用可以帮助他们执行技能的关键词语和短语，比如"甩手"（棒球击球）或"吊摆"（高尔夫球推击球）。

3. 在运动员觉得没有信心的艰难时刻，他们仍然可以集中精力，表现良好。一个重

要的策略就是运动员不要老想着不自信或因此感到慌张。他们应该接受这些是在比赛中产生的常见想法，即使没有信心也可以集中精力执行技能。

压力过程的结果

压力过程的最后阶段涉及运动员的反应导致的结果，这些结果通常是指他们在训练或比赛中反应。

这个阶段很重要，因为它通过反馈（见图11.1）影响运动员在未来倾向于如何评估竞争压力源。很明显，我们希望结果是积极的，或者至少是让个人健康成长的经历。

优化压力过程的结果的策略

1. 成年人应该鼓励"成长心态"（Dweck，2007），让孩子将竞争性表现看成不断地尝试掌握技能，这是他们继续努力提升自己能力的一部分。学习实际上就是一连串的成功和失败。提醒他们，那叫作尝试和犯错，而不是尝试和成功。

2. 如第6章讨论的一样，成人需要帮助青少年运动员进行归因（找出事件发生的原因），使他们在通过刻苦准备获得成功之后感到自豪。积极归因还让运动员感到事物的可控性，即让他们觉得经历失败可以提高技能和变得更好。归因不仅有助于从心理上巩固成功后获得的能力感，而且还有助于提供失败后的希望，为将来的进步重新鼓起干劲。

3. 父母应该体贴和耐心地帮助青少年运动员度过压力阶段。在压力结果出来之后，许多孩子最讨厌的就是在回家的路上父母糟糕的分析，特别是当结果不好的时候。给孩子留出一些时间和空间，或者问一些无确定答案的问题，邀请他们向您汇报，如"感觉今天的比赛怎么样？"比赛造成的情感起伏平息之后，总是有利于运动员在脑中全面回想自己的表现，然后理性评估事情是怎么发生的以及为什么会这样发生？

爽快是青少年运动员的终极目标

比赛过程的最重要的结果之一是发展出对体育运动的热爱。我们希望每一个青少年体育运动参与者都能够实现这个目标。实现该目标的万全之策是给孩子创造爽快的体验机会。爽快是最佳的心理状态，其特征是完全沉浸在正在执行的任务中（Csikszentmihalyi，1990）。您是否记得儿时和朋友一起在外面玩耍，甚至忘记了回家时间，那种完全沉浸在其中的神奇状态真好。那就是爽快，令人愉快的、非常享受的体验。

青年教练应避免不断地反馈、指导和评价，给运动员留出时间和空间去体验爽快或者完全沉浸在体育运动中。

"爽快"是挑战（要求）和技能之间的最佳平衡

我们在关于压力的主题中探讨爽快，是因为当运动员在比赛中体验到技能和挑战之间的平衡时，就会产生爽快感。如图11.3所示，技巧和挑战之间的平衡必须达到一定的水平才能带来乐趣，否则结果是平淡的。低水平的技能和挑战并不足以产生爽快，即使它们处于平衡状态（图11.3的虚线区域）。当竞争挑战远远超过运动员的技能时，他们就会变得焦虑。相反，当运动员的技能远远超过了他们所面临的挑战时，他们就会感到厌烦。

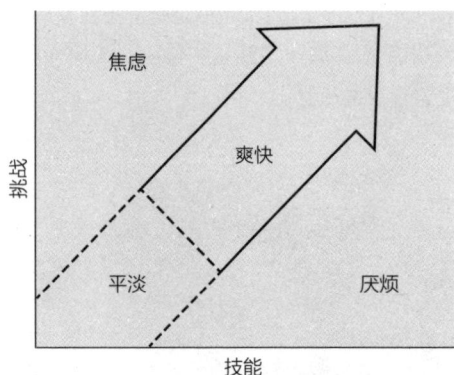

图11.3　爽快是运动员感受到的挑战和技能之间的平衡

爽快不仅令人愉快，可以导致更好的表现，而且原因很简单。在爽快状态下，运动员失去了自我意识，因此忘了担心别人怎样评价自己。他们的注意力锁定在比赛任务上，完全专注，毫无分心。虽然他们可能在付出许多能量和精力，但对他们而言却丝毫感觉不到，因为已经融入到活动中，而不是将它看作需要完成的事情。专家称之为行为和认知的融合，运动员体验到它就好比"飞机上的自动驾驶仪"。爽快是内在激发的，参与到爽快活动中的运动员没有任何理由，只是为了玩，就像童年的自由玩耍。

为青少年运动员提供体验爽快的机会

我们可以用瓶子将爽快装起来，让运动员在比赛前喝上一口吗？不幸的是，爽快不能强行灌输，甚至不能直接操纵。相反，我们想要帮助运动员进入一个爽快将会发生的位置。精英运动员使用心理准备策略来帮助他们获得与爽快有关的焦点和积极情感状态。即便如此，爽快并不总是会出现。当然，不论是否在爽快区域内，运动员都需要做好表现的准备。

在青少年体育运动级别，我们可以尝试创造挑战和刺激（不枯燥）环境，但不要太难或构成威胁。青少年教练要阅读下面列出的各项内容，评估自己能够提供促进运动员的爽快体验的能力。

- 您在训练中是否使用各种各样的练习和活动，并经常改变节奏（而不是在一项练习上花很长时间）？
- 您是否通过计划来确保所有孩子在训练中都非常活跃（而不是排成一行等待，或者坐在一边等着轮到自己）？
- 您是否慎重考虑和选择活动和训练，让它们具有挑战性，同时又不会太难以至于超出孩子的能力水平？
- 您是否偶尔加入一些您知道的孩子喜欢的活动和训练？
- 您是否在训练和比赛中给孩子留出一些自由时间，期间不提供喋喋不休的指导？
- 您是否在恰当的时机给运动员提供评价，而且没有做过火或者对他们所做的一切事情都品头论足？
- 如果一个运动员表现优异，您是否能够做到从容对待，而不是过度褒奖（不是说"你表现太棒了，得到了那路神仙扶持？"）？

您从上面的清单中学到了什么？青少年运动员需要受到各种活动和变化的挑战和刺激，没有受到不断指导和评价的干扰，而且需要有一些时间能全身心投入到体育运动中。教练有时只需坐下来，让运动员自己发挥。教练不断地反馈会分散运动员的注意力。另外，教练要花时间仔细规划训练课。日复一日地做重复的活动和训练对运动员而言非常无聊。我们理解，重复是一个重要的学习原则，而且青少年运动员要反复练习技能和战术，以便在比赛中能够自动执行它们。然而，有效的训练管理意味着教练要让运动员保持积极活跃，而且通过各种各样的练习来让技能达到自动化。

上面清单上的最后一点强调评价可能会损害爽快感。因此，当运动员表现得如火如荼的时候，您最不应该做的事情就是让他们将注意力转移到自己的表现上。还记得吗，当我们沉浸在活动中而且没有受到关于表现的评价而分心时，爽快就发生了。当运动员表现得非常好时，只需要以平时的方式提供指导，就像这种表现每天都在发生一样。避免使用令人分心的评论，如"还需两局就到无安打赛局了！"或者"您整晚罚球都没有失误！"当运动员沉浸在爽快中时，不要打扰他们，让他们关注自己的表现。

青少年体育运动中的倦怠

"我不知道，妈妈，我只是觉得很疲劳。"作为父母，听到孩子这样说您会怎么做？我们对倦怠的理解都比较模糊，但我们应该建议孩子退出、休息一下、做一些改变或者逆来顺受吗？因为倦怠是一个流行的术语，所以我们需要仔细考虑关于青少年运动员的倦怠哪些是真的，哪些是假的。

什么是倦怠？

倦怠是一种消极心理和身体状态。在该状态下，青少年运动员感到累了，表现水平下降，对体育运动的兴趣下降。倦怠的三个症状如下：

身心疲惫

虽然运动员在训练或比赛后感到疲倦很正常，但是与倦怠有关的疲惫透支了情感和身体资源，不像赛季那种来得快也去得快的典型疲劳。父母可能会注意到孩子感觉太累了，运动回来什么都不想做，感到精神疲惫，昏昏欲睡，想要停止体育运动休息一段时间。

运动成绩下降

第二个症状可能是缺乏成功表现，或者表现不稳定，更常见的是运动员感到自己的潜力没有发挥出来。运动员可能会觉得没有取得任何成就，比如没有进步或提高。

体育运动的贬值

贬值意味着价值减少：运动员对自己所参与的体育运动没有那么在乎了。运动员可能会说"我讨厌做这件事""我不再关心比赛""没啥好玩的"；另一个常见的症状是质疑。例如，"我为什么要做这个？"

倦怠在青少年体育运动中有多普遍

很多大众媒体报道警告青少年体育运动即将发生大规模的倦怠。然而，研究发现只有很小比例（1%～2%）的青少年运动员经历过严重的倦怠。不过一个事实是，大多数受访的青少年运动员承认经历过低到中等程度的倦怠（Gustafsson, Kentta, Hassmen & Lundqvist, 2007; Raedeke & Smith, 2004）。运动员在7～17岁的成长过程中，所报告的倦怠出现数量也随之上升（Harris & Watson,

2014）。

什么原因导致青少年运动员倦怠

青少年运动员的倦怠由几个因素导致。我们把它们分为三类：超负荷因素、社会环境因素和个性因素（见表11.1）。

超负荷因素

超负荷因素通常意味着听到有人说倦怠了。在本章前面，您了解到压力过大意味着要求超出了运动员的应对能力，如他们超负荷运行，没得到足够的体力和脑力恢复。如第9章所讨论，过度训练是训练过多和恢复不充分导致的，通常导致表现下降和心理困扰（Richardson，Andersen & Morris，2008）。教练的难点在于确定超负荷多少适合运动员（超负荷是体育训练的必要方面）。需要一些超负荷才能诱发训练效果和提升表现，但是超负荷太多而且没有足够的恢复将导致表现下降（称为厌倦）、疲惫、训练兴趣减弱和负面情绪（倦怠）。澄清一下，厌倦这个术语通常用来描述因为过度训练而表现不佳；倦怠是一个更广泛的概念，侧重于超负荷且没有足够的恢复导致的心理困扰和对以前喜爱体育活动的积极性降低（Kentta & Hassmen，1998）。

社会环境因素

导致倦怠的社会环境因素包括那些消极的青少年体育运动文化，它们对孩子的心理发展和幸福有害处。这些因素包括父母要求获得某些结果导致的压力，如获胜、进入校队和获得大学奖学金；消极的教练行为，比如极端控制行为和不适合发展的训练和表现期望。就游泳运动员而言，感觉被困在游泳中的运动员比主动投入到游泳中并且充满热情的运动员更容易发生倦怠（Raedeke，1997）。当运动员内心不想参加体育运动，但是迫于来自他人的社会压力而不得不硬撑下去时，就会发生倦怠。

有人认为，倦怠不是压力的反应而是为应对高度组织的青少年运动，其中年轻运动员高度控制和抑制其同一性的发展（Coakley，1992）的社会气候。从这个角度看，压力是倦怠的症状而非原因。对15个经历过倦怠的精英青少年游泳运动员进行采访表明，这些运动员无力控制生活中发生的事情和个人的发展。这种高度控制、过度结构化的青少年体育运动的结果就是倦怠。关于倦怠的这个解释很重要，因为它从青少年体育文化中找到了倦怠的根源，而不是青少年运动员的一些个人失败或缺乏能力（如毅力）。

个性因素

虽然青少年体育运动的结构以及教练和父母的行为是影响倦怠的关键，但有几种原因也与青少年运动员的倦怠有关。特质焦虑和薄弱的应对技能是明显的因素，这基于它们在之

表11.1　与青少年运动员的倦怠相关的因素

超负荷因素	社会环境因素	个性因素
压力过大	来自家长的压力	特质焦虑
过度训练	负面的教练行为	薄弱的应对技巧
厌倦	感觉被困在体育运动中	消极完美主义
	缺乏个人控制	强迫性激情
		单维度身份

前所讨论的压力过程中的重要性。个性因素的例子包括消极完美主义（Hill，2013）和强迫性激情（Martin & Horn，2013），它们在体育运动参与中形成极端的期望和不合理的需求（不能接受的错误，不灵活的目标和强迫性参与压力）。有趣的是，积极或可适应的完美主义（高标准、组织技能、成就取向）和协调的激情（喜欢自己的体育运动而且不觉得受到它的控制）与较低水平的倦怠有关。单维度身份也与倦怠有关，它在第10章被描述为在体育运动中采用过度排他性的专业化则危险地收窄了孩子的自我认识。青少年运动员应该参与不同类型的活动，以多维的方式来定义自己的身份，避免出现倦怠。

帮助运动员避免和解决倦怠的策略

1. 虽然缺乏确定性，但身体和情感疲惫被看作是青少年运动员出现倦怠的第一迹象。发现这些症状则提醒教练和父母应该立即进行干预，与运动员一起寻找最好的策略，确保他们得到一些休息、恢复和精神放松。

2. 找出个性或生活情况使他们容易出现倦怠的运动员，然后通过指导和建议进行干预，帮助他们取得成功，避免进行有害的训练行为。其中一个建议是找到适合的体育心理顾问，帮助青少年运动员改善比赛心理方法。获得正确的认识和发展技能，将这些消极的激情和完美主义转变为可适应的个性特

征。这种做法很有用。

3. 可以帮助青少年运动员学习积极的应对任何人（父母或教练）的技巧。更好的生活方式管理，更健康的决定，对竞争的更理性认识，以及发现和追求个人掌握目标的技能，这些都是青少年运动员可以学到的应对技能。

4. 引导青少年运动员发展多个领域的兴趣和成就。多样性和多维性能够防范一条路走到底可能导致的倦怠。

5. 倾听孩子的诉说，解释清楚他是否想继续留在体育运动中。这对父母来说是很难，尤其是当他们发现孩子在特定的体育运动中有天赋，而现在他却决定放弃。虽然我们同意父母最初让孩子去尝试不同的体育运动，但是如果孩子觉得呆在体育运动中不自在，父母也是无能为力的。

6. 父母知道青少年运动员的生活中所存在的各种压力源，所以父母要保持底线，给孩子留出恢复时间，但父母常常不顾教练和青少年运动员的抗议。必须有人负责和保护运动员的健康与幸福，特别是青少年运动员。

7. 在青少年体育运动带头采用DAP。过度控制和剥削的青少年运动员，让他们追求成人要求的目标而不是更关注他们的发展，比如早期专业化和赢得比赛，将会导致倦怠和退出体育运动。遵循第5章的长期运动员发展模型提出的指导原则（Balyi，Way &

个人小插曲

您曾经感到倦怠吗

您在青少年体育运动中曾经经历过倦怠吗？描述出现倦怠的感受。三个倦怠症状都出现了吗？想一想是什么具体因素导致您经历了倦怠？您认为它为什么会发生？它是如何影响到您的体育运动体验的，特别是动机和关于继续参与体育运动的选择。

Higgs，2013），将重点放在技能的逐步发展、逐步引入竞争、专注于乐趣和动力的培养以及终身参与身体活动上。

本章小结

这章中所讨论的内容都与平衡有关。压力是刺激个人成长的重要因素，但当它变成过度压力，儿童的健康和技能将失去平衡。当青少年运动员找到能够平衡他们的技能和挑战的最佳点时就会产生爽快感，而正是体验到这个最佳点才让他们爱上体育运动。当孩子的训练和恢复变得不平衡时就会发生倦怠，他们对待体育运动的心态开始走偏，或者缺乏必要的社会支持。

这并不意味着青少年运动员在训练中付出的努力超过其他人认为的正常水平时，就培养不出对体育运动的热爱。罗里·麦克罗伊、大卫·贝克汉姆和克里斯·埃弗特都是这方面的好例子，他们就是通过加倍的努力来获得世界精英运动员的地位。但这是他们的梦想、选择和目标，因为他们热爱自己正在做的事情。他们在追求自己的梦想时并没有觉得受到束缚或压力重重。虽然他们同样要面对压力和倦怠，但是他们对体育运动的热爱为他们提供了一层保护网。大多数青少年运动员不会成为国际体育明星，但希望他们也可以按照自己的方式自由追求体育运动梦想。让我们尽最大努力为他们提供成长所需的挑战和应付这些挑战所需的支持。

学习帮手

关键术语

积极应对——帮助运动员解决问题或者减少和管理压力源的策略。

焦虑——令人不愉快的情绪状态，其特征是紧张和担心或两者兼有。

唤醒——一种身体和心理准备就绪状态。

倦怠——一种消极心理和身体状态，青少年运动员感到累了，表现水平下降，对自己的体育运动的兴趣下降。

应对——个人有意识地尝试管理他们认为有压力的、影响到自己幸福的情形。

爽快——最佳的心理状态，其特征是完全沉浸在正在执行的任务中。

压力过大——没有足够恢复时间的压力或过大的压力。

社会评价——让个人的表现水平公开接受评价。

厌倦——过度训练导致的表现水平下降。

压力——对个人的要求。

压力源——导致压力的事物。

特质焦虑——倾向于将竞争和社会评价视为威胁的人格特征。

要点归纳

1.适当的压力是非常有用的，但是压力过大会给健康造成不良后果。

2. 青少年运动员需要小剂量的压力作为"接种疫苗"，这将会刺激资源的产生（抗体），而这些资源可以处理随着年龄的增长而出现的更大剂量的压力。

3. 压力是一个涉及四个阶段的过程，包括要求和压力源、运动员对要求的评估、运动员对要求的应对、压力过程的结果。

4. 社会评价、重要性和不确定性是竞争性青少年体育运动中固有的三个基本压力来源。

5. 与躲避、退出或者只是缓和负面情绪相比，积极应对让孩子可以更好地调节自己。

6. 那些特质焦虑水平高、怀有消极完美主义和害怕失败的青少年运动员，以及认为竞争性焦虑有害处的青少年运动员，在体育运动中感到更大的威胁。

7. 高水平唤醒，注意力分散和焦点内移是对压力的消极反应。

8. 当运动员在比赛中体验到技能和挑战之间的平衡时，就会产生爽快感。

9. 通过提供多样化训练、最合适的挑战，并给运动员提供没有评价和指导的自由表现时间，教练可以提升运动员的爽快感。

10. 倦怠的症状包括身心疲惫、体育成绩下降和贬低体育的价值。

11. 倦怠与超负荷因素、社会环境因素和个性因素有关联。

问题探究

1. 解释为什么压力有好处也有坏处，各举一些例子，并回顾压力过程的四个阶段。

2. 说出竞争性青少年体育运动所固有的三个基本的压力源，各举两个例子。

3. 解释减少或优化青少年运动员所面临的压力源的四个策略。

4. 在面对要求时，什么类型的孩子倾向于感受到更多威胁而不是挑战？

5. 可以通过哪些策略来让青少年运动员以更积极的方式看待压力？

6. 解释什么是应对，为什么积极应对是首选的应对策略。

7. 解释爽快的概念和爽快状态的几个特点。青少年体育运动教练员如何帮助运动员实现爽快？

8. 说出倦怠的三个主要症状，并就导致青少年运动员发生倦怠的三类因素提供例子。

思考性学习活动

1. 回忆您在青少年体育运动生涯中经历过的一个紧张场合。复习压力过程的四个阶段，描述压力源，您对它的评估和应对以及压力过程的结果。您使用过哪些类型的应对策略，它们是否有效？结果对您来说是不是一种成长或学习经验？为什么是或者不是？您可以或者已经从该经历学到了什么？

2. 使用附录I中的运动焦虑测量标准-2评估青少年运动员的特质焦虑（9岁或以上）。然后，设计面试问题并安排采访一个运动员，了解他或她感受到的压力源，他或她对竞争的想法和感受，给该运动员带来焦虑的事情，她或他如何处理焦虑和压力源，她或他在比赛后有什么感受以及您认为很重要的事情。就该运动员如何应对和处理青少年体育运动中的压力写出一份案例简介。

3. 为参加特定体育运动的青少年运动员设计一个积极应对计划。这可能包括心理策略和技巧、生活方式的管理、身体训练以及您认为可能有帮助的任何其他应对资源。让您的计划简短、简单、实用，便于青少年运动员执行。

资源指南

避免青少年运动出现倦怠视频（Avoiding Athlete Burnout in Youth Sports）。

在体育运动中如何保持冷静视频（How to Calm Oneself in Sport）。

如何在体育运动中保持充满活力视频（How to Energize Oneself in Sport）。

如何在青少年体育运动中管理压力，第1部分视频（How to Manage Stress in Youth Sport Part 1）。

第12章

青少年体育运动中的损伤

本章预览

在本章中您将学习如下内容：

▷ 体育运动中发生过劳性损伤的多种原因；

▷ 关于骺板或生长板损伤的知识；

▷ 女运动员中普遍存在前十字韧带损伤的现象；

▷ 关于青少年运动员脑震荡的知识。

电影《大白鲨》的一个经典镜头是两个处境艰难的鲨鱼猎人幽默地比较谁身上的疤痕多，这些疤痕代表着他们多年来与鲨鱼搏斗所受的伤。在成长过程中参与体育运动的人也可能像鲨鱼猎人一样受到伤害。我们大多数人在体育运动生涯中经历多次受伤，因为体育运动要快速、有力地移动身体以及尝试超越自己的能力极限去做得更好。

不幸的是，损伤是体育运动的一部分，包括青少年体育运动。父母应该明白，轻微损伤是很常见的，包括扭伤和拉伤。然而，所有与青少年体育运动相关的成年人应该特别注意青少年损伤的以下三个主要方面。

1. 由于青少年体育运动中存在不适合发展的做法，受伤事件日益增多，而这些本来是可以避免的，例如过劳性损伤。

2. 儿童和青少年特别容易遭受某些类型的损伤，例如生长板和头部伤害。

3. 灾难性伤害在增加，特别是脑震荡和前十字韧带（ACL）损伤。

本章的目的是提高您关于青少年受伤的意识，让您更深入地了解为什么某些损伤会发生在青少年体育运动中，它们是如何发生的以及帮助您了解如何识别和防止损伤的发生。对于在第9章作为身体训练问题讨论的运动性中暑，教练和家长应该将其视为青少年可能遭受的严重但是可预防的"损伤"或健康风险。这一章不是一个体育运动综合急救课程，但我们强烈建议所有青少年体育运动从业人员参加急救认证课程，如人体运动出版社提供的体育运动急救课程。

青少年体育运动损伤基础知识

让我们首先确定一些青少年体育运动损伤的基本方面，作为稍后的具体损伤讨论的

背景。

影响青少年运动员损伤的特征

青少年运动员和成年运动员之间的某些身体差异让前者更容易发生损伤（Adirim & Cheng, 2003）。他们的头部相对于身体的其他部位比例更大，因此，头部更加容易受到伤害。因为孩子的身材比较小而且因人而异，防护装备不一定大小刚好合适。儿童的骨骼正在生长，而且长骨的生长板容易骨折和出现过劳性损伤。青春期前的运动员更容易发生热伤害，因为他们出汗阈值高导致出汗相对少。

儿童缺乏成熟的运动技能，这可能增加他们在一些体育运动中的受伤风险。与青少年的大脑不成熟相关的冲动与鲁莽可能会增加受伤的可能性。不幸的是，儿童都是完全依赖父母和教练指导的未成年人，即使是误导也照样听从。专业性不强的志愿者教练，在青少年体育运动中经常可见，他们可能让孩子面临更多的损伤风险。教练不可能是医学专家，但他们应该知晓自己所教体育运动的特点和受伤风险，而且能够采取DAP原则来预防和应对特定体育运动的损伤。

青少年体育运动中发生的损伤

每年大约有400万14岁以下的孩子因为运动受伤而接受治疗。下面是一些关于青少年体育运动中损伤发生的基本要点。

1. 所有青少年运动员损伤中，约有一半是过劳导致的。

2. 一般来说，损伤发生率和严重程度随着年龄的增长而增加。与年纪更大的运动员相比，青春期前的孩子不容易受伤，因为他们的速度、体重和体能更低，因此产生的力量没有那么猛烈。

3. 所有青少年体育运动损伤中，超过一

半是可以预防的。

4. 挫伤（或擦伤），扭伤（韧带过度受力）和拉伤（肌肉用力超出极限）是最常见的青少年运动员损伤。

5. 受伤概率最大的青少年体育运动是橄榄球、摔跤、体操、篮球和冰球。

6. 当运动员的身材大小和技能水平相匹配时，受伤率降低。

7. 青少年体育运动中的损伤以两种不同的方式发生：

a. 突发性大创伤，主要力量作用在身体的一个部位上，如在篮球中跳起着地踩在对手的脚上导致的踝关节扭伤，或者在垒球中滑入二垒导致的肩膀脱臼；

b. 反复性小创伤，长期、反复出现在身体的一个部位上，而且超出身体自身恢复和修复能力（如在游泳中过度使用肩膀，小联赛的肘部受伤而发生的应力性骨折）。

体育运动损伤的"忘记痛苦"和"咬牙坚持"思想

新闻标题："凯里·斯特强忍疼痛，帮助美国赢金牌"。这是在1996年奥林匹克运动会拍摄到的一幕。当时18岁凯里·斯特在第一次撑竿跳中撕裂了两条韧带，接着勇敢地进行第二次撑杆跳。听到这样故事的青少年运动员会认为在体育运动中应该"负伤坚持"。前小联盟明星投手回想起他的教练是这样指导他的：将投球那侧手臂放在冰柜中贴着冰棍，等手臂变得足够麻木不疼了，就可以投球了（Hyman，2009）。这就是一些成年人所支持和接受的"忘记痛苦"和"咬牙坚持"的思想，甚至得到青少年运动员的支持（Malcom，2006）。这种思想不仅会导致运动员受到严重的伤害，甚至可能会威胁其生命安全。

过劳性损伤

过劳性损伤成为青少年体育运动最常见的伤害，它始于20世纪80年代，当时俱乐部体育运动、全年化参与和体育运动专业化迅猛发展。过劳性损伤是小创伤，是身体部位（如骨骼、肌肉、肌腱）反复受到压力而且没有足够的时间来愈合或恢复导致的损伤（Brenner，2007）。

过劳性损伤的原因

识别过劳性损伤的主要原因很容易，那就是过度使用。然而，由于经常受到多种因素的综合影响，青少年运动员更加容易出现过劳性损伤。如表12.1所示，这些危险因素不仅存在于运动环境中，而且存在于运动员自己身上。

个人小插曲

体育运动损伤的文化思想

作为青少年运动员的时候，您是否被要求"负伤上场"，而且这种损伤可能是非常严重的？您当地的关于青少年体育运动损伤的文化是什么样的？您当时是如何对待这种文化的，现在呢？

体育运动环境因素

大量的训练和比赛是过劳性损伤最明显的特征。体育训练中固有的过量重复是罪魁祸首——棒球或垒球中的投球动作、游泳中的划水动作、跑步中的跨步动作和排球中的跳跃动作，它们的重复次数都是极高的。对于每周训练时间长于自己的年龄所能承受的青少年运动员，比如年仅12岁运动员每周打网球13小时，他们出现严重的过劳性损伤的概率比其他运动员高70%（Loyola University Health System，2013）。每周的训练进度超出所推荐进度的10%，或者缺乏适当的休息和恢复期，也容易导致过劳性损伤。

在坚硬的表面上跑步和做运动，以及不合适的训练设备，特别是鞋子，也可能导致过劳性损伤。父母应该购买为特定体育运动项目专门设计的鞋袜，而且大小还要适合运动员。容易使孩子出现过劳性损伤的最后一个体育运动环境因素是过度训练和在训练中"强忍疼痛，咬牙坚持"的思想。要教育青少年运动员，让他们知道身体的某些部位出现轻微的疼痛可能是更严重的过劳性损伤的警告标志。

运动员自身因素

和环境因素一样，运动员的几个特点也是出现过劳性损伤的原因。在执行动作时采用不正确的技术很容易导致过劳性损伤，而动作不规范经常出现在青少年运动员中。如投掷动作不规范（棒球投球和掷标枪）可能导致肩关节和肘关节损伤。一位排球教练向我（第一作者）指出，她的一个扣球手习惯在扣球之后单脚着地，因此着地失去平衡让她容易遭受应力性骨折或韧带损伤。教练应该铭记教会运动员正确的技术，这不仅可以提升表现，还可以减少损伤。

某些类型的解剖结构不对称或不平衡可能导致身体部位的劳损大于正常水平，如双腿长度不一致、脚弓扁平或过高、脚过度内旋、膝外翻和膝内翻。以前受到的伤害可能让运动员容易旧伤复发，而且许多身体素质不佳的青少年运动员参加团队训练时也增加受伤风险。青少年运动员正在生长中的骨骼所能应对的训练压力不如成年运动员。如第9章所述，不健康的女运动员三联征，即饮食失调、月经失调和骨质疏松症（糟糕的骨骼健康状况），将让她们更容易发生过劳性损伤。饮食失调和闭经增加女运动员的应力性骨折风险（Loud，Gordon，Micheli & Field，2005）。最后，某些个性特征，比如完美主义和强迫性激情，可能导致青少年运动员过度训练，放弃休息和恢复，尽管疼痛也继续参与。

表12.1 青年运动员过劳性损伤的风险因素

体育运动环境因素	运动员自身因素
重复次数过多和训练量过大	不正确的技术
过快的体育训练进度	解剖结构不对称或不平衡
缺乏恢复或休息时间	以前受过伤
在不适合的表面活动	身体素质或健康状况不佳
不合适的运动设备（特别是鞋子）	生长
来自父母、教练和同伴的过度压力	不健康的女运动员三联征
	完美主义或者强迫型人格

青少年体育运动中过劳性损伤的例子

如您所料，不同类型的过劳性损伤与不同类型的体育运动相关联。应力性骨折多发生在赛艇运动员的肋骨和胫骨以及跑步、网球、篮球和排球运动员的脚上。应力性骨折是轻微的骨骼受伤，通常是极细的裂缝，由反复施加，低于一击或一次负重就可致骨折的力量所导致（Loud et al., 2005）。肩部损伤多发生在游泳、棒球、网球、垒球和排球运动中，因为这些体育运动需要频繁使用手臂。

我们想把重点放在与青少年运动员的成长有关的三类过劳性损伤上。所有这三类损伤均与骨突炎有关。骨突是肌腱附着在生长的骨头上的长出物。骨突影响到骨骼形状的形成，但不会影响骨骼的纵向生长。所以骨突炎是发生在肌腱所附着的正在生长骨头上的炎症。在骨突的快速生长期间，反复活动和过度使用骨突将导致骨突炎。青少年运动员出现骨突炎的最常见部位是膝、脚后跟和肘。

胫骨结节骨骺炎

胫骨结节骨骺炎不是真正的疾病。它是膝盖的骨突炎，发生在青少年运动员青春期的生长突增期。骨骼的快速增长或延长导致横跨膝盖的肌-腱单元过紧。想象将一根绷紧的橡皮筋在骨头上刮擦，它可能会刺激骨头，在某些情况下还会拉扯或撕下骨头碎片，导致撕脱性骨折。青少年运动员将感觉到膝盖前面非常酸痛。这种病通常并不严重，当骨头停止生长之后症状就会消失。运动员没有必要退出体育活动，尽管他们可能想要休息、冰敷受影响的部位和服用抗炎药物，如布洛芬，以减轻疼痛。通常情况下，在青少年时期得过胫骨结节骨骺炎的人成年之后会在骨突位置留有一个隆起小块。因为骨突与骨头纵向生长无关，所以胫骨结节骨骺炎不会威胁到正常的成长。

西佛氏病

西佛氏病牵连到脚后跟骨突炎，它是由于反复对跟腱施加压力造成的。跟骨的生长速度快于腿韧带，会因为绷紧和过度拉伸而导致炎症和疼痛。脚后跟特别容易受到伤害，因为脚是最先长到完全尺寸的身体部位之一，而且脚后跟不是很灵活。再次提醒，西佛氏病通常不会造成长期伤害，而且青少年运动员可以根据疼痛的程度，通过请假休息和冰敷来减少疼痛和肿胀。

小联盟肘

小联盟肘是指肘部内侧（在肘部内侧能够摸到凸起的骨头，它就是上髁）发生的骨突炎。这种损伤被命名为"小联盟肘"，是因为它主要发生在青少年棒球投手身上。和骨突炎一样，小联盟肘可能伴随着撕脱性骨折，即由于过度使用导致骨头碎片或整个上髁撕脱。内上髁撕脱是青少年和青春期前上手投掷运动员最常见的骨损伤（Magra & Maffulli, 2005）。

小联盟肘由投掷过多引起，因为投掷动作会导致弯曲手腕的肌肉压力过大，而这些肌肉与肘部内侧相连。青少年运动员的肘内侧会经历疼痛，而且可能出现肿胀。一旦运动员（通常是棒球投手）经历疼痛（即使轻微的疼痛），父母和教练应该让他立即终止活动，并用冰敷疼痛部位，确保让医生检查孩子的手臂和肘关节。请记住，青少年正在生长的骨骼受伤可能比成人严重得多。上手投球的次数太多导致的过劳可能给青少年运动员带来严重的健康后果。

我们在青少年棒球"军备竞赛"中失败了吗

青少年棒球的军备竞赛并不是指核武器。它是指被误导的成年人将赢得比赛看得比孩子的幸福更重要。青少年棒球投手的过劳和误用导致手臂损伤率大幅度攀升。除了在小联赛中肘部发炎之外，青少年投手可能会遭受生长板骨折、生长异常、回旋肌和肌腱的拉伤与撕裂、软骨撕裂、骨头破裂以及典型的肘关节尺侧副韧带撕裂。最后这个损伤会导致汤米·约翰手术（韧带重建手术）。这项手术以美国职业棒球大联盟投手汤米约翰命名，因为他在1974年成为该手术的首例患者。

多项研究表明，投球数量过多是年轻投手产生手臂损伤的主要原因。约瑟夫·钱德勒医生之前是亚特兰大勇士队的整形外科医生，他在几年时间里统计了小联盟世界锦标赛中投手所投球的数量（Chandler, 2011）。他对小联盟投手的高超技术表示感到惊讶，并由此产生兴趣，想弄明白为什么没有小联盟运动员进入美国职业棒球大联盟。他的研究表明，开局投手（11 ~ 13岁）的平均投球数量和世界锦标赛中的成年人开局投手的投球数量（大约90个球）一样或者更多。与投球更少的投手相比，在一场比赛中投球超过80个的成人投手因受伤需要做手术的风险要高3倍。

钱德勒的另一个发现是，拐弯球投球数（曲线球和滑球）自1990年以来大幅增加。这些投球方法和手臂损伤有着历史渊源，尽管最近的研究表明，过劳或绝对投球数量比投拐弯球更容易导致手臂损伤（Valovich McLeod et al., 2011）。

过劳和误用已经导致青少年棒球投手手臂损伤现象普遍发生。

然而，这些更高级的投球方法需要有

专业知识的教练来指导正确的技术。不正确的投掷技术增加了手臂上的应力，让孩子容易受伤。研究表明，专业投手从14岁开始投曲线球，而今天投曲线球的平均年龄为11.6岁（Chandler，2011）。专业投手从17.8岁开始投滑球，而今天投滑球的平均年龄为14.5岁。职业投手一场比赛的投球不超过75个，而且不参加常年棒球比赛。他们说不会允许自己的孩子在15岁之前投曲线球，或者在17岁之前投滑球。

因为一些棒球投手认为他们在韧带重建手术之后投球更有力，所以有些家长鼓励孩子去做手术，以提高他们的投掷能力。这是荒谬的。手术是极大的创伤过程，而且可能发生很多并发症（例如疤痕组织、关节炎和感染）。弗兰克·乔贝医生是韧带重建手术的发明者（从身体其他部位取出一根肌腱来替换撕裂的韧带），他着重指出提升表现不是手术的目的，而且研究表明手术不能提升运动员的表现（Alexander，2014）。

让我们退出青少年棒球"军备竞赛"，因为这会让青少年投手以健康和能力为代价去参加他们喜爱的体育运动。我们敦促青少年体育运动项目领导人执行适合发展

表12.2　防止青少年在棒球运动中损伤手臂的建议指导原则

年龄	投球的最大数量			
分段	每场比赛	每周	每个季节	每年
8～10岁	50	75	600	1 500
11～12岁	75	100	800	2 000
13～14岁	75	125	1 000	3 000
15～16岁	90	150	1 500	3 500
17～18岁	100	150	1 500	3 500

的规则，以保障青少年投手的手臂健康和幸福（见表12.2中的建议）。

1. 孩子在14岁之前不应该投曲线球（或者在开始出现第二性征如长胡子之前）。

2. 孩子在18岁之前不应该投滑球。

3. 投手每年参与比赛不应超过8个月，而且在其余4个月的休息期间应避免上手活动。

4. 在一系列的投球比赛中，每场比赛之前至少要有两天休息。

5. 投手应避免手臂疲劳和疼痛时投球。

6. 教练、父母或双方应该系统地使用投球数量跟踪记录表。美国职业棒球小联盟在网上提供该表。

7. 对于年轻投手应该使用更轻的棒球。

8. 教练必须强调和实施正确的投球动作，让整个身体的动作顺畅执行，高效地转换力量。

9. 在投球比赛之后避免后院练习投球，或者两次比赛开始之前避免过度训练。

10. 避免重叠赛季参加多个球队的投球。

11. 永远不要使用雷达枪，它会引诱投手过度投球。强调控制、精准和良好的用力方法。

防止青少年体育运动中的过劳损伤

在表12.2中，父母和教练可以找到类似的、针对特定体育运动的指导原则，遵循它们可以防止过劳性损伤。如美国自行车协会限制青少年运动员的齿轮比；跑步组织为不同年龄组推荐最大跑步距离；美国游泳协会为不同年龄组推荐每周游泳的次数和训练课时间长度。此外，下面是一些通用策略，以防止青少年体育运动出现过劳性损伤。

1. 教青少年运动员认识和上报哪怕是轻微的疼痛和不适，因为它们可能是特定体育运动中过劳性损伤的征兆。

2. 青少年运动员应该每周至少要有1～2天停止参加有组织的体育运动或比赛。他们应该每年至少有2～3个月停止参加特定的体育运动。在此期间，他们可以参与其他体育运动或健身活动的交叉训练，改变训练节奏。

3. 教练和父母应该慎重考虑周末参加青少年体育比赛的做法，如排球、足球、垒球和棒球赛。为了最大限度地参与比赛，青少年运动员经常没有足够的休息和恢复，这将增加受伤风险。我和女儿的足球俱乐部沟通，要求尽量安排单场比赛，将锦标赛降到最低限度。包括运动员在内的每个人都喜欢这种方式。

4. 研究表明，在包含结构化热身运动的体育运动项目中，如动态拉伸、平衡和协调锻炼等热身运动，能使过劳性损伤率下降。

5. 在训练中使用多样化的方法来锻炼不同的技能和肌肉群，高难度和低难度的活动交替进行，让运动员在训练课中得到恢复。

6. 在网上搜索与您的体育运动的训练和伤害相关信息。不正确的信息经常被认为是事实。如一般人认为垒球中的风车式下手投球技术是自然的动作，给投球手的胳膊施加的压力更小。然而，最近的研究显示，这种投球方式给肘部和肩膀施加的压力和扭距与上手投球一样多。前肩痛是女子垒球运动员常见的过劳性损伤。

骺板损伤

因为青少年运动员正在长身体，影响到长骨（上肢和下肢）纵向生长中心的体育运动伤害听起来尤其吓人。这些伤害通常称为生长板损伤，它可能导致生长中断或骨头畸形。虽然生长板损伤非常严重，但绝大部分情况下不会导致生长停滞。

正在生长的骨头的解剖结构

所有的长骨头都有一个称为骨骺的部位，那就是圆形的骨端（见图12.1）。骨头长长的中间部分是骨干，而骨端逐渐变粗的部位称为干骺端。在正在生长的儿童身上，生长板位于骨骺与干骺端之间。生长板由软骨组成。软骨是有弹性的柔软物质，随着新骨组织的生长而变长。

当孩子的骨骼已结束生长（或达到骨骼成熟）时，生长板就会骨化（硬化），而骨骺与干骺端融合形成完整骨化的骨头。长骨的生长是一个复杂的生物学过程，骺板中的特殊细胞增殖、排列并分裂，从而延长骨头。破坏这些细胞的损伤是最危险的损伤，可能中断长骨的正常生长过程。（注：整个生长部位有时称为骺板，包括生长板和骨骺。）

骺板损伤的类型

像身体的其他部位一样，急性创伤（如骨折）或长期过劳都可能导致生长板损伤。一般来说，骺板-骨骺部位更易发生急性创伤，比如骨折，而骨突（前面已经讨论过的肌腱附着点）通常更容易发生应力或过劳性损伤。

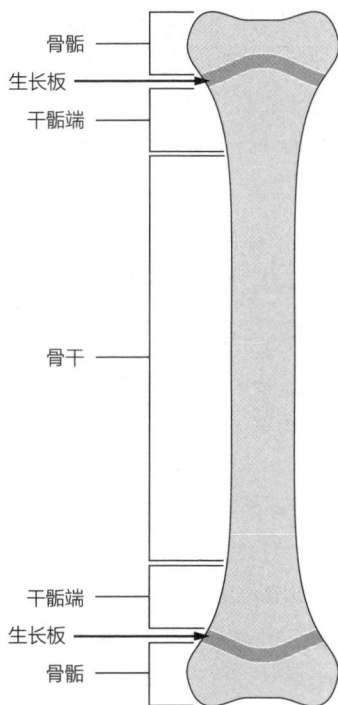

图12.1 正在生长的长骨的解剖结构

急性骺板损伤

　　急性骺板损伤的流行分类由索尔特和哈里斯所设计（1963）（见图12.2）。索尔特-哈里斯损伤根据递增的严重性可分为五种类型。记住这种分类的一个有用的方法是使用首字母缩略词SALTER，如下所示。

　　I型损伤（S表示"平直 'straight across'"）涉及横跨生长板的横向骨折或者上下分离增加生长板的宽度（骨骺和干骺端之间有更多空间）。这种骨折没有涉及硬化的骨头，而且生长板内的细胞生长没有受到干扰。I型损伤的愈合很快，很少发生并发症；通常在关节上打石膏来治疗该类型的损伤。然而，这个类型的损伤在X线片检查下是最难发现的，因为它横跨整个软骨部位，所以往往需进行临床诊断。I型损伤往往发生在年幼的儿童身上。

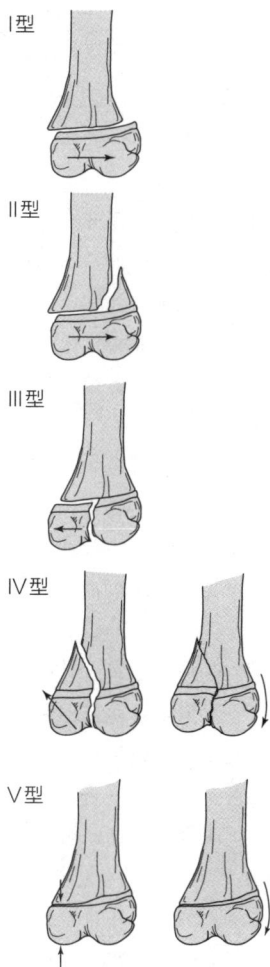

图12.2 骺板骨折的索尔特-哈里斯分类

　　II型伤害（"A"表示"上方 'above'"）是最常见的，包括和I型损伤一样的骨骺分离和延伸到干骺端的一处骨折。干骺端的三角形骨折在X射线检查下可以看到。损伤牵连到骨骺；因此**II**型损伤通常不是很严重。

　　III型损伤（"L"表示"下部 'lower'"）是关节内部骨折，横跨生长板和骨骺。这个部位的损伤通常更为严重，因为关节内的骨折必须完全复位（由骨科医师重新对齐骨头接口），而且往往需要进行手术。

　　IV型损伤（"T"表示"二或通过 'two

或through'")更加严重,因为这些裂缝贯穿干骺端、生长板和骨骺。因为骨折经过整个生长部位和关节,所以纠正位置(复位)是必不可少的,而且通常需要进行外科手术。

V型损伤("ER"表示"生长板磨损'erasure of the growth plate'")是剧烈的压缩损伤(例如,单脚从高处摔落,或者手臂张开的时候撞在墙上或曲棍球板上)。V型损伤存在较大的生长阻碍和骨畸形的风险,因为骺板生长板被压扁破坏。

当青少年运动员诉说扭伤时,父母和教练应该留心是否存在生长板损伤,甚至可能是骨折。生长板是孩子的薄弱环节,而且成年人常见的踝关节扭伤在孩子这里可能就变成了踝关节骨折。我们希望您能了解不同的索尔特-哈里斯伤类型,但建议您谨慎小心,如果发现青少年运动员出现看起来轻微的扭伤,就要让内科医生进行检查。特别是看儿童骨科医生非常有好处,因为他们专门研究儿童的肌肉骨骼损伤,可以更容易地诊断问题。我2岁的儿子股骨发生骨折时,立即送到专科儿童医院,让儿童骨科专家进行诊疗,最终让孩子得到了高水平护理,并取得了积极康复效果。

骺板过劳性损伤

我们已经讨论过因为过劳发生在骨骼的肌腱附着点上的骨突损伤。慢性反复创伤也可能损害骺板生长板,因为这种创伤干扰了生长板内的生长细胞。青少年体操运动员由于过度使用手腕,已经出现手腕生长板扩大和过早闭合的现象。

骺板损伤发生在运动中的发生率为1%~12%,具体发生率大小取决于特定的体育运动。生长干扰很罕见,但也可能发生;因此成长中的孩子发生骨头受伤,就需要有儿童

伤害治疗经验的专家进行细致诊治。如果真的发生骨折时,尤其是在索尔特-哈里斯损伤分类中处于更高级别,那么就需要精心地对齐骨折创面并打上石膏固定,以保持骨头和关节的完整性。

女运动员前十字韧带损伤

在《女斗士》(*Warrior Girls*)这本书中,迈克尔·索克拉夫(2008年)按照时间顺序记载了过去几十年以来女运动员前十字韧带(ACL)损伤的上升趋势。他这样预言艾米·斯蒂德曼的职业生涯:作为青少年足球天才,她注定成为她这代人的最佳足球运动员之一,而且一定会成为美国国家队的成员。作为美国高中顶尖防守球员和美国19岁以下足球队的队长,斯蒂德曼反复和膝关节损伤搏斗。21岁时,她的右膝盖前十字韧带发生3次撕裂,并做了8次手术。她的职业生涯结束了。而且她将来的身体健康受到了严重影响。与正常的人相比,前十字韧带受伤的人出现早发性骨关节炎的风险增加9倍。前十字韧带受伤的青少年在20多岁或30多岁时,患上膝关节骨性关节炎的风险非常高,这会导致慢性疼痛和活动受限(Lohmander, Englund, Dahl & Roos, 2007)。

前十字韧带的解剖结构和作用

前十字韧带是膝盖下方的两条呈十字形交叉的韧带。韧带是将骨头和骨头连接在一起并起到稳定关节作用的结缔组织。前十字韧带位于膝盖前部。前十字韧带的作用是通过防止胫骨(下腿骨)向前滑动到股骨(大腿骨)下方来稳定膝关节,同时也限制了膝关节的旋转运动。它提供了大约90%的膝盖关节稳定性。前十字韧带只是身体很小的一部分,因此这个任务非常繁重。前十字韧带

小于小指，呈长方形，就像一段展平的橡胶带。前十字韧带受伤会让运动员感到疼痛，而且膝盖变得不稳定，如产生膝盖无力的感觉。发生撕裂的前十字韧带不能重新缝合在一起。相反，需要从身体的其他部位移植组织来构造新前十字韧带，比如来自其他部位的肌腱。

前十字韧带损伤的发生

虽然身体接触可能导致前十字韧带损伤，如足球运动员在抢球时过度伸展或弯曲膝盖，但80%都发生在非接触场合。导致损伤的典型动作是立定急转方向、旋转改变方向、突然减速以及跳跃着陆。

在许多前十字韧带损伤中一个常见的身体姿态是动态膝关节外翻，这意味着双腿膝盖并拢，腿尖略朝向外（见图12.3中的膝外翻姿势）。因此这种姿势是前十字韧带损伤的危险因素。个人的解剖学结构或习惯性动作形成了膝盖的这个姿势。

谁会遭受前十字韧带损伤

任何人都可能经历前十字韧带撕裂，但有些人的风险更大。当然，根据刚才所讨论的受伤原理，一些解剖学因素也可能导致这种损伤（例如严重的膝关节外翻或膝盖并拢）。前十字韧带损伤在12岁以下的孩子中很罕见。骨骼不成熟的孩子们更容易经历骨折而不是韧带扭伤或撕裂，因为他们的韧带比生长中的骨骼更强壮。女孩前十字韧带损伤率从12岁开始增加，男孩从14岁开始增加。

前十字韧带损伤在女运动员中更为常见，其受伤率是男运动员的8倍。10个女篮球和足球运动员中，就会有一人撕裂前十字韧带。运动医学专家将这一现象定为普遍级别，而且进行大量的研究以确定为什么女性的前十字韧带损伤风险更高。

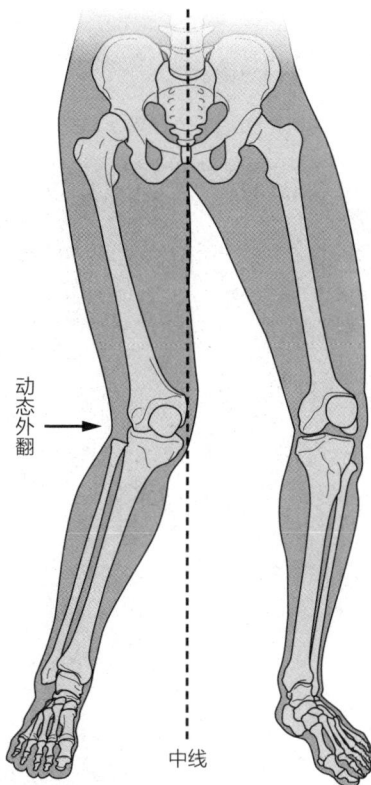

图12.3　动态膝外翻，增加前十字韧带损伤的风险

为什么女性的前十字韧带损伤风险更大

目前已经发现几个因素导致女运动员比男运动员更容易发生前十字韧带撕裂。

解剖结构和激素原因

膝关节的髁间凹位于股骨的两个圆形末端之间。前十字韧带就在这个凹槽内活动，与股骨和胫骨相连。女性膝盖的髁间凹通常比男性的狭窄，因此给前十字韧带提供的空间有限，导致韧带在活动过程中受挤压。Q角是测量从膝盖中心到髋关节中心的对齐角度。通常情况下，更宽的臀部和更短的股骨导致女性的Q角变大，而这已被证明与膝关节间题有关。更宽的Q角也导致膝关节外翻更多（膝关节向内或靠拢），而这与前十字韧带损伤有关联。

女运动员的前十字韧带撕裂风险是男运动员的8倍。

与男性相比，女性的膝关节更松弛，活动范围更大。研究也显示，前十字韧带松弛与女性激素水平变化有关。如女性在月经周期的排卵阶段前十字韧带损伤的风险更大（Zazulak，Paterno，Myer，Romani & Hewett，2006）。

神经肌肉和生物力学原因

解剖学差异让女性更容易出现前十字韧带损伤，但这无法改变。另外，影响女性运动员的前十字韧带损伤的神经肌肉和生物力学因素可以在训练过程中得到解决。因此，希望您了解这些因素，然后考虑采取什么样的方法来避免年轻女运动员膝关节受伤，包括前十字韧带撕裂。与男性相比，女性的肌肉力量通常更小，更多地使用股四头肌来保

持稳定性，而且在特定时刻需要较长时间来发展肌肉力量。这些因素导致前十字韧带面临更大的压力。

研究显示，不正确或糟糕的运动模式会导致前十字韧带损伤。不成熟跳跃方式，如跳跃着地时屈膝幅度小，整个脚板平着地而不是脚尖先着地，会导致膝关节承受更多的压力和力量。女篮运动员60%的前十字韧带损伤都发生在跳跃着地时。与男孩相比，女孩更难达到跳跃的最成熟阶段，因为女孩在跳跃着地时膝关节弯曲通常较少，而膝关节外翻较多。另一个与前十字韧带撕裂有关的不合适运动方式是以直立姿势转弯或转向。同样，女运动员通常在急转方向和旋转改变方向时膝关节弯曲较少，而膝关节外翻较多。生物力学专家发现很多女孩的跑步姿势与男孩不同，膝盖弯曲较少且步态较直。她们跳跃着地的冲击力更重，在快速转向时未能安全地减速。这些运动技能都是可以教、练和学到的。青少年体育运动从业人员（教练、运动训练师、体能和健身训练专家），特别是在像篮球和足球这样的运动中，应该加入基本运动技能训练和神经肌肉发展训练，旨在预防前十字韧带损伤。

预防前十字韧带损伤策略

我们不能说仅因为解剖结构上的差异，就导致前十字韧带损伤在女运动员中的发生率高于男运动员。和过劳性损伤一样，它通常是解剖结构特点和危险运动方式共同作用产生的结果。旨在防止女运动员发生前十字韧带损伤的神经肌肉和基本运动技能训练项目取得了很大的成功。这些预防项目将滑雪、篮球、足球和手球运动中的前十字韧带损伤发生率减少了60%～89%（Silvers & Mandelbaum，2007）。对于青春期的女运动员，预防项目将前十字韧带损伤发生率减少了72%（Dharamsi

& LaBella，2013）。这些预防项目包括热身运动、拉伸运动、加强运动、增强式训练（重复爆发性跳跃）、针对特定体育运动的灵敏性与缓和运动。一个例子就是圣塔·莫尼卡PEP前十字韧带损伤预防项目；其他项目和示例训练可在互联网上找到。

所有这些训练课程的重点都是正确的技术。在慢跑热身期间，应该告诉女孩保持臀部、膝关节和脚踝直线对齐，不要将膝关节并拢（外翻）或者脚跟往外撇。通过弓箭步行走增强体能时，要告诉运动员将前膝关节保持在脚踝上方，避免前膝关节向内偏（外翻）。在反复跳跃活动中（如左右跳跃，越线跳跃或越锥跳跃）应该以脚掌柔软着地，膝关节弯曲且位于臀部上方。如果运动员变得疲惫，不能以非常正确的方式执行技术，则应该停止训练。目标是正确执行技术。

对于12岁以下儿童，应该跨越球场上的线条或平锥练习连续跳跃，强调着地技术而不是跳跃高度。年幼的孩子也应该做两条腿着地，在青春期之后再加入单腿跳跃。成年人应该使用口头提示来让青少年运动员熟悉正确的动作，如"膝盖在脚趾正上方"或"着地要轻柔"。给运动员提供反馈，使他们感觉到哪些姿势具有最高的生物力学效率，哪些姿势会导致受伤风险。

要教会青少年运动员一个良好基本姿势是运动姿势（见图12.4）（Myer，Ford & Hewett，2004）。这是一个稳定、平衡的姿势。膝关节弯曲，眼睛向上看，双脚与肩同宽，而且身体重心平均分布在脚掌上。膝关节应该位于脚掌的上方，而胸部应该位于膝关节上方。在整个训练课中，可以反复指导运动员采用运动姿势，随着时间的推移就成了习惯。教练可

图12.4　运动姿势:（a）正面视图和（b）侧面视图

以扩展站立运动姿势，让运动员在练习急转方向和旋转改变方向的同时保持这一姿势。在需要急转方向、跳跃、跑步和旋转改变方向的体育运动中，教练应该在日常训练课中加入这些基本的神经肌肉练习和训练方法。

青少年体育运动中的脑震荡

我们需要关注和重视儿童的过劳性损伤、生长板和前十字韧带损伤。然而，这些伤害与青少年运动员的创伤性脑损伤相比根本不算什么。大脑是我们的一切；它是身体一切活动的控制中心，而且不同于膝、肘关节等身体的其他部位，大脑不能打石膏、缝合、冰敷、缠绕绷带或者用另一根肌腱修补。大脑受伤之后，只能休息，寄希望于它会自己痊愈。但是大脑有时不能痊愈。2013年8名高中足球运动员在比赛中死于创伤性脑损伤（Gregory，2014）。

体育运动中的脑震荡是如何发生的

脑震荡一词来自拉丁文concussus（表示碰撞在一起）。脑震荡是脑部被击中、碰撞、摔倒和冲击导致的神经功能短期受损的伤害（Moser，2012）。在过去的10年中，8～13岁受到与体育运动相关的脑震荡影响的人数增加了1倍，而因头部受伤寻求治疗的14～19岁的青少年增加超过200%。在高中，脑震荡风险最高的运动是美式橄榄球。在女子体育运动中，脑震荡发生率最高的是足球和篮球。英式橄榄球、冰球和曲棍球的脑震荡发生率也高于其他青少年体育运动。

与体育有关的脑震荡通常由加速和减速引起。打击头部属于加速导致的脑震荡，如美式橄榄球运动员的头部遭到恶意攻击。减速导致的脑震荡指运动员的头部撞在一个相对固定的物体上，如球员撞在篮球场的地板

上，美式橄榄球运动的抱摔头盔着地，或者在足球运动中头部与正在顶头球的运动员相撞。打击导致头部快速扭转也可能导致脑震荡。如在冰球中一个球员从盲侧用身体阻截对方带球者。颅内的大脑漂浮在脑脊液形成的缓冲垫上。如果头部受到猛烈的打击或外力，如橄榄球中的头盔发生碰撞，头部就会瞬间减速，而颅内的大脑仍然保持运动，最后撞在颅壁上。这就是为什么头盔避免不了美式橄榄球运动员发生脑震荡。头盔可以防止头皮裂伤、颅骨骨折，但是不能预防脑震荡。这种撞击会导致脑震荡引起的大脑瘀伤和神经功能受损。颅内发生的扭转动作会拉伸和伤害神经细胞，扰乱它们与身体其余部分发送和接收信号的能力。

冲击会扰乱大脑的微妙电化学平衡，使其进入危急模式。危急模式意味着大脑——这个非常聪明的器官，立即将所有能量（血糖）用于保护自身和试图治愈损伤。发生这种情况时，其他正常的大脑功能（记忆、注意力和运动控制）的能量供应都截断了，因此这些功能都受到损害。在整个恢复过程中——这可能是几天、几个星期或者甚至更长时间——大脑处于新陈代谢抑制状态，因为损伤使大脑其他功能丧失。这就是为什么全面的精神和身体休息非常关键，它让大脑可以自我修复。这通常意味着得脑震荡运动员不要发信息、玩视频游戏、使用电脑、做家庭作业、看书，甚至看电视也要节制，以便大脑得到完全休息（Moser，2012）。当然，医生要在医嘱中为脑震荡青少年运动员写明活动限制和休息时间。

脑震荡的易发性

儿童和青少年的大脑比成人的大脑更容易遭受脑震荡。与成年运动员相比，青少年运动员的髓鞘化脑轴突发育不完善、头的相

对比例较大、颈部肌肉较少、颅骨更薄，而且运动技能和身体控制能力较差。高中足球运动员发生灾难性头部损伤的风险是大学生运动员的3倍。儿童脑震荡的症状通常出现得比较晚，因此损伤的严重程度要在数天之后才明显。让问题更复杂的是，孩子可能没有意识到可能危及生命的损伤；而且即使意识到，他们也通常隐瞒症状，避免错过比赛。当被问及为什么没有报告脑震荡症状时，高中运动员说，他们没想到症状已经到达需要报告的严重程度（66%），不想离开比赛（44%）以及不想给自己的团队丢脸（22%）（Gregory，2010）。

越来越多的证据表明，女性比男性更容易遭受脑震荡；而且与男性相比，女性的脑震荡症状更严重和持久（Moser，2012）。在足球运动员中，女孩遭受脑震荡的概率比男孩高68%。目前提供了各种原因，包括大脑解剖结构、激素和颈肌组织差异以及报告症状时的诚实程度，但没有得到结论性解释。

曾经得过脑震荡的青少年再次得脑震荡的概率上升4～6倍。青少年运动员尤其容易发生第二次撞击综合征（SIS）。第二次撞击综合征指运动员在第一次大脑损伤完全恢复之前再一次发生灾难性大脑损伤。第二次撞击综合征导致严重的、不可逆的脑损伤，并且损伤有大约一半的概率是致命的。

青少年运动员脑震荡的征兆

父母和教练可以通过观察一些迹象得知运动员遭受了脑震荡。这些迹象分为四类：身体、认知、情绪和睡眠。头痛是最常被报告的症状，但是这些迹象的任何一个都可能表明发生脑震荡。在脑震荡事故中，意识丧失的发生率小于10%。其他身体症状包括恶心、呕吐、平衡和视觉问题、疲劳、对光线敏感以及眩晕或昏眩。认知症状包括精神迷糊或反应变慢，难以集中注意力和记忆，不清楚最近发生的事件，回答问题慢或重复回答。情感症状包括易怒、悲伤、紧张和情绪化。睡眠也可能受到脑震荡的影响，症状包括嗜睡、入睡困难以及睡眠时间减少（Halstead & Walter，2010）。

现场评估

如果怀疑青少年运动员遭受脑震荡，那么负责任的成年人应该在球场的边线上评估运动员即时出现的症状。这包括问运动员问题，观察他的神志是否清醒，了解他当前的感觉如何。最好由有资质的运动训练师做评估。有资质的卫生专业人员可以使用几种现场评估方法来评估运动员的受伤情况，包括通过问问题评估运动员的神志和记忆情况，通过让运动员做不同的姿势评估其姿势稳定性（Halstead & Walter，2010）。

因为大多数青少年体育运动队没有运动训练师，所以教练和家长应该能够通过观察行为和问简单的问题做一个粗略的评估。记住，这个初步评估只是确认是否存在发生脑震荡的可能性，不能确定脑震荡的严重程度。如果怀疑脑震荡，运动员应立即停止活动，相关人员应马上为其提供医疗护理（如医院紧急护理）。

关于重返比赛的决定

脑震荡症状可能持续几个星期甚至几个月。如果还存在任何症状，一定不要让运动员重返比赛。不管症状的严重程度如何；症状没有完全消失表明大脑仍在恢复中。脑震荡专家警告武断的规则，如在受伤24小时或3天之后可以重返比赛。脑震荡必须一对一进行管理，而且应该由医生来决定何时重返比赛。如果怀疑没有痊愈，就要耐心等待！

脑震荡的长期后果

与没有得过脑震荡的运动员相比，经历过两次或以上脑震荡的高中运动员会遇到更多的认知（学术）和情感问题（Moser，2012）。得过脑震荡的运动员可能在成绩上会由好学生变成差学生，而且还有挥之不去的身体症状，如头痛、头晕、胸闷和视力模糊。此外，新出现的证据揭露了脑震荡的长期影响。

2011年，75个前职业橄榄球运动员以及部分前球员妻子起诉美国国家橄榄球联盟（NFL）。诉状中声明橄榄球联盟虽然知道多次脑震荡的长期影响包括脑损伤、老年痴呆症和抑郁，但是对球员隐瞒该信息。越来越多的前橄榄球运动员（超过40人）死亡之后的大脑检查表明其大脑存在退行性脑病迹象，这种病又称为慢性创伤性脑病（CTE）。虽然接受大脑检查的大部分橄榄球运动员都是年纪较大者和退役运动员，但对20多岁就去世的橄榄球运动员进行大脑解剖后发现他们处于慢性创伤性脑病早期阶段。30 ～ 49岁的普通人中，每1 000个人中就有1个人有可能患上老年痴呆症或阿尔茨海默氏症。在相同年龄段的退役 NFL 球员中，每53个人中就有1个人得到同样的诊断（Gregory，2010）。美国橄榄球联盟和全国曲棍球联盟球员得抑郁症和自杀与其多次发生脑震荡相关联（Caron，Bloom，Johnston & Sabiston，2013）。

我们为什么在本书中呈现这些统计数据？这样做是为了打破抵制改变传统体育活动的文化，这种旧文化直接导致了许多运动员付出生命的代价。2013年的一份美国全国民意调查显示，1/3的人说他们不愿让孩子踢足球，因为存在脑震荡风险。虽然参加体育运动总是有风险的，特别是像美式橄榄球这样的碰撞性体育运动，但对脑损伤的担忧可能有助于改变美国的体育运动参与模式。从 2007年 到 2013年，在6 ～ 12岁的孩子当中，美式足球的擒抱参与人数下降26.5%（Gregory，2014）。2014年9月的《时代杂志》封面提出了一个问题，"美式足球值得参与吗？"旁边附有一张乍得·斯托弗的照片，他死于密苏里州一场高中比赛导致的创伤性脑损伤，年仅16岁。我们对斯托弗的家人致以诚挚的慰问。

有效地预防和应对青少年体育运动脑震荡的策略

1. 父母、教练或两者都应该直接告诉青少年运动员脑震荡的危险和症状。要坦白地对孩子说清楚头部损伤的危险性，甚至可以说得更严重，如告诉孩子若大脑受伤未报告给家长或教练，可能导致死亡。将脑震荡的症状说一遍，然后让运动员尽量描述自己感受到的症状。摒弃隐瞒伤情和带伤比赛的有害文化。也许可以邀请知名运动员，让他和运动员谈论脑震荡的危害。从2005年到2013—2014学年高中橄榄球运动员的脑震荡上报案例增加了一倍（Gregory，2014）。这种情况表明运动员、父母和教练对脑震荡症状有了更多的认识，报告也更诚实了。

2. 如果可能的话，对运动员进行神经认知基准测试，比如颅脑损伤后即时评估和认知测试（ImPACT），许多职业和大学运动项目都采用它评估脑震荡。这些测试软件在赛季前（基准）评估运动员各方面的认知功能，比如注意力、记忆、处理速度和反应时间。如果运动员遭受脑震荡，就对其重新进行测试，将得到的分数和之前的基准分数进行比较。运动员的表现水平必须达到基准测试水平，才可允许他们重返比赛。

3. 要求教练接受关于青少年体育运动脑

震荡的教育，提倡家长学习相关的知识。美国国家州立高中协会全国联合会提供一个在线测试体育运动脑震荡的项目。这个免费的在线课程包括初中和高中运动员在每个阶段重返比赛的指导原则。美国47个州颁布了自2009年以来最严格的青少年体育运动脑震荡安全法律。

4. 给父母和教练提供关于脑震荡的情况说明书，如美国疾病控制和预防中心（CDC）提供的《警告：高中体育运动脑震荡》（*Heads Up: Concussion in High School Sports*），或者通过国家项目获得相关信息。

5. 青少年体育运动领导人和教练应主动考虑对规则、政策和运动技术进行重要更改，帮助保护青少年运动员免受头部损伤。如1976年的橄榄球规则更改，禁止大学和高中橄榄球运动员用头盔撞人，或者禁止蓄意使用头盔首先接触对手，这一措施导致灾难性颈椎损伤发生率（导致四肢瘫痪）减少87%。以前的旧教学技巧"看看球衣上的数字"已经替换为"看你击向何处"，以保护运动员远离这类伤害。美国橄榄球提供注意事项教育认证项目，包括脑震荡意识和擒抱信息。

波普·华纳橄榄球赛通过在实践中限制接触来应对不断增长的对脑震荡的担忧。当球员排队相距超过3码（2.7米）时，禁止全速迎头拦截或擒抱练习。此外，任何训练或队内分组比赛的接触量减少至不得超过其训练或比赛时间的1/3。美国冰球协会将冰球的截止年龄从11岁增加至13岁。美国冰球协会改变了高中和大学级别的规则，禁止以任何方式接触对手的头部，同时还概述了如何根据青少年运动员的发育水平循序渐进地引入身体接触。虽然在体育运动中不可能防止所有脑震荡，但是这些规则的更改是减少青少年运动员脑震荡风险的重要步骤。

法律责任和紧急行动计划

管理青少年体育运动中的损伤首先从全面计划以及执行政策和程序开始，这些步骤要先于训练和比赛。青少年体育运动领导人应该明白他们在孩子受伤时要承担的责任，了解制定应对严重受伤的切实可行的紧急行动计划的重要性。

体育运动损伤的预防和处理相关法律责任

为了不因玩忽职守而遭到起诉，青少年体育运动主任和教练应当履行一些法律职责，以防止和处理受伤。作为方式不恰当（在极其炎热和潮湿天气下要求运动员穿上全尺寸护垫练习美式橄榄球，而且没有充分的休息和饮水）或者不作为（没教运动员正确的美式橄榄球擒抱技术）都可能导致疏忽。第14章专门介绍了青少年教练的管理责任（Martens，2012）。

青少年体育运动领导人必须敏锐地意识到这些职责，特别是预防和处理伤害。提供适当的紧急援助，评估运动员的损伤和能力，提供正确的指导，警告固有的受伤风险，如在美式橄榄球中擒抱时头朝下会发生什么，以及提供安全场地环境和设备，这些都是与预防和处理伤害相关的主要责任。

如在美国，给运动员教过时的美式橄榄球擒抱技术就是玩忽职守（如用头盔撞人或以头盔开路），因为他未能履行提供正确指导的法律义务。如果青少年棒球运动员在本垒一头扎向接球手并导致了创伤性脑损伤或脊髓损伤，那么教练可能存在疏忽，因为他没有警告运动员这个动作可能导致严重的伤害。所以，教练不应该只教和强调使用正确的技术；他们应该一再警告年轻运动员某些动作或行为可能导致严重的伤害。

紧急行动计划

向受伤运动员提供适当的医疗援助的义务要求青少年体育运动设计和演练紧急行动计划（EAP）。EAP是处理青少年体育运动活动中发生严重伤害的固定流程。网上可以找到很多紧急行动计划的具体例子，而且有可用的模板和格式。附录K提供了一个紧急行动计划示例模板。下面是紧急行动计划的主要准备事项和所需的信息。

人员

指定特定的成年人，不管何时，需要执行紧急行动计划时他们肯定会在场。您可以按照许多种方式来划分职责，下面只提供一个例子。请记住，必须提前指定分别由哪个人来履行这些职责。这就是为什么这个计划被称为紧急行动计划。发生医疗紧急情况时，每个人都应该知道自己在这种情况下的具体职责，并立即执行之前分配的任务。

其中一个成年人被指定为护理人员，负责照顾受伤的运动员，并提供适当的急救和护理。很明显，这个人应该获得急救和心肺复苏（CPR）认证。这个人最好应该是获得认证的运动训练师，但是在许多青少年体育运动情况下，只能由教练来担当这个职务。

第二个指定的人员是通信员。他负责打紧急救助电话，说明情况，并为紧急医疗服务（EMS）团队提供达到路线指导；引导救护车或医疗保健专业人员进出场所；联系运动员的父母或运动员提供的紧急联系人，并保持后续联系。

第三个指定的人员是负责人。他通过控制旁观者和可以接触受伤运动员的人员，保证一个井然有序的、安静的环境。他还和领导、教练和球员一起协作，解释事件的详细情况，并决定该事件是否需要进一步处理。

负责人还可能要承担其他联系任务，如联系校监、体育运动主任或该体育运动项目中需要知悉情况的其他人。这让沟通人员能够专注于为受伤的运动员寻求医疗援助以及为运动员的家庭提供支持。

应该指定一个人负责团队的急救箱和其他现场要使用的紧急设备或物品。应该指定一个人负责运动员紧急医疗登记表，而且每次比赛或训练都要带到现场。

运动员的资料

每次比赛或训练都要将运动员紧急卡片或名册带到现场。这应该包括紧急联系人（通常是父母）的姓名和电话号码，历史医疗记录（例如癫痫、糖尿病和哮喘），以及当前服用的药方。这个信息登记表备有一定数量的复印件，提供给护理和沟通人员，以及有需要的紧急医疗服务回答者。该信息是保密的，不应公开与其他家长或运动员共享。

电话号码、现场地址和方向

必须现场携带可正常通话的手机，让沟通人员随时可以使用。此外，紧急行动计划应该包括重要的电话号码名单，如紧急医疗服务、主教练和助理教练、顾问医生、体育主任和最近医院的急诊室电话。所有场所的地址都应该出现在紧急行动计划上，如在整个赛季中娱乐篮球联赛比赛安排在不同的体育场馆。

在紧急行动计划中应该提供和准备好到达每个地点的方向。这些地址信息可以报告给紧急医疗服务人员，以确保他们快速到达。此外，为紧急医疗服务团队打开锁着的大门和清理其他障碍物也是紧急行动计划的一部分。在我们的紧急行动计划例子中，这是沟通人员的责任。

这里概述的责任和流程可以而且应该根

据每个青少年体育运动场所进行调整。然而，这些紧急行动计划的基本要素必须被包括。附录K展示了紧急行动计划的书面形式。

本章小结

损伤是青少年体育运动的一部分。我们不能消除损伤。即使采用适合发展的训练和教学也可能发生严重的损伤。但我们可以关注"可控制因素"：有效的指导，针对特定体育运动的损伤预防活动和训练，具有明确责任分管的、演练过的紧急行动计划以及教练的教育和认证。我们继续倡导以适合孩子发展的方式修改规则和改变文化态度，摒弃将孩子置于风险中的"忘记痛苦，咬牙坚持"的老套思想。

学习帮手

关键术语

骨突——肌腱附着在生长的骨头上的长出物。

骨突炎——发生在肌腱所附着的正在生长的骨头上的炎症。

脑震荡——脑部被击中、碰撞、摔倒和冲击导致的神经功能短期受损的伤害。

挫伤——瘀伤。

骨干——骨头中间的细长部分。

骨骺——骨头的圆端。

韧带——将骨头和骨头连接在一起的结缔组织。

小联盟肘——肘部内侧出现骨突炎（炎症）。

干骺端——骨头两端逐渐变宽的部位。

胫骨结节骨骺炎——膝关节骨突炎，发生在青少年运动员的青春期生长突增期。

过劳性损伤——身体部位（比如骨骼、肌肉、肌腱）反复受到压力而且没有足够的时间来愈合或恢复导致的小创伤。

生长板——在生长骨头上位于骨骺与干骺端之间的生长板。

第二次撞击综合征——运动员在第一次大脑损伤完全恢复之前再一次发生灾难性大脑损伤。

西佛氏病——反复对跟腱施加压力导致的脚跟骨突炎。

扭伤——韧带过度拉伸。

拉伤——肌肉用力超出极限。

应力性骨折——轻微的骨骼受伤（通常是极细的裂缝），由反复施加低于一击或一次负重就可致骨折的力量所导致。

要点归纳

1.青少年运动员和成年运动员之间的一些身体差异让前者更容易受到伤害。

2. 在所有青少年体育运动损伤中，大约一半是过度使用导致的，而且有一半以上的损伤是可以预防的。

3. 过劳性损伤由环境和运动员因素共同导致。

4. 影响生长中骨骼的骨突的三种过劳性损伤是胫骨结节骨骺炎、西佛氏病和小联盟肘。

5. 青少年棒球投手的过度使用导致肘关节损伤事件数量大幅上升，有的损伤后果严重，如侧副韧带撕裂损伤需要做韧带重建手术。

6. 骺板或生长板损伤根据由轻到重可分为五类。

7. 在强调立定和急转方向的体育运动中（足球、篮球），女运动员比男运动员更容易遭受膝关节损伤，如前十字韧带撕裂。

8. 青少年教练、体能训练专家和健身训练专家可以通过神经肌肉和基本运动技能训练减少女孩的膝关节损伤。

9. 体育运动加速和减速引起头颅内的大脑撞击颅壁，从而导致脑震荡。

10. 许多大学和一些高中采用神经认知测试作为评估方法，确定运动员什么时候可以重返比赛。

问题探究

1. 说出导致青少年比成年人更容易受到伤害的几个身体特征。

2. 列出导致青少年运动员过劳性损伤的多个环境和个人因素。

3. 骨突炎是什么，为什么它是发生在孩子身上的一种过劳性损伤？举三个例子，说明它通常发生在青少年运动员的什么部位。

4. 从解剖学上描述儿童的长骨是如何生长的，并提供一些关于受伤会损害生长板的例子。哪些类型的生长板损伤更严重，为什么？

5. 解释在篮球和足球运动以及相似的体育运动中，女运动员的前十字韧带撕裂概率通常高于男运动员的各种原因。

6. 提供一些具体例子，说明教练应该如何帮助女孩防止膝关节损伤。

7. 为什么美式橄榄球或曲棍球的头盔不能防止脑震荡？在您的回答中，从解剖学和生理学上解释脑震荡的发生原因以及大脑对脑震荡做出的反应。

8. 为什么青少年运动员比成年运动员更容易得脑震荡？

9. 说出几个脑震荡症状，并解释教练或家长在怀疑孩子得了脑震荡时应该如何马上评估症状。

10. 作为青少年体育运动教练，您打算使用什么策略来对付体育运动可能发生的脑震荡损伤？

思考性学习活动

1. 选择一项特定的体育运动。研究青少年在这项体育运动中的受伤普遍性，并描述该体育运动中的常见损伤类型。根据这项体育运动中的发生的损伤的性质，想出几个切实可行的预防损伤的方法。

2. 为年轻女足球运动员设计 15 ～ 20 分钟的训练计划，帮助她们预防前十字韧带损伤。您应该开展一些独立的研究，为这些训练计划找几个例子。说明如何规划一片场地，让一群年轻女足球运动员每天开始训练时可以执行该计划。

3. 考虑美式橄榄球运动员脑震荡高发现象和显示他们出现长期大脑退行性病变的新证据，您是如何预测美式橄榄球的未来发展方向的？

资源指南

Flegel，M.J.（2014）.Sport first aid（5th ed.）. Champaign，IL：Human Kinetics.

Moser，R.S.（2012）.Ahead of the game：The parents guide to youth sports concussion. Hanover，MA：Dartmouth College.

新罕布什尔州达特茅斯学院。

体育运动中的脑震荡（Concussion in Sports），NFHS 免费在线课程。

针对教练的急救、健康和安全课程（First Aid, Health and Safety for Coaches），NFHS 认证课程。

警告：青少年体育运动中的脑震荡（Heads Up: Concussion in Youth Sports），在线培训课程和情况摘要。

体育运动中的急救（Sport First Aid），人体运动出版社教练员教育，在线课程。

青少年体育运动的社会因素

欢迎来到本书的第4部分，在这个部分你会发现不同的社会环境对青少年体育运动的影响。在接下来的4章中，您将要学习以下内容。

- 刻板的陈规旧习，例如性别和种族成见，对青少年体育运动产生的有害影响。
- 作为青少年体育运动的领导者，应该如何提升自己的文化修养水平？
- 为什么体育运动不能塑造性格？教练和父母怎样做才可以帮助青少年运动员发展生活技能和更高水平的道德理性？

发展适宜性实践
（DAP）

第16章：
青少年体育运动中的道德和生活技能培养

第13章：
青少年体育运动中的文化修养

第14章：
教练和青少年体育运动

第15章：
家长和青少年体育运动

- 青少年体育运动教练所需的技能。
- 父母对青少年运动员的影响。

这个部分的各章内容将帮助您了解存在于青少年体育运动周围的一系列社会影响因素。我们的工作是将这些影响因素合理地排列起来，确保提供一个公正的、有利的社会环境，让孩子享受和受益于青少年体育运动。

青少年体育运动中的文化修养

本章预览

在本章中您将学习如下内容：

▷ 男性和女性的相似点多于不同点；

▷ 性别和种族成见如何损害青少年体育运动参与者的利益；

▷ 成为文化修养更高的青少年体育运动领导者的方法。

假如你的中学队伍中有两个男摔跤运动员拒绝参加即将到来的比赛，这是因为他们被安排与同一重量级的女孩竞争。或者，假如你是高中篮球教练，一个年轻运动员向你披露自己是同性恋，他希望得到您的支持和指导，以妥善的方式告诉队友们自己的性取向。或者在7～8岁女童足球队中，开始有白人孩子喊两个非洲裔美国队友"卷毛仔"，他们认为这是友善的乐趣，而这些都是他们从一些大人口中学到的词。

你能够有备而来地处理这些情形吗？如果你的答案是"不"，那也不要担心，因为这些情形对我们所有人都是一个挑战。要想在这种情形下有效地解决问题，需要有文化修养，那就是我们有效地与来自不同文化、亚文化和背景的人进行交流的能力。文化修养包括知道自己的文化身份和关于分歧的个人看法。所有的青少年体育运动工作者都需要提高自身的文化修养。我们的文化变得越来越多元化，这就要求我们加深对亚文化群体的理解。

文化修养连续体

一个人的文化修养水平可看作是落在表13.1所示的连续体的某个点上（Adapted from Cross, Bazron, Dennis & Isaacs, 1999）。虽然我们的目标是达到"文化修养"级别，但许多人都停留在"准文化修养""文化盲目""文化无能"级别上。处于准文化修养级别上的人希望提升自己的文化修养，但未能参加增强文化意识所需的教育和进行自我反思。在这个级别上的人通常做表面功夫，这是肤浅行为，就像"走过场"，表面上包容不同群体的成员。表13.1中的表面功夫的例子是，邀请一个女性做助理教练只是为了有个女性教练，而不是尊重她的任何重大规划和决策。

*文化盲目*典型的做法之一是"我不看肤色。我对大家一视同仁"。青少年体育运动员并不都是一样的。他们有不同的需求、个性、动机、信仰、信念和背景。同样对待每一个人通常意味着假设每个人都适应当今的主流文化习俗。告诉七八岁的足球运动员在家

表13.1 文化修养连续体

级别	描述	例子
文化修养	接受和尊重差异；根据对文化的理解持续自我评价；小心注意动态差异	不容忍男孩的性别歧视言论（并告诉他们为什么这样做不对）；学习一些基本的手语，与有听力障碍的运动员沟通
准文化修养	想要达到文化修养级别，但是没有明确的计划或行为；做表面功夫	邀请一个女性做助理教练，但是没有让她参与团队任何规划和决策
文化盲目	感觉自己完全没有偏见，而且所有的人都是一样的；鼓励同化；忽略文化优势和多样性的优点	"我不看肤色。我对大家一视同仁"；期待所有的运动员都选择与主流文化一样的衣服和发型
文化无能	不想成为破坏性文化力量，但是缺乏有效应对形形色色的人的能力	降低女运动员的努力或成绩标准；"非洲裔美国运动员更适合某些体育运动位置"的旧观念
破坏性文化力量	对文化造成破坏的信仰、行动和政策	排斥女孩参与体育运动；嘲笑男同性恋和女同性恋运动员；发表种族主义、性别歧视或同性恋歧视的言论

里和爸爸一起踢球意味着每个人的爸爸都在家里，而且妈妈不能踢足球！让高中女生游泳队的成员不要老给男朋友发短信聊天，是假定她们都是异性性取向。实际上，同样对待每一个人是不公平的。你会惩罚有个曲棍球球员在重要节日或纪念日不参加训练吗？我们不希望这样。包容文化的多样性和独特性还需要做更多的工作，因为这会让我们走出舒适范围，但包容和支持这一核心思想对孩子在体育运动和社会中的总体幸福有强大的影响。

*文化无能*表现为虽然无破坏意识，但行为却以微妙的方式起到破坏作用。通过假设女孩的热情、动机和技术不如男孩，教练会剥夺她们的挑战机会和技能发展需求。一个高尔夫球教练对一个非洲裔美国青少年说"非洲裔美国人打高尔夫球的不多，在职业高尔夫球联赛中很少看到他们的身影"，这很可能会影响孩子的志向，甚至让他觉得自己不太合适参加高尔夫球训练或者感到不自在。

*破坏性文化力量*通过故意歧视不同的亚文化群体来破坏我们的文化和处于该文化中的所有人。美国《教育法修正案》第九条（第2章中曾讨论）的通过、多年的诉讼和坚定的支持，才最终为女童和妇女争取到体育运动的机会。在男子气概的体育比赛文化中，贬低女性、男同性恋和女同性恋运动员的现象

非常普遍（Woods，2011）。即使是默认接受（或忽略）关于性别歧视、种族主义和同性恋憎恶的评论和"笑话"，在文化上都具有破坏性。我们不能忽视文化修养的责任，应该通过提高文化修养，让青少年体育运动更加包容和开放。

在青少年体育运动中对文化进行多方面的理解是非常重要的，但探讨所有方面超出了这本书的范围。我们至少会提出我们认为对青少年体育运动从业人员非常重要的文化修养，而且建议你继续搜索额外的信息，让自己的文化修养逐步成熟。在第1章中，我们提出了几个影响青少年参与体育运动的障碍，包括性别、民族、种族、社会经济地位和残疾。第1章的内容引导您"面对"青少年体育运动，包括孩子参与某些体育运动所面临的障碍。本章侧重于提高你对文化和亚文化差异的认知与理解，以提升青少年体育运动参与者的体验（以及从整体上促进文化发展）。在本章中我们最关注的是性别，因为它对青少年体育运动产生关键影响（如体育运动中的两性平等和性别成见）。

性别和青少年体育运动

在我们所属的亚文化群体中，性别的影

个人小插曲

你的文化修养怎么样？

查看文化修养连续体的级别。根据本章开头给出的场景反映出的个人文化修养，你在什么级别？您的文化修养随着时间改变了吗？如果改变了，是什么促成了这种改变？如果你感觉自己的文化修养不能应付所有情形，那是正常的。重要的是要提高你对文化修养的认识，并根据具体的文化挑战来提高自己的文化修养。

响是最大的。从出生那一刻起，甚至在出生之前，父母和家庭就为女孩或男孩做了不同的准备。成年人以不同的方式与女孩或男孩交谈，而且对待和看待男孩与女孩的方式也不同。**社会性别**是指社会认为更符合女性或男性的特征和行为，通常分为女性和男性。**生理性别**是指生物学特性，以个人的染色体、激素水平以及内部和外部生殖器官为基础。新闻或研究中报道的性别差异指的是这个方面。

因此，生理性别是生理性的、固定不变的，而社会性别文化是构造的、动态变化的。如美国高中的男性摔跤运动员多于女性摔跤运动员，这是社会性别差异。成年男性的平均身高大于成年女性的平均身高，这是生理性别差异。这种区别很重要，因为当某些差异被错误地标记为生理性别差异（实际为社会性别差异）时，我们倾向于认为男性和女性在文化形成的特征上存在生物学差异。在美国《教育法修正案》第九条通过之后，有些男性反对性别平等政策的执行（在第2章曾讨论），论据是女性参与体育运动的兴趣不如男性。该论据错误地假设在他们有兴趣参加的运动中女性在生物学上与男性不同。显然，这种过时的文化将体育运动看成是男人的活动，从而给女性参与体育运动的机会设置了巨大的性别差异。

相同点多于不同点：生理性别和社会性别的重叠

当你读一篇杂志的文章，说女孩比男孩更灵活或男孩都比女孩强壮，这通常意味着认为所有女孩都比所有男孩灵活以及所有男孩都比所有女孩强壮。当然，事实并不是这样的。这些文章指的是某一群体或人口的平均差异（或统计平均值之间的差异）。问题是我们往往看到平均数就简单地推断差异适

用于所有人。实际情况并非如此。事实上，男性和女性之间的相似之处是多于不同之处的（Horn et al., 2015; Hyde, 2005）。

了解生理性别和社会性别的差异及相似之处，有助于直观地呈现各种特征在整个男性和女性群体中的分布（Hyde, 2005; Ulrich, 1987）。图13.1所示5组线条表示生理性别或社会性别的差异和相似之处。根据每组线条，男性和女性都或多或少存在相似或差异。每组有一条男性（M）线条和一条女性（F）线条，而且每条线都标出最高点、平均点和最低点。为了帮助您理解重叠线条的概念，让我们找出适合每组线条的身体或运动特征。

总体重叠

A组线条表示总体重叠，或者男性和女性之间没有差异。男婴和女婴在实现各种运动能力里程碑（翻滚、转头、抬头、爬行和行走）之间没有差别。值得注意的是，新生儿和婴儿的很多特征完全重叠。男性和女性的另一个相同特点是他们的体重和身高从婴儿期到青春期的增长。尽管我们的社会在青少年体育运动项目中经常将男孩和女孩分开，但从身体的角度看这样做没有理由。

男性分数略高

B线条表示男性的特征分数稍微高于女性。成年后的身高就是个很好的例子，男性的平均身高为175厘米，女性的平均身高为163厘米。青春期之前上半身的力量以及童年投球和接球的熟练程度也会符合这组线条。然而，尽管男性在成年之后平均身高高于女性，但也有很多成年女性高于成年男性（由B组线条中女性线条的上半部分表示）。青春期之后上半身的力量也是如此。青春期之后男性的上半身比女性强壮，但是线条之

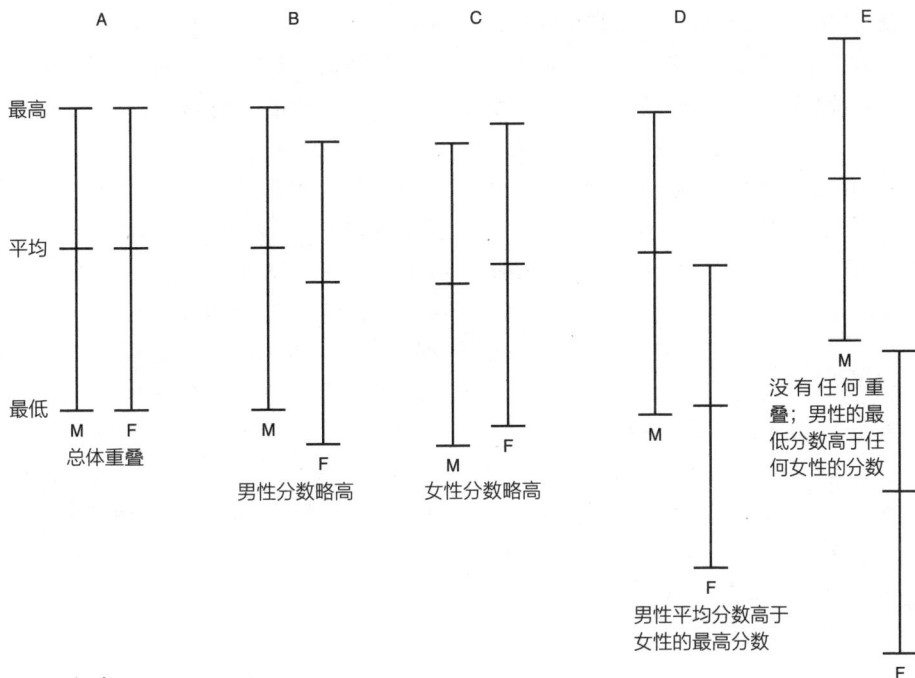

图13.1　以重叠线条表示基于生理性别或社会性别的差异和相似之处

间的重叠表示也很多女性的上半身力量比男性强壮。尽管在B组线条中男性的平均值高于女性，但也有很多女性的这些特征分数高于男性。线条的重叠提醒我们，社会性别和生理性别的差异是基于平均值的，在两性之间的平均差异之外还有很大的可变性（和相似性）。

女性分数略高

C组线条表示女性特征分数略高于男性的特征。符合这组线条的特征包括灵活性、童年精细运动技能、青春期之后的体脂率和生理成熟时间（女孩的成熟年龄较早）。这组线条也同样出现很多重叠，与上一组线条的差别并不大。与女性相比，也有很多男性更灵活，童年时有更好的精细运动技能，青春期之后有更多身体脂肪以及成熟年龄更早。这些线条告诉我们，女性在平均水平上占优势；但不要错误地假设所有女性的这些特征的得分都高于男性。这种假设是不正确的，这点在这两条线条的重叠中清楚地反映出来。

男性平均分数高于女性的最高分数

现在问题变得更复杂。D组线条表示男性特征的平均分数高于女性特征的最高分数。对于这组线条，我们班的学生经常以高尔夫球击球距离和冲刺速度为例子。但仔细想想其中的问题，在所有美国青少年中，全国任意一个男孩的高尔夫球击球距离都优于最佳的女孩吗？全国所有青少年男孩的100米平均冲刺时间都优于跑步速度最快的女孩吗？当然不是。

找出D组线条的特征的诀窍是必须缩小取样范围，不要包括所有人口。如让我们选择最优秀的300个男性和女性职业高尔夫球手,比一比谁的击球距离最远。顶尖的300个男性职业高尔夫球手的平均击球距离和顶尖的女性职业高尔夫球手一样(约251米)。然而,仍有一些女性职业高尔夫球手的击球距离远超过职业男性高尔夫球手,如社会性别的线条重叠部分所示。符合D组线条的大多数例子都来自受过专业训练的青春期之后的运动员。

没有任何重叠

在E组线条中,所有男性和女性根本没有重叠,其中男性的最低分数高于任何女性的分数。这方面最简单的例子是生物学例子,你也可以选择受过专业训练的精英运动员,如参加奥林匹克竞赛的100米短跑运动员或精英举重运动员来举例。

重叠的重要性线条的概念

在青少年体育运动中对运动员的能力、训练支持做决定时,如青少年体育运动是否应该男女混合或分开,您觉得大多数人脑中会出现哪组线条?前三组线条几乎代表了青少年体育运动中男性和女性的表现水平与身体特征之间的关系。然而,我们的文化让大多数人不自觉地想起D组和E组线条中描绘的社会性别,而且青少年体育运动中的决策通常是基于这种想法。文化修养包括理解通常发生在青少年体育运动中的男孩和女孩之间的重叠部分。对于青春期之前的技能指导和比赛,根据技能水平对青少年运动员进行分组可能比根据性别进行分组更加有用。

身体特征和运动技能中的平均社会性别差异

现在,有了对社会性别重叠的理解之后,我们就能够找出男性和女性身体特征及运动技能中的几个明显的平均社会性别差异。这些差异往往从细微开始,然后在童年特别是在青春期之后变得显著起来。12岁之前,男孩和女孩在力量、速度和有氧耐力上的差异非常小。但超过这个年龄之后,男性变得越来越强壮,速度越来越快,而且耐力越来越好,这几个方面的发展都超越了女性。女性在所有年龄段都有更好的柔韧性和更好的精细运动技能,但这些差异并不大。社会性别差异在基本运动技能中也很明显。在单脚跳、蹦跳和跳跃方面女性都优于男性,而男性更擅长操控技能,如投、接和踢(Barnett,van Beurden,Morgan,Brooks & Beard,2010)。上肢投掷是最能反映社会性别的最大差异的运动技能,甚至在运动者很小的时候就表现出来(Hyde,2005;Petranek & Barton,2011)。

青少年体育运动中社会性别差异产生的原因

体育运动和运动技能中平均社会性别差异可归因于身体和生物学差异,以及男孩和女孩在我们的社会中的社会化差异。

身体和生物学差异

男性在青春期之后的几个身体特性让他们在需要体能、力量和速度的运动中超越女性。成年男性倾向于更高,四肢更长。男性的肩膀宽度可以容纳更多的肌肉,而较大的肩带是青春期之后男性获得更大的上半身力量的主要原因。与成年女性相比,成年男性有更多肌肉和更少的脂肪,即使在受过训练的运动员中取样也一样。男运动员的身体脂肪含量平均为4%~12%,而女运动员为12%~23%。男性发展出更大的骨骼肌以及更大的心脏和肺脏,也有更多的红血细胞携带氧气,获得有氧耐力优势。毫无疑问,男性和女性身体上的几个不同特征影响到他们的运动表现水平。但出现在青春期之前的社会性别差异有什么影响吗？在该年龄阶段中男性和女性之间的身体差异还很小。

社会性别成见

答案在于我们的文化中的男孩和女孩如何理解和内化性别观念、价值观和行为方式。这就是所谓的**社会化**，在这个过程中我们主动地形成关于我们是谁以及我们该做什么不该做什么的观念。在大多数文化中，男性和女性社会化方式差异很大。社会化的过程往往也是形成成见或陈规旧习的过程。**成见**是关于特定类型的个人的普遍观念。

社会性别成见的形成是一个过程，其中儿童生理性别决定了他们所参与（或不参与）的活动，并决定了他们在这些活动中所受到的对待方式。体育运动通常被认为是男人干的事，而这种成见导致男孩觉得自己的运动能力更强，而且把体育运动看得更重。这两点都超过了女性。这导致了体育运动中所观察到的社会性别差异。以下是一些关于社会性别成见形成的具体例子。

1. **父母不怎么鼓励女孩积极参加身体活动**。在对待子女上，父母已被证明对女儿参加体力活动的鼓励更少，给女儿提供的体育运动相关机会更少，而且觉得儿子的体育运动能力高于女儿（Fredricks & Eccles，2005）。

2. **在敏感时期女性受到的基本运动技能教育往往更少**。您在第5章中了解到儿童学习基本运动技能的敏感时期是2～8岁。这在人类发展过程中是非常有限的时间，在这个时期内学习经验对大脑产生特别强烈的影响。敏感时期是学习运动技能的最佳时期；虽然晚些时候也可以学到运动技能，但要困难得多，而且很难达到在敏感时期学习技能的熟练程度。平均来说，男孩在大多数

基本运动技能中均优于女孩，特别是物体控制技能（投球、接球）和身体控制技能（敏捷性）。

如果女性在早年不能发展这些重要的基本技能，当她们想要参与体育活动时就处于不利地位。缺乏机会、指导或同龄人社会化都可能阻碍女孩参与体育运动。同龄人社会化的一个例子是男孩就女孩参与体育活动发表的贬低性言论。下面是男孩与女孩在操场上参加体育运动时说的话："女孩太弱了""她们是一群傻妞""这是男人玩的游戏"以及"她们弱不禁风，小不点，而且可能会弄折指甲"（Oliver & Hamzeh，2010）。您只需稍微观察当地的游泳池、公园或操场，我敢打赌您会注意到儿童的基本运动技能的差异。男孩的玩耍往往更活跃且与体育运动有关，而女孩的玩耍往往更加被动、安静、身体受到限制。

3. **在整个童年和青春期都强调社会性别成见的玩具**。请参见"休息一下"，了解关于该主题的讨论。

4. **青少年往往迫于压力参加"适合性别的"体育运动**。如果有人告诉你她的一个孩子参加冰球运动，而她的另一个孩子参加花样滑冰运动，你通常会如何推想这两个孩子？根据社会性别推想就是男孩参加冰球运动，而女孩参加花样滑冰运动。孩子根据社会性别选择更适合自己的体育运动。体操运动更适合女孩，因为她们的身体柔韧好；而男孩选择踢足球，因为足球对抗激烈，经常需要身体接触（Hannon，Soohoo，Reel & Ratliffe，2009）。

5. **女运动员不断被媒体情色化**。当人们以性吸引力来评价女孩或女人并将她们当作性利用对象时，就会发生情色化。男运动员代言产品或者登上杂志封面时很少被描绘为性感对象，而女运动员通常以性感的姿势呈现，而不是体育运动照片。女孩的情色化始

于青春期，这是她们的自尊在此期间下降的一大原因。情色化会导致抑郁、身体羞耻、低自尊和女性饮食失调。当高中和大学女性看到女运动员积极参加体育运动的照片后，她们关于身体能力的感知开始增加，而且更有欲望参与身体活动（Daniels, 2009）。当女孩看到姿势性感的女运动员的照片时，她们就会对自己的外貌和身体形象产生消极的感觉。媒体性感地描绘运动员直接抵消了参与体育运动给年轻女孩带来的所有正面影响。

6. 男孩如果不是技能熟练的运动员将会遭到嘲笑和尴尬，因为对男性的顽固成见包括力量、肌肉发达、运动精神和缺乏对其他参与者的同情心（Tischler & McCaughtry, 2011）。擅长体育运动的男孩往往受到同伴的欢迎，他们的自尊、自我形象和身份认同

休息一下

芭比娃娃和简易烤炉

儿童从18个月就开始社会性学习，知道哪些玩具适合女孩子玩，哪些适合男孩子玩。大多数孩子的房间都有"适合性别的"颜色和玩具。男孩更喜欢运动玩具、建筑玩具和超级英雄。这些更活跃的玩具引导男孩参与更多的大负荷运动。女孩更希望得到或选择布娃娃（例如芭比娃娃）、儿童大小的家居用品（例如简易烤炉）和毛绒玩具。这些玩具引导女孩变得更安静、活动范围更小。全世界每隔3秒就卖出一个芭比娃娃。如果有一个儿子和一个女儿，那么在麦当劳给孩子点餐时让人很烦恼，因为孩子总是问"这个是男孩的还是女孩的？"难道孩子不能只是根据自己的兴趣选择玩具吗？

虽然两种性别的孩子在玩具和体育活动上都感受到强烈的性别成见，但是研究表明男孩的性别成见比女孩更严重（Wood, 2002）。女孩可以玩两种性别中常见的各种玩具，但是似乎我们都顽固地认为男孩只能玩"男人"玩具。此外，研究发现父亲的性别成见比母亲严重，特别是在为儿子买玩具上。

虽然我们仍然生活在一个性别分类的世界中，但是有一些运动正在提倡更多的性别中立。在20世纪90年代，芭比娃娃被编程设定为说"数学课真难"和"派对礼服非常有趣"之后遭到大众的强烈抗议。人们对这种具有巨大破坏力的性别成见语句表示愤怒，最终迫使美泰玩具公司删除了这两句话。在2012年，美泰玩具公司首次推出Mega Bloks Barbie建筑玩具，而孩之宝公司为女孩开发了Nerf Rebelle十字弓，为男孩开发了黑色和蓝色（更有男子气概）的简易烤炉。乐高公司现在有五种不同的女性迷你娃娃，包括穿着空手道衣服的艾玛。您的孩子会玩哪些玩具？这些玩具的选择可能如何影响他们？我们希望孩子可以根据个人兴趣和能力（和志向）选择玩具，而不是受限于狭隘的性别身份。

得到增强。不适合文化规定的社会性别角色的男孩遭到嘲笑，而且可能因此伤及自尊和社会关系。不符合根深蒂固的"男子汉运动员"看法的男孩描述了这种成见的负面影响（Tischler & McCaughtry，2011）："有时我对体育运动感到十分不安，我觉得很不舒服。有一次我因为太紧张而吐了。我不擅长这项活动。我不希望其他孩子看到我"（p.43）。"人们会嘲笑你。如果你搞砸了，其他孩子会冲着你大喊和尖叫，取笑你"（p.44）。

为什么性别成见发生在孩子身上

很多家长将自己的性别成见育儿做法解释为希望孩子适应文化和被文化接纳。然而，需要教育儿童和青少年关于性别成见的害处，它对女性和男性参与体育运动起到限制和破坏作用。使用"假小子""女同"和"男同"等贬低性词语表明性别成见的很大一部分来自对同性恋的憎恶，这是一种对男同性恋者、女同性恋者、双性恋者的非理性恐惧或不容忍。然而，父母给孩子买的玩具和引导他们参与的活动不会使孩子的性取向发生任何改变。最后，在体育运动中，性别成见一直主张男性占主导地位而女性占从属地位，而这种观念被社会中的很多人延续下去。我们认为，女孩可以参加各种各样的体育运动，男孩可以参加各种各样的体育运动，男孩和女孩也可以一起参加相同的体育运动，而且我们的文化也会因此而变得更加丰富。

超越性别成见

那么，如果碰到年轻男摔跤运动员拒绝和女摔跤运动员比赛（本章开头所述），你会怎么做？你可以告诉他，在美国女子摔跤是发展最快的高中体育运动之一，而且也是一项女性奥林匹克运动项目。你可以叫他描述是什么感觉和想法让他难以走出这一步，帮

助他摆脱对女性对手的情色化，只是简单地将她视为另一个竞争对手。

我们希望成年人领导者不要忽视性别歧视的言论，如"你投球像个女孩""男人就是男人"和"重色轻友"。这样的话语是不能接受的，而且对每个人都有害处。当加利福尼亚州圣莫尼卡市新道学校的三年级老师听到学生说"你投球像个女孩"时，他们给同学看了一个关于莫内·戴维斯的短纪录片。戴维斯是第一个在小联盟世界锦标赛（2014年）上让对手得零分的女投手，她的快球达到113千米每小时，而且她的曲线球让击球手直接愣住了。她的团队以4比0的比分战胜了纳什维尔队，她投了6局，对方8次单击不中出局，而且两次内场击球准许得分。她成为体育画报的封面人物，而且激励着女孩超越严格的"适合性别"体育运动界线。新道学校的一个学生这样描述戴维斯产生的影响："亲爱的莫内，我看到了你的视频。你太棒了，因为你的事迹让我觉得只要我用心去做，我就可以做好任何事情。"（Chen，2014，p.152）

邀请有能力的女性作为教练并将琐碎的事情分配给"团队妈妈"这一成见，修改为分配给"妈妈和爸爸"（并将名称更改为"团队管理者"）。给女孩提供机会和设定期望，让她们在所有体育运动中都活跃起来（并且让她们穿舒适的衣服和运动鞋，以便能够轻松地跑、跳和爬，从而建立基本运动技能）。对不符合"男子汉运动员"成见的男孩提供支持和建议，帮助他们找到发泄途径，从而保持参与体育运动的积极性。

青少年体育运动中的种族和民族

大多数人知道，体育运动中的种族歧视

有着悠久的历史，第2章提到的发生在1955年的坎农街明星小联赛的故事，就是青少年体育运动中种族歧视的例子。

种族是指共享相同的基因遗传特征的一类人；其中一个特征就是皮肤的颜色。然而，种族概念非常模糊，因为在现实生活中与特定种族相关联的特征相当广泛或是变化的。非裔美国运动员也被称为黑人运动员，但在整个非裔人群中存在许多不同的肤色。泰格·伍兹是有1/4非裔血统的美国人，但他作为黑人高尔夫球手得到广泛认同。

民族是指特定群体的文化遗产。族裔群体的例子包括美国人、亚裔美国人、西班牙裔和非洲裔美国人。西班牙裔美国人是美国最大的少数群体；这个术语指的是这个群体的民族遗产可以追溯到讲西班牙语的国家。亚裔美国人也是在美国增长较快的少数群体。

社会中倾向于根据生物学解释种族差异，尤其是黑人和白人。详细讨论这种趋势超出了本书的范围，但体育运动社会学家表明，在体育运动中采用生物学对种族差异进行简单化解释具有误导性。没有人试图找出加拿大人在冰球上取得成功的天生特征，也没有人试图找出挪威人为什么有这样得天独厚的心肺系统，使他们能够成为越野滑雪运动的常胜将军（Coakley，2009）。大家都知道，冰球在加拿大很受重视，而挪威人从学会走路起就开始学习滑雪。然而，关于非洲东部的人在长跑上、牙买加人在短跑上的生物学优势的文章层出不穷。

种族成见

种族成见在运动中屡见不鲜，而且在很多方面具有破坏性。历史上对黑人运动员的成见包括他们被认为是"天生"的运动员，被赋予了速度和跳跃能力，而参与复杂战略和决策的能力偏低。这种成见可能导致教练和运动员基于个人的种族选择体育运动、比赛和职位。我清楚地记得，过去的美国国家橄榄球联盟中没有黑人四分卫，而且美国职业棒球大联盟中几乎没有黑人投手。显然，这些都是基于几十年的种族成见的歧视性做法。但类似的成见依然存在于教练员的思想中。教练员应该根据青少年体育运动员的表现技能进行评估和教学，不应该对他们的种族有任何先入为主的成见。

有一种现象称为"成见威胁"，当针对一个群体的负面成见导致该群体执行某项任务的表现下降时，就会出现这种现象。如果告诉黑人运动员高尔夫推杆测试是测试"体育智商"时，他们的表现就会变差；如果告诉他们是测试"自然运动能力"时，他们的表现就会变好（Stone，Lynch，Sjomeling & Darley，1999）。因此，这种基于种族或性别的成见影响到我们对自己执行特定技能的能力的信心。

防止种族和民族成见

青少年体育运动队中的种族和民族差异可以教孩子们两件事情：（1）不同种族和民族的人的相似点多于不同点（类似于社会性别的重叠线条概念）；（2）意识到其他亚文化的丰富，这可以帮助人们更好地理解和欣赏世界。

成人教练和领导者应该扩大自己的文化修养范围，了解和支持各种节日和庆典，记住不是每个人都过圣诞节和复活节。必须立即制止种族主义言论和诋毁，而且将其视为不适宜的行为。甚至可以在孩子发表成见言论时对其进行教育（在第14章中详细讨论），让孩子能够提高自己文化修养。我们强烈倡导青少年运动领导者通过与青少年运动员的

休息一下

维维安·斯金格教练对文化修养的看法

我们都向维维安·斯金格学习文化修养，她是罗格斯大学女子篮球队的教练。在2007年，随着全国大学体育协会全国锦标赛的结束，一个成功的赛季也随之结束。全国广播电台脱口秀主持人艾默通过广播嘲笑斯金格的球队，将她们称为"卷毛"。该事件发生之后，在一个围满观众和记者的新闻发布会上，斯金格和她的队员就这句不当的评论进行了有力的驳斥，表达了它如何剥夺了一个成功团队的喜悦。

斯金格教练说："她们在训练房里努力训练并取得了巨大的成就，她们通过自己的天赋和才能给这个州的大众带来微笑和骄傲。然而，我们不得不忍受种族主义和性别歧视言论，这些令人遗憾的、卑鄙的、恶劣的、不合情理的言论，它伤害了

我。让我这样说吧。这些年轻的女士可能是在毕业典礼上致告别辞的最优生，是未来的医生，是音乐神童，当然也可能是女童子军。她们都是优秀的女士。"为了帮助我们理解种族主义和性别歧视如何危害社会，斯金格教练补充道，"它与运动员是不是黑皮肤、是不是卷毛无关。而是关系到作为人类的我们所有人。一个人受到不平等待遇，就是所有人受到不平等待遇"。（Strauss，2007）

虽然这个事件并不是发生在青少年运动背景中，但是它可以作为教练和青少年运动员的教材，让他们更多地了解和致力于提升文化修养。斯金格教练的有力回击极大地推动了我们的社会摒弃破坏性种族主义的标签。

讨论公开解决负面成见行为。要注意防范因为运动员的种族、民族背景或社会阶层而暗暗降低对他们的期望（Martens，2012）。避免优待和特别关照与您有相同文化背景的运动员。寻找机会让运动员与团队成员分享他们的文化遗产，加强青少年运动员了解和接受文化多样性。

性取向和青少年体育运动

性取向是指在感情上、爱情上或性行为

上对男性、女性或双性产生的持久吸引力，而且是青少年身份发展的一个重要部分。性取向通常分为以下三类：同性恋（同性吸引）、异性恋（异性吸引）和双性恋（同性和异性都吸引）。初中和高中的男同性恋与女同性恋运动员更容易被欺负和遭到人身攻击，而且与异性恋青少年相比，其试图自杀的概率要翻倍。

要想让青少年在社区茁壮成长，他们需要在社会上、感情上及身体上感到安全和得到支持。在体育运动中，教练和老师以前一

直避免谈论性取向问题，留给家庭私下解决。但是避免就是默认歧视和偏见。与性别和种族诋毁言论一样，同性恋诋毁言论（如"男同""女同"）也是破坏性的，毫无疑问这应该当作一个严重的问题。我们的孩子告诉我们一句话"那样做很像同性恋"，因为一些青少年看到不适宜或愚蠢的行为就会这么说。当人们使用这种诋毁言论时，我们应该质疑他们："你说'同性恋'是什么意思？如果男同性恋或女同性恋者听到这样的话，你认为他们会有什么感觉？你觉得以嘲笑别人与你不同之处为快乐对吗？"

我们理解很多人觉得自己的文化修养不足以引导青少年运动员讨论性取向问题或者给他们提供建议。这没关系，但我们敦促青少年体育运动领导者做的是，寻找当地的教育专家和心理健康专家作为求助源头，如学校的辅导员和心理专家以及社区的咨询专家。运动员、家长和教练可以向他们请求帮助。我们鼓励教练与推荐给其他专家的运动员保持紧密联系，从而让教练成为支持团队的一部分，而不是只把专家的电话号码给运动员或家长。

美国青少年体育主任在体育运动宗旨声明中加入了接纳和支持不同性取向。青少年体育运动员发表任何诋毁言论或有成见的言论，教练必须立即制止。教练和运动员可以浏览You Can Play网站，它提供了许多生动的视频。这些视频来自许多支持在体育运动中接纳同性恋的体育团队。该组织的口号"只要有能力，就可以参与"意味着体育运动欢迎每个人，能力是唯一资格。它的收尾语为"同性恋运动员，他们是异性恋者的盟友。我们彼此团结，相互尊重"。高中体育运动项目可以将自己的视频提交到网站上，表示支持在体育运动中消除同性恋偏见。另一个教育网站是AthleteAlly，它致力于教育和支持体育运动联盟，支持同性恋者的权利。

残疾和青少年体育运动

残疾或者限制个人执行特定任务的能力的生物学健康状况，如第1章所述，是青少年参与体育运动的潜在障碍。然而，有关残疾

休息一下

坦言相告

正面教学联盟创始人吉姆·汤普森这样理性看待在体育运动中支持性取向差异："正面教学联盟的宗旨是'更好的运动员，更好的人'，如果一个人的身份未被接受，那么他就不可能成为最好的自己。非常优秀的运动员有效地将更多精力放在追求他们的目标上。如果你的目标之一是隐藏你的真实身份，那么可用于追求有益目标的精力就减少了。这些有益于自己、团队和我们的世界的目标迫切需要所有人提供创造性能量。"

的美国的相关法律和政策的共同主题是：残疾是人类经历的一个自然部分，绝对不可以削弱个人独立生活、享有自决权和充分融入社会的权利，包括参与青少年体育运动。体育运动是面向所有人的，因此青少年体育运动领导者提高关于残疾的理解的文化修养非常重要。

常见的残疾人分组方法

如果不做出适当改变，残疾运动员往往无法参与大多数体育运动，如增加特殊设备或修改规则（如使用轮椅参加篮球或田径比赛）。残奥会是针对残疾人的最高水平的体育竞赛，而且在奥运会结束之后在同一主办城市举行。对于残疾运动员，参加体育比赛有非常具体的分组，而这些分类因不同体育运动而异。一些常见的残疾人分组方法如下所示，即根据感官、身体和精神残疾分为三大类。

感官残疾

- 耳聋：失聪让残疾人无法理解语音语言
- 失明：视力范围受损

身体残疾

- 截肢：肘关节、腕关节、膝关节或踝关节缺少，或者这些关节之一的运动功能缺失
- 脑瘫：大脑损伤引起的运动和姿势失调
- 脊髓损伤：完全或不完全的四肢瘫痪或下身瘫痪
- 其他残疾：其他限制身体运动的状况

精神残疾

- 智力障碍：智商低于70的个人
- 学习障碍：表达和语言发育障碍、学习技能障碍（诵读困难症）和运动协调障碍
- 注意力障碍：如注意缺陷多动障碍（ADHD）

Adapted from Martens，2012。

残疾青少年运动员如何参加体育运动

底线是残障儿童拥有和其他儿童一样的权利。在法律上，美国的《残疾人法》要求提供体育项目的机构为残疾人提供类似的机会。青少年体育运动项目必须提供合理的便利措施，让残疾运动员可以参与体育运动项目。在美国，所有人都有权参加娱乐体育运动队，而且可以尝试参加精英竞赛运动队，但是法律承认不是每个人都有权利在精英体育运动队中比赛（Martens，2012）。如果残疾运动员与健全运动员在运动队中的比赛不安全或不适合时，青少年体育运动领导者可以和家长合作，为孩子找到专门为残疾青少年设计的体育运动项目，从而为他们提供学习技能和参与比赛的机会。

显然，孩子某些方面的残疾会妨碍他们参加某项体育运动，但残疾运动员参加青少年体育运动队是非常正常的。对于有残疾的孩子参加某项体育运动的安全和适当性问题，青少年体育项目领导者可能需要与父母、运动员、教练和医疗顾问进行商量。凯文·劳厄全面参与青少年篮球，并在2009年赢得了曼哈顿学院的体育奖学金，尽管他天生左臂没有下臂。凯义的事迹被拍成电影《远投：凯文·劳厄的故事》（2012年）。他的故事还被收录在《开启大门：关于残疾运动员的故事》中（Floyd，2013），这本合集收录了许多为孩子们而写的、关于残疾运动员的激励人心的故事。

给青少年体育运动领导者的建议

我们理解，您在文化上可能还未充分了解各种类型的残疾以及如何与残疾运动员交谈和教他们。然而，我们所有人的第一项义务是设法学习和了解我们的体育运动项目

中与运动员有关的残疾。我们敦促大家不要躲避而是肩负起这种责任，提升您的文化修养。有许多印刷出版物和互联网资源（例如Davis，2010；Winnick，2011）可以帮助您了解与体育运动参与有关的残疾。虽然青少年体育运动领导者不需要全面了解如何为残疾运动员改编体育运动项目，但应该这样欢迎残疾运动员和他们的家人："欢迎来到我们的体育运动项目，我们会想方设法让您安全、胜任地参与"（Balyi，Way & Higgs，2013）。

　　一个重要的做法是使用以人为本的语言。在讨论残疾运动员时，得体的语言首先要把残疾人看成大众的一员，其次才是残疾。体现文化修养的说法是"这个跑步运动员是盲人"或"这个孩子有自闭症"，而不是"盲人跑步运动员"或"自闭症孩子"。词语"智力（或认知）障碍"比"精神发育迟滞"和"弱智"更得体，后者被看作是伤害性的、贬义的词语，不应使用。在我们试图消除一概而论、假设和成见观念时，语言是非常重要的。以人为本的语言表达的是人有什么或做了什么，而不是人是什么。

青少年体育运动项目必须提供合理的便利措施，让残疾运动员可以参与体育运动项目。

找出改编体育运动项目的方法，使之适合残疾运动员。父母甚至运动员自己可能在如何适应活动上提出好建议。充分了解残疾运动员；要特别对待他们——不是因为他们的残疾，而是您本来就应该特殊对待每一个运动员（Martens，2012）。让他们体验风险、成功和失败，不要过度保护他们。

所有青少年体育运动从业人员和我们的社会应该这样对孩子说："我们如何帮助你，让你做到最好的自己呢？"（Floyd，2013）。身体有残疾的10～12岁的孩子在体育课中描述他们的好日子和坏日子（Goodwin，2009）。好日子包括参加体育活动时有同学陪伴和支持（"他们在接力赛中为我们加油"），能够亲身参与（"这让我有深刻的感受"），喜欢运动的感觉（"很好玩"）以及技能熟练程度得到其他人的认可（"当他们看到我和他们一样游泳或者超过他们时，感觉很棒"）。坏日子包括被社会孤立或排斥，或者被看作怪物（"总是会有一两个孩子嘲笑你"），能力受到质疑或者被认为缺乏能力（"你做不了这个"），或者活跃参与受到限制（"我的老师什么都不让我做"）。这些见解有助于我们思考组织青少年体育运动的方式，以帮助有残疾的运动员成为最好的他们。这种体贴和文化修养是青少年体育运动中DAP的重要组成部分。

青少年体育运动中的性侵犯

杰瑞·桑达斯基是美式橄榄球教练和一家帮助残疾青少年的慈善机构的创始人，他在2012年以45项性侵犯男童的罪名被判决。前英国奥林匹克游泳教练保罗·希克森1995年被送进监狱，因为他强奸和性侵犯了所带领的15个女孩。加拿大著名冰球教练格雷厄姆·詹姆斯在1997年因从某青少年运动员14岁开始，累计性侵犯该运动员350次以上而被判决。性侵犯年轻运动员是世界性问题，而且发生频率惊人。

性侵犯是指任何未得到同意的性行为，通常涉及操纵和引诱运动员（International Olympic Committee，2008）。性侵犯往往始于**性骚扰**。性骚扰是不想要或被迫接受的性诱惑言语或非言语行为。性侵犯是成年人滥用授予他们的权力和信任的结果，其中男教练的性侵犯比例高于女教练。青少年运动员经常成为性侵目标，因为他们不够成熟，以及对本应致力于运动员幸福的教练员的充分信任。

教练性侵犯的常见征兆包括给某个运动员送特别的礼物，花费额外的时间（通过电话、电子邮件、短信或亲自）在训练和比赛之外与运动员交往，让运动员保守秘密或不要与父母分享他们之间的谈话或活动。有风险的场合包括更衣室、外出旅行、教练的汽车或房子，参加社交活动，特别是饮酒时。性侵犯行为的发生通常需要一个过程，侵犯者首先从看似无害的行为开始，如顺路送运动员回家或者提供特权，然后进展到性骚扰（色情语言），最后发生实际的性侵犯事件。青少年运动员往往对发生的事情感到迷惑，而且因为运动员的内疚、尴尬和感情上依赖教练，让这种侵犯关系继续保持下去（Brackenridge，Bishopp，Moussalli & Tapp，2008）。性侵犯受害者出现创伤后心理困扰的风险极高。

这是青少年体育运动中的文化问题，是一个所有人都必须认识到并要下决心解决的问题。青少年体育运动给教练提供了几乎不容置疑的权威，运动员忠诚和服从于教练被认为是正常现象。儿童性侵犯是过于肯定男性社会化的结果，它强调力量和压制弱者（Burke，2001）。因此，保护儿童的第一站是在机构级别。

所有青少年体育机构都应制定政策和程序，包括对教练进行强制教育，预防他们进行性骚扰和侵犯。一个好主意是将性侵犯预防看作一个不断发展的计划，不断给教练提供信息，而不是一次性干预，如20分钟演讲。目标是要提高（和保持）对有问题的文化行为的认识，它们给青少年体育运动员带来极大的危害。有些机构要求核查教练的背景，因为有过性侵犯的教练可能被解雇但没有被起诉，这样他们就有机会到别的地方去继续侵犯运动员。正面教学联盟提供了一个青少年性侵犯预防策略与流程大纲，只需简单修改就可以用于青少年体育运动项目。

父母也应该受到关于性侵犯的教育（通过学术会议或分发印刷的小册子），包括如何识别警告征兆、可能发生侵犯行为时如何做以及如何与孩子谈论性侵犯。首先要对青春期运动员进行性骚扰和性侵犯教育，让他们理解看似无辜、无意的行为是如何演变成实际发生的性侵犯行为的，目的是让每个人认识性骚扰和性侵犯的可恶行径，保障青少年体育运动员的幸福。

信息栏

保护青少年运动员免受性侵犯

A. 作为青少年体育运动的领导者，您可以做什么？

1. 要求所有的教练观看保护运动员免受性侵犯的视频教育资料。

2. 在保护孩子和报告涉嫌性侵犯上，要制定有政策的和公开的行动计划。

3. 除了在紧急情况下，禁止教练与运动员个人独处（包括在汽车上）。应该在公共场合下对个人进行指导，让父母或其他成人看到训练。

4. 对打算聘用的教练进行背景核查。

B. 作为青少年的父母，您可以做什么？

1. 询问孩子所参与的体育机构的保护运动员免受性侵犯方面的政策。

2. 保护孩子的一大关键是"没有秘密"。告诉孩子：对任何问题、礼品、礼物或触摸都要如实告诉家长，一定不要保密。

3. 如果有人让他们感到不舒服，教会孩子使用回应语言。教他们说："请停止！这让我感到不舒服。"

4. 鼓励孩子随时告诉您，如果某人的行为让他们感到不安全或不舒服的话。向他们解释您想要他们如实告诉您发生的事情，即使他们不能确定事情是不是这样，即使谈起来让人很不舒服或尴尬，或者即使会导致其他人生气。

5. 如果有什么人让您感到不舒服，要冷静、尊敬地向教练表达。如果您仍然担心，请向机构领导甚至警察报告。

6. 不要让孩子独自与教练训练。确保训练环境是公开的，至少要有一个其他成人（或多个队友）在场。

本章小结

有很多需要我们体贴关心的群体，因此要求我们致力于提升文化修养。您可能是听力障碍运动员的教练，因此学几句手语很有帮助。也许您可以将有身体残疾的运动员安排在体育运动项目的某个位置上，让其高兴地成为团队的一部分（记住，不要让其成为摆设，而是让其成为重要的、有价值的团队成员）。如果觉得自己的文化修养不能应付所有情况，请不要担心，因为没有人能做到。但我们都可以做到的是致力于加强我们的文化修养，方法是反省自己的偏见，学习更多关于不同的亚文化群体的知识，包容和接纳他们。

在讲差异性时，我们听得最多的一个词语就是"自然"。我们许多人的障碍就是他们坚信某些特征是自然的，如果采用其他做法就是"不自然的"。我们经常听到"男性天生喜欢运动"，而且比女性更擅长运动以及异性恋是自然的，同性恋是不自然的。如果这是您所相信的主张，我们建议您花一些时间来反省关于事物的自然性方面的观念，因为它最终导致一些人的价值和特权优于另一些人的结论。我们建议您不要忽略自己感到不自然的事情，而是要进一步了解它们，看看您的意见是否得到证据和事实的支持。您的任务是不断追求更高的文化修养，我们相信青少年体育运动和我们的社会将大大受益于您在这一领域所做的努力。

学习帮手

关键术语

文化修养——我们与不同的文化、亚文化群体和背景的人进行交流的能力以及意识到我们自己的文化身份和个人对待差异的看法。

残疾——限制个人执行特定任务的能力的生物学健康状况。

民族——特定群体的文化遗产。

社会性别——是指社会认为更符合女性或男性的特征和行为，通常分为女性和男性。

社会性别成见的形成——这是一个过程，其中儿童生理性别决定了他们所参与（或不参与）的活动，并决定了他们在这些活动中所受到的对待方式。

同性恋憎恶——非理性地恐惧或不容忍男同性恋、女同性恋和双性恋者。

种族——分享基因遗传特点的一类人。

生理性别——指生物学特性，以个人的染色体、激素水平以及内部和外部生殖器官为基础。

性侵犯——指任何未得到同意的性行为，通常涉及操纵和引诱运动员。

性骚扰——性骚扰是不想要或被迫接受的性感言语或非言语行为。

情色——当人们以性吸引力来评价女孩或女人并将她们当作性利用对象。

性取向——在感情上、爱情上或性行为上对男性、女性或双性产生的持久吸引力。

社会化——在这个过程中我们主动地形成关于我们是谁以及我们在特定文化中该做什么、不该做什么的观念。

成见——关于特定类型的个人的普遍观念。

成见威胁——关于特定群体的负面知识影响到该群体执行任务的能力的情形。

表面功夫——肤浅行为，就像"走过场"，在表面上包容不同群体的成员。

要点归纳

1. 文化修养连续体上的五个级别是文化修养、准文化修养、文化盲目、文化无能和破坏性文化力量。

2. "同样对待每一个人"通常意味着假设每个人都适应当今的主流文化习俗。

3. 生理性别是生理性的、固定不变的，而社会性别文化是文化构造的、动态变化的。

4. 重叠线条的概念表明，男性和女性青少年体育运动员的相似之处多于不同之处。

5. 体育运动和运动技能中的平均社会性别差异可归因于身体和生物学差异，以及男孩和女孩在我们的社会中的社会化差异。

6. 种族成见可能导致青少年运动员在某些任务上表现不佳。

7. 初中和高中的男同性恋和女同性恋运动员更容易被欺负和遭到人身攻击，而且与异性恋青少年相比试图自杀的概率要翻倍。

8. 成年人教练滥用权力来利用青少年运动员的成熟脆弱性和信任可能导致性侵犯。

9. 青少年体育运动领导者有义务更多地了解残疾运动员，例如如何改编体育运动项目和使用以人为本的语言。

问题探究

1. 说出和解释文化修养的五个层次，分别使用一个例子进行解释。

2. 解释生理性别和社会性别的差异，每种差别提供两个例子。

3. 解释为什么线条重叠的概念很重要，并为其中两组线条提供例子，并说出这两组线条的特征。

4. 对于体育运动或运动技能中的平均社会性别差异，请说出几个生物学和社会方面的原因。

5. 提供打击基于性别、种族和性取向的负面成见的指导原则。

6. 什么是青少年体育运动中的性侵犯？它为什么会发生？我们怎样才能预防它？

7. 说出青少年体育运动领导者可以用来帮助残疾青少年运动员获得有益经验的几个策略。

思考性学习活动

1. 参观当地的玩具商店或百货商场的玩具区。评估20种不同儿童玩具和它们的包装方式。创建一个玩具日记，用来做笔记，记录每个玩具的：(a) 名称、(b) 类型（根据这里列出的玩具类别）、(c) 制造商用于推销玩具的关键单词或短语（例如"专为调皮娃设计"）以及（d）女孩或男孩的形象是否出现在包装上，包括其大致年龄。玩具的类别包括：

a. CB：房屋搭建

b. D：模拟家居（如厨房套件、布娃娃）

c. A：模拟动作（如剑、玩具人）

d. SPA：体育－身体活动设备

e. E：教育－计算机

检查玩具数据后写出您的结论。您可以加入自己的见解，但是总体而言，您要找出玩具的类别和营销是否有一种针对性别的倾向。讨论您为什么认为在玩具中发现的趋势是社会化过程的一部分以及您是否发现玩具也是有性别成见的。这可能对孩子的志向、自我认识、身体技能发展和身体健康有多大影响？

2. 根据性别、种族、性取向和体育运动中的残疾评估您的文化修养级别（使用表13.1）。对于每个方面，解释您的文化修养级别是什么及其原因，然后分享您将用来增强每个方面的文化修养的具体策略。

3. 找出或建立三个可用于青少年运动队的不同活动，帮助它们构建文化修养。这些活动可以是与本章所讨论的任何主题相关的活动。

资源指南

保护青少年运动员免受性侵犯：青少年体育运动领导者的关键行为视频（Protecting Youth Athletes from Sexual Abuse: Key Actions for Youth Sport Leaders）。

保护青少年运动员免受性侵犯：家长和教练的关键行为视频（Protecting Youth Athletes from Sexual Abuse: Key Actions for Parents & Coaches）。

You Can Play 项目。

教练和青少年体育运动

在本章中您将学习如下内容：

▷ 青少年体育运动的教练教育计划；

▷ 如何招聘和评估青少年教练；

▷ 青少年教练所需的技能集合；

▷ 教练的期望如何影响到孩子的学习和成绩。

摆在我面前的是像故事一般的体育运动生活。这段生活的每个里程碑都强调教学关系的重要性。我看到有些教练将运动员当作工具使用，以满足他们个人的认同、地位和身份需求。他们对我们使用权力，迫使我们按照他们的方式行事。我听从这些教练是出于必要性，但我从来没有接受他们的信仰或者认可他们的行为方式。教练第一，团队第二，运动员的成长和需求排在最后。这就是他们教学方式（Ehrmann，2011，p.5）。

这段话出自乔·埃尔曼2001年出版的开创性书籍《由内到外教学方法：体育运动如何改变生活》（*Inside-Out Coaching: How Sport Can Transform Lives*）。埃尔曼是前NFL球员。我们将在本章的后面详细讨论这本书，这段话描述的是青少年体育教学中常见的问题，一部分教练通常将教练的需求或赢得比赛放在青少年运动员的发展需求之前。简而言之，青少年运动员的体育运动体验掌握在教练手上。教练决定着青少年体育运动的成功和失败。回想您的个人体育运动经历中不同的教练，并找出教练对您作为个人或运动员产生正面和负面影响的例子。教练对运动员体验的影响比什么都大，是不是很惊奇？教练是使孩子在青少年体育运动中获得成功的关键，这远远超越赢得冠军。

青少年体育运动教练面临着教导儿童和青少年的特殊挑战。在运动员最关键的发展时期教他们，与在大学和成年时期完全不同。在下面这个例子中，教练就没有理解青少年篮球运动员的认知发育水平：

当我走上球场说"掩护"，您可能认为这些孩子知道我在说什么。实际上他们没有。我花了一段时间才弄清楚，嘿，你们得回去补补基本知识。如我想要表达"区域"时，我会说"保护老家"等类似的词语。当我说"玩大的"，我的意思是"把手举在空中"（Wiersma & Sherman，2005，p. 329）。

正如我们反复提到的，青少年体育运动的教学重点必须放在贯彻DAP原则上。本书的所有章节都是以该原则为基础讨论高效的教学方法。当职业运动员被问及是什么让启蒙他们的青少年体育教练员如此有效，他们的解释是教练对孩子需求的理解多于对体育运动技术知识的理解（Monsaas，1985）。青少年教练需要"人际交往能力"，特别是"与小孩打交道的技巧"，为青少年运动员提供最适合的人际交往环境。

现实中青少年体育教学工作大多数是偶然或不定期的"临时"工作，通常由家长来做，而且一般是自愿的，没有工资。初中、高中以及一些俱乐部运动队给有丰富体育经验和专业技术知识的教练支付薪水，尽管这些报酬对教练服务而言非常微薄。全职的职业教练通常只出现在大学、专业和精英体育运动中（参加奥运会的队伍或国家运动队）。在青少年体育运动教练中，私人俱乐部教练是一个例外，如网球、体操、花样滑冰和高尔夫教练；他们通常是在同一个俱乐部或私人体育学院工作，可以作为全职教练为许多运动员提供训练。

教练教育和认证

美国青少年体育教练行业基本上不受监管，其中大部分青少年体育运动教练没有获得任何教练教育计划的认证。这种状况令人担忧，因为成年人教练会给青少年运动员的成长造成强大的影响，而且教练是运动员安全和幸福的主要监管者。如果当地的游泳池要求救生员获得游泳、救生技巧和基本急救方面的认证，那么为什么还有未经认证的教练来教我们的孩子呢？

这个问题的答案之一是传统观念和信念，认为对于无关紧要的体育运动，不需要资格就可以教孩子。这完全不符合事实。我们可以骑自行车，但这并不意味着我们知道如何制造自行车。似乎只有在体育运动中，人们相信任何人都可以指导孩子，或者相信经验是最好的教练这种错误观念。

为什么青少年体育运动中允许采用未经认证的教练的另一个答案是，青少年体育运动项目需要不断寻找志愿者教练来执行教学工作。我们明白这种困境，而且对需要寻找志愿者教练担任教职的青少年体育运动主管表示理解。但我们认为现在是时候改变青少年体育教学文化观点了。我们必须要求任何担任青少年教练的人至少要完成一个教育计划，证明其有资格担任特定年龄组的教练工作。网上有许多教育计划，不需要出门，只需花少量时间就可以获得关于青少年体育运动教学的重要知识。

加拿大国家教练认证计划

教练教育计划的黄金标准是加拿大国家教练认证计划（NCCP）。从1974年开始，NCCP成为加拿大政府、体育协会和加拿大教练协会的合作计划。NCCP旨在满足从青少年体育教练到国家精英队的主教练等各个级别教练的需求。

如图14.1所示，NCCP根据体育运动参与者的需求和类型划分出三个分支：社区体育运动、比赛和指导。每个分支中的不同背景意味着教练需要接受不同的培训，以在非常特殊的背景下满足体育运动参与者的特殊需求。如社区体育运动则侧重于教刚开始接触体育运动的年幼儿童。遵循DAP原则，教学的重点是乐趣、安全、基本运动技能和技巧的发展。比赛是针对竞技体育运动的教练工作；而指导则针对为运动员提供技能发展课程的教练，但这些教练不担任正式比赛的教学工作。

图14.1底部显示的统一核心能力（如评估和批判性思维）与整个计划交织在一起。这点特别值得注意，因为它表明NCCP为教练引入了周到的自我意识和个人发展的活动，而不是仅仅提供死记硬背的管理信息。这些核心能力将产生具体的教学结果，它们是计划的所有内容，代表着所有教练必须能够达到的水平（如道德决策、规划实践和分析表现）。

NCCP有一个在线认证数据库，教练可能会收到三种类型的认证。"培训中"表示教练已经完成了一些针对特定背景的必要培训；"培训完成"表示教练已经完成了针对特定背景的所有必要培训；"认证"表示教练参加了正式评估过程，而且展示出成为认证教练的足够能力水平。任何需要评估以获得认证的教练教育计划都是有保证的，因为它评估了教练知识水平。该机构强调终身的职业学习，要求获得NCCP认证的教练持续参加职业再教育活动，以保障认证的有效性。

其他国家教练教育计划

新西兰、英国和澳大利亚都是已经开始实行国家教练教育计划的英语国家。类似于加拿大的NCCP，新西兰的计划基于特定背景参与者的需求培训教练。这些教练教育计划包括基础教学（针对小学儿童的第一次经历）、发展教学（针对更高年级的小学生和中学参与者）、比赛教学（针对具有较高的能力水平、寻求在地区参加比赛的运动员）和高级比赛教学（针对国家或国际精英运动

我教的是谁？（根据参与者的需求）

社区体育运动分支	比赛分支	指导分支
起步背景 通常是非常年幼的儿童 孩子刚开始接触体育运动 注重乐趣、安全以及基本知识和技能的发展	**入门背景** 教儿童和青少年基本运动技能，帮助他们准备好参加大部分当地比赛	**初级运动员背景** 参与者没有或缺乏经验，教基本运动技能
进行背景 参加娱乐体育运动项目的青少年 鼓励青少年继续参与，以乐趣、健身、技能发展和社会交往为重点	**发展背景** 完善青少年的基本技能，发展更高级的技能和战术	**中级运动员背景** 参与者有一定的经验完善技能和学习更复杂的技能
	专业背景 高级的技能和战术，准备参加国家和国际比赛	**高级运动员背景** 经验丰富、技术娴熟的运动员继续发展高级技能和战术

教练需要能够做什么？（教学成果）

道德决策	规划训练	管理项目	设计体育运动项目
在训练中支持运动员	分析表现	在比赛中支持运动员	确立需要实现的具体体育成果

所有教练都需要什么核心能力？

评估	沟通能力	领导能力	解决问题的能力	批判性思维

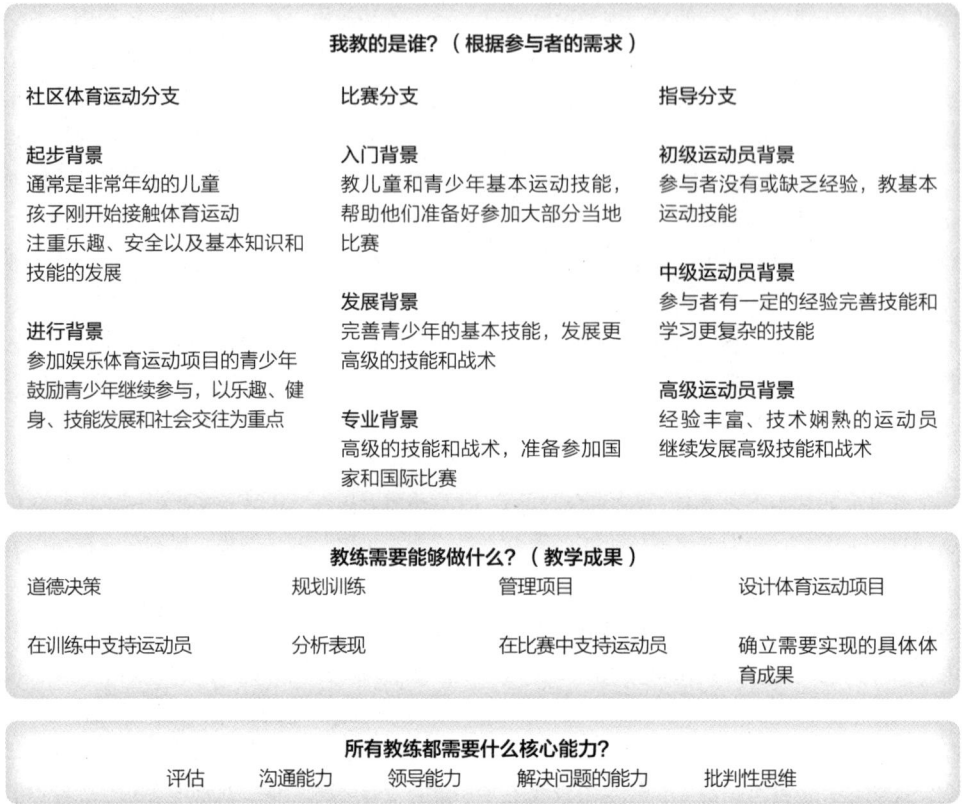

图14.1　加拿大国家教练认证计划（NCCP）

员）。我们喜欢新西兰教练计划的指导宣言，即教学首先要以学生的需求为本（Sport New Zealand，2012a）。您已经知道，我们完全同意"一切为了孩子"的做法。

Sports Coach UK发布了"青少年教练的最低标准"，推荐了英国的教练教育的类型和级别。各种体育运动的管理机构与Sports Coach UK合作，设定各个级别教练的教育需求。

澳大利亚体育委员会创建了国家教练认证计划（NCAS）作为循序渐进的教练教育计划，提供不同级别的课程。NCAS在教练完成计划的每个模块之后进行评估，同时还要求重新认证，确保教练学习到最新的知识。总

体来看，这些教练教育项目提供了全面的青少年体育教练教育和认证，能让参与各个级别体育运动的孩子受益。

美国的教练教育

与其他国家相比，美国的青少年体育运动教练教育更加分散和企业化。没有国家教育认证计划，而是由一些不同的机构赞助的计划，从中可以选择青少年体育运动计划。美国教练员认证教育理事会（NCACE）为教练教育计划提供认证，它基于"体育教练国家标准"实施，但查看该标准需要花费21美元（约143元）。

另外，有几个教练教育计划可供选择，这些教育计划大多数提供在线培训。美国的大多数初中和高中学校需要体育科学、体育管理和急救方面的基本教练认证。这两个计划都是针对和得到初中和高中体育部门认可的，其认证仅适用于该级别的教学。

这两个计划都提供基础的教练课程和运动急救课程以及许多其他教育课程，包括针对特定体育运动的课程。NFHS和人体运动出版社教练教育计划都得到NCACE的认可，而且两者都包括计划认证所需的在线考试。NFHS为教练成为认证的学校教练提供荣誉分数，教练们只需完成四门课程：教学基本原理、体育运动中的脑震荡、急救和针对特定体育运动的课程。人体运动出版社教练教育也为完成多个课程的教练提供类似的认证。

人体运动出版社教练教育针对校外的社区青少年体育运动，为教13岁及以下的青少年的教练提供基础教学认证计划。人体运动出版社教练教育也提供许多体育运动专项课程（如青少年网球教学和青少年垒球教学）。从1981年起，国家青少年体育教练员协会（NYSCA）提供教练认证学术会议，现在可以在线完成。与更全面的教练认证计划相比，它只需要3小时学术会议或在线经验。一些社区青少年体育运动计划要求教练参加NYSCA计划。正面教学联盟（PCA）为专门参加PCA教育哲学的教练提供三个在线课程（Thompson，2003，2010b）。PCA计划非常优秀而且应用范围很广，重点放在教育哲学和教育心理学上。

各个体育运动机构已经执行自己教练教育认证需求，通常包括刚才讨论的计划中的一些。如美国田径机构要求教练获得NFHS基础教学认证，然后提供三个级别的认证，其中之一是青少年专业化计划。美国网球协会（USTA）为青少年教练提供多个适合发展的在线课程。美国青少年足球组织要求教练完成Safe Haven在线培训计划，以及基于运动员水平的特定年龄组培训。

教练教育和认证总结

总体而言，青少年教练的教育和认证取得了进步。虽然美国不像其他国家一样有标准化的国家认证计划，但有几个质量上乘的计划可供选择。在线教练教育认证计划的出现让教练更容易、更实用地接受高品质的培训。我们获悉学校教练需要获得认证后深感鼓舞，希望这项规定也将延伸到社区青少年体育运动。

我们在表14.1中提出了认为应列入青少年体育教练教育计划中的八个主题。至少我们觉得教练必须了解和意识到自己的体育运动项目的理念和目标。此外，了解专项运动技能和战术教学、安全、损伤预防和基本急救知识应该是最低限度的要求。在这个最低限度教育之外，教练还需要了解健身训练、激励与沟通以及生长、发育和准备就绪的发展方面的知识。最后，一个完整的教练教育计划还应包括组织和管理主题和对亚文化的理解。

教练教育一个重要进步是为不同类型的教练背景创造有针对性的教育分支（如社区娱乐与高中教练），这与教育水平渐进式旧教学模式不同，因为旧模式没有任何背景针对性。这是一个很棒的主意，因为这样就可以根据背景设置内容（见表14.1），让特定类型的教练的教学更贴近实际。我们希望教练将教育认证计划看作职业责任和一个学习与提高的重要机会。

表14.1　青少年体育教练教育计划的主题区域

最低限度	必需知识	全面计划
理念和目标	理念和目标	理念和目标
体育运动技能和战术教学	体育运动技能和战术教学	体育运动技能和战术教学
安全、损伤预防和基本急救知识	安全、损伤预防和基本急救知识	安全、损伤预防和基本急救知识
	身体训练	身体训练
	动机和交流	动机和交流
	生长、发育和准备就绪	生长、发育和准备就绪
		组织与管理
		文化修养

招聘青少年体育运动教练

青少年体育运动计划的质量取决于教练。为此，青少年体育主任应该将招聘教练当作常年坚持不懈的工作内容。通过设计和公布不同体育运动和全年龄段对教练的要求，让社区人士有时间考虑他们对教练职位的兴趣，甚至通过完成教练教育课程或专项体育运动教练培训计划，准备好担任特定的教练角色。

招聘教练的策略包括当地报纸上的文章、海报和传单；当地俱乐部或大学教练课程的个人简介；给社区内的前教练和希望做教练的人士发送邮件；通过网站介绍和邀请人们参与青少年体育运动的教学工作。互联网上和体育管理指南提供教练职务说明样本（Martens，2001）。在附近的大学创建实习教练的伙伴关系是招聘教练员的极好方法。作者所在大学的本科生和研究生可作为实习教练与当地的俱乐部和学校计划进行合作。

学校和社区青少年体育项目应考虑设立教学主任的职位。我们知道财政拮据可能导致许多体育运动项目难以聘请更多教练。但这可以分担在编人员的工作，将重点放在选择、准备和评价教练上。社区内可能会有对这种职位感兴趣的退休教练。总体来看，核心思想是让体育运动项目致力于高质量的教学系统并保持下去。

评价青少年体育运动教练

"可以衡量的工作才能完成"这句格言适用于监督和评价教练。再者，青少年体育运动项目的主任告诉我们，他们一分钟掰成两半用，根本没有时间做这个工作。但也许可以通过创新的方式来监督教练，类似于我们在社区寻找可以帮助完成该任务的人。退休教师和教练可能有兴趣监督教练并提供反馈。

总体来看，评价的目的是提供有用的反馈，让教练从中学习并变得更优秀。监督的目的不在于吹毛求疵、找弱点和错误。最好的情形是观察所有教练和提供反馈，这可以以非正式和轻松的方式进行，以免威胁到新手教练或给他们压力。附录L提供了一个教练考核表示例（Adapted from Martens，2001）。我们大多数人对评价有点紧张，因此最好的方式是将这一过程描述为给教练提供的机会，让他们对孩子的付出得到认可，而且可以通过其他人（最好是主教练，以提高反馈的权威性）提供的反馈学习。反馈应该是中肯、诚实的，应以积极、有益的方式提供。具体评价在结尾应该总是包括代表机构

信息栏

青少年体育教练的自我评价问题

1. 我的运动员训练时兴奋吗，比赛时有动力吗？

2. 我的运动员和团队有进步吗？是所有运动员都有进步吗？

3. 我的团队团结一致吗？他们之间相处得好吗？

4. 我每次指导训练和比赛时对运动员表现出热情和信任吗？

5. 总体上运动员喜欢他们的运动体验吗？我也这样吗？

6. 我在每次训练中都以积极的方式与团队的每一位运动员交流吗？

7. 我是否通过适当的教学、训练和沟通满足运动员的发展需求？

对教练付出的时间和精力表示的感谢。教练应该有机会与项目主任分享他们关于评价的想法。

教练考核表的另一种使用方法是在本赛季结束后让教练来完成。他们可以在考核表的底部总结需要进步的方面。教练也可通过回答信息栏的问题来评估自己的表现。这些问题可能对教练很有用，定期考虑这些问题可以提醒他们在青少年体育运动中担任的角色。

最有意义的评价应该来自那些有训练经验的运动员。附录M提供了年度教练评价表，让运动员向他们的教练提供反馈。它不仅是运动员评价教练的权利；而且这种评价还为教练提供了一个独特的视角。青少年体育主任应该决定管理这些分发给运动员的评价表的恰当方式，最好是由项目主任、实习学生或甚至志愿者家长来管理。向运动员强调他们的反馈都是匿名的（向他们解释这意味着没有人会知道谁说了什么），而且他们在提供关于教练的反馈时要诚实、考虑周到。

构建青少年体育教练的技能体系

就像我们在生活中的所有职位一样（如家长、网球运动员和市长），教练工作也需要一套独特的技能才能够获得成功。技能集合是使我们能够在某些职位上取得成功的综合能力。青少年体育教练需要三种主要技能：技术、管理和交际。所有这些技能都是可以开发和改进的，而且应该这样。

技术技能

技术技能是教练在训练中教授技术、战术以及知道如何在比赛中指导运动员使用战术的能力。志愿者教练刚开始给孩子教授特定的体育运动技能时会经历困难。教练在教孩子循序渐进和开发一些用于训练的基本练习方面需要帮助（Wiersma & Sherman，2005）。

如果教练不能非常熟练地或者不能够执行所教的运动技能，他们应该担心吗？参加过体育运动让教练变得更好是真的吗？至少，它可以帮助教练获得运动员的初始信任。青少年运动员表示需要高效的、可以执行技能的教师（Martin, Dale & Jackson, 2001），而且运动和教学经验让志愿者教练变得更加自信。然而，教练可以采用那些拥有更高水平的技能、能够更娴熟地展示技能的助理教练。

教练的教学效果和他现在及以前的体育运动技能的熟练程度无关。最重要的是教练能够参与到适合发展的技能开发中，因为这不会从体育运动经验自动转化而来。我们观察到一些优秀的运动员作为教练时，并不能有效地规划学习进度和教孩子运动技能。同样，一些不是很优秀的运动员能够构建学习环境，让孩子能够发展技能和不断进步。有大量针对特定体育运动的教学书籍和在线课程，教练可以利用它们来提高自己的技术技能。那些没有教学经验的教练可以从实习生开始，或者甚至作为有丰富经验的总教练的助理教练，以提高自己的技术技能。

管理技能

管理技能涉及规划、组织和管理体育运动项目。管理技能使教练能够通过规划、执行和评价发展出系统的教学方法。教练可能有优秀的技术技能，但是没有有效的管理技能来管理项目，从而导致技术知识浪费。

一个常见、实用的做法是使用劳动分工策略，邀请助理教练或家长管理某些任务。如起草资格审查表格、购买赛后零食、设置设备以及订购制服和比赛器材等任务都可以交给其他人，让主教练腾出时间来把重点放在教学和教导任务上。NFHS基础教练认证计划包括一个关于教练作为管理者的单元，而人体运动出版社教练教育认证计划的教学指导原则课程包括关于团队管理、关系和风险的单元。

风险管理是指教练应履行法律职责，未能这样做被称为玩忽职守。作为方式不恰当（在极其炎热和潮湿天气下要求运动员穿上全尺寸护垫练习美式橄榄球，而且没有充分的休息和饮水）或者不作为（没教运动员正确的美式橄榄球擒抱技术）都可能导致玩忽职守的发生。下面的所有四个问题的答案必须为"是"时，教练的玩忽职守才成立。

1. 教练对受害方有法律义务吗？
2. 教练没有履行该责任吗？
3. 教练对其负有法律责任的运动员受到了伤害吗？
4. 这是教练未能履行职责而造成的伤害吗？

在美国的体育运动背景下，青少年教练有10项他们应该了解的法律责任。这些责任由法院制定；它们会随着时间的推移而改变，而且每个州都可能不一样。然而，以上列出的责任是青少年教练应该履行的最主要职责（Martens, 2012）。

教练管理风险的最佳途径是确保他们明确履行这些职责，这是任何参与体育运动教学的成年人应该履行的职责。这些职责贯穿于本书各章。如保护运动员免受性骚扰和性侵害（第13章），以及运动员损伤评估、固有的风险警告和提供适当的紧急救助（第12章）。建议所有青少年教练参加一个包含风险管理或法律责任相关内容的教练教育计划。建议体育运动项目负责人或主管教练参与风险管理教育认证。

个人技能

教练所需的个人技能可分为内在技能和人际技能。我们相信该技能集合是青少年运动员教学中最为重要的，因为它侧重于教练与运动员建立良好关系的个人能力。

内在技能

内在技能涉及教练的自我意识和情感控制能力，以及适应青少年体育运动的目标和理念的能力。内在技能作为成功教学的先决条件通常被忽视，但大量的运动心理学知识和专业文献强调这些技能对需要密切合作的人（如教练）非常关键（Collins，2001；Covey，2013；Vealey，2005）。

真实自我涉及我们是谁以及和他人沟通时要诚实。真实将赢得运动员的信任、尊重和信赖。情感控制能力指我们在与其他人交往时如何管理情感，它使教练能够公开地、理性地回应运动员，而不会产生过度的自卫心理。这些内在技能让教练在人际交流中更有效，尤其是在与运动员的交流方面。内在技能如何通往人际技能和成功教学的一个例子是"休息一下"小节中描述的由内到外教学方法。

人际技能

人际技能是教练与其他人建立关系和进行沟通的能力，如向运动员提供指导和反馈以及回应家长和裁判（第15章提供一些指导原则，帮助教练有效地与青少年家长沟通）。关于青少年体育运动教学效率的大多数研究和实用指导原则都侧重于教练的人际交往技能。因此，本章剩余部分将探讨这个重要主题。

青少年体育教练的核心技能：沟通技能

沟通技能是青少年体育教练的核心技能，这意味着它是更高级别的技能，让教练能够有效地运用所有其他技能（管理、教学和领导技能）。考察青少年体育教练的人际技能（沟通技能）的研究一般集中在四个领域：教练效能培训，控制与自主支持教学，变革领导和教练期望理论。

教练效能培训

教练效能培训（CET）计划在20世纪70年代后期起源于华盛顿大学，为研究教练的人际交往技能提供持续的、系统的方法。

教学行为评价系统的发展

CET调查人员首先开发了一个能够识别青少年体育教练所表现出来的常见人际行为的系统（Smith，Smoll & Hunt，1977）。这个系统叫教练行为评估系统（CBAS）。专门培训研究人员，通过识别这些特定教练的人际关系行为，然后再去观察教练并将其行为记录在一张表格上，以评估教练参与不同类型的人际行为的频率。我在研究生院闲逛时观察了小联盟棒球教练，并将他们的行为记录在CBAS表格上。

教练行为与运动员结果的关系

如果教练对孩子的良好表现和努力进行高水平强化，并在孩子犯错误的时候给予鼓励和技术指导，那么孩子将产生最积极的成果（Smith & Smoll，2007）。孩子更喜欢这样的教练，在运动中也过得更开心。相比之下，教练行为越倾向于使用惩罚，那么喜欢这些教练的运动员越少，而且运动体验也降低。这些结果在自尊较低的青少年运动员中尤为明显，表明教练的人际行为对缺乏自尊的孩子产生重大影响。值得注意的是，球队的胜败纪录与运动员是否喜爱教练和未来的比赛欲望无关。

针对教练的CET计划的结果

调查人员随后开发了CET计划，这是一个针对青少年教练的计划，建议教练增加

休息一下

由内到外教学方法

在前文提到的著名的书籍《由内到外教学方法：体育运动如何改变生活》（2011年）中，乔·埃尔曼强调教练的内在技能是教学效果的基础。由内到外教学方法意味着教练不得不从诚实的自我反省和自我认知（内部）开始，然后才能改变运动员的生活（外部）。埃尔曼的观点认为（受到育儿研究的支持），教练只有学会关键的生活技能才能将这些技能教给运动员。

这种内在工作需要教练反思积极和消极的体育和生活经验，特别是了解未实现的需求以及考虑作为教练和成年人，这些尚未得到满足的需求如何推动自己前进。教练通过由内到外的反省来回答四个问题：我为什么要做教练？我为什么以目前的方式教孩子？我教的孩子有什么感觉？我如何定义成功？

因为讨厌青少年男孩在体育运动中被有成见地社会化为"男子汉"，通常"男子汉"表示缺乏同情心与与他人情感联系，所以埃尔曼发起了由内到外教学运动。下面是埃尔曼关于他为什么做教练的答案：

"我做教练是为了帮助男孩成长为有同情心和完整的男人，他们将负责任地领导和改变世界，让世界变得更美好"（p.110）。如果不采用由内到外的方法，他觉得教练往往以牺牲运动员的需求来满足自己的需求。

埃尔曼的计划为运动员和教练提供许多"由内到外教学方法"例子。这些例子包括"伟大的时刻"，其中要求运动员描述他们或者队友本周所做的、给他人产生积极影响的事情；每次训练开始时的简短经验教训总结；关于约会虐待和性暴力的讨论。由内到外的教练行为准则超越平常的教练俗套，加入比如"不要害怕道歉！我们都犯过错误。"这样的指导原则。

我们衷心赞同由内到外教学，这是一种新颖的、以运动员为中心的方法。《赛季的变更》（*Season of Change*）（2012年）是一本通俗易懂的书，作者是沃尔特·斯帕克斯。这本书讲述了一位教练和他的工作人员在青少年足球队中实施由内到外方法的故事；对于想要更多地采用由内到外方法的青少年教练，这是另一个很有用的资源。

强化、指导和鼓励，并减少使用处罚和非强化。CET 计划还强调教练如何发展面向掌握技能的环境，将运动员和技能发展放在比赛获胜的前面。受过培训的教练和未受过培训的教练相比较的结果令人印象深刻（Smith & Smoll，2007）。

接受过 CET 培训的教练

- 增加强化、鼓励和指导的使用（并减少惩罚的使用）；

- 更受到运动员的喜爱，被运动员评为更好的老师。

接受过CET培训的教练带领的青少年运动员

- 更享受体育运动，经历更少焦虑；
- 与前一年相比自尊显著提高；
- 运动员退出体育运动的比率低（5%），而未受过培训的教练带领的运动员的退出率大幅增加（26%）。

　　总体而言，CET表明通过提高教练的人际交往行为对在其带领下的青少年产生非常积极的作用。其他CET模型使用者也得到了一样的结果（Coatsworth & Conroy，2006），并通过CET来发展成熟的教练教学（MAC）计划。MAC计划表明在整个赛季中运动员的焦虑减少了，而未受过培训的教练带领的运动员的焦虑增加了（Smith，Smoll & Cumming，2007）。

　　此外，应在体育运动中的特定场合检验教练的人际行为，目的是确定每个教练的**独特行为特征**（Smith，Shoda，Cumming & Smoll，2009）。遇到团队失败的时候，有些教练员指导行为下降了，而惩罚行为增加了。正如您可能料到的一样，运动员没有那么喜欢在失败之后使用更多惩罚的教练。观察行为特征似乎是"考验"教练的人际交往技能的最好方法，在激发情感的场合下能够确定他们的真实人际交往倾向，如输掉比赛。

控制性和自主性支持行为

　　教练的控制性和自主性支持行为是与教练的人际行为对运动员的影响相关的另一个研究领域。这通常与动机一起研究，因此我们在第6章中讨论了它。根据第6章的定义，自主性支持教练意味着教练倾听并试图了解运动员，为他们提供输入和选择机会，最大限度地减少苛刻或控制性行为。青少年运动员如果感觉到教练支持他们的自主权，就会觉得自己更有能力，与队友的关系更紧密，幸福感增强，而且不容易产生倦怠情绪。

　　第6章讨论了增加自主性支持和管教运动员的人际技能的策略。很多青少年体育教练都采用传统的专制教练作风，即利用恐吓和威胁手段，因为他们认为教练应该这样做。下面例子中的青少年体育教练过度使用控制性人际行为，实际上这是没有教学效果的做法。

> 有人骂脏话，我问他们谁干的。起初他们不告诉我，于是我罚他们跑步。他们跑完之后回到底线，我说："现在告诉我谁干的。"他们仍然不肯告诉我，于是我让他们再次跑步。这次跑完回来之后，他们终于说，"好吧，是迈克做的"。我让他们再跑一次，因为他们不告发队友（Flett，Gould，Griffes & Lauer，2013，p. 331）。

　　这种控制性行为在青少年体育运动中是无效且不适当的。教练可能需要帮助，以便让他们认识到因为想要获得过度控制而产生的这种不恰当行为，需要一些内在技能才能弄清他们为什么需要过度控制。以下列出了一些参考事项[8]，教练可以参照它们自我反省自己的控制性行为倾向。

- 我更少关注使我生气的运动员吗？
- 在训练中，我威胁要惩罚运动员让他们排好队吗？
- 我只使用奖励和表扬来鼓励运动员更加努力训练吗？

---

[8] 这些参考事项来自控制性教练行为标准（Bartholomew，Ntoumanis & Thogersen-Ntoumani，2010），但不是完整的标准。

- 我期望运动员的整个生活都放在体育运动上吗？
- 如果运动员不按照我的要求行事，我让他们在其他人面前难堪吗？
- 如果运动员的训练或比赛表现不佳，我对他们的支持减少了吗？

变革领导

关于青少年体育教学的人际沟通能力第三个研究领域是变革领导。这种领导风格强调教练和运动员之间的关系，其中教练帮助塑造运动员的信念和态度。乔·埃尔曼（2011）的由内到外教学是变革领导的完美例子。变革教练做到以下四点（Bass, 1985）：鼓舞人心的动机；通过示范正确的行为施加影响；对运动员的个性化关注；智力刺激（鼓励运动员勇于创新、自主学习）。关于青少年

体育运动的研究表明，改变教练行为增强了青少年运动员的信心、积极性、乐趣和努力（Arthur, Woodman, Ong, Hardy & Ntoumanis, 2011；Price & Weiss, 2013）。

教练期望理论

您曾经有过一位非常相信您的教练吗？这种信任也增加了您的自信，从而让您的表现突飞猛进吗？或者相反，您曾经因为教练不相信您的能力，让您感觉没那么有信心，从而导致表现不佳吗？教练对运动员这心理影响基于教练期望理论。该理论认为教练对运动员个人能力的期望可能决定着运动员最终达到的成就水平（Horn, Lox & Labrador, 2015）。这也称为自我实现预言，因为教练的期望将创造一个过程，而在该过程中这些对运动员的预期（或预言）最终成真。

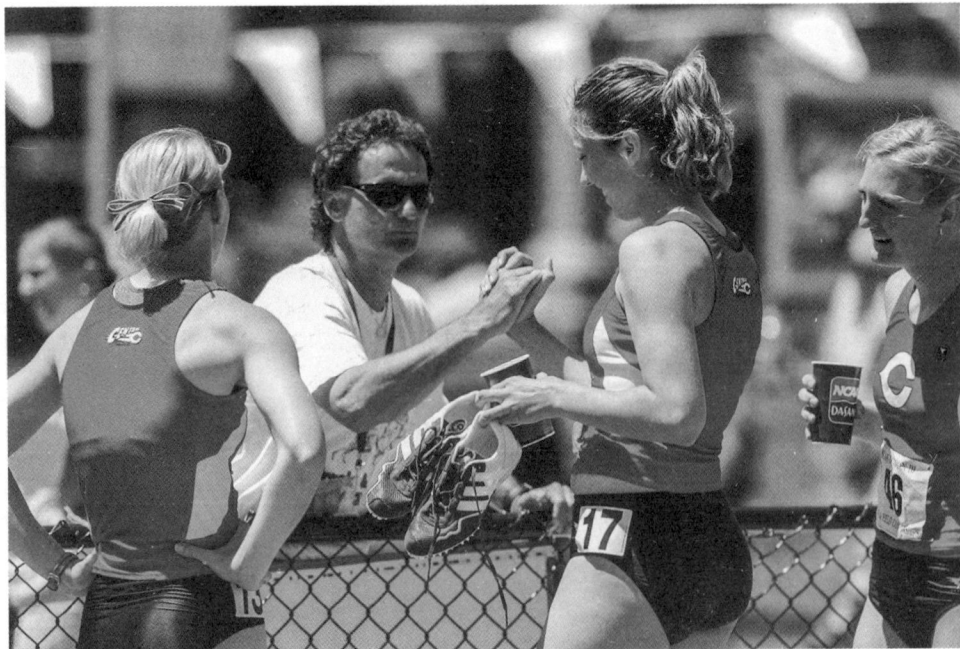

教练根据他们对运动员的期望无意识地以不同的方式与运动员沟通。

教练期望理论的四个步骤

四个步骤解释了教练期望如何创造自我实现预言（见图14.2）。（1）教练根据运动员能力水平和预测成就对每个运动员的形成一个期望。（2）教练通常未意识到这种期望影响到他与运动员的交流。（3）教练对运动员的人际行为影响到后者的感知能力、动机和整体学习能力。（4）运动员后来的行为和成绩符合教练的最初期望。这是一个非常强大的过程！让我们回顾每一个步骤，这样您就可以更好地了解青少年体育教练对运动员产生的潜在的巨大影响。

步骤1：教练形成关于运动员的期望 教练对运动员的能力做出判断是非常正常的事情，但重要的是要利用特定的信息以特定的方式做出这些判断。教练评估运动员的信息来源分为三类：个人、心理和表现特征（Horn et al., 2015）。个人特征包括性别、种族、身高、体形、魅力、衣着风格和家庭背景。心理特征跟教练对事物的看法有关，如运动员的可训练性、心理坚韧性和情感成熟度。表现特征包括运动员在训练和比赛中的表现、个人成绩统计数据或表现统计数据以及过去的成绩。

您认为哪些信息来源更适合教练用来评估青少年运动员？显然，个人特征是糟糕的选择，因为它们通常代表成见。晚熟男孩可能被贴上低能运动员的标签，其实他们只是成熟时间和身体技能发展晚一步。有成见的教练预期可能包括认为女运动员的技术没有那么好，因为她们是女孩，或者认为非洲裔美国运动员有天赋，但不如白人运动员刻苦。留着莫霍克发型、有纹身和服装怪异的青少年运动员往往被有成见地消极看待。

心理特征是运动员给青少年体育运动带来的重要组成部分。然而，教练应该记住他们对这些特征的感受仅仅是感受，实际上可能不准确。表现特征代表着关于青少年运动员能力的最佳信息来源。然而，评估表现的方法至关重要。要想最准确地评估运动员，教练需要以表现为基础、在较长时间内多次对运动员的能力进行评估。教练员对运动员能力的初步评估可能不准确，所以他们应该不断地重新评估运动员的表现，给每位运动

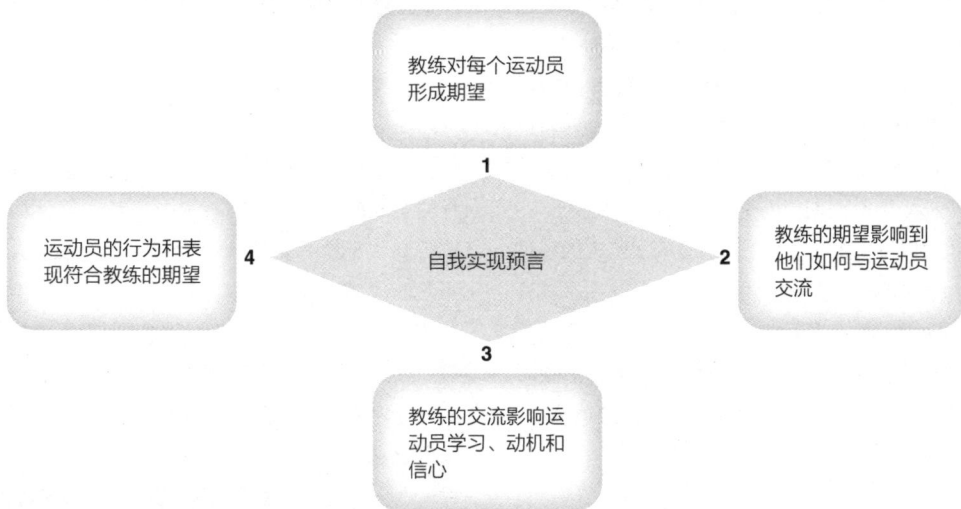

图14.2 教练的期望如何创造自我实现预言

员展示表现进步的机会。

　　步骤2：教练的期望影响他们与运动员的交流　多项研究支持教练通常基于他们对运动员的期望以不同的方式与运动员交流。与低期望运动员相比，教练倾向于花更多时间和热情在高期望运动员身上。低期望运动员往往在非技能活动上花更多时间（捡球和排队等候），而且为其设定的表现水平标准低于高期望运动员。如一个低期望排球运动员简单地将球扣在界内得到的反馈为表扬，而同样是将球扣在界内，高期望运动员得到的反馈是如何准确地将球扣在对方防线漏洞中。高期望运动员得到额外的纠正性或说明性反馈为他们提供强大的学习优势。赞扬低期望运动员的平平表现是另一种负面的教练期望行为，这传递给运动员的信息是他们不是很优秀，因此教练不指望他们能表现得多好。

　　步骤3：教练与运动员的沟通会影响到他们的信心、动机和学习能力　总是不能得到教练的有效指导和关注的青少年运动员的技术进步要低于高期望运动员。研究表明，教练发出的不同类型的沟通可以影响到运动员的自尊、自信、动机、焦虑和继续参与体育运动的决定（Horn et al., 2015）。

　　步骤4：运动员的行为和表现符合教练的期望　最后这一步向教练证实了他们对运动员的判断或期望是准确的。并不是所有运动员都受到教练期望的影响。但年幼的孩子（9岁及以下）尤其容易受到重要的成年人的反馈和评价的影响，包括教练。因此，儿童在体育运动中对教练关于他们的能力的期望和沟通特别敏感。因为童年是运动技能发展的重要时期，所以青少年体育教练应该极其谨慎小心，避免将负面期望消息传递给孩子。

教练的策略

　　并不是所有教练都落入教练预期陷阱中，尽管我们都容易受到它的影响，因为我们是人类。青少年体育教练应该铭记他们的期望和印象会对他们与青少年运动员的沟通产生强烈影响。下面是供教练采用的三个策略，帮助他们避免负面的教练期望陷阱。

　　1. 根据运动员的独特技术水平对他们所有人保持高期望。每个人都可以学习和提高个人技能。将重点放在技能发展和进步上很有帮助。

　　2. 教练对运动员的期望应该灵活，而且对不断变化持开放态度，在每个训练和比赛日都将记分板清空，以准确地评价运动员不断发展的能力。孩子正在不断成熟和发展，他们的表现进步经常令我们感到惊讶，而这只是简单发展的结果。

　　3. 教练员应注重人际教学技能，为所有运动员提供具体的、富含信息的指导和反馈。他们应该避免一般性评价，让青少年运动员不明白他们当天的比赛哪里做得好，为什么做得好。"今天您的防守做得太棒了。你总是守在球门柱的前方，而且防守得很严密"这样的评价比一般性评价"今天做得很好"要好得多。这让每个运动员知道教练那天特别注意自己的表现和自己对团队的贡献。

本章小结

　　当我们叫班里年龄大的学生找出他们崇拜的英雄时，教练经常被提及。我们很惊诧地听到关于教练英雄给他们的生活带来巨大变化的故事。青少年体育运动需要更多相信一切都是为了孩子的"英雄教练"，而不是那些专注于自己的自私需求的"零分"教练。

　　如何成为英雄教练？需要拥有弗兰克·霍尔所表现的英雄主义吗？霍尔2012年的时候是俄亥俄州沙登高中足球教练，有一天一名枪手在学校食堂朝学生开枪。教练霍尔从学校追赶枪手，然后轻轻地安慰身负重伤的学生，直到他们生命的最后一刻。霍尔教练充满悲伤，说在那可怕的一天他的行为不是英雄壮举。然而，他的运动员因为他的教学风格称他为英雄；他采用由内到外的教学理念，教他的运动员如何成为更好的男人，而不只是足球运动员。

所有青少年体育教练都可以成为英雄，他们只需了解和满足青少年运动员学习技能、享受所做的事情、发展信心和人际关系技能的需求。所有青少年体育教练应该都反思他们对孩子产生的强大影响；他们应该体贴地、加倍小心地使用这种权力，以适合发展的方式影响孩子。

学习帮手

关键术语

自主性支持教练——教练倾听并试图了解运动员，为他们提供输入和选择机会，最大限度地减少苛刻或控制性行为。

行为特征——教练在激发情感的场合中的人际交往倾向。

教练期望理论——认为教练对运动员个人的能力的期望可能决定着运动员最终达到的成就水平。

教练行为评估系统（CBAS）——能够识别青少年体育教练平时表现出来的人际交往行为的分类系统。

人际技能——教练与其他人建立关系和进行沟通的能力。

内在技能——涉及教练的自我意识和情感控制能力，以及适应青少年体育运动的目标和理念的能力。

管理技能——教练计划和组织项目并履行所有的行政职责的能力。

玩忽职守——教练因为作为不当或不作为而未能履行法律职责。

技能集合——使我们能够在某些职位上取得成功的综合能力。

技术技能——教练在训练中教授技术、战术以及知道如何在比赛中指导运动员使用战术的能力。

变革领导——一种领导风格，强调教练和运动员之间的关系，其中教练帮助塑造运动员的信念和态度。

要点归纳

1. 教练对青少年运动员的体育运动经历的影响比任何其他因素都多。

2. 大部分青少年体育教练都是志愿者，没有正式的执教证书。

3. 加拿大、澳大利亚、新西兰和英国都实行了国家教练教育认证计划；美国的教练认证更加分散化和企业化。

4. 美国的大多数初中和高中学校需要基本的教练认证，其中大部分采用 NFHS 基础教练计划或人体运动出版社的教练教育教学指导原则课程。

5. 招聘和评估青少年体育教练应该是一个系统的、全年进行的过程，应利用社区内的各种资源，比如大学生、退休教练和老师。

6. 青少年体育教练需要三种主要技能：技术技能、管理技能和交际技能。

7. 教练必须履行其法律责任，避免玩忽职守和管理诉讼风险。

8. 与未参加过培训的教练相比，由参加过教练效能培训（CET）计划的教练带领的运动员更加热爱体育运动、经历更少的焦虑、自尊得到提升而且退出体育运动的人数更少。

9. 采用自主性支持教学风格和变革领导的教练给青少年运动员的自信、动力、乐趣和努力产生积极的影响。

10. 教练期望理论认为教练对运动员个人能力的期望可能决定着运动员最终达到的成就水平。

11. 为了避免教练期望的负面影响，青少年教练应该使用多种表现评估，为所有运动员提供具体的、富含信息的反馈，并对运动员的期望保持灵活，对不断变化持开放态度。

问题探究

1. 为什么有人反对在青少年体育运动中需要教练认证？

2. 描述加拿大和新西兰这两个国家的国家教练教育认证计划，并解释这些计划的优点。

3. 与其他国家相比，美国的青少年体育运动的教练教育有什么特点？

4. 体育运动主管可用于招聘和评价青少年体育教练的策略有哪些？

5. 青少年体育教练需要三种主要技能是什么？解释每种技能的重要性以及教练应该如何实现这些技能。

6. 什么是玩忽职守，教练如何管理玩忽职守诉讼的风险？

7. 关于教练效能培训的研究结果是什么，为什么这些发现非常重要？

8. 描述教练期望理论中的四个步骤。

9. 哪些信息来源最适合教练用来评估青少年运动员的能力？为什么这些信息来源比其他信息来源好？

10. 通过三个案例解释在训练或比赛中教练对待低期望运动员和高期望运动员的方式可能不同？

思考性学习活动

1. 找出一位您可以采访的青少年体育教练。准备一份采访指南，其中包括问教练的问题，问他或她是如何发展出所需的技能集合的，又是如何将这些技能用在教学过程中的。（它可能是也可能不是本书所述的技能集合之一）。通过采访教练了解他或她是如何发展出这些技能的，他或她对青少年体育教学所需的技能有什么感觉，以及他或她关于教练教育计划的想法和经验。

2. 使用教练行为评估系统（CBAS）在一次训练课中观察教练，并将他或她的行为记录到CBAS类别中。根据您观察的结果，写一个关于该教练的沟通模式的概要。

3. 按照问题2的描述完成一位教练的CBAS评估；但要事先请教练根据能力从上到下给团队的所有运动员排名。根据教练的排名将运动员分为两组，一组为高期望运动员，一组为低期望运动员。记录教练员对每个运动员的反应执行CBAS评估，看看教练对待不同的期望组的沟通方式是否存在差别。（注：您必须熟悉每个运动员的名字，以便能够记录教练对待每个运动员的行为。）

4. 为每个特定的CBAS类别分配一个百分比，确定该类别中应该包含多少教练与运动员的沟通。所有分配的类别百分比加起来应该等于100%。这样做的目的是考虑教练与全部运动员沟通中，每种类型人际沟通的理想比例是多少。

资源指南

Martens，R.（2012）.Successful coaching (4th ed.).Champaign，IL：Human Kinetics.

Thompson，J.（2008）.Positive coaching in a nutshell.Portola Valley，CA：Balance Sports.

Thompson，J.（2010）.The power of double-goal coaching. Portola Valley，CA：Balance Sports.

针对特定体育运动的教练书籍和在线认证计划（Multiple sport-specific coaching books and online certification programs）。

美国州立高中协会全国联合会，针对特定体育运动的教练课程和国家基础教练认证计划（Sport-specific coaching courses and Fundamentals of Coaching national certification）。

第15章

家长和青少年体育运动

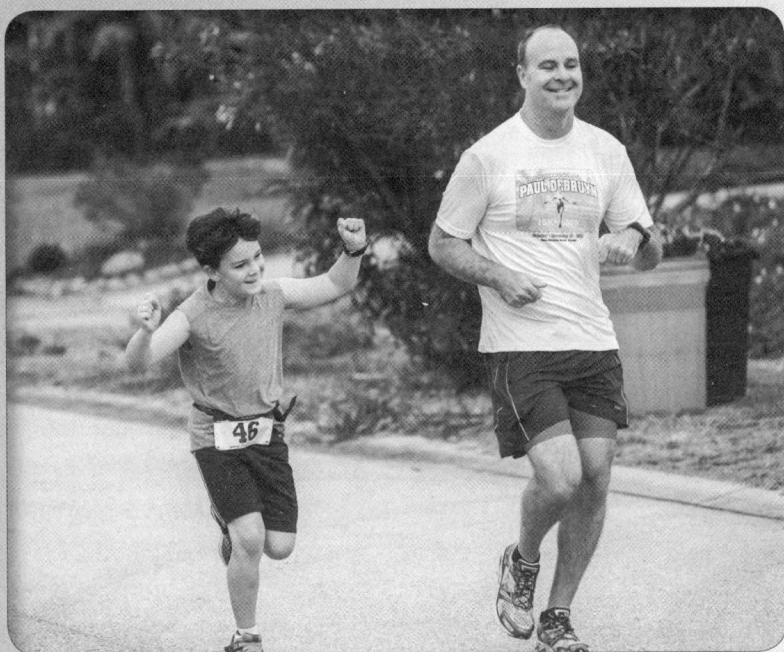

本章预览

在本章中您将学习如下内容：

▷ 育儿方式的类型；

▷ 代表青少年家长角色的三个M；

▷ 关于家长在青少年体育运动中的最佳鼓励；

▷ 青少年体育运动中更好的育儿指导原则。

亲爱的爸爸：

谢谢您在足球比赛中为我加油，没有呵斥我，没有告诉我应该怎么办。我知道其他球队和我们球队的一些父母不是这么做的。但我知道，在比赛的时候我也要自己做决定，因为当围观的人们告诉我该怎么办的时候，大多数情况下会让我分心。我觉得您为我和所有父母树立了一个好榜样。等我长大了，我会做您教我的一切。即使我可能会犯错误。

爱您的，
玛丽·马林

一个9岁足球运动员给她的父亲凯文写了这封信。凯文是我以前的学生，他与我们分享了这封信。我们可以从马林的话中获得多么有用的见解！加油产生积极的作用，但从看台大喊大叫和指导没有什么作用。她提醒我们青少年运动员必须自己比赛，让他们自己做决定和犯错误。她解释到，当父母超越界线的时候，孩子就会从比赛中分心，不能自己学习。凯文给他女儿的一个好礼物是允许犯错误并接受错误是学习和生活的一部分。他的育儿方法被女儿看成模范，所以她建议其他家长也这样做。

因为青少年运动员是未成年人并且具有依赖性，所以父母是青少年体育运动的主要部分。事实上，如果没有父母的合作、支持和领导，青少年体育运动将不复存在。青少年体育运动中极端负面的育儿方式获得大量媒体关注。大多数父母为青少年体育运动的成功和青少年运动员的福祉做出积极贡献。家长在帮助孩子有效地探索体育运动世界上起到至关重要的作用。同样重要但往往被忽略的是，父母有效地了解青少年体育运动的能力。父母过去的经历影响到他们如何看待体育运动，以及他们如何看待孩子参加青少年体育运动。因此，这章的目标是解释父母如何影响孩子参与青少年体育运动以及孩子如何受到它的影响。

父母与孩子之间关系的基础

让我们从父母与孩子之间关系的一些基本方面开始，为了解青少年体育运动中的育儿提供一个基础。

依恋

父母与孩子之间的牢固情感联系称为依恋（Bowlby，1988）。依恋导致父母对孩子的需求做出善解人意的、恰当的响应，让父母成为孩子的安全基础。依恋通常形成于那些最准确地响应孩子需求的家长，而不是与孩子相处时间最长的家长。依恋的关键期是从出生到5岁，如果孩子没有获得这个安全基础，将造成不可逆转的发展后果。

理解依恋有助于解释一些青少年体育运动中的非理性父母行为。当父母感到孩子受到虐待、伤害或心理折磨时，父母和孩子之间的情感纽带经常会短路，让父母失去理性推理的能力。我们当然会记得我们在孩子的青少年体育比赛中的激烈情绪反应，后来才意识到我们情感发泄是不适当的。父母对孩子的情感很深，甚至能够感觉到孩子的感受，这明显影响到他们作为青少年父母的行为。

当父母认为自己的孩子受到的待遇不如其他的孩子，或者自己的孩子未获得和队友一样的机会，他们在青少年体育运动比赛中更加容易表现出不当的行为（Wiersma &

Fifer，2008）。家长承认观看孩子在激烈环境中的比赛通常会改变他们的行为，让他们从理性、心地善良的成年人转变为情绪突然爆发而事后后悔的成年人。他们的行为似乎受到父母依恋本能的影响，他们要保护自己的孩子免受伤害或不公平对待（Wiersma & Fifer，2008）。依恋也导致了更加积极的感同身受体验，如看到孩子在青少年体育运动中高兴、进步、发展和成功时，家长就感到莫大的欣喜（Wiersma & Fifer，2008）。

父母与孩子关系的演变

影响青少年父母的另一个因素是理想化的关于什么是好父母的典范。父母与孩子之间的关系随着时间而演变，其中许多变化都被看作是社会可接受的。整个19世纪儿童被劳动力市场剥削，直到相关法律的出现，才让他们（主要是贫困儿童）免受压迫性工作。也是在此期间，有些家长使用严厉和鞭打来"塑造"孩子，使其服从父母。

直到20世纪下半叶后期，孩子才被视为不仅仅是父母的财产，相反他们也是人类，有权利获得特别的保护和待遇（Rutherford，2009）。20世纪70年代，避孕措施的广泛使用和计划生育导致家庭规模的缩小，以至于孩子成了掌上明珠（Tofler & DiGeronimo，2000）。这些金贵的孩子享受着更大的经济特权，甚至他们的父母不得不牺牲自己的需求来满足他们。很多时候，孩子们被视为父母投资的金钱、时间和关注的抵押品。这往往导致儿童以父母的目标取代自己的目标。当然，这也可能而且确实发生在青少年体育运动中。

如第2章所述，20世纪80年代美国出现了"温室育儿"做法（今天仍在继续），这对青少年体育运动产生巨大的影响。这种育儿方式的重点是培养特别的孩子，和之前保

障孩子的正常童年的育儿方式不同（Farrey，2008）。温室育儿想法导致安排过挤、手忙脚乱、严格控制、高度专业化、耗费大量钱财，目的就是让孩子获得成就。这经常发生在青少年体育运动中。

我们呈现这些事实是为了增加您对育儿文化变化的认识，这样您就不会不加批判地接受当前社会中父母与孩子关系的标准。关于抚养孩子、孩子的权利和需求的思想由文化和历史塑造而成，过去、现在和将来都是这样。重要的是我们应继续思考当前的育儿实践的有效性，牢记孩子的最优发展和所有家庭成员的幸福同样重要，包括父母的幸福。

育儿方式

想想你的父母是以什么样的方式和你交流的。他们做什么（或不做什么）对你的发展影响最大？是什么让他们成为有效或无效的父母？根据你对父母的描述，他们可能属于育儿方式的几个类别之一。育儿方式是父母与子女沟通的总体方式，基于父母认为父母与孩子之间应该保持什么样的关系的态度和价值观（Darling & Steinberg，1993）。

简而言之，育儿方式基于响应性和要求性[9]（Baumrind，1989）（见图15.1）。响应性是父母支持孩子的自主性和响应他们需求的程度。要求性是家长设置限制并期望孩子遵守规则和成熟行为的程度。如图15.1所示，不同的响应性和要求性的组合产生了四种育儿方式。

---

[9] 已经发现许多不同类型的育儿方式（Horn，2007）。本书介绍的育儿方式是那些最广泛应用于有效性讨论的育儿方式。

休息一下

青少年体育运动中的育儿可以看成商业投资吗

职业高尔夫球手肖恩·奥海尔在童年时期忍受着他的父亲马克。因为他的父亲将他的培养看成是商业计划。马克的目的是将肖恩变成一个高尔夫球巨星。从幼年开始，肖恩就被迫接受军事化训练，只要表现达不到要求就得忍受处罚，比如如果在锦标赛中得了比标准杆数多一杆，就被罚跑步。为了让他的投资尽快有产出，马克在1999年让肖恩转为职业高尔夫球运动员。肖恩那年17岁，高中刚毕业。那个时候，马克强迫肖恩签订一份合同，要求他将所有职业收入的10%支付给他的父亲。马克先生如是说，"我知道如何赚钱。无非是材料、劳力和管理费用。肖恩是很好的劳力。我告诉肖恩，如果没有回报，我不可能下那么大的本钱。投了本钱，总有一天会有回报"（Elling，2005）。回望过去，肖恩说，"我们从来没有过父子关系。我们是投资人和投资品之间的关系"（Elling，

2005）。

2005年，声称在儿子的职业生涯上花了200万美元的马克先生取消了和肖恩的合同。马克对媒体说，"尽管肖恩迟早必须对自己的行为承担责任，通过解除他的合同责任，我又帮助他解决了一个问题"（Cybergolf，2014）。肖恩的律师说，该合同在法院很可能不受支持，因为肖恩签署它时小于18岁。

现在肖恩已经结婚，育有一个女儿，生活很幸福。他继续走下去，并在职业高尔夫球协会巡回赛中取得一定的成功。从肖恩的话语中，似乎可以感到他是一位成功的父亲，"专横和支持之间有一条微妙的分界线。我想给我女儿最好的东西。但是你要知道什么时候该让孩子犯错误，并让他们自主学习"。但是马克先生保留不同的看法，他说，"我觉得自己像个大傻瓜。我以为我会把每一分钱赚回来"。（Elling，2005）

权威育儿方式的响应性和要求性都很高。它需要设置高标准和限制、尊重孩子、与孩子讲道理以及关爱和响应孩子的情感需求。采用权威育儿方式的家长可能会这样说"我鼓励孩子说出他的感受"和"我会告诉孩子我对他的期望的原因"。采用专制育儿方式的父母很苛刻，而且很少响应孩子的需求。他们强调无理由服从，而且没有任何跟孩子讲道

道理的想法。采用放任育儿方式的父母的响应性很高，但要求性很低。他们不愿执行规则和标准，因此没有什么组织纪律可言，喜欢让孩子自己管自己。采用疏忽育儿方式的父母既不苛刻，也不响应孩子的需求。他们不介入孩子的体育运动，也不提供支持。

那么，你的父母采用的是以上哪种育儿方式呢？你喜欢哪种育儿方式呢？权威育儿方

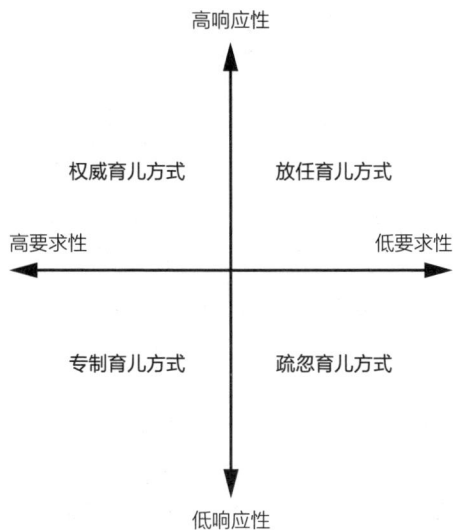

图15.1　响应性和要求性组合得到的父母育儿方式

式得到更积极的结果，为儿童和青少年带来更高的生活满意度、学术能力、自尊以及更低的健康风险行为（Horn & Horn，2007）。在青少年冰球运动中，权威育儿方式得到了更高的运动员满意度、规则遵从性、团队凝聚力和动力（Juntumaa，Keskivaara & Punamaki，2005）；它还与青少年足球运动员的健康完美主义相关（与不健康完美主义相比，Sapieja，Dunn & Holt，2011）。权威或自主性支持育儿方式是青少年育儿知识的重要组成部分（Harwood & Knight，2015）。

总体而言，了解依恋、育儿的理想化文化标准和育儿方式有助于解释很多在青少年体育运动中发生的父母行为。父母的行为基于他们对孩子的牢固情感联系，因为他们试图在文化上被描述为"好"父母，以及基于他们认可和信任的育儿方式。牢记这些基础的父母孩子关系，这让我们能够更好地理解青少年体育运动中的积极和消极育儿行为。

父母在青少年体育运动中的三个角色

育儿是一项挑战。在每年的家庭圣诞树上，我们最喜欢的饰品上面镌刻的一句话"母亲不是懦弱的人"。要想提升文化修养，我们将把这句话修改为"父母不是懦弱的人"。育儿需要广泛的技能集合（Fredricks 和 Eccles，2004；Harwood & Knight，2015），其中大部分是在我们工作中学到的。为了帮助对技能集合进行分类，我们会建议青少年父母必须满足三个重要角色[10]：管理者（manager）、模范者（model）和解答者（meaning maker）（见图15.2）。你可以将看成青少年体育运动中的育儿的三个M。

图15.2　三个M代表父母在青少年体育运动中的角色

[10] Fredricks 和 Eccles（2004）将父母的角色限定为检验解说者、经验提供者和模范者。Harwood 和 Knight（2015）讨论了一系列青少年父母所需的能力，并将它们归类为内在技能、人际技能和组织技能。在本书我们将作者的分类简化为父母在青少年体育运动中的三个角色，为了实用性和简洁性，我们称之为三个M育儿。

管理者

哎！如果孩子参加青少年体育运动，难道父母需要管理技能吗？作为青少年体育运动参加者的父母也是管理者，需要做的事情包括提供资金支持、协调外出比赛时间表、为孩子的训练和比赛牺牲个人时间、志愿管理和教导青少年体育团队以及为团队活动提供帮助，如筹款和赛季结束时的宴会。有多个子女参加青少年体育运动的家长将面临严峻的管理责任，繁琐的事情将让家长忙得焦头烂额。

这些责任不断增加，因为青少年体育运动越来越专业化，而且青少年运动员训练时间更长了，旅行比赛也更多了。奥运和职业篮球明星玛雅•摩尔12岁时，她的母亲举家搬迁到亚特兰大，让摩尔可以在高级业余运动联盟（AAU）Georgia Metros篮球队打球并随之旅行。她在4年里为该队赢得了四个全国锦标赛冠军。尤金•海沃德是职业棒球明星杰森•海沃德的父亲，他根据儿子的青少年棒球课程表安排自己的工作和生活。杰森•海沃德说，"父母为我制定了一个计划。我很感激他们竭尽所能，让我能够接触到所有正确的人。但我爸爸说，'如果你不说出你想要的东西，就不会得到它。'他每年都问，'你仍然想要打棒球吗？'"（Verducci，2010，p.64）。

父母的一个重要管理角色就是让孩子接触各种体育运动和身体活动。如第5章和第10章中所描述的一样，童年就是尝试的时期，孩子要尝试许多不同的活动，以找到最适合他们的活动。父母在为孩子提供各种各样的体育活动尝试机会中起到特别重要的作用，特别是在青春期之前，该时期需要发展基本运动技能。

尝试在青少年体育运动中实现父母的管理角色常常遇到困难，而且导致了夫妻关系紧张，家长的社会机会受限，兄弟姐妹的埋怨以及家长的工作冲突（Harwood & Knight，2009）。很多家长坦言如今的青少年体育运动花销是个负担，而且繁杂的训练和比赛日程，每天接送孩子和其他任务（与家人一起吃饭，家庭作业）给父母带来很大的困难。然而，尽管存在这些要求和占用家庭时间，大多数家长表示子女的青少年体育运动非常有益，这一切都是值得的（Wiersma & Fifer，2008）。

模范者

青少年父母的第二个重要角色是做孩子的榜样，这意味着他们树立标准或者提供模仿或比较的例子。父母在身体活动和体育运动经验、道德行为和生活技能（例如尊重教练员和裁判，有效管理情绪）、职业道德、工作伦理和参与性别化活动上的模范作用已被证明会影响到孩子观念和行为（Wiersma & Fifer，2008）。虽然活跃的父母通常会有活跃的孩子，但父母本身参与体育运动或身体活动对孩子的影响不如父母对体育运动或身体活动的支持、鼓励、反馈和整体评价（Horn & Horn，2007）。家长对参与体育运动的价值和效用的信念影响到孩子的运动能力感知，对参与体育运动的重视程度，以及他们实际参与体育运动的水平（Clark，2008；Fredricks & Eccles，2005）。

因此，父母积极参与体育运动或身体活动有利于孩子，为孩子从父母身上学习和与父母一起运动提供机会。然而，如果父母没有技能或时间参与体育运动，他们通过展示他们在孩子参与体育运动中看到的价值，仍然可以成为青少年运动员的积极模范。父母不一定非得是优秀的运动员——他们只需要是鼓励和支持孩子的父母就行！

一些前精英运动员的孩子承认感觉到成为像父母一样优秀的运动员的巨大压力，即使他们的父母没有公开强迫他们追求精英地位（Fraser-Thomas，Cote & Deakin，2008b）。我请教了一位大学曲棍球运动员，而他的父亲曾是知名的全国曲棍球联盟明星。这位大学球员表示感谢父亲给他带来的机会，但他承认，作为一个青少年运动员，周围的人都期望他做得和父亲一样好，那种感觉真是糟透了。父母和教练可以考虑为那些父母是精英运动员的孩子提供建议，帮助他们享受自己的体育运动和成就，不要与成就斐然的父母比较。

解答者

代表着重要的青少年体育运动父母角色的第三个M就是解答者。青少年运动员在理解和思考他们参与体育运动上需要不断指导，如"我应该如何看待今天在别人面前的比赛？""如果我搞砸了该怎么办？""我表现得怎么样？""我有进步吗？""哪种体育运动最适合我？""我参与体育运动是为了

什么？""如果我失败了，有关系吗？""如果我赢了，应该怎么做？""如果其他孩子比我好，应该怎么做？"父母指导青少年运动员回答这些问题的方式极大地影响到孩子的体育运动感受、参与动机、自尊和能力感（Fredricks & Eccles，2004）（参见表15.1中的一些解答孩子的疑问的例子）。

父母在情感上的支持和鼓励是父母解答者角色的重要方面。这与青少年体育运动体验质量、持续的动力、享受体育运动和自尊有关（Lauer，Gould，Roman & Pierce，2010a，2010b）。父母的情感支持在帮助孩子应对失败和竞争压力上起到缓冲作用（Cote，1999）。网球冠军克里斯·埃弗特这样描述她父亲给她提供的情感支持："我在失败后最希望听到他的声音。他总是找到办法安抚我，并指出我做得好的地方"（Evert，2010）。对于孩子从依恋父母获得的安全基础，也许父母可以给孩子提供的最重要情感付出就是无条件的爱和接

表15.1 育儿解答例子

情形	父母响应例子
运动员对重要比赛表示焦虑和担心。	"大多数运动员在大赛前都很紧张。它意味着你的身体正在做准备，这是一件好事。今天要玩得开心，努力奋斗，这才是最重要的。"
运动员输掉比赛或者表现不佳，你们在开车回家的途中。	不要认为一定要讨论一番。孩子忘记失败的速度往往比成年人更快。你可以问，"你觉得今天的比赛怎么样？"如果孩子表达消极情绪，你可以说，"我知道你很失望，但是依照你的性格，这件事不会让你一蹶不振。你能够从这里重新站起来"。再加一句"我相信你和你的教练能找到一个好的策略，让你变得更好"。
运动员犯了错误，朝看台上看你。	您要小心控制您的非言语反应，因为孩子能够轻松地读懂您的姿势和面部表情。避免表示糟糕或愤怒的非语言的信号。微笑并发出令人鼓舞的信号，表示没关系，忘记刚才发生的事情，继续前进。
运动员超常发挥，团队取得了胜利。	就像对失败不要过度反应一样，对胜利也不要过度反应。表扬努力和训练有助于运动员的超常发挥。请小心使用"我真为你骄傲"这句话；相反，要表现出对可控的事情感到骄傲，比如认真准备和刻苦训练。

受。这意味着这个安全基础是坚实的，不附加任何条件，比如表现良好、比赛获胜或者按照父母的期望和标准生活。

父母可以给青少年运动员提供其他类型的解答包括积极归因孩子的表现、允许犯错、表扬努力和学习过程（不是结果）以及自主性支持行为（所有这些都已在第6章中讨论）。在泰格·伍兹还是初级高尔夫球手的时候，他的父亲厄尔采用独特的方式来支持和发展伍兹的自主性和责任心。一旦他们将要参加比赛，他们将互换角色，伍兹办理宾馆入住登记、计划时间表，包括何时起床，何时吃饭以及何时出发去球场。在比赛结束之后，他们又将角色换回来（Callahan，2006）。

青少年父母承认要把解答者这个角色做好具有挑战性。父母知道帮助孩子分析比赛经验的重要性，如在比赛后开车回家的路上和孩子交流。但他们纠结着不知道该说些什么，以及如何帮助孩子以积极的方式处理事情（Wiersma & Fifer，2008）。当父母感觉到自己的孩子不如其他队友时，也纠结不知道如何帮助孩子坚持努力训练和比赛（Wiersma & Fifer，2008）。父母的这些忧虑是可以理解的，因为面对孩子的失败、缺乏比赛经验或参与体育运动的动机下降，我们也纠结应该对孩子说什么。对青少年父母的研究表明，随着时间的推移他们将习得解答者所需的视角和解答问题的能力，尤其是他们在家里年龄较大的孩子身上有过相关经历之后（Wiersma & Fifer，2008）。

父母不仅帮助运动员分析参与体育活动的意义，还可以帮助他们表现得更好。和孩子谈心帮助他们了解和接受紧张是比赛的一部分，这也很有帮助；在比赛失败之后专注于教训可以帮助他们理解比赛的本质。父母帮助孩子消化关于追求成功的期望，比如高标准、努力和专注、致力体育运动训练（Pomerantz，Grolnick & Price，2005）。在响应孩子的努力尝试时，家长通过提供诚实、中肯的反馈可以帮助孩子形成正确的自我评价，增强他们在体育运动中追求挑战性目标的耐力和动力。

父母在情感上的支持与青少年体育运动体验质量、持续的动力、享受体育运动和自尊有关。

以提供选择作为解答

克里斯·埃弗特，18个大满贯单打冠军获得者，解释了她的父亲如何让她自己决定网球在她的生活中的重要性。"他从来没有因为我输了比赛而生气；他永远不会呵斥我或者对我施加过大的压力。只要我尽力了，我爸爸就会满意。他并没有一定要培养我获得大满贯冠军或者借助我实现他的职业梦想。在八年级时，我参加锦标赛而且表现很好。也就在那时，我好羡慕学校的另一个女孩。于是我想尝试做啦啦队队员。如果我决定做啦啦队队员，将要花费大量的时间，而且影响到网球。这时，我爸爸告诉我，让我做决定。如果我想要成为啦啦队队员，他就不会全力支持我，也不会花费他所有的空闲时间陪我上球场。我想了一下，最终做了一个显而易见的选择。尽管如此，那对我而言是一个决定性时刻，因为我意识到为了实现我的潜力，我将不得不做出牺牲。我非常尊重我爸爸让我自己来做这个抉择"（Evert，2010）。

家长在青少年体育运动中的正面行为

大多数青少年父母提供帮助和支持孩子参加体育活动。研究表明，在青少年体育运动比赛中，大约三分之二的家长行为是正面和适当的，而有三分之一是负面或不恰当的（Bowker et al.，2009）。在合作过的家长中，青少年体育运动教练将其中的70%评为"优秀"，剩余的30%评为"喜怒无常"或"肆虐疯子"（Gould，Lauer，Rolo，James & Pennisi，2008）。

孩子想要什么

正如本章开头的信中所示，孩子能够敏锐地感受到父母的行为是帮助还是伤害他们。底线：孩子们想要支持而不是压力，当然也不想要过高的期望！具体来说，孩子更喜欢父母显示出尊重和支持，使用积极的肢体语言，评论他们的努力和态度而不是成绩和表现（Knight，Boden & Holt，2010；Omli & Wiese-Bjornstal，2011）。青少年运动员不希望父母大声对他们说话，使他们感到难堪，在球场旁边指导他们，或者发出负面评论。在一个9岁的运动员眼中，父母"应该保持安静，如果我有表现好的地方，就给我鼓掌"（Omli & Wiese-Bjornstal，2011，p.708）。

青少年运动员在不同的时间里喜欢的父母行为不一样（Knight，Neely & Holt，2011）。在比赛前，孩子感谢父母帮助他们在身体上做好准备，以及提供良好饮食。大多数运动员不喜欢在比赛前谈论表现问题和忧虑的事情。在比赛期间，运动员喜欢父母鼓励整个团队，关注努力而不是结果，控制自己的情绪，不要将注意力转移到自己和孩子身上，避免指指点点和与裁判争论。在比赛结束后，青少年运动员希望得到关于表现的正面反馈，但要求这些反馈是诚实中肯的。运动员也很感激父母先给他们一些时间处理负面情绪，然后再找他们谈论事情。

适得其反的父母行为

了解孩子想要从他们的父母那里得到什么这很有帮助。然而，经常发生的事情是，好心的父母根本没有意识到给青少年运动员带来了压力。我们称之为"适得其反"，因为父母的正面意图往往变成消极的结果。

信息栏

促进父母和青少年运动员之间谈话的人际交往技巧

下面是父母与孩子谈论时一些值得考虑的指导原则。在谈话中父母经常急于提供"建议"。下面这些表达支持、愿意听取和考虑孩子需求的策略值得借鉴。

1. 和孩子站在一起。提醒自己，你要通过这次谈话支持孩子，让孩子知道你是站在他一边的。家长的目标不应总是提供关于如何成为更好的运动员的建议。孩子觉得父母应该提供无条件的支持，而不是施加压力或必须以某种方式行事。

2. 保持"告诉我更多"的态度，父母的角色更多是听众，而不是演讲者。使用提示性语言，比如"我真的想知道你的感受""继续说"和"关于这点，你能告诉我更多吗？"尽可能让孩子讲更多，而父母听更多。

3. 做一个有耐心、专心、开放、客观以及经常保持沉默的听众。倾听是最重要的育儿技能之一。即使你知道比赛是如何进行的，或者知道需要如何做才能进步，

仍然要问孩子是如何想的，然后耐心倾听。问开放式问题，让青少年运动员更充分地表达自己，比如"你觉得今天的比赛如何？"或者"你所学到的哪些东西对未来有帮助？"将精力放在倾听上，配合使用眼神交流、点头和倾听性语言，比如"嗯，是的""哦"和"我明白了"。要适应沉默，并保持开放的身体姿势。提供建议或解决问题不是倾听。

4. 当孩子准备谈论事情时，让他引入谈话。避免使用正式的"过来坐在沙发上"盘问，大多数孩子都不喜欢这种方式。你只需要花时间在一起和一起做事情就可以引发谈话，比如做一顿饭、耙树叶或者玩纸牌游戏。

随着时间推移，当孩子知道父母会倾听他们而不是评判或提供建议，他们就会更倾向于讨论问题，并相信父母会倾听并支持他们。

"我为你感到自豪"

在孩子获得非常好的表现之后，父母经常说的一句话是"我为你感到自豪"。这似乎是一个支持性评论，但它可能给孩子埋下压力的种子。它将孩子的成就转变成已经实现的东西以引起父母的自豪，而不是转变成运动员自己应该感到自豪的东西。父母通常试图鼓励孩子并将自豪感灌输到孩子的成就中。然而，"我为你感到自豪"往往被视为评判或控制性语句，它可能会让运动员产生继续好好表现的压力，以便满足父母的期望或获得父母的认可和自豪。非洲裔美籍活动家Charleszetta Waddles说："你不可以给他人自豪感，但您可以提供您的理解，让他人看到自己内心的优势，从而找到自己的自豪感"（AZ Quotes，2015）。

请考虑下面这些语句如何影响到孩子能力感和自我价值感（Adapted from Schafer，2010）。十四岁艾玛对她妈妈这样说，"妈妈，我很高兴你不说'我为你感到骄傲'。"妈妈回答说："真的吗？为什么？"艾玛解释说，"你知道我刚开始加入足球队的首发阵容，不是吗？我告诉我的朋友娜塔莉这个消息，而她笑着说，'我真为你骄傲'，我感觉不太舒服。它让我觉得我加入首发阵容是为了让她认为我很棒。如果我不加入首发阵容，她就认为我不是一个好运动员。她不知道为了加入首发阵容我付出了多少努力。"母亲回答说，"但当你告诉我你加入了首发阵容，我也很激动。你觉得我也是在评判你吗？"爱玛回答道"不，妈妈，你说的是完全不同的。你说你为我激动和快乐，因为我实现了我追求的目标。我喜欢听到您的支持和信任。"

那么，父母应该说什么？更好的选择是说"你应该为自己感到骄傲"。其他可行说法包括"干得好！"或"我真为你感到高兴"。

此外，父母关注归因和孩子个人可控制的行为也有帮助，如辛勤、努力和体育精神等，而不是表现结果。一个例子是"你应该为自己努力做到这一点感到骄傲"。调查大学生运动员父母说什么使他们感觉很舒服时，他们的回答是一句强大的短语"我爱看你的比赛"（Elmore，2014）。我们经常对孩子说这句话，包括类似的说法，如"今天，我看你游泳感到很愉快。"一个好主意是避免通过评判和施加压力来让孩子表现得更好，而是强调您喜欢看到孩子参与和努力奋斗。

"你一定会赢得比赛"

比赛前另一句善意但是带来压力的话是"你一定会赢得比赛"。父母常常将这看作是表达对青少年运动员的信心，但这给运动员背负上过高的期望。甚至对成年运动员也一样，比赛前关注结果不是一个好的心理策略（Gould，2015）。"应该""必须"等字眼让话语变得不切实际，并传达不合理的要求，这反过来给青少年运动员造成了压力和焦虑（Ellis & Dryden，1987）。父母应该帮助青少年运动员专注于比赛的激动、参与过程和准备就绪的感觉。事实上，在比赛前分心和做其他事情远比父母说教、分析和注重结果的鼓气讲话要好。

无意的非言语交流

在青少年体育运动比赛期间，与非语言响应相比，父母能够更好地控制他们语言交流。我不得不努力做好这点，因为我的女儿在排球比赛期间只要往看台上看我一眼，总是可以读懂我的想法和感觉。孩子看父母是为了获得帮助，而且有时甚至误读父母的意思。正如一个青少年网球球员的解释，"有时爸爸面孔真的很严肃，我不知道他是什么意思，所以这真的让人很分心，因为我在想他是怎么想的"（Knight & Holt，2014，p. 161）。

父母应尝试管理对孩子表现的非言语反应，要流露出鼓励和积极支持的表情动作。

育儿要满足发展需求

成功的父母对发展中的儿童不断变化的需求非常敏感。随着青少年运动员进入不同的水平，父母的角色也要发生变化。从接触尝试体育运动到大约12岁这个时期，父母的角色包括向孩子介绍各种体育运动，侧重乐趣和技能发展以及提供大量支持、鼓励和指导（Cote, 1999）。

专业化通常发生在13 ~ 15岁。根据比赛的要求，这个阶段通常需要更多的资金和情感支持，运动员承担起更多个人的责任，比如训练和自我管理。教练逐渐成为运动员生活的中心，而父母的角色退居二线，在幕后提供支持。这个时候父母应该选择适当放手，避免为运动员做太多决策和事情，否则会导致运动员过度依赖父母（Lauer et al., 2010a）。在精英时期或青少年晚期，父母的干涉通常变得没那么直接了，只需要提供鼓励和支持。运动员说，在这个体育运动高级阶段，父母过多的指导将导致感情压力和分心（Lauer et al., 2010a）。

虽然家长的参与程度随着时间而变化，但是有些育儿特征在青少年体育运动的各个阶段都非常重要。父母应坚定不移的提供情感支持，以确保这一安全基础。应该继续强调核心价值观，如努力工作和体育精神。对于面临比赛压力的青少年运动员，恰当的家长行为起到重要的缓和作用，例如情绪控制和适当的反应。

正确理解家长陷阱

父母与子女之间的情感投入和依恋可能导致所谓的家长陷阱。当父母在青少年体育运动上的投入过于巨大，从而忘记了"什么对孩子最好？"这个宗旨时，这些陷阱就发生了。

父母的敦促多少合适

很多父母纠结的一个问题是"我应该给孩子多少敦促呢？"我们之前已经强调，支持运动员的自主性是很重要的育儿实践，而青少年运动员表示父母过多指导会带来压力、减少运动乐趣。来自父母的过度压力就是一个家长陷阱，有证据表明它会导致低自尊、焦虑、职业倦怠和躲避父母认为"对你好"的活动（Fraser-Thomas, Cote & Deakin, 2008a; Gould et al., 2008）。

然而，有证据表明父母的一些敦促还是必要的。一个运动员这样解释：

> 有些时候我不想去训练，父母中肯定不会有人说"太糟了，你居然在训练"。而是会得到这样的问话，"儿子，你想把这方面做好，是不是？"我会说，"是的，我想。"我父母会这样回应，"对啦，我认为你应该去训练。"我会说，"好吧，没问题"（Lauer et al., 2010b, p. 490）。

在教青少年运动员方面，父母这样说起到关键作用，如"要做就做好"和"坚守自己的诺言"。作为父母，我们坚持6年级的女儿尝试排球，尽管她不太确定这样做对不对。我们认为她当时需要我们敦促才敢去尝试。她从此喜欢上了排球，而且一直参加高中和俱乐部排球训练和比赛。

父母应该争取找到最佳的敦促方式或指导行为，不仅可以激发孩子挑战更大的成就，还可以支持他们的自主性和避免过大的压力。对青少年游泳家庭的研究表明，父母的敦促水平（他们对孩子的指导程度和强调实现目标的程度）与孩子的热情（努力、竞争力和乐趣的综合）呈曲线关系（Power & Woolger,

1994）。这一结果表明，敦促力度太重或太轻，都不如适度的敦促让孩子在体育运动中取得更好的成绩。同样，一项关于各种体育运动的青少年运动员的研究表明，更多家长指导行为加上表扬努力和情感支持，会让孩子在体育运动中取得更大的成功（Wuerth, Lee & Alfermann，2004）。

如第11章所述，来自父母的压力只会给青少年游泳运动员带来焦虑，如果父母强调结果的话，如赢得比赛或击败对手（O'Rourke, Smith, Smoll & Cumming, 2011）。对于积极鼓励孩子努力、吸取教训和专注于自我完善的父母，他们指导孩子的方式被看作是可适应方式，让孩子能够将注意力集中在可控目标上。这是父母的最佳敦促的另一个例子。

虽然要避免给孩子施加没有情感支持的成绩压力，但也要避免不给孩子提供适当的敦促，如鼓励、积极与孩子交流和指导孩子，因为孩子需要这些敦促才能在体育运动中奋斗和茁壮成长（Hellstedt，1987）。夏茵是当地的俱乐部的游泳教练，她在我们的游泳课中分享她的经历。讲的是她的父母，他们虽然爱孩子、支持孩子，但对孩子的敦促不足：

> 我希望我的父母给我更多敦促。随着我们长大，父母引导我和我的兄弟姐妹参加体育活动，让我们保持活跃和获得乐趣。他们从来没有想过我们将来能够成为奥运选手或者著名的运动员，这非常好，因为所有压力都没有了。然而，在我11岁那年，我不打算全年游泳了，想要在俱乐部打排球。我真希望我的父母更多地帮助我权衡这个决定，然后在我发现自己并不喜欢排球时，引导我回到俱乐部游泳。

进入高中后，我开始意识到我是个

相当不错的游泳健将，而且有了成功基础，我开始梦想着进入大学游泳队。我从未有过这样的梦想，因为我的父母从来不认为这是可能发生的。当我开始赢得胜利并缩短了比赛时间时，我觉得我的父母没有意识到我的潜能，或者发现我已经感觉到的天赋。我希望他们敦促我寻找测试我的能力和速度的机会。

> 在高中的最后一年，我决定加入俱乐部游泳队，以获得进入国家队的资格。我最后得到了该资格，但父母似乎并不替我感到骄傲或激动。他们似乎有点厌烦，因为他们需要赶到德克萨斯州，然后坐几个小时看我参加游泳比赛。这伤害到我的感情，因为我曾经非常努力，把比赛时间缩短到获得比赛资格。当我告诉我的妈妈，我想要加入大学游泳队，她说"别抱太大的希望。"正因为如此，我从来没有真正想过选择参加大学游泳队。和我一起游泳的女孩，她们的比赛时间和我差不多或者更慢，都加入了不同大学的游泳队。我希望我的父母敦促我多尝试，让我最大限度地发挥我的天赋和发展自我信念。我本来可以成为一名大学游泳运动员，而个仅仅是游泳爱好者。

如果父母使用适量的敦促和压力，同时倾听孩子并提供无条件的情感支持，那么"最佳的推动"就发生了。如果父母的敦促没有情感和自主性支持，那就是一个只索取不给予的家长陷阱。相反，父母的敦促不足也可能阻碍青少年运动员追求体育运动目标的能力。要想帮助我们更好地理解什么样的家长行为才能给青少年运动员提供最佳的敦促，尚需要进一步研究。

从ABP到ABPD

当父母越过正常的、支持的育儿方法界线，进入异常的、扭曲的育儿方法时，就会发生第二个家长陷阱。由于情感的依恋，父母与孩子产生强烈的共鸣。他们从孩子们的成就中获得喜悦，这称为移情成就（ABP）（Tofler & DiGeronimo，2000）。在一个健康的ABP中，父母好像亲身体验到孩子的成功和失败，但同时意识到孩子是独立的个体，有自己独特的需求和目标。十几岁的泰格·伍兹用ABP来描述他高度参与的父亲："我爸爸依靠我而活着，这是一些家长的做法"（Callahan，2006）。

当ABP变成移情成就扭曲（ABPD）时，就会发生家长陷阱。移情成就扭曲是一种心理状态，其中父母需要通过孩子的成就来获得社会认可或经济利益，而且其重要性超越了孩子的需求和目标（Tofler & DiGeronimo，2000）。ABPD中父母的这种需求可以是有意识或无意识的，而且父母可能置孩子的身心健康于危险中。当父母开始投入过多的时间和金钱，将孩子送到更有利的训练环境，或者将孩子送到专门的训练学校时，通常ABPD就开始了。父母在做出了这些牺牲之后，就期望运动员也做出一些牺牲作为回报。

一位精英体操运动员回忆母亲对她增加体重并打算停止精英体育之后的反应："不可以！你不会这样做的。你在下周一给我回到健身房。我不会让你找到吃的！我把食品柜锁起来！我们已经花费了大量的时间和金钱，你不能就此放弃"（Sey，2008，pp. 258～259）。青少年运动员被看成是一个物体，一个需要不断改进的产品，而不是一个有需求和感受的人。当父母彻底无法将自己的需求和目标与孩子的区分开时，这种情感虐待可能会转变成身体虐待。奥运体操选手

多米尼克·莫西埃诺想起他父亲因为她吃了一些糖果而抽了她一个耳光，因为这在需要严格控制体重的精英体操中是绝对禁止的（Moceanu，2012）。17岁时，莫西埃诺向法院申请作为一个合法的成年人并具有相关的权利，因为她受够了父亲的虐待。

一个花样滑冰运动员的家长这样解释ABPD陷阱：

> 我第一次看到苔丝站在领奖台上，我就被迷住了。您根本不知道自己是怎样陷进去的。我越陷越深，对孩子的要求越来越多。总是有更好的比赛可以参加，总是有更强的对手可以挑战。过了一段时间之后，我根本听不进苔丝说什么。我希望她能夺冠，但我想是为我而夺冠。我需要它。过去几年相当糟糕。苔丝早就想退出体育运动了，而我过了很久才意识到。我只是希望我没有浪费她的童年（Murphy，1999，p. 84）。

那些孩子退出了精英体育运动的家长形容自己很失败，而且在孩子退出体育运动之后自己在内心挣扎了好多年。

青少年家长需要注意ABPD陷阱。应该不断检视自己对待孩子参与体育运动的动机和感受。完成附录A中的100分练习可能对父母有帮助（Thompson，2009）。这项练习列出许多青少年体育运动目标，家长根据他们认为每个目标对孩子的重要性而对其进行评级。家长应该将这个100分列表放在一个显眼的位置，随时提醒他们在育儿过程中哪些事情更重要。这种做法是适合发展的，而且类似于ABP。另一项练习是通过解决以下问题制定家庭体育使命宣言（Ginsburg，Durant & Baltzell，2006，p. 11）。

- 当我的孩子到了21岁，我想要他或她成为什么样的人？青少年体育运动如何帮助为

人父母者实现该目标?

- 通过参与青少年体育运动，我想要我的孩子学到的三个最重要的教训是什么?

通过培养自我意识以便更好地了解自己，我们可以减少不知不觉中给孩子施加压力以满足我们作为家长的需求的倾向。家长应该尽可能把自己的欲望放在一边，关注孩子的需求和目标。

父母应该充当孩子的教练吗

当成年人在青少年体育运动中充当孩子的教练时，就可能出现另一个家长陷阱。青少年体育运动中有许多志愿者家长教练，亲自指导孩子的动机（并且正确操作）是家长担任志愿者的主要原因。在过去25年中对我们学校进行的一项非正式调查显示，大部分由父母指导过的运动员拥有积极的体验。男性青少年运动员已经发现由父亲指导有许多好处，包括额外的技术指导，最佳敦促和激励，参与决策，以及父亲对自己的能力和优势的独特理解（Weiss & Fretwell，2005）。青少年运动员还表示由父亲指导意味着他们在训练中从不迟到，以及"他们总是得到奖杯，可以把它保存在家里"。

当然由父母作为教练也有不好的方面，如压力和期望更高，而且对待自己的孩子的标准要高于团队的其他队友。高标准的目的往往是为了避免其他人认为家长偏袒自己的孩子。正如一位青少年运动员所说，"如果我表现不错，而其他人的表现和我一样，我爸爸会表扬其他人而不是我。他不想说任何看起来对我好的东西"（Weiss & Fretwell，2005，p. 293）。一个特殊问题是"家长教练"的双重角色。不同于成年人或年长运动员，年幼的孩子不能清晰地区分来自家长和来自教练的批评。对孩子而言，批评总是来自家长（Murphy，1999）。

家长教练应该试图管理其双重角色，而且在训练和比赛结束之后，要明确恢复爸爸或妈妈角色。一个初级网球选手说，"我的最大问题是分不清父亲和教练之间的角色。所以，我们除了网球不会谈论别的。他不会留给孩子任何空间，如个人感情"（Gould，Tuffy，Udry & Loehr，1997，p. 265）。对于如何分离家长和教练的角色，一位父亲教练提供的建议很有用："比赛结束后你就是家长，必须做出快速的角色转换。此时，您要以支持的态度对待孩子。不管孩子表现好还是不好，此刻您不要谈论孩子的足球技能或比赛。您现在要做的是在情感上支持孩子，比如孩子对今天的表现感觉如何"（Weiss & Fretwell，2005，p. 299）。

我们认为家长可以胜任作为自己孩子的教练，而且建议家长跟孩子说清楚他的双重角色。家长教练可以为孩子设定一些指导原则和期望，如孩子在团队活动中如何称呼家长，而且父母教练的目标是在比赛中作为教练，一旦比赛结束就作为家长。问孩子由你充当教练有什么感受，并且在决定是否充当教练时与孩子讨论他们的忧虑。有些学校和体育俱乐部已经规定父母不能充当自己孩子的教练。这在某些情况下可能是个好主意，但是在基层青少年体育运动中，志愿者家长教练仍是常态。在我们的社会中，我们已经观察到许多志愿者家长教练做得非常好，他们为青少年运动员提供积极的体验，包括他们自己的孩子。

兄弟姐妹的问题

14岁的体操运动员克里斯·赛克第一次参加国家比赛时，播音员这样介绍他："接下来是撑竿跳，参赛选手为克里斯·赛克，而他的妹妹珍妮弗·赛克是新一届全国冠军，目前坐在观众席上。珍妮弗，你可以站起来一下吗"（Sey，2008，p. 245）。在她的书中，珍妮弗·赛克谈到这个事件给他哥哥带来毁灭性的打击。如果青少年运动员有一个非常成功的兄弟姐妹，常常会觉得自己被边缘化了，因为家庭的注意力和资源都给了明星运动员（Blazo，Carson，Czech & Dees，2014；Cote，1999；Harwood & Knight，2009）。如果有才华的孩子可以额外训练她的运动专长，而差一点的兄弟姐妹则每天被安排做家务，这种处境太艰难了（Tofler & DiGeronimo，2000）。兄弟姐妹开始感到他们在家庭中没那么重要，而且往往心里藏着怨恨。一个青少年运动员这样说：

> 我并不是嫉妒他的成就，只是有些机会可能不平等。我的意思是，我爸爸支持我，这是肯定的，但我爸爸似乎在网球上事事都优先考虑他，而我得到的关注少得可怜。我觉得他只是专注于帮助我哥哥练习网球，而不帮助我，无论我选别的体育运动还是网球（Blazo et al.，2014，p. 44）。

家长应该尽可能尝试创造一个更加以家庭为中心的氛围，而不是创造一切都围绕最有天赋的孩子转的氛围。家长应该对所有孩子的活动表现出真诚的兴趣，而且给所有孩子分配时间。家长需要让孩子感到父母爱他们现在的样子，而不是他们做什么。家长可以想办法处理好所有孩子的活动和成就。家庭成员可以讨论如何公平分配家庭责任。当孩子参与家庭责任的调度和分配之后，他们通常不会对花更多时间训练的兄弟姐妹心怀不满。

家长可以尝试通过加强情感沟通和支持家庭中的每个孩子来避免兄弟姐妹怨恨父母的陷阱。在许多家庭中，兄弟姐妹可以作为带头模范和情感支持者，帮助其他兄弟姐妹参与青少年体育运动（Fraser-Thomas et al.，2008b）。

青少年体育运动中的家长教育

现在出现了许多青少年体育运动家长教育计划，为家长提供关于儿童和青少年运动的实用信息。在网上可以找到免费的体育运动正面育儿课程。人体运动出版社教练员培训计划提供SportParent课程，青少年体育运动管理人员可以将这些课程分发给社区中的家长。人体运动出版社教练培训计划提供所有材料和详细的体育运动家长便利手册，供管理人员和教练使用。美国国家青少年体育运动联盟为家长提供在线课程，这是它教育目标的一部分。家长心理训练（PMT）计划是由 Mental Training 公司和密歇根州立大学青少年体育运动研究所提供的在线资源。各种青少年体育运动协会（如美国青少年足球协会）也提供其他家长教育计划。此外，也可以找到实用、篇幅短小的体育运动育儿书籍（Thompson，2009，2010a）。

我们提倡青少年体育管理者或教练（或两者）在赛季开始之前，最起码要举行一个针对家长的简短会议。要阐明体育运动项目的目标和重点，以及介绍与日程表、旅行、训练时长、团队规则和指导原则相关的细节。我们已经看到有教练以轻松友好的方式完成了该任务，他们呼吁家长在体育运动中以孩子的体验为核心。如果会议传递出教练和家长之间是合作关系，而且欢迎家长提出和开放地讨论问题，那么可能非常有帮助。也可以用家长信息表或简报代替家长会议，在整个赛季分发几次。青少年体育运动机构可以考虑与大学项目合作，让实习生帮助制作和分发家长信息指南与简报。

教练与青少年家长沟通的策略

1. 让家长成为您体育运动项目的支持者。让家长和家庭参与到社会活动中，甚至举行

您有没有经历过家长陷阱或适得其反的事情

您有没有从书上读过一些这样的例子，父母的善意行为可能会适得其反或者成为家长陷阱。您有没有这样的经历，无论是作为儿子、女儿还是家长？您还经历过其他家长陷阱或适得其反的事情吗？这些经历如何影响到您的体育运动参与和自我认知？

父母与运动员之间的比赛（可以是家长与运动员比赛，也可以是家长与孩子联手参加比赛）。向家长寻求帮助（比如筹集资金、提供零食、提供便车、在排球比赛中担任边裁），并对家长的领导和服务表示感谢。

2. 在家长会中提供关于您的教学理念、目标、规则和指导原则的信息。给家长提供提问的时间。

3. 要特别注意与所有家长交谈和联系，而且表达对他们孩子的积极印象。

4. 关于比赛时间和位置，要求运动员先与您交谈（在他们的父母之前）。

5. 确定一个规则，保证您不会将比赛时间、位置或策略告诉孩子父母。家长必须与教练安排另一个见面会来讨论这些问题。

6 注意到家长的"管理者"职责。如前所述，许多家长忙于应付管理时间、旅行和交通要求，而这是青少年体育运动的一部分。尽量让父母容易应付这一切，并感谢父母履行该职责。

7. 当父母对您的教练身份表示质疑或提出问题时，下面是一些应对建议（Adapted from Haefner, 2015）：

a. 以职业形象冷静倾听父母的问题。

b. 不要打断或情绪化。

c. 如果有时间，从容、清晰地解释您的观点。关注他们的孩子，不要将他们的孩子与其他孩子比较。

d. 不管发生什么，不要失去冷静。用平静的声音像平常一样对话。一定要专业！

e. 感谢父母表达他们的关切，并让他们知道您听到了他们的声音，而且会考虑他们的观点。

成为一个更好的青少年家长的建议

1. 支持和接受教练作出的决定，即使您不同意。多次感谢教练付出的时间和精力。

2.问教练您如何提供帮助。

3. 尊重比赛，不要对任何裁判、对手、运动员或教练无礼，或者对他们发表负面言论。

4. 记住，您作为父母的角色和教练的角色不同。您的角色不是在比赛和训练中提供指导、策略或者提供反馈。您的角色是作为父母支持孩子和团队。

5. 了解自己的反应倾向，想出让自己保持镇定的策略并反复练习（重新聚焦、散步、重新建立观点这是U-9足球比赛，不是世界杯（Wiersma & Fifer, 2008）。

6. 管理作为青少年父母的三个关系（Thompson, 2003）。您的主要关系是与孩子的关系。要充分了解孩子，给孩子提供支持和情感关照，尝试给孩子提供最佳的敦促。您的第二个关系是与教练的关系。要积极支持教练，让教练做好本职工作。父母最后需要管理的关系是自己。请记住，一切为了孩子，而不是为了您的目标以及您对孩子的期望。我们承认很难兼顾这三种关系，尤其是第三个。要意识到这三种关系的重要性，它是成为伟大的青少年父母的开始。

本章小结

大部分青少年育儿建议太过于着重满足青少年运动员的需求。今天理想化的育儿文化滋生了这种思想，认为好的父母应该倾其所有，让孩子能够完成过度安排的体育运动任务。每次坐飞机你都可以听到一个很好的育儿技巧。建议家长：如果飞机失去舱压，先戴好自己的氧气面罩，然后再给孩子戴上。

我们不知道有多少父母还会自动遵守这个建议。我们作为父母的本能是先满足孩子的需求。然而研究清楚地表明，父母的压力会给孩子带来负面影响。一项全国压力调查发现，86%的儿童受到父母负面压力的影响（Novotny，2012）。青少年家长需要重新专注于自己的氧气面罩，不仅是为了个人的利益，也是为了孩子的利益。如果家长未能够优先戴好自己的氧气面罩，那么就不能很好地教育孩子。我们理解并欣赏可接受的牺牲，往往是父母乐意给孩子做出的牺牲。但是我们认为如果家长认真考虑自己的需求和整个家庭的需求，避免出现现有风险的牺牲和心理不健康的做法，那么就不会有今天的家长陷阱，同时也将营造出更好的青少年体育运动文化。

学习帮手

关键术语

移情成就（ABP）——父母好像亲身体验到孩子的成功和失败，但是同时意识到孩子是独立的个体，有自己独特的需求和目标。

移情成就扭曲（ABPD）——这是一种心理状态，其中父母需要通过孩子的成就来获得社会认可或经济利益，而且其重要性超越了孩子的需求和目标。

依恋——父母与孩子之间的牢固情感联系，导致父母对孩子的需求做出善解人意的、恰当的响应，让父母成为孩子的安全基础。

专制育儿方式——苛刻且对情感需求响应很少的育儿方式。强调无理由服从，而且没有任何跟孩子讲道理的想法。

权威育儿方式——响应性和要求性都很高的育儿方式；需要设置高标准和限制、尊重孩子、与孩子讲道理以及关爱和响应孩子的情感需求。

模范——家长设定标准或提供范例让孩子模仿或比较。

疏忽育儿方式——父母既不苛刻，也不响应孩子的需求。他们不介入孩子的体育运动，也不提供支持。

最佳敦促——激发孩子挑战更大成就的指导行为，同时还支持他们的自主性和避免过大的压力。

育儿方式——父母与子女沟通的总体方式，基于父母认为父母孩子之间应该保持什么样的关系的态度和价值观。

放任育儿方式——这种育儿方式响应性很高但是要求性很低；父母不愿执行规则和标准，因此没有什么组织纪律可言，喜欢让孩子自己管自己。

要点归纳

1. 依恋导致父母对孩子的需求做出善解人意的、恰当的响应，让父母成为孩子的安全基础。

2. 温室育儿方式的重点是培养孩子让其变得特别，和之前保障孩子的正常童年的育儿方式不同。

3. 育儿方式根据响应性和要求性而不同，包括权威、专制和放任育儿方式。

4. 三个 M 代表父母在青少年体育运动中的角色为管理者、模范者和解答者。

5. 虽然活跃的父母通常会有活跃的孩子，但是父母对体育运动或身体活动的支持和鼓励对孩子参与体育运动产生的影响更大。

6. 青少年运动员希望得到父母的支持，但是不喜欢他们提供指导或者发出负面评论。

7. 随着青少年运动员进入不同的水平，父母的角色也要发生变化。

8. 如果父母使用适量的敦促和压力，同时倾听孩子并提供无条件的情感支持，那么"最佳的推动"就发生了。

9. 当父母需要通过孩子的成就来获得社会认可或经济利益，而且其重要性超越了孩子的需求和目标时，就会发生移情成就扭曲。

10. 家长可以尝试通过加强情感沟通和支持家庭中的每个孩子来避免兄弟姐妹怨恨父母的陷阱。

问题探究

1. 解释为什么亲子依恋与青少年父母的行为有关。

2. 在当今社会中什么是理想化育儿文化常态？这种育儿文化为什么改变了，是如何改变的？您能预测未来它会发生什么变化吗？

3. 通过响应性和要求性连续体解释三种育儿方式。虽然我们只建议青少年家长采用权威育儿方式，但是其他育儿方式在特定的青少年体育运动场合下有用吗？

4. 描述青少年体育运动中代表父母角色的三个 M。为每个 M 举例子。

5. 根据研究结果，说明孩子希望家长在青少年体育运动中采取什么样的行为。

6. 随着青少年运动员进入不同的水平，父母的角色将发生什么变化？

7. 解释最佳敦促概念，并为家长如何实现它提供指导原则。

8. 移情成就（ABP）是如何变成移情成就扭曲（ABPD）的，为什么会发这些变化？各举一些例子。

思考性学习活动

1. 设计一份采访计划，其中要向青少年父母提问题。该计划应该侧重于您感兴趣的一个特定方面或多个方面，主题是家长与青少年体育运动的关系（如育儿方式、担任孩子的教练以及包括或不包括在本章中的其他青少年体育运动育儿方面）。采访两位青少年父母，并通过匿名统计信息来说明案例。分析采访结果。您的结果和本章的思路相吻合吗？您从这些父母身上学到了什么？

2. 根据问题1的描述进行采访任务，但计划并采访两个青少年运动员，了解他们对各种育儿方式和行为的看法和偏好，以及这些育儿方式与他们参与体育运动和总体发展的关系。您必须征得父母的同意才可以采访未成年孩子，而且您应该给家长提供一份采访问题复印件。

3. 为特定青少年家长（如孩子为9～10岁的垒球运动员）设计一份教育指南或简报。确保您的教育指南或简报为家长提供一些新颖的教育内容，而不是一些常见的时间表、团队规则和指导原则。以丰富多彩的方式呈现信息，为家长提供关于体育运动的育儿方式的独特见解，而且最好是他们从未考虑过的方面。

资源指南

Thompson，J.（2009）. Positive sports parenting. Portola Valley，CA：Balance Sports.

Thompson，J.（2010）. The high school sport parent. Portola Valley，CA：Balance Sports.

人体运动出版社教练员教育SportParent课程。

家长有效参与体育运动（Engaging Effectively With Parents），NFHS免费的在线课程。

家长心理训练（PMT）。PMT是一个针对家长的在线认证课程，由参与青少年体育研究的领导人设计。它可以帮助家长以最有利的方式参与到孩子的青少年运动体验中，而且对家长自己、运动员和教练都有好处。该在线课程讨论家长在观众席应该如何做、如何以积极的方式支持运动员，以及在观看孩子比赛时如何控制情绪。

父母在体育运动中的角色（The Role of the Parent in Sports），NFHS的免费在线课程。

第16章

青少年体育运动中的道德和生活技能培养

本章预览

在本章中您将学习如下内容：

▷ 体育运动不会自动塑造品格；

▷ 如何传授道德行为和生活技能，并让青少年理解和接受；

▷ 提高青少年运动员的道德行为和生活技能的实际策略。

关于青少年体育运动的一个共同想法是，只要孩子参与其中就能够学到重要的生活技能，使他们在社会中获得成功。也就是说，很多人认为运动可以塑造品格。您相信这种观点吗，为什么？在本书引言部分已经提出了这个问题。

如果您认为体育运动不能塑造品格，你很可能想起发生在体育运动中舞弊、不尊重对手和裁判以及暴力行为。如果您认为体育运动可以塑造品格，您可能观察到在运动队中，成年人领导会教运动员尊重对手、控制情绪和公平比赛。你可以援引正面的例子，如美国职业棒球大联盟投手阿曼多·加拉拉表现出谦逊和情感成熟。裁判吉姆·乔伊斯承认在2010年误判加拉拉，让加拉拉失去了完美的机会

（Verducci，2010）。或者在"休息一下"小节中描述的令人印象深刻的品格。

现实中有许多不良行为的例子，也有许多令人振奋的例子，如橡树港和马里斯维尔·皮尔查克足球队的励志行为。这一事实强调了本章的重点。品格、生活技能和道德行为不是通过简单地参与体育运动就会自动培养出来的。相反，如果知识渊博的成年人组织适合发展活动，示范和强化适当的行为，并且花时间讨论道德问题，使青少年运动员能够发展出推理技能，并达到更高的道德水平，那么就一定会产生这些积极结果。参与体育运动可以帮助运动员发展个性或重要的生活技能，但是前提是体育运动项目的组织和执行必须强调社会和道德发展。

休息一下

品格的展示

高中橄榄球队马里斯维尔·皮尔查克队和橡树港队（华盛顿州）被安排在2014年10月24日晚上争夺联赛冠军。然而，在比赛的早晨，一个问题少年在马里斯维尔·皮尔查克食堂开枪杀死了四名学生后自杀。听到这一灾难性消息，橡树港队放弃比赛，把联赛冠军让给了马里斯维尔·皮尔查克队。橡树港队的球员和教练杰伊·特纳当晚前往马里斯维尔参加了追悼晚会，并对马里斯维尔·皮尔查克队的球员表示慰问。"我无法用言语表达这对我们的队员意味着什么"，马里斯维尔·皮尔查克队的教练布

兰登·卡森如是说，"这完全超越了比赛，并向我们展示了运动员的伟大"（"True Champions"，2014）。

但更加令人震撼的是体育精神如何激励他人展现高尚的节操和同情心。五天后，马里斯维尔·皮尔查克队的球员给正在训练中的橡树港队带来了惊喜（橡树港获得了季后赛资格，尽管他们放弃了联赛冠军），将联赛冠军奖杯赠送给了他们！马里斯维尔·皮尔查克队的高年级球员科尔宾·费里解释说，所有球员都一致同意放弃冠军奖杯，"奖杯远远比不上他们对我们的情谊"。

体育运动中的道德行为相关术语

除非我们澄清模糊的术语"品格",否则不可能清晰地理解参与体育运动如何影响到运动员的性格。

这个术语从19世纪中叶的英国演变而来。当时英国的贵族学校推广体育参与以发展男孩重要的美德,如领导能力、诚实、自我控制能力、勇气和毅力。同样,美国新教徒所信奉的强身派基督教理念(即参与体育运动可以塑造精神品格的想法)在19世纪后期发展成基督教青年会竞争性体育运动项目。因此,品格指的是一系列受到社会尊敬的、正确的道德或伦理素质。问题是,这个词的使用比较随意而且不一致,所以研究人员无法回答体育运动能否塑造品格这个问题。本章将超越品格这个模糊的概念,我们将专注于更加具体和现代的术语,如生活技能、体育精神、道德行为、敌对行为和挑衅行为。

生活技能

生活技能包括让我们能够在生活的文化中取得成功的道德价值观和其他技能(Danish, Nellen & Owens, 1996)。生活技能通常包括身体能力(学习如何运动和保持活跃),社交能力(合作、同情和沟通,尊重他人;通常被称为利他行为,因为让他人受益),认知能力(决策、学术技能),情感能力(管理情绪,为自己的行为负责)以及行为能力(追求个人目标,制定解决问题的策略,给社区积极做贡献)。

青少年家长认为可以通过参与体育运动来发展重要的生活技能,包括学习如何对待输赢、发扬体育精神、与队友合作、听从指导和有效沟通、保持专注以及事情不顺利时保持理性(Wiersma & Fifer, 2008)。正如一位家长所说,"孩子的一生不可能一帆风顺,因此他们必须学习如何面对逆境,以及学习如何对付难缠的人"(Wiersma & Fifer, 2008, p. 515)。

所以,和品格一样,生活技能包括一系列素质,但生活技能的发展甚至更为广泛,它侧重于使个人在社会中能够作为公民正常生活的人类技能。这些技能包括但是不限于道德和伦理行为。我们认为强调学习生活技能是青少年体育运动的一个重要目标,因为它超越了过时的思想(即在体育运动中塑造品格)。正如第3章所讨论的,青少年体育运动的一个重要目标是发展和加强儿童和青少年的身体、社交、认知、情感、行为和生活技能。阅读"休息一下"小节可以看到一个关于如何在体育运动中学习生活技能的例子,而且要特别注意体育运动项目的组织方式,以便将这些技能从体育运动延伸到其他生活环境中。

体育精神

体育精神通常被定义为在比赛中促进公平和相互尊重的行为方式,即使这些行动给对手带来战略优势。优良的体育精神的例子包括在网球比赛中喊话提示界线球,以及即使失败了也要和对手握手和尊重对手。

如果你想知道什么是体育精神,请问青少年运动员。如表16.1所示,青少年运动员对如何公平比赛和做个好运动员有良好的认识。Entzion(1991)要求六年级的孩子描述如何公平比赛,排名前10位的答案都显示在表16.1的左侧。当然,这些都是生活中应该遵守的规则。超过1 000名10~18岁的加拿大运动员从五个主要因素方面定义体育精神,如表16.1的右侧所示(Vallerand, Deshaies, Cuerrier, Briere & Pelletier, 1996)。这两项研究表明,青少年运动员自身就能理解体育运动需要努力训练；尊重队友、对手和裁判；情绪控制；他人合作。他们知道体育运动中发生的负面行为，而且知道良好的体育运动要避免这些行为。

休息一下

First Tee生活技能教育计划

First Tee计划致力于通过高尔夫运动培养青少年的生活技能，并将重点放在九大核心价值观上：诚实、正直、体育精神、尊重、信任、责任、毅力、礼貌和判断力。在First Tee计划中，通过各种与高尔夫球有关的活动学习生活经验教训，而且这些活动的首要目标为乐趣。运动员在通往标准杆数（人际交往和自我管理）、小鸟球（目标设定）、老鹰球（对抗技巧，解决冲突）和一杆进洞（高级个人人生规划）这个过程中了解自己。例如，青少年运动员在遇到挫折或愤怒时学习如何做到停下来、思考、预测和响应；在犯错时做到回想、放松、准备和重来；而且要将"耐心、上进和寻求帮助"这句口头禅熟记于心。First Tee的教练经过专门培训，他们使用特定的教学策略来让学习过程以活动为基础（做和问），以掌握为驱动力（强调个人技能的发展），培养自主性（主动决策），并专注于持续的、终身的学习习惯。可以在社区和学校体育课中实施FNst Tee计划。

独立研究证实，73%的参与者的学术能力信心得到提高；82%的参与者觉得在社交技能上比同龄人更有信心；57%的参与者认为First Tee计划帮助他们发展了见面和问候技能；而所有参与者一致认为他们已经将从First Tee计划中学到的技能应用到学校的学习中（Weiss, Stuntz, Bhalla, Bolter & Price, 2013; "Impact Report," n.d.）。

表16.1　青少年运动员如何在体育运动中定义体育精神和道德行为

1. 不要伤害任何人。	1. 不旷课，努力训练，尝试不断进步。
2. 轮流。	2. 尊重规则和裁判（即使你不同意）。
3. 当队友犯错时不要冲他们大叫。	3. 尊重社会习俗（握手、输得起、认可对手的表现）。
4. 不要欺骗。	4. 尊重和关心对手（借出运动设备，不趁对手受伤获得优势）。
5. 每次输掉比赛不要哭。	5. 避免以不佳的态度对待体育运动（失去耐性、自私、不惜一切代价赢得比赛）。
6. 不要为失败找借口。	
7. 争取第一名。	
8. 不要说别人不好。	
9. 不要吹牛。	
10. 不要踢任何人的腹部。	

道德行为

虽然道德行为类似于体育精神，但它们有一个重要的区别。体育精神是做正确的事，而道德行为是以正确的原因做正确的事（Shields & Bredemeier，2007）。人们以符合道德的方式做事，因为他们想明白了什么是公平、什么是善良，并且根据内在的道德价值观行事。运动员表现出对裁判的尊重，可能是因为他希望在比赛中得到裁判的照顾，也可能是因为他认为这是应该做的正确事情。因为相信某件事情是正确的才去做则是道德行为。道德行为来自于一个人内心对某事件正确行事方式进行判断的过程。在电影《重返荣耀》中，一个高尔夫球员请求给自己罚分，因为他在比赛期间不小心移动了球，尽管没有人看到。他的球童乞求他不要主动请罚，因为"没有人会知道球被移动了"。那个高尔夫球手回答到："我知道。"这个崇高的例子告诉那些作弊获胜的孩子，不尊重比赛得来的胜利毫无意义。正如我们将讨论的一样，运动员的内在道德水平能够很好地预测他们在体育运动中的行为；因此，青少年体育运动的一个重要目标是提供生活经验教训，让孩子们可以发展出成熟的道德价值，这将有助于他们通过体育运动和生活中不可避免的冲突学会推理。

了解暴力、敌对行为和挑衅行为

在青少年体育运动中缺乏体育精神和道德行为的最极端反面例子就是对裁判、教练和对手进行暴力人身攻击。这种事件曾经导致受害者住院甚至死亡。一名宾夕法尼亚青少年棒球教练在2006年被判贿赂和教唆未成年人罪。该教练给他的球员25美元，让他打击另一个8岁的自闭症队友的头部，使其无法参加比赛，从而提高球队获胜的机会。不惜一切代价获胜的心态和赢得比赛会获得丰厚的金钱和社会回报，导致了默认暴力和伤害他人成为"比赛的一部分"。

心理学使用"敌对行为"意味着以伤害为目的的侵犯他人的权利，如造成疼痛或伤害。它类似于暴力，是粗暴的或导致伤害的身体行为，尽管敌对行为也可能是口头的。然而，在体育运动中，挑衅行为被普遍认为是以强有力的、集中力量的方式比赛。当教练嘱咐青少年运动员"场上要猛些"时，他们可能会混淆这些术语。澄清敌对行为或者暴力与我们通常说的"场上要猛些"之间的区别非常重要，让运动员理解在体育运动中以最大的力气拼搏是目标，而试图伤害他人是不可接受的。

体育精神与道德行为的关系

孩子如何知道哪些是可接受的社会道德行为？他们如何知道什么是好比赛，什么是坏比赛？如果我们希望在青少年体育运动中发展和提高孩子的生活技能、体育精神和道德行为，那么了解孩子如何以及为什么要学习社会行为非常重要。正如您将在本节中了解到的一样，引发青少年运动员的道德行为的社会价值观是可以传授、理解和接受的。

模范作用

体育画报发表了一篇关于2008—2009年国家冰球联盟（NHL）的题为"为什么优秀的球队打架"的评论文章，其中包括9张职业男子冰球运动员拳击对手的彩色照片（Farber，2008）。有些运动员被称为"打架小霸王"。而这篇文章却强调打架对团队的成功很重要。您认为青少年冰球运动员看到类似这样的文章和观看职业冰球比赛会学到什么？它传递的思想很明确，在成年人冰球运动中对对手进行人身攻击是可接受和受到尊重的。这就是所谓的模范作用或者通过观察学习，孩子通过这种方式模仿重要的成年人（著名运动员、教练和父母）的行为。模范作用是一种社会学习形式（Bandura，1977），它是心理学中的一个主要理论，认为孩子在发展为成年人的过程中会意识到和学习自己的文化所重视的行为或社会规范。他们观察在自己的文化中哪些行为是可以接受和受到重视的，然后将这些行为内化为适当的行为。总之，通过不断观察和与优秀的成年人互动可以理解正确的行为模式。在著名的波波玩偶实验中演示了敌对行为的模范作用产生的影响。

在该试验中，3～6岁的孩子观察一个成年人与152厘米高的充气娃娃互动（Bandura，Ross & Ross，1961）。在敌对行为情况下，成年人用木槌敲击玩具娃娃的头部，同时反复"抽它的脸"。在非敌对行为情况下，成年人玩其他玩具并忽视玩偶。然后观察孩子的自由玩耍。与看到成年人忽视娃娃的孩子相比，看到成年人打击娃娃的孩子表现出更多的身体和言语攻击。

模仿成年运动员模范在许多青少年体育运动中均有记录。在高中冰球中，与选择

被认为没有那么暴力的行为榜样的球员相比，选择被认为更加暴力的行为榜样的球员接受到更严重的处罚（打架、劈人、挥棍过肩）（Smith，1974）。在12～21岁的冰球运动员中，有60%的球员说他们通过每周至少一次在电视上观看职业冰球比赛学会了如何攻击对手，如用球棍戳人、肘击、劈人、绊人、挥棍过肩。从模范者身上学会攻击的一个例子是"当对方过来的时候，用球棍戳对方的脸"，裁判看不到球棍的末端（Smith，1982，p. 298）。对青少年足球运动员行为榜样的影响的研究也得到类似的结果（Mugno & Feltz，1985）。对初中和高中球员进行抽样调查表明，有94%的青少年球员在观看成年人橄榄球比赛中学到了攻击对手的多种方式，如用头盔撞人、拖拽防护面罩、背后绊人。其中82%青少年球员承认他们在自己的比赛中用过这些攻击方式之一。在许多体育运动中，9～15岁的青少年运动员承认他们有过不良的体育运动行为，主要是在比赛中受到教练、父母和观众的影响（Shields，LaVoi，Bredemeier & Power，2007）。

好消息是，孩子也可以学到正面的体育精神和道德行为。当被问及如何定义和说出体育运动模范及其特征时，11～16岁将体育运动名人排在父母之后，并将关爱、勇敢、守信视为模范者品质（White & O'Brien，

个人小插曲

您在体育运动中学到的生活经验

在青少年运动员时期，您是如何学习体育精神的？您接收到的思想是什么，这些思想来自哪里？随着您不断进入更高水平的青少年体育运动，您对体育精神的看法和做法发生变化了吗？为什么会这样？

1999）。虽然前职业篮球运动员和知名的查尔斯·巴克利有句名言："我不是榜样"，但事实是儿童和青少年模仿父母、教练和体育运动名人的行为。当前兴起的一个做法是为职业体育运动员、青少年体育运动教练和家长制定道德守则，强调体育精神的模范作用对青少年运动员的重要性。

我们大力支持青少年体育运动项目教练、家长和运动员制定适宜行为守则。特别是，我们鼓励制定引人注目、朗朗上口的体育精神和公平比赛宣传语，而不是听起来像说教一样。"尊重比赛"就是一个很好的例子（Thompson，2010b），这意味着除非我们尊重对手、裁判和比赛规则，否则比赛无法顺利进行。所以，您可以向家长和教练强调尊重比赛的概念，并要求他们以之为模范。然后，教练和参赛运动员在一份宣言上签字，而该宣言阐明各方应该遵守的各种行为，以便达到尊重比赛的目的。在"信息栏"小节提供了一个足球宣言例子（modifed from "Sports：When Winning"，Canadian Centres for Teaching Peace）；您可以修改这个例子，根据需要添加或修改条目，然后用在您的体育运动中。建议您在宣言的下方留出签名处和填写日期处。签名表示每个人承诺遵守守则。

强化

除了可以通过有效的模范作用让青少年运动员理解道德价值观之外，还可以通过强化或者采用奖励和惩罚来将这些价值观传授给他们。就像模范作用，强化也是关于一个人应该如何行事的社会学习的一部分。不管是好的还是坏的道德行为，通过奖励都可以在孩子中强化这些行为，如表扬和赞许。在某些情况下，运动员因为自己请求判罚而获得表扬，或者在肢体冲突之后和对手握手而获得表扬。然而，在其他情况下，鼓励运动

员发起敌对行为也得到表扬，并声称这是为了获胜。在电影《龙威小子》中有一个著名的场景，教练教唆一个青少年运动员"腿扫"对手，或者故意伤害对手没有站稳的膝盖，从而获得优势并赢得比赛。

教练、父母和队友的影响

体育运动和团队规范或者被认可和期望的行为标准，对青少年运动员的体育精神和敌对行为产生强大的影响。不同的团队和体育运动的规范不一样。青少年运动员能够很快学到促进体育运动中可接受和受到推崇的规范行为，如在高尔夫球比赛中让推杆球。与身体接触较少的体育运动相比，在身体接触频繁的体育运动中，如冰球和美式橄榄球，运动员有更强的敌对行为倾向，而且体育精神表现较差。这表明在身体接触体育运动中敌对行为是可接受的行为（Bredemeier，Weiss，Shields & Cooper，1986；Shields et al.，2007）。

教练和父亲鼓励青少年冰球运动员的一些敌对行为，包括打架和其他非法行为，因为他们说这象征着坚强性格，有助于球队获胜（Smith，1982）。根据统计分析，父亲同意孩子的敌对违法行为与孩子在整个赛季中的打架数量有关联。同样，在中学足球运动员中，有40%的人承认受到队友、教练和父亲的影响，他们曾经采取过非法敌对行为（Mugno & Feltz，1985）。如果青少年篮球运动员感觉到教练会要求他们采取敌对行为以及队友会采取敌对行为，那么他们就会存在严重的敌对行为倾向（Stephens，2001）。团队规范支持和鼓励敌对行为也预示着在青少年足球运动员（Guivernau & Duda，2002）和青少年精英运动员（Long，Pantaléon，Bruant & d'Arripe-Longueville，2006）中存在着敌对行为。体育运动人种学研究（研究人员成为团队的一部分，并且在赛季花很多时间与

运动员和教练在一起）将教练的体育精神教育描述为漂亮的空头支票（Fine，1987），或者虚伪地将运动员放在一个"骑墙位置"上，让他们去权衡赢得比赛和体育精神这两个相互矛盾的目标（May，2001）。在Fine（1987）的研究中，小联盟棒球运动员知道教练偶尔会指示他们公平比赛，但在威胁到比赛胜利的情况下，从来不会这样。

信息栏

尊重比赛！

家长：

1. 我不会强迫孩子参加足球运动。

2. 我会记得孩子踢足球是出于自己的快乐，而不是我的。

3. 我会鼓励我的孩子遵守规则，解决冲突而不是采取敌视和暴力手段。

4. 我会教孩子尽力去做和获胜同样重要，让孩子永远不被比赛结果打败。

5. 我会表扬孩子的公平竞争和努力争取，让他在每次比赛中都觉得自己是胜利者。

6. 我永远不会因为犯错误或输了比赛而嘲笑或斥责我的孩子和其他孩子。

7. 我会记得榜样是孩子学习的最好方式之一，所以不管是孩子的团队还是对手的团队，只要有好表现我都会鼓掌。

8. 我永远不会当众质疑裁判的判决或诚信。

9. 我会尊重和感谢志愿者教练付出时间来教我的孩子。

教练：

1. 我要做到合理安排比赛和训练，记住青少年运动员有自己的兴趣和事情。

2. 我会教我的运动员公平比赛，以及尊重规则、裁判和对手。

3. 我将确保所有运动员都得到指导和反馈，并公平分配训练时间。

4. 如果我的运动员出现失误或者表现不佳，我不会嘲笑他们或者对他们大声喊叫。

5. 我将科学设计训练，使运动员获得乐趣、学到技能并了解足球比赛。

6. 我将确保体育器材和设施是安全的，而且符合运动员的年龄和能力。

7. 我会树立一个好榜样：控制自己的情绪，保持冷静，专业风范，保持正面行为，即使我与裁判看法有分歧。

8. 我将与裁判和家长合作，做到尊重比赛。

运动员：

1. 我踢足球是因为我喜欢，而不是其他人或教练想让我踢。

2. 我会遵守比赛规则，尊重比赛。

3. 我会尊重对手。

4. 我会控制自己的脾气，打架或者破口大骂只会破坏所有人的比赛。

5. 我将尽我所能做一个好队员，我会鼓励队友，如果他们不按照我的方式去做，我不会对他们大喊大叫或者生气。

6. 我会记住教练和裁判会随时给我提供帮助。我会接受他们的决定，尊重他们。

7. 不管是我的队友还是对手，我都会为他们的出色表现鼓掌。

8. 我会记住获胜并不代表一切。获得乐趣、提高技能、结交朋友和做到最好的自己也很重要。

青少年运动员从教练、父母、队友和媒体建立的体育运动规范学习体育精神行为。

　　但规范在两个方向上都起作用。如果教练在团队中创造个人进步和技能发展（学习氛围）环境，而不是强调通过战胜队友来衡量自己或者通过打败他人来获得能力感（自我评价），那么运动员就表现出更高水平的体育精神和利他行为，以及较低水平的敌对行为（Kavussanu，2006；Ommundsen，Roberts，Lemyre & Treasure，2003）。此外，同样的结论也适用于父母和同伴对孩子的体育精神的积极影响。当8～10岁和13～15岁的孩子感觉到一种支持学习的氛围时，他们就表现得更加尊重对手、规则和裁判（d'Arripe-Longueville，Pantaléon & Smith，2006）。显然，成年人如何组织青少年体育运动项目

对孩子学习道德行为和价值观产生直接的影响。

媒体和粉丝的影响

　　改善青少年体育道德行为的最大挑战是媒体的颂扬和观众的蛮横行为，它们都表现出糟糕的体育精神。在娱乐体育节目电视频道播出的《赛场之外》节目中，以高尚的体育精神而闻名的前职业篮球运动员乔·杜马斯指责NBA运动员在媒体上表现出来的越来越多的违背体育精神的行为。杜马斯谈到运动员知道如何才能在电视新闻节目《体育中心》中抢镜头，那就是采取更离谱行为来吸引更多的关注。为什么在触地得分之后不是将球交给球门区的教练，而是弯腰用屁股对着观众，或者从袜子里掏出一支钢笔在球上签名，或者跑到中场上用力把球甩在对手的队徽上？所有这些例子都实际发生在职业橄榄球比赛中，而在当晚的体育新闻中这些吸引眼球的行为毫无疑问会得到青少年运动员的关注。

　　2-4-6-Hate 这篇文章描述了高中球迷因反对对方运动员而策划了失礼的、破坏性的嘲弄。可以接受的玩笑，如将曲棍球守门员叫做破网或者在对手要罚球的时候起哄喊叫，升级为种族歧视言论、嘲笑同性恋和社会阶层差异等。初中和高中的管理者应该在比赛前向学生球迷重申尊重比赛的重要性，并且：（a）规定什么是可接受和不可接受的行为标准；（b）告知学生这些标准；（c）准备一个让这些标准得以执行的机制（Owens，2006）。

道德推理

　　我们已经分别讨论了如何通过模范作用和强化将体育精神和道德行为传授给青少年运动员，以及让他们理解。然而，只有青少年真正接受社会和道德价值观，它们才被完

全传授给青少年运动员，并得到完全的理解。真正的道德行为要求个人"接受"，即个人根据内在的道德价值观和正确的原因行事。因此，虽然示范和强化道德价值观很重要，但如果运动员没有接受它们，或者发展出成熟的道德推理过程，个人仍然缺乏内化的道德指导原则，而这是他们一生中面临道德困境时所需的推理工具。如运动员可能勉强在尊重比赛宣言书上签名，因为它是参赛的条件，或者他们可能恭敬地签字，因为他们认为尊

重比赛是正确的事情，这样做可以保障每个人的利益。在宣言中签名的这些不同的原因代表不同水平的道德推理，而这些不同水平的推理将最终影响到运动员在体育运动中的行为方式。

发展道德推理技能

　　道德推理是人们用于决定什么是正确的事情的过程。通常情况下，孩子的道德推理能力随着身体的发育而发生变化。随着年龄

休息一下

荒诞的敌对行为有用论

　　一个普遍存在但是错误的思想是突然充满敌意（例如在冰球中打架）对运动员自身发泄怒火或消除内心的挫折感非常有用。一个流行观点是，如果在冰球中没有打架来释放紧张的压力，运动员可能会使用球棍发起更加凶狠和危险的攻击。这就是所谓的宣泄作用，即通过敌对行为来释放被压抑的挫折感，从而使人感觉更舒服，大大降低了发起更加暴力的攻击的需求。但是，宣泄观念是荒诞的，也从来未被研究证实过。敌对行为不是宣泄药，不会降低攻击欲望。然而，这些脾气爆发和敌对行为在社会上被教练和球迷所认可。迈克尔·史密斯，曾经广泛研究青少年冰球文化，他将把暴力和打架作为宣泄口的观念称为"冰球中最持久的民间理论"（1982，p. 294）。他驳斥暴力是比赛不可避免的副产品的观念，因为它并没有出现在所有运

动队和所有级别的比赛中。

　　让我们弄清楚冰球运动员为什么打架。NHL 的一支球队的总经理说，"我向你保证，如果没有一些必要的打架和攻击，我们一定关门大吉"（Farber, 2008, p. 62）。打架是我们的文化中非常重视和鼓励的习得性行为。如果职业冰球运动确定它的娱乐价值就是在冰面上展示暴力和敌对行为，那么冰球运动领导人只需承认这样的事实。但是我们不相信毫无意义、毫无根据的打架和敌对行为是非常有效的释放。史密斯（1982）认为，冰球暴力的真正决定因素是：（a）在社会中形成的冰球文化；（b）媒体对职业冰球比赛的报道方式；（c）父母、教练和队友强化了敌对行为。为了遏制青少年体育越来越严重的暴力行为，成年人领导必须了解这种荒诞的观念，并教育家长、教练和运动员为什么会发生暴力和敌对行为。

的增长和学习经验的增加，他们达到更高的道德推理水平。这个过程被称为道德发展。随着儿童的认知发展成熟，决策依据从具体的、自我导向的推理方式转向对世界的更抽象的理解以及对所有人的正义的承诺。图16.1展示了道德发展的五个级别，帮助您了解人们的推理为什么不同，以及这会如何影响青少年的体育运动行为。

图16.1所示的道德推理的阶梯由科尔伯格提出的（1984）著名的孩子发展分类改编而来。这种分类方法描述了孩子在发育成熟过程中如何向上移动到更高级别的道德决策。级别1（外部控制）和级别2（以牙还牙）以自我利益为特征。在级别1，个人遵从道德行为或做正确的事情只是为了避免惩罚。如果他们知道他们可以作弊逃脱而不被发现，他们就会去做坏事。在级别2，个人认为每个人多少都有点作弊或违规，我为什么不这样呢？他们也可能尝试和他人一样违反规则，但自身利益显然还是他们的重点。两个高尔夫球员在对抗赛中可能同意遵守冬季规则，在无障碍区违规移动球以提升作弊水平。在这个级别上，他们认为决策没有任何错误——"我们俩都这样做，这难道有什么错吗？"

在级别3，个人开始意识到他人的感情，但是他们这样做是为了"做个好人"，而且希望别人也以同样的方式对待他们（黄金法则：己所不欲，勿施于人）。在级别4（遵守规则），个人能够理解规则和行为如何影响到社会或社区，而且他们决定支持体制的正常运行。道德推理的最高级别为5级，其中当事情违背了当前的体制时，人们推理什么是对所有参与者最好的，而且是正义的。民权传奇人物罗莎·帕克斯展示出第5级别的道德推理。1963年她在阿拉巴马州伯明翰市的公交车上因为拒绝给身边的白人让座而被捕。帕克斯

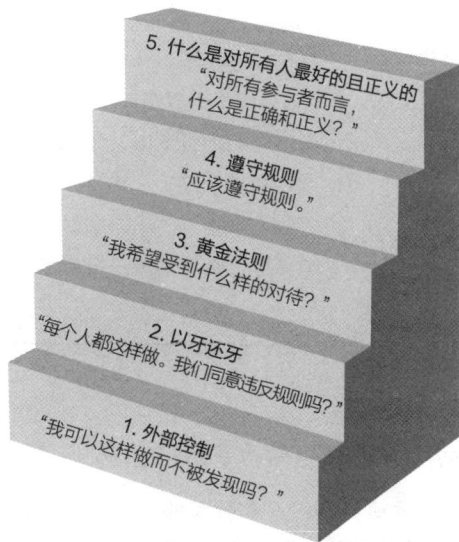

图16.1 道德推理水平从利己主义到关心他人

女士坚守她的道德原则，坚信她作为一个非裔美国人有权利在公交车上拥有座位，尽管该市实施《吉姆·克劳法》。她的行为是美国民权运动的催化剂，促使国家采取更公正的法律来保护所有公民的权利。

在完美的世界里，所有个人在成年之后都会移动到第5级，人们的决策和道德行为是为了整个社区的最大利益。但我们的世界不是一个完美的世界。不是每个人都能达到第5级别。我们并不总是能够进入我们所认知的道德决策的最高水平（在这里试想特别自私的同事或家庭成员）。

运动员的道德推理

不幸的是，竞技体育运动似乎是一块特别资瘠的土地，很少看到高级别的道德推理。思考下面的研究结果（Shields & Bredemeier, 2007; Weiss, Smith & Stunz, 2008; Wolverton, 2006）：

- 与非运动员相比，运动员的道德推理能力显著降低。
- 团队运动的运动员比个人运动的运动员的

道德推理能力低。

- 体育运动中身体接触越多，不管是男孩还是女孩，其道德推理水平都越低。
- 男运动员道德推理能力低于女运动员，但两者的道德推理水平在过去二十年中均下降了。
- 道德推理水平越低，就越认可可能导致伤害对手的行为。
- 根据教练的评级，推理越不成熟的运动员越可能伤害其他运动员。

运动员道德推理水平低的原因

运动员是坏人或自私的人吗？在体育界如何解释运动员的这种值得怀疑的道德水平？可能会有几个原因。首先，运动员在体育运动中倾向于采取比赛推理的方式做道德判断（Shields & Bredemeier，2007）。比赛推理是一种局限性道德形式，其中低水平的道德决策在体育运动背景下被认为是适当的，认为在体育运动中获胜才是最重要的。支持比赛推理的研究显示，相对于其他的生活场景，运动员在体育运动中使用较低水平的道德推理（Bredemeier & Shields，1986）。这意味着运动员在球场外可能是个好人，但一旦进入球场将采用不同的规则。

其次，青少年运动员可能将敌对行为与成年人所善意强化的冲劲相混淆，因为成年人没有意识到孩子不理解这两者之间的差别。

最后，在职业体育运动中，模范运动员将对手看成需要克服的障碍，而不是参加技

休息一下

通过模范学习

2010年10月，曼彻斯特高中（康涅狄格州）的边侧接应队员在中场休息前弄丢了编码比赛卡。比赛卡是从手绳脱落的。最终比赛卡找到了，就在对方教练赫尔南德斯的手中。他是索辛顿高中的教练。在比赛的下半场，曼联主帅马尔科·皮佐费拉托注意到赫尔南德斯在曼彻斯特四分卫每次开始喊号时都低头看记事本。索辛顿高中最后以28∶14赢得比赛，尽管比赛在中场休息时是平局。赫尔南德斯教练被当场抓住，且被禁赛一场。他发表声明如下："我有机会去反思这整个情况，我知道在使用比赛卡这件事上我没有给我的运动员树立一个好榜样"（Roberts，2010，p. 102）。

如果您是对方球队，您会怎么做？这是一个典型的道德困境，有许多可能的反应。我们无意贬低赫尔南德斯教练，他在事后意识到自己的行为给他的队员传递了关于公平比赛的错误信息。相反，我们的目的是通过这个例子呈现道德困境，从而提升教练在激烈的比赛中做决策的意识，知道什么是正确和公平的做法。在当今的不惜一切代价获胜的文化中，我们为青少年运动员树立了什么样的榜样？

能竞赛的光荣选手。这种思想已经渗透到青少年体育运动中。此外，在某些高端的体育运动中，诱人的社会和经济回报不仅导致大学存在不当的做法，而且在初中和高中也是如此。在这种氛围中，运动员被认为比其他同学有优先权，不鼓励独立思考，以及不必面对不负责任的行为后果。

休息一下

学习杰克和泰格的体育精神

让我们比较两个最伟大的高尔夫球手，看看他们如何学会公平比赛，并帮助他们在自己的职业生涯中获得成功。杰克·尼克劳斯回想他的父亲如何强调体育精神的重要性，"爸爸教我失败才能够提供最深刻的教训。我记得我 11 岁的时候和他一起打高尔夫球。我有一根八号铁杆球棒，挥杆击球时打到了沙子中，差点把球棒甩到沙坑中。爸爸只是说，'好吧。请捡起你的球棒，我们去俱乐部会所。这是我最后一次看见你这样做。下次再见到，你永远也别想打高尔夫球了。'我还是年轻高尔夫球员的时候，就必须学会如何行事，如何控制自己的情绪，而不是让不佳的击球或其他球员影响到我。我的专注和严格的情感控制让我学会在压力下打球，将分心挡在外面"（Ginsburg, Durant & Baltzell, 2006, p.176）。

泰格·伍兹有一次吭的一声把球棒扔在地面上（那时他还没有上学），他的父亲厄尔会问他，"那个球打得不好由谁来负责？向后挥杆是乌鸦吵着你了？你在撒谎吗？有人的袋子掉在地上让你分心了？到底是谁的责任？"泰格会回答"我的"。从那之后，泰格每次把球棒扔在地面上都会说，"爸爸，我已经尽量不这样做。"伍兹先生会说，"我知道你在努力控制自己，继续加油。随着你的成长和成熟，你会把它变成你的财富。"泰格会向他父亲报告他的进步。"爸爸，我今天想把球棒扔在地面上，但是我说不行，我要将它扎扎实实地打在下一个球上。"伍兹先生解释说，泰格学会在生气的时候冷静地发挥，"是因为我们给他留出空间，让他为自己的行为负责。这就是我们从高尔夫球中学到的生活经验"（McCormick & Begley, 1996, p.55）。

杰克·尼克劳斯的父亲采用非常严厉的强化方法，仅当他控制自己的情绪和表现出适当的行为时，才允许他打球。有点不同的是，泰格·伍兹的父亲在帮助他承担个人责任和妥善管理情绪上采取更高级别的道德推理方法。显然，这两种方法都是有效的，因为杰克和泰格都是高尔夫传奇人物。

解决青少年体育运动中的道德发展问题

运动员的道德推理能力成绩报告单发人深省，这表明青少年体育运动的成领导年人应该更加直接地解决孩子的道德发展问题。

第一，重要的一点是要理解孩子的道德推理发展是分阶段递进的，而且年幼的儿童不能进行较高水平的推理。如果我教的是5岁的足球运动员，我会让他们向级别3的道德推理发展，让他们理解公平比赛，因为每个人都喜欢得到公平的对待。我会问嘲笑不熟练的队友的孩子，"你认为你这样说会让梅根有什么感觉？""如果换做你，别人对你说这番话，你会有什么感觉？"在这个年龄段公平比赛就是合作、公平和支持队友。

第二，我们必须记住，道德发展需要运动员的接受。这意味着成年人必须超越模范和强化方式，要帮助运动员学会推理和以新的方式思考体育运动中的对与错。青少年体育运动领导者可以借助出现在体育运动中的许多道德困境情景来与青少年运动员讨论正确的行为。道德困境每天都出现。下面是运动员可能会问的一些关于道德困境的问题："作弊获胜可以接受吗？""既然有些人比其他人技能更好，为什么所有孩子在一起比赛？""如果其他人可以作弊，为什么我不可以？""如果教练误判导致我们丢掉比赛，我为什么要尊重他？""我已经比其他孩子更好了，为什么在训练中还要如此刻苦？""对手在比赛中对我这么较真，我为什么要和他们握手？"

重点不在于为孩子回答这些问题，而是让他们参与到对话中，帮助他们思考不同做法得到的不同道德结果。作为成年人，我们的工作就是帮助他们沿着如图16.1所示的道德推理楼梯向上走，开发更高层次的推理能力。更高的推理能力不仅在体育运动中给他们提供指导，而且为生活中的艰难道德决定提供指导。

促进青少年运动员体育精神、道德和生活技能发展

正如我们所看到的，道德行为、体育精神和生活技能需要青少年去理解、学习和接受。为此，青少年运动员需要有效的带头模范、表扬积极行为、惩罚消极行为，以及通过对话学到的生活经验教训，逐渐理解公平竞争和做有道德的人的意义。在本小节中，我们就促进道德和生活技能的发展提供一些建议。

模范干预计划

道德和生活技能发展策略有用吗？孩子可以学会体育精神和提高道德推理能力吗？能够将这些技能转用到其他生活方面吗？答案是肯定的。这个小节提供了一些例子。

学校背景下的干预计划

学校中孩子的道德和生活技能发展干预的典范是唐·海尔森（2011）的通过身体活动进行的个人与社会责任教育（TPSR）。如图16.2所示，海尔森采用的道德推理等级来让学生思考如何从不负责任的个人（级别0）逐步变成负责任、有爱心和自我指导的个人（级别4）。将这些等级张贴在整个健身房并在课程计划中定期讨论，包括辅导时间、认知谈话和小组会议，让学生能表达观点。此外，还要提供反思时间，让学生评价当天的个人和社会负责。正如一位青少年运动员说的那样，"这些等级还不错。它们让你知道你是在做傻事还是做好事"（Hellison，2011，p. 33）。

研究表明海尔森的个人与社会责任教育方法能够提升生活技能和道德行为，并且让它们能够转移和应用到生活场景中（例如Martinek & Hellison，2009）。也许最好的评价例子来自于参与个人与社会责任教育计划的孩子："即使有人捣乱了，我现在也不生气了。

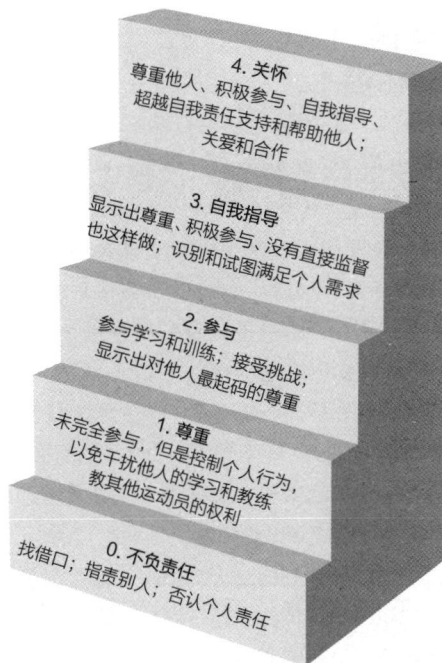

图16.2　海尔森的个人与社会责任教育计划的责任等级

我只是告诉他们'你可以做得更好'""我对这个计划唯一不满的是相见恨晚"（Hellison，2011，p.153）。

国家干预计划

在本章前面，我们介绍的First Tee计划是一个国家干预计划，旨在通过高尔夫球比赛提升儿童的生活技能。另一个例子是Play It Smart，这是一个针对来自的经济贫困环境的高中足球运动员的全国教育计划，这些球员通常缺乏家庭和社区支持。生活技能发展是该计划的六项成功措施之一，其他措施包括提高标准化考试成绩、增加毕业率、社区服务以及增加家庭参与。该计划已经从1998年的4所学校扩大到如今的160所高中，共有1万多名运动员参加。一项结果研究表明，Play It Smart参与者在所有成功措施上都获得显著改善（Petitpas，Van Raalte，Cornelius &

Presbrey，2004）。

Playing Tough and Clean Hockey计划的目的是教会12岁及以上的青少年冰球运动员遵守比赛规则，以及提高恰当地响应负面情绪的能力（Lauer & Paiement，2004）。Girls on the Run/Girls on Track是一个针对年轻女性的生活技能计划，其目的是增强自尊、劝阻她们从事高风险行为，以及通过跑步培养健康的生活方式。研究表明该计划可以改善参与者的自尊、能力感和内在技能（Sifers & Shea，2013；Waldron，2007）。

青少年体育运动中的道德和生活技能发展实用策略

研究表明，道德和生活技能是可以传授给青少年运动员并让其理解和接受的。那么，学校和社区青少年体育领导者和教练如何将道德与生活技能发展加入到他们的计划中？答案是从小处着手，并考虑简单、创新的方法来培养社会和道德技能，同时发展体育身体技能。我们在本小节为此提供一些技巧，鼓励创造性地思考如何通过体育运动教给孩子重要的生活经验教训。

1.作为一个成年人领导者，考虑你想成为青少年运动员的什么类型的模范，并为之做准备。要讨论道德，不断地提醒运动员以积极的方式去思考和行动。如"值得去的地方有没有捷径可走""我们从来不做任何给自己、团队和学校计划带来尴尬的事情"和"我们以名字称呼人，而不是把人称呼为名字"。此外，我们要实践道德。仔细思考适当的方式来管理沮丧和愤怒、应对挫折、体面地输以及接受裁判的不公平判决。

2.邀请当地知名运动员（高中、大学或职业运动员）给你的团队演讲。这些演讲应该保持简短（10～15分钟），演讲结束后给运动员提供提问机会。让行为榜样谈论他们

信息栏

通过直接方法培养青少年运动员的生活技能和价值观

教练如何直接改善青少年运动员的生活技能和道德水平？一所高中的冰球计划通过加入一些策略让运动员在生活技能和道德发展上取得了成功（Camire, Trudel & Bernard, 2013）。所有运动员都有一本手册，第一页上印有该计划的理念。从一开始就强调"着眼于整个人"和"通过冰球教化人"的理念。让球队进行团队融合、沟通和价值辨别训练。运动员坚持写日记，记录关于冰球或生活的讨论，教练每周收集和阅读。在整个赛季，一共举办了六次球员、家长和教练全体会议，重点探讨每个球员作为个体和运动员的发展。球员还参与发展活动，比如目标设定和社区志愿服务。

另一个具体的策略是由密歇根州立大学青少年体育运动研究所提供的队长领导力发展计划（Gould & Voelker, 2010）。该计划与密歇根州高中运动协会合作，向选出的有潜力担任团队队长的高中生传授领导技能。该计划包括要求参加一个学术会议，然后所有运动员完成自学手册《成为一个合格的队长：学生运动员指南》（*Becoming an Effective Team Captain: Student-Athlete Guide*）。内容包括队长的角色和责任、主要领导原则、有效的沟通、理解动机、团队建设和凝聚力，以及如何处理棘手情况和常见问题。

这两个计划的最大特点在于需要积极规划和实施具体的策略，以培养青少年运动员的领导能力和生活技能。我们不能设想指定为队长的运动员一定了解如何发挥领导作用，也不能设想通过加入团队就能自动学会生活技能。研究表明，直接解决运动员的生活技能发展的教练给运动员的能力带来强烈影响，让他们能够更好地调节情绪、参与利他行为和与社区保持积极联系（Gould & Carson, 2010）。

是如何克服障碍的，或者他们是如何做出错误选择并因此经历了惨痛的经验教训的，可能会给运动员带来非常强烈的影响。事先与演讲者简单交谈，确保你们保持一致的看法。

3. 明确、有力、冷静、反复地对可接受的行为应用规则。奖励具有体育精神的行为，并惩罚敌对、欺骗和不尊重行为。在强化运动员的行为时使用符合逻辑的后果，强调个人对结果的责任。如对于没能竞选上队长的失落运动员，向他解释因为他在训练中不努力、走捷径，所以队友不尊重他的做事方式。当您让闹脾气球员暂停比赛时，提醒他这样的后果是他选择的行为导致的。当运动员的行为产生负面结果时，永远不要替他解围。例如宽恕明星球员违反规则。

4. 以每个赛季或者一个赛季中的几周为时期，每个时期在团队中强调一种美德；您或者运动员可以选择需要在团队中强化的道德品质（如毅力、责任感、自我控制、体谅他人和尊重）。运动员可以在每天的训练中背诵名言或范例，或者您将这些名言或范例贴在布告栏上，以促进所强调的社会或道德美德。您还可以开展团队建设活动，先检验所强调的美德，然后在运动员之间进行讨论。

5. 在您的计划中设计一个体育精神主题，类似于本章前面提供的尊重比赛例子（Thompson，2010b）。如这些主题可以是"团结力量大""有尊严地获胜""努力、公平、快乐的比赛"。在整个赛季谈论主题，提醒运动员可以每天采取什么方式践行主题美德。

6. 根据主题设计一份宣言，其中规定可接受的行为（参见本章前面给教练、家长和运动员提供的例子），并请大家签名。

7. 如果您是学校的管理者，制定一个关于体育精神的计划并发布在学校的网站上，明确规定所有参与者的可接受和不可接受行为，包括乐队成员、啦啦队队员和观众。

8. 对于团队中体育行为表现良好的运动员，给予未事先告知的体育精神奖励。鼓励运动员留意到这些良好行为并尊重队友。选择小奖品，甚至有时看起来搞笑的奖品，而且每次都改变奖品。这样做的目的是认识和尊重良好行为，而不是给一个大奖。

9. 在训练和比赛中识别和创造道德教育机会。如果可能的话，让运动员分组讨论所发生的事情。如果一个运动员谩骂队友或作弄队友，那么停止训练并发起讨论。特别注意不要表现出愤怒或者直接惩罚运动员，而是通过提问题开始对话，如"你认为一个人被别人谩骂，会发生什么？""莎拉，你对此有什么感觉？""阿曼达，如果你在她的位置，您有什么感觉？""在体育运动中我们这样做会发生什么？"

10. 除了训练和比赛中出现的教育机会之外，可以考虑与运动员开展有计划的道德对话。偶尔在训练的最后5分钟讨论一些关于体育运动中的道德问题，如不公平，如何对待

粗暴行为，什么是或不是敌对行为，以及在比赛中为什么要合作。要想起到效果，您必须问一些引起争论的问题，引发运动员陈述自己的意见。在迈阿密大学的青少年冰球学校，所有参与者都参加Good Sports计划，在里面讨论预先计划的道德困境，作为冰球案例研究。如讨论平等的上场时间，找问题的家长，口水战，提高成绩的药物和作为领导者。青少年运动员分成小组与教练合作，写出他们对这些情况的反应，然后把它呈现在所有运动员面前，并展开讨论。

11. 讨论与儿童青少年有关的体育事件，包括正面和负面的事件。如使用在本章开头描述的马里斯维尔·皮尔查克和橡树港高中橄榄球队的故事。通过情景描述营造一个道德困境，然后问运动员他们认为在该情景下会发生什么。经过一番讨论后，你可以告诉他们的故事实际上是如何结束的。讨论这两支球队的行为为什么是光荣的，以及为什么这在体育运动很重要。但是也要讨论一些负面事件，如运动员非法使用提升表现的药物。正面教学联盟鼓励成年人一定要与青少年运动员讨论媒体所报道的糟糕的体育精神例子。如果您不讨论孩子崇拜的体育英雄的不道德行为，他们可能会混淆或者将您的沉默解读为默许该行为。讲出在体育界中所发生的事情，尤其是要求青少年运动员是如何看待问题的。不要说教，而是问他们一些没有固定答案的问题，从而了解他们的想法。

12. 每周指定团队中的不同球员作为助理教练。给他们责任，并提供机会让他们表现领导能力。他们可以早点来，帮助准备训练，谈论训练课并提供反馈，选择特定的练习并带领队友操练，甚至可以根据团队的体育精神主题或所强调的美德提出一些团队建设想法或名言警句。

13. 简化海尔森（2011）的道德责任级

别（见图16.2），而且每天应用到团队中。如你可以使用"新手""队友"和"领导"来表示团队中的社会责任的三个级别。"新手"代表海尔森级别0以上的个人，他们喜欢捣乱，不尊重他人。"队友"表示参与训练和比赛的个人，他们表现出对他人的基本尊重。"领导"与前两者的差别是展示出对他人的支持和关心，而且履行个人责任，努力提高自己的技能，超出团队的要求。您可以向运动员解释这些术语，然后开始使用它们来强化行为："在今天的训练中你注意到谁是领导了吗，为什么？"或者"约翰刚刚插队，什么样运动员会这样做呢？"团队就会这样回答，"新手！"，这有助于约翰了解他的行为问题。

14. 虽然青少年运动发生在竞争环境中（如第3章所讨论），但青少年体育运动的领导人可以采用合作性比赛和活动，帮助孩子学会生活技能，比如合作、团队精神、接受、沟通、包容和解决冲突（Luvmour, 2007; Orlick, 2006）。这些活动主要让孩子专注于乐趣和比赛过程，而不是结果。在网上可以找到许多适合发展的合作性比赛和体育活动例子。

本章小结

有时人们会问，为什么如此强调在青少年体育运动中学习生活经验教训。我们不能只教身体技能吗？实际上，答案是否定的，原因有二。首先，不管努力发展哪个领域的技能（如音乐和学术），总是会涉及社会和道德学习。孩子必须学会与他人合作，尊重规则，有效沟通，适当地响应失望，坚持跨越障碍，以及在生活中追求大多数目标时要控制情绪。其次，体育运动是传授道德和生活经验教训的富饶环境，因为比赛从本质上涉及大家为实现目标而奋斗，其中一个人在追求目标的同时也阻碍对手追求目标。此外，很多孩子拼命想在体育运动中获得成功，因为它在我们的社会中有深远的意义。这就给道德困境、行为选择和可能后果这个沸腾的大锅加了一把火。

有些人主张在青少年体育运动中放弃竞争性比赛，采取合作性比赛。虽然合作性比赛应该是青少年发展的一部分，但我们不同意它们应该取代竞争性比赛的观点。体育运动的竞争性不仅考验青少年运动员的性格，而且通过这些考验可以学习和发展道德行为、体育和生活技能。但最终还要依靠青少年体育运动成年人领导者来设计和执行适当的道德考验，以及帮助青少年运动员做好准备，让他们能够通过这些考验。作为青少年体育运动的领导者，促进儿童的道德和生活技能的发展是我们的直接责任，这对社会的进步至关重要。

学习帮手

关键术语

敌对行为——以伤害为目的侵犯他人的权利，如造成疼痛或伤害。

挑衅行为——以强有力的、集中力量的方式比赛。

品格——指的是一系列受到社会尊敬的、正确的道德或伦理素质。

比赛推理——是一种局限性道德形式，其中低水平的道德决策在体育运动背景下被认为是适当的，认为在体育运动中获胜才是最重要的。

生活技能——让个人能够在所生活的文化中取得成功并积极为其服务的身体、社会、认知、情感和行为技能。

模范作用——一种观察学习方法，其中孩子模仿重要的成年人的行为。

道德行为——以正确的原因做正确的事情。

道德发展——个人通过学习和经验达到更高水平的道德推理能力的过程。

道德困境——造成关于正确与错误的问题且需要做决定的生活事件。

道德推理——人们用于决定什么是正确的事情的过程。

规范——被认可和期望的行为标准。

利他行为——对他人有益的行为，比如合作、分享和同情。

强化——使用奖励和惩罚来改变行为。

社会学习——一个心理学理论，认为孩子在发展为成年人的过程中会意识到和学习自己的文化所重视的行为或社会规范。

体育精神——在比赛中促进公平和相互尊重的行为方式，即使这些行为给对手带来战略优势。

暴力——粗暴的或导致伤害的身体行为。

要点归纳

1. 体育精神和道德行为不会通过参与体育运动就自动培养出来。

2. 青少年体育运动可以帮助运动员发展社会技能和道德水平，但是必须以恰当的方式来组织和执行体育运动项目。

3. 品格这个词意义含糊不清而且很难定义，因此青少年体育运动从业人员应该专注于提升参与者的体育精神、道德行为和生活技能。

4. 体育精神和道德行为是可以通过有效的模范作用让孩子理解的，而且可以通过清晰的强化把它们传授给孩子，最后随着道德推理能力的发展孩子会接受它们。

5. 关于敌对行为非常有助于释放内在压力从而避免更大的暴力行为的观念是荒诞的。

6. 随着孩子在认知上越来越成熟，他们会进入更高的道德推理水平。

7. 与非运动员相比，运动员的道德推理能力显著降低，其中团队体育运动员、男运动员和经常身体接触的运动员表现出的道德推理水平最低。

8. 较低的道德推理水平与运动员敌对行为有关。

9. 干预计划成功地提升了青少年运动员的道德推理和生活技能。

10. 青少年体育运动领导人可以使用简单、实用的策略来构建和加强青少年运动员的体育精神、道德行为和生活技能。

问题探究

1. 解释生活技能、体育精神和道德行为之间的差别。

2. 为什么无法回答"体育运动塑造品格"这个问题？

3. 什么是敌对行为，为什么它通常与挑衅行为相混淆？

4. 解释社会中的强大规范如何影响儿童的体育运动行为，并提供关于这种强化的研究例子。

5. 宣泄是什么意思，为什么宣泄思想在一些体育运动被误解了，如冰球、橄榄球和曲棍球？

6. 讨论运动员的道德推理水平低于非运动员的几个原因。

7. 当我们说，体育精神或道德行可以传授给青少年运动员并其所理解，是什么意思？解释每个术语的意思，并提供青少年体育运动教练如何以这种方式将道德技能传授给运动员的例子。

8. 当我们说，体育精神或道德行为可以被青少年运动员接受，是什么意思？这与传授或理解体育精神和道德行为有何不同？

9. 青少年体育运动教练如何利用体育运动中自然发生的道德困境来提升青少年运动员的道德推理能力？请举一个具体例子。解释教练如何帮助运动员走出道德困境。

10. 解释运动员在道德推理阶梯的五个级别中分别可能产生什么想法，并提供一个体育运动方面的例子。

思考性学习活动

1. 在互联网上搜索著名运动员关于体育精神的名言警句。讨论如何使用这些名言警句来帮助青少年运动员学习重要的生活经验教训。

2. 阅读以下三种情形。决定你将如何处理每种情形，特别是在与运动员进行道德对话时。对话的目的是帮助运动员通过道德困境学会推理，鼓励他们内化成熟的道德价值观。

a. 9～10岁的篮球队在一次团队会议中，两个最好的球员不同意您要求每个人都获得一样的比赛时间的规则。他们说如果比赛规则放松一点，让技术更好的孩子比赛时间多一些，那么球队获胜的机会将增加。

b. 您是中学网球队的教练，您的球员问您在比赛中如何喊界线。每个人都有点欺骗，他们说，因为对手有时在关键点上做出对自己有利的喊界线，难道他们不应该这样吗？

c. 一个9岁的冰球运动员的父亲在比赛时总是在一旁大声提供指导"把他弄出去"和"揍他"。这位家长对您表示不满，因为您作为教练不强调运动员的勇猛。在运动员的面前，他告诉您在下次训练希望给球队讲话，因为他知道一些可以在冰面上使用而未被裁判发现的技巧。

3. 设计五个可能会发生在特定体育运动中的道德困境。将它们设计成案例研究，让运动员能够在小组中阅读和讨论。

4. 使用图16.1中的五个级别的道德推理来分析下面的两个场景，并讨论：（a）在这种情况使用了什么级别的道德推理；（b）您是否同意这种情况，包括优点和缺点。

a. 肯塔基州高中田径总会在2013年发出指示，建议运动队在比赛后不要组织排队握手，它引用的事实是在在过去的三年中这种握手仪式导致了20多次打架。

b. 来自得克萨斯州卢博克市的肯布里埃尔·赫恩错过了2013年赛季的高中橄榄球。由于两度中风和脑出血,昏迷了三个星期,处于濒临死亡状态。球队的最后一个主场比赛时,他恢复了慢跑能力。他的教练让他换上衣服准备上场。在最后一分钟,球队以0∶35完全落后的情况下,他让赫恩上场。这两支球队同意在比赛结果已经尘埃落定的情况下,给赫恩一个触地得分的机会。他得到了手递手传球并且得分了,他的队友将他团团围住并拥抱他,而且对方球员也和他握手。教练、父母、队友和赫恩自己都流下了眼泪。他们将永远不会忘记这个令人难忘的触地得分。

资源指南

生活技能First Tee提高计划视频(The First Tee Life Skills Experience)。这个5分钟的视频片段介绍了First Tee计划如何通过高尔夫球教会孩子生活技能。

体育精神(Sportsmanship),NFHS的免费在线课程。

结 语

关于青少年体育运动的哪方面知识给您留下最深刻的印象？本书的哪些想法让您感触最大？更重要的是，您将如何应用所学到的知识？

请考虑如何结合您学过的知识回答这些问题：

1. 青少年体育运动是如何演变成今天这个样子的？这种演变的积极和消极结果是什么？

2. 儿童和青少年的许多独特特点是什么？这些特点使得青少年运动员的教学与成年人有何不同？

3. 我们如何让孩子有兴趣加入和爱上青少年体育运动，而且让他们在一生中都乐于参加身体活动？

4. 您为有天赋和激情的青少年运动员及其家长提供了什么最好的方式，让他们的体育潜能和幸福感得到充分实现？

5. 要想让青少年运动员做到最好，教练要做的最重要的事情是什么？家长应该做什么呢？青少年体育运动领导人呢？

很多学生告诉我们，在他们学到的所有东西中，他们肯定能记得的口号是"一切为了孩子"。这可能是因为我们在教室中重复太多次了！但我们同意在教学、指导、引导、管理或培育青少年运动员时，脑子里总是最先想到这句口号。

我们希望成为DAP的坚定支持者。实际上，如果在读完这本书之后您未能成为DAP的追随者，那么原因是我们作为作者没有把工作做好！我们希望您在以下场合中应用DAP原则：规划体育运动项目、设计训练、传授技能、提供反馈、改编活动，以及决定青少年何时参与体育运动、强度如何、时间长度是多少和训练量是多少。坚持DAP原则的最大挑战是面临根深蒂固的传统思想（或"它本来就是这样的"）的抵抗。我们明白这是一个巨大的挑战，而且经常伴随着反复。但在做出适合发展的决定时，您可以对本书所呈现的证据有信心。记住，青少年体育运动的最佳实践始终是DAP。

我们相信青少年体育运动。我们相信青少年体育运动可以长久地为青少年提供高品质的体验，而且我们通常可以做得更好。本书所秉承的意图是给您带来教育和启发，让您找到更好的方法。本书已经接近尾声，我们倡导您采取以解决办法为重点。因为在青少年体育运动中，以问题为重点非常常见，而且我们对一些被误导的成年人的大胆行为深感不安。以解决办法为重点意味着我们发现了问题，但我们的精力集中于解决办法，以及做出一些重要的改变，让青少年体育运动更适合青少年的发展。青少年体育运动将不断发展，而且也应该这样。我们想要为它的发展助一臂之力，希望您也一样。

附录A

100分练习

下面是青少年体育运动项目的一系列可能存在的目标。您有100分，可以分配给这些目标，目标的分数越高，表示它在青少年体育运动中对您越重要。

如果您认为很重要的目标不在此列表中，您可以添加自己的目标。完成之后，所有分数之和应该为100分。

这个青少年体育运动目标对您有多重要？

_____ 乐趣

_____ 身体健康

_____ 和朋友在一起或交朋友

_____ 获胜

_____ 发展身体技能

_____ 学习生活经验教训

_____ 获得大学体育奖学金

_____ 让父母快乐

_____ 提供反馈系统

_____ 鼓励终身参与身体活动

_____ 获得自信和精通感

_____ 学会如何竞争

_____ 其他（请指定）：_____

_____ 其他（请指定）：_____

_____ 其他（请指定）：_____

总分：100分

附录 B

设计指导原则时要考虑的问题

下面列出的是青少年体育运动中常见的问题。考虑您对这些问题的立场有助于您为自己的体育运动项目找到最重要的指导原则。

记住，您的指导原则在逻辑上要与您的理念和目标保持一致。这些问题为您提供预先确定的指导原则，为您做决定、与运动员沟通和示范理念提供指导。

1. 赢得比赛和运动员参与

2. 赢得比赛和技能的发展与掌握

3. 所有参与者的天赋发展和为技术更好的运动员锦上添花

4. 以运动员为中心和以成年人为中心

5. 玩耍和工作

6. 专制领导风格和参与领导风格（分享决策）

7. 所有人的体育运动和有天赋的运动员的体育运动

8. 孩子独立参与和有家长干预

9. 金字塔模型和棕榈叶社区模型

10. 以表扬为动力和以惩罚为动力

附录 C

关于生长和发育的案例

案例研究1

亚伦13岁，是八年级在校学生。他目前身高5英尺7英寸（约1.70m），体重145磅（约65.8kg）。在过去六个月内，他的身高并没有改变多少，但是体形和身体成分真的改变了很多。他的肩膀变宽了，他的肌肉量比去年多了很多，他的躯干和腹部已经失去了一些脂肪。他的声音变粗了，胳膊和腿上的毛发增加了，颜色也变深了。他经历了一个出色的中学足球赛季。他比许多同学跑得更快、更有爆发力，因此是球队的跑卫。

案例研究2

汉娜11岁，是五年级学生。她目前身高5英尺1英寸（约1.55m），体重125磅（约56.70kg）。她10岁半就来月经初潮。在过去的两年内，她长高了大约6英寸（约0.15m），体重增加了约20磅（约9.08kg）。她很在意她的身体，因为与相同年龄的朋友相比，她的体形更像梨形，而且乳房和臀部更大。她正在考虑退出8岁以来一直喜欢的游泳俱乐部。

案例研究3

凯莎13岁，是七年级学生。她目前身高5英尺2英寸（约1.57m），体重105磅（约47.63kg）。她有苗条的身材，没有明显的肌肉和脂肪。她的第二性征发展没有明显的迹象。她在过去四个月身高没有明显增长，但是她的手和脚变得更大。凯莎是一个优秀的足球运动员和400米跑运动员，她喜欢其他运动和保持身体健康。

案例研究4

内特14岁，是八年级学生。他目前身高5英尺4英寸（约1.63m），体重115磅（约52.16kg）。他非常瘦，且有双大脚。他在过去几个月没有明显长高，比社区娱乐篮球队的朋友矮。他没有进入八年级校篮球队，主要是因为他缺乏体能，力量和个头不足。他没有青春期迹象，腿和胳膊上没有长毛发，声音没有变粗。他很受挫折，因为他十分想加入高中篮球队。

他的母亲高6英尺1英寸（约1.85m），他的父亲高6英尺4英寸（约1.93m），因此内特很纳闷为什么他的父母这么高，而自己却这么矮。

附录D

给家长解释赛季评估的知情信

[日期]

亲爱的青少年篮球运动员的父母:

　　欢迎来到今年的Oxford Parks and Recreation(OPR)青少年篮球赛季! 我们很高兴通过出色的篮球比赛给您的孩子提供愉快的学习体验。这封信的目的是给您提供关于联赛球员评估的更详细的信息。

　　想参加今年篮球联赛的所有球员都必参加三个预定好的其中一个评估课(所有课程都在格兰特小学进行),而且必须对应自己的年龄组:

10月22日、23日或24日(请参加其中一个评估课)。

8～9岁的女孩,下午6:00—7:00;

8岁的男孩,下午7:00—8:00;

9岁的男孩,下午8:00—9:00。

　　抵达格兰特小学体育馆大厅后,请您在登记处给孩子注册登记。我们将给您的孩子分配一个评估号码,并测量孩子的身高和体重。完成之后,你们可以进入健身房,我们的工作人员将带领您的孩子到他或她所在的小组。

　　这是评估,不是测试。每个报名OPR篮球的孩子都安排到某个篮球队中。我们通过评估来组建尽可能均衡的球队,这主要从球员的技能、身高、体重和经验来考虑。该项目中的所有教练在评估过程中都会观察和评估球员。教练会基于评估结果通过选拔程序选择球员。这种评估和选拔程序已经成功地消除了联赛的不平衡和"拼凑的"球队,而且已被证明为运动员提供了尽可能公平的体验。

　　我们建议您向孩子解释这不是测试。他们可以开心玩耍。评估课会有一段时间的队内对抗赛或比赛,但是他们也会参加一些运球、传球、投篮、篮板球和防守练习。如果他们没有任何或很多篮球经验,没有关系。我们打算教他们这些技能。这个项目的重中之重就是以令人愉快的入门比赛教孩子篮球技能。

　　谢谢您加入OPR篮球!

佐伊·格里菲斯,体育协调员

附录 E
为什么参加体育运动的调查

您为什么参加体育运动？下面列出的原因都是孩子给该问题提供的答案。查看每个原因并决定您在多大程度上同意它。对于每个原因，根据您同意、不确定或不同意的程度勾选一个选项。

答案没有对错之分。我们对您为什么参加体育运动很感兴趣。

调查项目	强烈同意	同意	不确定	不同意	强烈不同意
1. 为了保持身体活跃	_____	_____	_____	_____	_____
2. 为了学习新技能	_____	_____	_____	_____	_____
3. 为了玩得开心	_____	_____	_____	_____	_____
4. 我的父母想要我参加	_____	_____	_____	_____	_____
5. 想要加入团队	_____	_____	_____	_____	_____
6. 想要与他人竞争	_____	_____	_____	_____	_____
7. 我擅长这项体育运动	_____	_____	_____	_____	_____
8. 体育运动令人兴奋	_____	_____	_____	_____	_____
9. 为了获胜	_____	_____	_____	_____	_____
10. 为了结交朋友	_____	_____	_____	_____	_____
11. 想要成为一名优秀的运动员	_____	_____	_____	_____	_____
12. 它让我觉得自己很特别	_____	_____	_____	_____	_____
13. 为了保持健康	_____	_____	_____	_____	_____
14. 为了加入大学体育运动队	_____	_____	_____	_____	_____
15. 为了和朋友在一起	_____	_____	_____	_____	_____
16. 它给了我信心	_____	_____	_____	_____	_____
17. 我热爱体育运动	_____	_____	_____	_____	_____
18. 为了提高我的技能	_____	_____	_____	_____	_____
19. 为了展示我有多优秀	_____	_____	_____	_____	_____
20. 为了学会自我控制	_____	_____	_____	_____	_____
21. 我喜欢我的教练	_____	_____	_____	_____	_____
22. 它帮助我保持良好体形	_____	_____	_____	_____	_____
23. 我的父母喜欢这项体育运动	_____	_____	_____	_____	_____

现在，查看这个列表和您的答案，并写下您参与体育运动的三个最重要原因。

1. _____

2. _____

3. _____

附录F

青少年体育运动的动机氛围测量

阅读下面的每句话，想想它在多大程度上真实地反映出您的教练的做法。给每句话圈出一个数字。

答案没有对错之分。您不需要在这张纸上签名，没有人会知道这是您的回答。请如实回答。您的教练想要得到诚实的反馈，这有助于他或她了解如何成为最佳的教练。

项目	很真实		一定程度上真实		不真实
1. 教练让运动员感觉很好，让他们改进技能时。	5	4	3	2	1
2. 教练说队友应该互相帮助，共同提高技能。	5	4	3	2	1
3. 赢得比赛对教练而言是最重要的。	5	4	3	2	1
4. 教练最重视最好的球员。	5	4	3	2	1
5. 教练鼓励我们学习新的技能。	5	4	3	2	1
6. 教练对水平不是很好的球员的关注时间更少。	5	4	3	2	1
7. 教练告诉我们尝试做得比队友更好。	5	4	3	2	1
8. 教练告诉我们尽最大的努力才是最重要的事情。	5	4	3	2	1
9. 如果球员犯了错误就被暂停比赛。	5	4	3	2	1
10. 教练说我们每个人都对团队的成功非常重要。	5	4	3	2	1
11. 教练告诉我们哪些队员最好。	5	4	3	2	1
12. 教练告诉队员要彼此帮助，让大家都变得更好。	5	4	3	2	1

青少年体育运动的动力氛围测量（MCSYS）计分方法

1. 在一份空白的MCSYS表上，用T（Task任务）或E（Ego自我）标记每句话。

任务型语句包括：1、2、5、8、10、12

自我型语句包括：3、4、6、7、9、11

2. 在每份调查问卷中，将标记为T的语句的数字加起来除以6得到平均分。标记为E的语句也这样做。将任务（T）和自我（E）的平均分写在每份调查问卷上。

3. 将所有任务分数加起来（每份调查问卷一个），然后除以调查问卷的份数得到任务型氛围的总体平均分，并以相同的方法得到自我型氛围的总体平均分。

4. 考虑最终得到的两个分数。您认为它们准确吗？如果不准确，它与您作为教练对自己的看法的差别有多大？

5. 如果您想获得更多信息，可以将每句话的得分加起来，然后求出每句话的得分，帮助您了解队员如何看待您作为教练的行为。您可以将这些数字添加到Excel电子表格中，以便快速计算各个语句的平均分。

6. 如果您将分数告诉队员，一定要感谢他们的反馈意见，而且不要对他们的回答产生任何怨恨。您可以就此展开讨论，探讨有助于教练和运动员提高团队动机氛围的方法。

附录G

动机案例研究

案例研究1

伊森在11岁时加入社区的夏季游泳队。他会自由泳，但还需要学仰泳、蛙泳和蝶泳。游泳池的1泳道和2泳道是为初学者和新来者保留的，目的是侧重学习正确的划水动作。但在这两条入门泳道里的孩子几乎都小于9岁，伊森的朋友和其他同龄游泳者都在3～6泳道。该游泳项目的理念是任何人任何时候都可以加入，因此，初学者也在1泳道和2泳道。

伊森回家跟父母说他不想游泳了，因为他是在"小屁孩泳道"，而不是和他的朋友在一起。他的父母可能采取什么措施来帮助伊桑保持游泳动机，让他继续参与游泳项目？

案例研究2

凯特琳是一个高中新生排球运动员，她打的位置是副攻。她已经花了整整一年时间全职参加新手和校初级排球队。她的技能有显著改善；对排球运动的信心和热情都提升了，而且她喜欢排球队的友谊和情谊。由于该项目的几位副攻都受伤了，凯特琳接到为校队打余下赛季的通知。虽然她最初很兴奋，但也非常焦虑不安，在校队比赛前感到不怎么舒服。当她进入比赛时，她表现还过得去，但她反复强调安全第一，总是吊球而不敢扣球。比赛结束后，凯特琳回到家啜泣起来，告诉父母她觉得自己不能融入到校队中去，而且觉得自己的水平还不适合参加校队。她的父母感到困惑，因为他们认为她应该高兴才对，毕竟获得了在校队比赛的机会。根据凯特琳的内在动力取向，您如何解释她的反应？在这种情况下，她的父母和教练如何帮助她？

案例研究3

中学体育主任杰斐逊女士接到几个关于贝茨教练的投诉。贝茨是8年级的女子篮球队教练。贝茨教练有丰富的篮球知识，不仅参加过高中和大学篮球队，也教过高中和大学篮球队。她想建立一个强大的篮球项目，而且实施了一个体能训练计划，要求球员在开学前的7月和8月的每天早上6点钟参加。她制定了一个定时长跑身体素质测试，所有女孩都必须通过后才能加入球队，这吓得许多女孩都不敢加入该球队。她教复杂的进攻技术，球员都苦于学习和记忆操作方法。她们看起来很呆板，比赛的时候胆小犹豫。贝茨教练真的希望建立一个强大的篮球项目，而且对球员为什么不喜欢篮球以及家长为什么抱怨深感困惑。杰佛逊女士如何才能帮到贝茨教练？

附录H

体育运动天赋发展环境调查问卷（节选）

阅读下面的每句话，想想您在多大程度上同意它们能够描述您的体育运动情形。给每句话圈出一个数字，表示您在多大程度上同意或不同意它能反映您的体育运动情形。

答案无关对错。您不需要在这张纸上签名，没有人会知道这是你的回答。请如实回答。

调查项目	强烈同意	同意	有点同意	不怎么同意	不同意	强烈不同意
1. 我的教练始终强调要注重基础知识和基本技能。	6	5	4	3	2	1
2. 随着我的经验越来越多，教练鼓励我担起自己发展和学习的责任。	6	5	4	3	2	1
3. 我的发展计划包含各种身体准备练习，比如健身、柔韧性、敏捷性、协调能力、平衡能力和体能训练。	6	5	4	3	2	1
4. 我的训练课通常是有益和有挑战性的。	6	5	4	3	2	1
5. 我的教练在训练中加入各种各样的有用的技能，比如技术、体能、战术技能、心智技能和决策技能。	6	5	4	3	2	1
6. 我的教练擅长帮助我了解我的长处和短处。	6	5	4	3	2	1
7. 我的训练是为我的长远发展而设计的。	6	5	4	3	2	1
8. 我的教练强调我在训练和比赛中的表现，而不是比赛获胜。	6	5	4	3	2	1

续表

调查项目	强烈同意	同意	有点同意	不怎么同意	不同意	强烈不同意
9. 我的教练让我学会通过自己的错误进行学习。	6	5	4	3	2	1
10. 我的教练擅长帮助我理解做什么和为什么这样做。	6	5	4	3	2	1
11. 即使我的表现出现滑坡，我仍然会得到很好的机会。	6	5	4	3	2	1
12. 我得到参与其他体育运动、交叉训练（或两者）的鼓励。	6	5	4	3	2	1
13. 我的教练抽出时间与我的父母谈论我的情况以及我当前的目标。	6	5	4	3	2	1
14. 我的父母给我的建议与教练给我的建议不谋而合。	6	5	4	3	2	1
15. 我的进步和个人表现得到教练的定期一对一检查。	6	5	4	3	2	1
16. 教练经常告诉我胜利与失败只是暂时的，并不代表我将来的成功。	6	5	4	3	2	1
17. 我能够接触到各种专业知识，这有助于我的体育发展。	6	5	4	3	2	1
18. 我的教练表现出对我的健康的关心。	6	5	4	3	2	1
19. 教练教我如何在训练、比赛和恢复之间找到平衡。	6	5	4	3	2	1
20. 我能够参与关于我的体育发展的大多数决策。	6	5	4	3	2	1

体育运动天赋发展环境精简版调查问卷（TDEQS）的使用和计分方法

1. 因为这份调查问卷是缩减版，所以只从TDEQS选择一些实用的条目，没有细分的测试。我们建议您查看单独条目的分数，获得天赋发展项目的特定方面的反馈。如果您管理一组运动员的调查问卷，可以计算每个条目的平均分数，以评估您项目的优点和缺点。

2. 所有条目的最高分为6分，最低为1分。

3. 如果您将分数告诉参与项目的运动员，一定要感谢他们的反馈意见，而且不要对他们的回答产生任何怨恨。您可以就此展开讨论，探讨有助于教练和运动员改善天赋发展环境的方法。

4. 本调查问卷的条目主要侧重于长期天赋发展的主要方面。完整版本TDEQS调查问卷中的细分条目包括高质量准备、沟通、理解运动员、支持网络以及具有挑战性的支持环境。

5. 如果您想要将TDEQS用作研究目的或者用作综合性评估，我们建议您使用完整版本。完整的TDEQS可以在研究文章中找到（见本附录末尾的参考资料）或者通常可以通过该文章的第一作者获得。

附录I

运动员对比赛的反应

很多运动员在比赛之前或期间会感到紧张或不安。甚至职业运动员也发生这种情况。

请仔细阅读每个问题。然后，将最符合您在比赛前或比赛期间的感受的数字圈起来。答案无关对错。请如实完成。

项目	一点也不	轻度	中度	重度
参加体育比赛之前	1	2	3	4
1. 我的身体感到紧张。	1	2	3	4
2. 我担心表现不佳。	1	2	3	4
3. 我担心会让其他人失望。	1	2	3	4
4. 我的胃有点不舒服。	1	2	3	4
5. 我担心不能充分发挥。	1	2	3	4
6. 我感到肌肉在颤抖。	1	2	3	4
7. 我担心在比赛中搞砸了。	1	2	3	4
8. 我的肌肉因为紧张而收紧。	1	2	3	4
9. 我担心表现很差。	1	2	3	4
10. 我感到恶心。	1	2	3	4

体育运动焦虑测量-2（SAS-2）计分方法

1. 请注意这个针对运动员的测量表的标题是"运动员对比赛的反应"。这是因为我们不希望运动员看出它是测量焦虑的，这可能会影响他们回答问题的方式。

2. SAS-2测量了特质焦虑的两个不同方面。身体焦虑是指运动员感到紧张和发抖的程度。忧虑是指运动员担心表现不好和让他人失望的程度。

3. 测量身体焦虑的条目包括1、4、6、8和10。测量忧虑的条目包括2、3、5、7和9。

4. 将这两类题目的分数加起来，分别得到身体焦虑和忧虑的总分。这两个分数的范围应该在5～20分之间。下面是一种解释运动员的得分的粗略方式：

　　17～20分：极高；很焦虑

　　13～16分：高于平均水平的焦虑

　　9～12分：平均水平的焦虑

　　5～8分：焦虑水平很低

5. 不同分数告诉您运动员因为焦虑而出现的身体紧张反应症状的程度，以及体验到的心理焦虑（或忧虑）程度。

6. 使用SAS-2测验进行测试的孩子的身体焦虑平均分约为8分，忧虑平均分约为9分或10分。

7. 如果您想将SAS-2用作研究目的，我们建议你使用完整版本的SAS-2，它包含一个名为"注意力干扰"的细分测量。完整版本的SAS-2可通过本附录末尾的引用参考文章找到。

附录 J
专注于可控因素

1. 这是针对青少年运动员的积极应对练习。它可以帮助青少年运动员找出影响他们表现的"可控因素"和"不可控因素"。

2. 给运动员提供下一页上的表格。问他们对即将到来的比赛有什么想法，并找出可能会影响到他们的表现但又不是个人可以控制的东西。他们应该把这些东西写在"我的不可控因素"圆圈中。（不要告诉他们写什么，但是这些因素通常包括对手、天气、裁判、队友、我是否能赢、我的父母是否赞同和我的教练反应等。）

3. 然后问他们对即将到来的比赛有什么想法，并找出可能会影响到他们表现但个人可以控制的东西。他们应该把这些东西写在"我的可控因素"圆圈中。（同样地，不要告诉他们写什么，但是这些因素通常包括与体育运动相关的东西。例如，对篮球运动员而言，他们可能会写积极地、努力地防守对方的进攻，罚球时遵循我的习惯套路，在禁区防守时勇敢面对切入者，每次投球时封堵对方球员，时刻专注我的职责，以及在错误之后重新集中精神。）

4. 然后就该练习进行讨论，让运动员提供一些他们可控因素和不可控因素例子。通常情况下，对于青少年运动员，您必须帮助他们将一些因素从这个圆圈移动到另一个圆圈。例如，青少年运动员往往认为他们能够控制输赢和某些表现结果（例如进入比赛的前三名）。帮助他们理解他们不能控制表现结果。

5. 讨论结束后，让他们拿一支铅笔（应该使用铅笔！），然后在"我的不可控因素"圆圈上画个大X。提醒他们，如果他们在比赛中开始思考或担心这些不可控因素，从大脑中会给它们画上大×，不再想这些无法控制的东西。

6. 现在，特别是在比赛前，他们应该过目可控因素，提醒自己要把注意力集中在这些因素上。当他们在比赛中开始担心时，这可以提醒他们想着"控制可控因素"，其他通通不要去想。

我的可控因素

我的不可控因素

附录 K

紧急行动计划

团队名称:＿＿＿＿＿＿＿＿＿＿＿＿＿＿＿

主教练:＿＿＿＿＿＿＿＿＿＿＿　电话:＿＿＿＿＿＿＿＿＿＿＿＿＿＿＿＿

助理教练:＿＿＿＿＿＿＿＿＿＿　电话:＿＿＿＿＿＿＿＿＿＿＿＿＿＿＿＿

球场监督人:＿＿＿＿＿＿＿＿＿　电话:＿＿＿＿＿＿＿＿＿＿＿＿＿＿＿＿

体育主任:＿＿＿＿＿＿＿＿＿＿　电话:＿＿＿＿＿＿＿＿＿＿＿＿＿＿＿＿

紧急医疗服务（EMS）电话号码:＿＿＿＿＿＿＿＿＿＿＿＿＿（或呼叫120）

紧急医疗服务流程

在拨打紧急医疗服务电话时，要提供您的姓名、职务、当前地址、电话号码、受伤情况说明以及受伤原因、受伤运动员的年龄和通往事发点的具体方向和路线。

与紧急救护人员见面，确保他们能够畅到通达受伤运动员的确切位置。

场所地址

场所名称　　　　　　　　　　　地址

＿＿＿＿＿＿＿＿＿＿＿＿＿　　＿＿＿＿＿＿＿＿＿＿＿＿＿

＿＿＿＿＿＿＿＿＿＿＿＿＿　　＿＿＿＿＿＿＿＿＿＿＿＿＿

＿＿＿＿＿＿＿＿＿＿＿＿＿　　＿＿＿＿＿＿＿＿＿＿＿＿＿

＿＿＿＿＿＿＿＿＿＿＿＿＿　　＿＿＿＿＿＿＿＿＿＿＿＿＿

医院信息

名称:＿＿＿＿＿＿＿＿＿＿＿　电话:＿＿＿＿＿＿＿＿＿＿＿＿＿＿＿＿

到达医院的路线:＿＿＿＿＿＿＿＿＿＿＿＿＿＿＿＿＿＿＿＿＿＿＿＿＿

紧急任务分配　　　　　　分配给:

照看员（立即照顾受伤运动员）＿＿＿＿＿＿＿＿＿＿＿＿＿＿＿＿＿

沟通员（打电话给紧急医疗服务并提供达到路线，然后通知家长）＿＿＿＿＿＿

负责人（控制场面）＿＿＿＿＿＿＿＿＿＿＿＿＿＿＿＿＿＿＿＿＿＿＿

现场急救箱＿＿＿＿＿＿＿＿＿＿＿＿＿＿＿＿＿＿＿＿＿＿＿＿＿＿＿＿

现场冰块＿＿＿＿＿＿＿＿＿＿＿＿＿＿＿＿＿＿＿＿＿＿＿＿＿＿＿＿＿

现场运动员紧急医疗登记表＿＿＿＿＿＿＿＿＿＿＿＿＿＿＿＿＿＿＿＿＿

包含紧急联系人和运动员信息的团队名册

仅供紧急使用；不要公开或分发此信息。

运动员	紧急联系电话	紧急联系人	特殊疾病和用药情况

附录L

教练考核表

体育运动＿＿＿＿＿＿＿＿＿＿　日期＿＿＿＿＿＿＿＿＿＿

运动队＿＿＿＿＿＿＿＿＿＿　考核者＿＿＿＿＿＿＿＿＿＿　观察分钟数＿＿＿＿＿＿＿

考核项目	不满意	可以提高	胜任	好	很好
体育运动知识（规则、技能和战略）	1	2	3	4	5
教学技能	1	2	3	4	5
纠正错误	1	2	3	4	5
组织和时间利用	1	2	3	4	5
所有运动员参与	1	2	3	4	5
提供清晰的指导	1	2	3	4	5
倾听他人的想法	1	2	3	4	5
使用适宜的语言	1	2	3	4	5
提供安全的环境	1	2	3	4	5
体谅儿童的需求	1	2	3	4	5
个人形象	1	2	3	4	5
情绪控制	1	2	3	4	5
与父母的关系	1	2	3	4	5
与裁判的关系	1	2	3	4	5
与运动员的关系	1	2	3	4	5
对教练工作的热情	1	2	3	4	5
理性看待获胜	1	2	3	4	5
适当的教学风格	1	2	3	4	5

给教练的具体反馈：

＿＿＿

＿＿＿

＿＿＿

＿＿＿

＿＿＿

附录 M

运动员对教练员的评价

教练名称＿＿＿＿＿＿＿＿　运动队＿＿＿＿＿＿＿＿　日期＿＿＿＿＿＿＿＿

A. 本赛季在教练的带领下，我……

评价项目	一点也不		有点		非常
获得了乐趣	1	2	3	4	5
学会了如何在这项体育运动中做得更好	1	2	3	4	5
改善了身体素质	1	2	3	4	5
学会了与队友合作	1	2	3	4	5
参与这项体育运动的动力增加了	1	2	3	4	5
学好了体育精神	1	2	3	4	5
学会了如何更好地比赛	1	2	3	4	5

B. 您的教练在下列各项上做得怎么样？

评价项目	不是很好		还好		很好
公平地对待你	1	2	3	4	5
帮助你实现自我感觉良好	1	2	3	4	5
鼓励和认可你	1	2	3	4	5
教体育运动技能	1	2	3	4	5
有组织的训练	1	2	3	4	5
在比赛中教你和团队	1	2	3	4	5
正确认识比赛获胜	1	2	3	4	5
采取适当的安全预防措施	1	2	3	4	5
和你交谈并倾听你的想法	1	2	3	4	5
能够控制情绪，表现出自制力	1	2	3	4	5

C. 您最喜欢教练的哪些方面？

＿＿＿＿＿＿＿＿＿＿＿＿＿＿＿＿＿＿＿＿＿＿＿＿＿＿＿＿＿＿＿＿＿＿＿＿＿＿

＿＿＿＿＿＿＿＿＿＿＿＿＿＿＿＿＿＿＿＿＿＿＿＿＿＿＿＿＿＿＿＿＿＿＿＿＿＿

D. 您的教练在哪些地方可以改进，从而成为一名更好的教练？

＿＿＿＿＿＿＿＿＿＿＿＿＿＿＿＿＿＿＿＿＿＿＿＿＿＿＿＿＿＿＿＿＿＿＿＿＿＿

＿＿＿＿＿＿＿＿＿＿＿＿＿＿＿＿＿＿＿＿＿＿＿＿＿＿＿＿＿＿＿＿＿＿＿＿＿＿

参考文献

Abbott, A., Button, C., Pepping, G., & Collins, D. (2005). Unnatural selection: Talent identification and development in sport. *Nonlinear Dynamics, Psychology and Life Sciences, 9,* 61–88.

Abbott, A., & Collins, D. (2002). A theoretical and empirical analysis of a "state of the art" talent identification model. *High Ability Studies, 13,* 157–178.

Abramson, L.Y., Seligman, M.E.P., & Teasdale, J.D. (1978). Learned helplessness in humans: Critique and reformulation. *Journal of Abnormal Psychology,87,* 49–74.

Adie, J.W., Duda, J.L., & Ntoumanis, N. (2012). Perceived coach–autonomy support, basic need satisfaction and the well and ill-being of elite youth soccer players: A longitudinal investigation. *Psychology of Sport and Exercise, 13,* 51–59.

Adirim, T.A., & Cheng, T.L. (2003). Overview of injuries in the young athlete. *Sports Medicine, 33,* 75–81.

Agassi, A. (2009). *Open.* New York: Knopf. Alexander, B. (2014, May 11). Tommy John surgery doesn't boost performance: Study. Retrieved June 10, 2015.

American Academy of Pediatrics. (2000). Intensive training and sports specialization in young athletes. *Pediatrics, 106,* 154–157.

American Academy of Pediatrics. (2011). Policy statement–climatic heat stress and exercising children and adolescents. *Pediatrics, 128,* 1–9.

American College of Sports Medicine. (2007). The female athlete triad. *Medicine and Science in Sports and Exercise, 39,* 1867–1882.

Amorose, A.J., & Horn, T.S. (2000). Intrinsic motivation: Relationships with collegiate athletes' gender, scholarship status, and perceptions of their coaches' behavior. *Journal of Sport & Exercise Psychology, 22,* 63–84.

Anderson, C., & Petrie, T.A. (2012). Prevalence of disordered eating and pathogenic weight control behaviors among NCAA Division I female collegiate gymnasts and swimmers. *Research Quarterly for Exercise and Sport, 83,* 120–124.

Anderson, K. (2013, July 22). Eat, play, dunk. *SportsIllustrated,* pp. 28–32.

Ankersen, R. (2012). *The gold mine effect.* London: Icon Books.

Araujo, D., Fonseca, C., Davids, K., Garganta, J., Volossovitch, A., Brandao, R., & Krebs, R. (2010). The role of ecological constraints on expertise development. *Talent Development and Excellence,2,* 165–179.

Arias, J.L., Argudo, F.M., & Alonso, J.I. (2012). Effect of ball mass on dribble, pass, and pass reception in 9–11-year-old boys' basketball. *Research Quarterly for Exercise and Sport, 83,* 407–412.

Armstrong, N., & Barker, A.R. (2011). Endurance training and elite young athletes. In N. Armstrong & A.M. McManus (Eds.), *The elite young athlete* (pp.59–83). New York: Karger.

Arthur, C.A., Woodman, T., Ong, C.W., Hardy, L., & Ntoumanis, N. (2011). The role of narcissism in moderating the relationship between coaches' transformational leader behaviors and athlete motivation. *Journal of Sport & Exercise Psychology,33,* 3–19.

Arthur-Cameselle, J.N., & Quatromoni, P.A. (2011). Factors related to the onset of eating disorders reported by female collegiate athletes. *Sport Psy chologist, 25,* 1–17.

Athletic Footwear Association. (2012, January 26). Youth sports statistics. Retrieved April 20, 2015.

Australia Bureau of Statistics. (2011). Australian social trends June 2011: Sport and physical recreation. Retrieved April 20, 2015.

AZ Quotes. (2015). Retrieved May 15, 2015.

Bailey, R., Collins, D., Ford, P., MacNamara, A., Toms, M., & Pearce, G. (2010). Participant development in sport: An academic review. Sports Coach UK and Sport Northern Ireland. Retrieved March 29, 2015.

Baker, J. (2012). Do genes predict potential? Genetic factors and athletic success. In J. Baker, S. Cobley, & J. Schorer (Eds.), *Talent identification and develop ment in sport: International perspectives* (pp. 13–24). New York: Routledge.

Baker, J., Cote, J., & Abernathy, B. (2003). Sport–specific practice and the development of expert decision–making in team ball sports. *Journal of Applied Sport Psychology, 15,* 12–25.

Baker, J., Cote, J., & Deakin, J. (2005). Expertise in ultra–endurance triathletes: Early sport involvement, training structure, and the theory of deliberate practice. *Journal of Applied Sport Psychology, 17,* 64–78.

Baker, J., & Schorer, J. (2010). Identification and development of talent in sport–introduction to the special issue. *Talent Development and Excellence, 2,* 119–121.

Baker, J., & Young, B. (2014). 20 years later: Deliberate practice and the development of expertise in sport. *International Review of Sport and Exercise Psychology, 7,* 135–157.

Balyi, I., & Way, R. (2011). The role of monitoring growth in LTAD. Canadian Sport for Life, Canadian Sport Centres, Vancouver. Retrieved March 29, 2015.

Balyi, I., Way, R., & Higgs, C. (2013). *Long–term athlete development.* Champaign, IL: Human Kinetics.

Bamman, M.M. (2010). Does your "genetic" alphabet soup spell "runner" ? *Journal of Applied Physiology, 108,* 1452–1453.

Bandura, A. (1977). *Social learning theory.* Englewood Cliffs, NJ: Prentice–Hall.

Bandura, A., Ross, D., & Ross, S.A. (1961). Transmission of aggression through imitation of aggressive models. *Journal of Abnormal and Social Psychology, 63,* 575–582.

Barnett, L.M., van Beurden, E., Morgan, P.J., Brooks, L.O., & Beard, J.R. (2010). Gender differences in motor skill proficiency from childhood to adolescence: A longitudinal study. *Research Quarterly for Exercise and Sport, 81,* 162–170.

Barnsley, R.H., Thompson, A.H., & Barnsley, P.E. (1985). Hockey success and birthdate: The relative age effect. *Canadian Association for Health, Physical Education, and Recreation, 51,* 23–28.

Ba r tholomew, K.J., Ntouma n is, N., & Thogersen–Ntoumani, C. (2010). The controlling interper-sonal style in a coaching context: Development and initial validation of a psychometric scale. *Journal of Sport & Exercise Psychology, 32,* 193–216.

Bass, B.M. (1985). *Leadership and performance beyond expectations.* New York: Free Press.

Baumeister, R. (1984). Choking under pressure: Self–consciousness and paradox ical effects of incentives on skillful performance. *Journal of Personality and Social Psychology, 16,* 610–620.

Baumeister, R., & Leary, M.R. (1995). The need to belong: Desire for interpersonal attachments as a fundamental human motive. *Psychological Bulletin, 117,* 497–529.

Baumrind, D. (1989). Rearing competent children. In W. Damon (Ed.), *Child development today and tomorrow* (pp. 349–378). San Francisco: Jossey–Bass.

Baxter–Jones, A.D.G., Mir wald, R.L., Faulk ner, R.A., Kowalski, K.C., & Bailey, D.A. (2009). Does the positive effect of physical activity during childhood and adolescence on bone mass accrual persist into early adult life? In T. Jurimae, N. Armstrong, & J. Jurimae (Eds.), *Children and exercise XXIV: The proceedings of the 24th pediatric work physiology meeting* (pp. 47–50). New York: Routledge.

Bell, J.J., Hardy, L., & Beattie, S. (2013).

Enhancing mental toughness and performance under pressure in elite young cricketers: A 2-year longitudinal intervention. *Sport, Exercise, and Performance Psychology, 2,* 281–297.

Bengoechea, E.G., Sabiston, C.M., Ahmed, R., & Farnoush, M. (2010). Exploring links to unorganized and organized physical activity during adolescence: The role of gender, socioeconomic status, weight status, and enjoyment of physical education. *Research Quarterly for Exercise and Sport, 81,* 7–16.

Berberoglu, M. (2009). Precocious puber t y and normal variant puberty: Definition, etiology, diagnosis and current management. *Journal of Clinical Research in Pediatric Endocrinology, 1,* 164–174.

Berry, J., Abernathy, B., & Cote, J. (2008). The contribution of structured activity and deliberate play to the development of expert perceptual and decision-making skill. *Journal of Sport & Exercise Psychology, 30,* 685–708.

Berryman, J.W. (1996). The rise of boys' sports in the United States, 1900 to 1970. In F.L. Smoll & R.E. Smith (Eds.), *Children and youth in sport: A biopsychosocial perspective.* Madison, WI: Brown & Benchmark.

Beunen, G., Malina, R.M., Van't Hoff, M.A., Simons, J., Ost yn, M., Renson, R., & Van Ger ven, D. (1988). *Adolescent growth and motor performance: A longitudinal study of Belgian boys.* Champaign, IL: Human Kinetics.

Beverly, J. (2011, June 26). Should kids run long? *Runner's World.* Retrieved March 29, 2015.

Bigelow, B., Moroney, T., & Hall, L. (2001). *Just let the kids play: How to stop older adults from ruining your child's fun and success in youth sports.* Deerfield Beach, FL: Health Communications.

Blanchard, K. (1995). *The anthropology of sport: An introduction.* Westport, CT: Bergin & Garvey.

Blazo, J.A., Carson, S., Czech, D.R., & Dees, W. (2014). A qualitative investigation of the sibling sport achievement experience. *Sport Psychologist, 28,* 36–47.

Bloom, B.S. (1985). *Developing talent in young people.* New York: Ballantine.

Bonci, C.M., Bonci, L.J., Granger, L.R., Johnson, C.L., Malina, R.M., Milne, L.W., Ryan, R.R., & Vander- bunt, E.M. (2008). National athletic trainers' association position statement: Preventing, detecting, and managing disordered eating in athletes. *Journal of Athletic Training, 43,* 80–108.

Bouchard, C., Sarzynski, M.A., Rice, T.K., Kraus, W.E., Church, T.S., Sung, Y.J., Rao, D.C., & Rankinen, T. (2010). Genomic predictors of the maximal O2 uptake response to standardized exercise training programs. *Journal of Applied Physiology, 110,* 1160–1170.

Bowker, A., Bocknoven, B., Nolan, A., Bauhaus, S., Glover, P., Powell, T., & Taylor, S. (2009). Naturalistic observations of spectator behavior at youth hockey games. *Sport Psychologist, 23,* 301–316.

Bowlby, J. (1988). *A secure base: Parent-child attachment and healthy human development.* New York: Basic Books.

Boyce, B.A., Gano-Overway, L.A., & Campbell, A.L. (2009). Perceived motivational climate's influence on goal orientations, perceived competence, and practice strategies across the athletic season. *Journal of Applied Sport Psychology, 21,* 381–394.

Brackenridge, C.H., Bishopp, D., Moussalli, S., & Tapp, J. (2008). The characteristics of sexual abuse in sport: A multidimensional scaling analysis of events described in media reports. *International Journal of Sport and Exercise Psychology, 6,* 385–406.

Bredemeier, B.J., & Shields, D.L. (1986). Game reasoning and interactional morality. *Journal of Genetic Psychology, 147,* 257–275.

Bredemeier, B.J., Weiss, M.R., Shields, D.L., & Cooper, B.A.B. (1986). The relationship of sport involvement with children's moral reasoning and aggression tendencies. *Journal of*

Sport Psychology, 8, 304–318.

Brenner, J.S. (2007). Overuse injuries, overtraining, and burnout in child and adolescent athletes. *Pediatrics, 119,* 1242–1245.

Bruce, L., Farrow, D., & Raynor, A. (2013). Performance milestones in the development of expertise: Are they critical? *Journal of Applied Sport Psychology, 25,* 281–297.

Bukato, D., & Daehler, M.W. (2012). *Child development: A thematic approach* (6th ed.). Belmont, CA: Wadsworth.

Bullock, N., Gulbin, J.P., Martin, D.T., Ross, A., Holland, T., & Marino, F. (2009). Talent identification and deliberate programming in skeleton: Ice novice to winter Olympian in 14 months. *Journal of Sports Sciences, 27,* 397–404.

Burke, B. (2013, September 2). To Russia, with love. *Sports Illustrated,* p. 166.

Burke, M. (2001). Obeying until it hurts: Coach– athlete relationships. *Journal of the Philosophy of Sport, 28,* 227–240.

Burton, D., & Weiss, C. (2008). The fundamental goal concept: The path to process and performance success. In T.S. Horn (Ed.), *Advances in sport psychology* (3rd ed., pp. 339–376). Champaign, IL: Human Kinetics.

Buszard, T., Farrow, D., Reid, M., & Masters, R.S.W. (2014). Modifying equipment in early skill development: A tennis perspective. *Research Quarterly for Exercise and Sport, 85,* 218–225.

Callahan, T. (2006, June). Earl was right. *Golf Digest,* p. 100.

Camire, M. (2014). Youth development in North American high school sport: Review and recommendations. *Quest, 66,* 495–511.

Camire, M., Trude, P., & Bernard, D. (2013). A case study of a high school sport program designed to teach athletes life skills and values. *Sport Psychologist, 27,* 188–200.

Caron, J.G., Bloom, G.A., Johnston, K.M., & Sabiston, C.M. (2013). Effects of multiple concussions on retired National Hockey League players. *Journal of Sport & Exercise*

Psychology, 35, 168–179.

Caspersen, C.J., Powel l, K.E., & Christenson, G.M. (1985). Physical activity, exercise, and physical fitness: Definitions and distinctions for health–related research. *Public Health Reports, 100,* 126–131.

Ceci, S.J., Barnett, S.M., & Kanaya, T. (2003). Developing childhood proclivities into adult competencies: The overlooked multiplier effect. In R.J. Sternberg & E.L. Grigorenko (Eds.), *The psychology of abilities, competencies, and expertise* (pp. 70–92). New York: Cambridge University Press.

Centers for Disease Control and Prevention. (2015). Childhood obesity facts. Retrieved January 2015.

Cervello, E.M., Escarti, A., & Guzman, J.F. (2007). Youth sport dropout from the achievement goal theory. *Psicothema, 19,* 65–71.

Chandler, J.B. (2011, March 1). Pitching in youth baseball: Is overuse leading to elbow injuries? Retrieved March 29.

Chase, M.A. (2001). Children's self–efficacy, motivational intentions, and attributions in physical education and sport. *Research Quarterly for Sport and Exercise, 72,* 47–54.

Chase, M.A., Ewing, M.E., Lirgg, C.D., & George, T.R. (1994). The effects of equipment modification on children's self–efficacy and basketball shooting performance. *Research Quarterly for Exercise and Sport, 65,* 159–168.

Chase, W.G., & Simon, H.A. (1973). The mind's eye in chess. In W.G. Chase (Ed.), *Visual information processing* (pp. 215–281). San Diego: Academic Press.

Chen, A. (2014, December 15). The Mo'ne effect. *Sports Illustrated,* pp. 151–154.

Cheon, S.H., Reeve, J., & Moon, I.S. (2012). Experimentally based, longitudinally designed, teacher–focused intervention to help physical education teachers be more autonomy– supportive toward their students. *Journal of Sport & Exercise Psychology, 34,* 365–396.

Chiari, M. (2014, March 19). Team wears hijab

headscarves in support of Muslim teammate banned from match. Retrieved March 29, 2015.

Chugani, H.T. (1998). A critical period of brain development: Studies of cerebral glucose utilization with PET. *Preventive Medicine, 27,* 184–188.

Clark, J.E., & Metcalf, J.M. (2002). The mountain of motor development: A metaphor. In J.E. Clark & J.H. Humphrey (Eds.), *Motor development: Research and reviews* (Vol. 2, pp. 163–190). Reston, VA: National Association for Sport and Physical Education.

Clark, W. (2008). *Kids' sports.* Ottawa: Statistics Canada.

Coakley, J. (1992). Burnout among adolescent athletes: A personal failure or social problem? *Sociology of Sport Journal, 9,* 271–285.

Coakley, J. (2009). *Sports in society: Issues and controversies* (10th ed.). New York: McGraw–Hill.

Coatsworth, J.D., & Conroy, D.E. (2006). Enhancing the self–esteem of youth swimmers through coach training: Gender and age effects. *Psychology of Sport and Exercise, 7,* 173–192.

Coatsworth, J.D., & Conroy, D.E. (2009). The effects of autonomy–supportive coaching, need satisfaction, and self–perceptions on initiative and identity in youth swimmers. *Developmental Psychology, 45,* 320–328.

Cobley, S., Baker, J., Wattie, N., & McKenna, J. (2009).A meta–analytical review of relative age effect in sport: The emerging picture. *Sports Medicine, 39,* 235–256.

Cobley, S., Schorer, J., & Baker, J. (2012). Identification and development of sport talent. In J. Baker, S. Cobley, & J. Schorer (Eds.), *Talent identification and development in sport: International perspectives* (pp. 1–10). New York: Routledge.

Collins, J. (2001, January). Level 5 leadership. *Harvard Business Review,* pp. 115–136.

Colvin, G. (2008). *Talent is overrated.* New York: Portfolio.

Compas, B.E., Connor–Smith, J.K., Saltzman, H.,

Harding T homsen, A ., & Wadswor t h, M.E. (2001). Coping with stress during childhood and adolescence: Problems, progress, and potential in theory and research. *Psychological Bulletin, 127,* 87–127.

Connaughton, D., Wadey, R., Hanton, S., & Jones, G. (2008). The development and maintenance of mental toughness: Perceptions of elite performers. *Journal of Sports Sciences, 26,* 83–95.

Conroy, D.E., Willow, J.P., & Metzler, J.N. (2002). Multidimensional fear of failure measurement: The Performance Failure Appraisal Inventory. *Journal of Applied Sport Psychology, 14,* 76–90.

Cooke, G. (2006). No shortcut to the top for naturally gifted. *Sports Coach, 29* (1). Retrieved February 10, 2014.

Copple, C. (2010). *Developmentally appropriate practice in early childhood programs.* Washington, DC: National Association for Education of Young Children.

Cote, J. (1999). The influence of the family in the development of talent. *Sport Psycholog ist, 13,* 395–417.

Cote, J., Baker, J., & Abernathy, B. (2003). From play to practice: A developmental framework for the acquisition of expertise in team sports. In J.L. Starkes & K.A. Ericsson (Eds.), *Expert performance in sports: Advances in research on sport expertise* (pp. 89–113). Champaign, IL: Human Kinetics.

Cote, J., Baker, J., & Abernathy, B. (2007). Practice and play in the development of sport expertise. In G. Tenenbaum & R.C. Eklund (Eds.), *Handbook of sport psychology* (3rd ed., pp. 184–202). New York: Wiley.

Cote, J., Erickson, K., & Abernathy, B. (2013). Play and practice during childhood. In J. Cote & R. Lidor (Eds.), *Conditions of children's talent development in sport* (pp. 9–20). Morgantown, WV: Fitness Information Technology.

Cote, J., Strachan, L., & Frasier–Thomas, J. (2008). Participation, personal development, and performance through youth sport. In N.L. Holt (Ed.), *Positive youth development through sport* (pp. 34–45). New York: Routledge.

Covey, S.R. (2013). *The 7 habits of highly effective people: Powerful lessons in personal change.* New York: Simon & Schuster.

Coyle, D. (2007, March 4). How to grow a super-athlete. *New York Times.* Retrieved March 29, 2015.

Coyle, D. (2009). *The talent code.* New York: Bantam.

Coyle, D. (2012). *The little book of talent.* New York: Bantam.

Cross, T., Bazron, B., Dennis, K., & Isaacs, M. (1999). *Towards a culturally competent system of care.* Washington, DC: National Institute of Mental Health, Child and Adolescent Service System Program Technical Assistance Center, Georgetown University Child Development Center.

Csikszentmihalyi, M. (1990). *Flow: The psychology of optimal experience.* New York: Harper & Row.

Cybergolf. (2014, April21). The continuingtale of Sean O'Hair. Retrieved March 29, 2 015.

Daniels, E.A. (2009). Sex objects, athletes, and sexy athletes: How media representations of women athletes can impact adolescent girls and college women. *Journal of Adolescent Research, 24,* 399–422.

Danish, S., Nellen, V., & Owens, S. (1996). Community–based life skills programs: Using sports to teach life skills to adolescents. In J. Van Raalte & B. Brewer (Eds.), *Exploring sports and exercise psychology* (pp. 205–225). Washington, DC: APA Books.

Darling, N., & Steinberg, L. (1993). Parenting style in context: An integrative model. *Psychological Bulletin, 113,* 487–496.

d'Arripe–Longueville, F., Pantaleon, N., & Smith, A.L. (2006). Personal and situational predictors of sportspersonship in young athletes. *International Journal of Sport Psychology, 37,* 38–57.

Davids, K., & Baker, J. (2007). Genes, environment and sport performance: Why the nature–nurture dualism is no longer relevant. *Sports Medicine, 37,* 961–980.

Davies, P.L., & Rose, J.D. (2000). Motor skills of typically developing adolescents: Awkwardness or improvement? *Physical & Occupational Therapy in Pediatrics, 20,* 19–42.

Davis, R. (2010). *Teaching disability sport* (2nd ed.).Champaign, IL: Human Kinetics.

Deci, E.L., Koestner, R., & Ryan, R.M. (1999). A meta–analytic review of experiments examining the effects of extrinsic rewards on intrinsic motivation. *Psychological Bulletin, 125,* 627–668.

Deci, E.L., & Ryan, R.M. (1985). *Intrinsic motivation and self–determination in human behavior.* New York: Plenum.

Del Campo, D.G.D., Vicedo, J.C.P., Villora, S.G., & Jordan, O.R.C. (2010). The relative age effect in youth soccer players from Spain. *Journal of Sports Science and Medicine, 9,* 190–198.

Deutsch, M. (2000). Cooperation and competition. In M. Deutsch & P. Coleman (Eds.), *Handbook of conflict resolution: Theory and practice* (pp. 21–40). San Francisco: Jossey–Bass.

Dharamsi, A., & LaBella, C. (2013). Prevention of ACL injuries in adolescent female athletes. *Contemporary Pediatrics, 30,* 12–20.

Diaz, J. (2014, July). Rickie Inc. *Golf Digest,* pp. 102–128. Dicicco, T., & Hacker, C. (2002). *Catch them being good.* New York: Penguin.

Dohrman, G. (2010). *Play their hearts out.* New York: Ballantine.

Donnelly, P. (1993). Problems associated with youth involvement in high–performance sport. In B.R. Cahill & A.J. Pearl (Eds.), *Intensive participation in children's sport* (pp. 95–126). Champaign, IL: Human Kinetics.

Dunton, G., McConnell, R., Jerrett, M., Wolch, J., Lam, C., Gilliland, F., & Berhane, K. (2012). Organized physical activity in young school children and subsequent 4–year change in body mass index. *Archives of Pediatric and Adolescent Medicine, 166,* 713–718.

Dweck, C.S. (2006). *Mindset: The new psychology of success.* New York: Ballantine.

Dyck, N. (2012). *Fields of play: An ethnography of children's sports.* Toronto: University of Toronto Press.

Eckert, H.M. (1987). *Motor development* (3rd ed.). Berkeley, CA: Benchmark.

Ehrmann, J. (2011). *InSideOut coaching.* New York: Simon & Schuster.

Elling, S. (20 05, Janua r y 21). Price of success? *Golf Digest.* Retrieved Ma rch 29, 2015.

Elliott, M. (2012, October 17). Legends at home: Se Ri Pak. Retrieved September 9, 2013.

Ellis, A., & Dryden, W. (1987). *The practice of rational emotive therapy.* New York: Springer.

Elmore, T. (2014). *12 huge mistakes parents can avoid: Leading your kids to succeed in life.* Eugene, OR: Harvest Home.

Engh, F. (2002). *Why Johnny hates sports.* Garden City Park, NY: Square One.

Entzion, B.J. (1991). A child's view of fair play. *Strategies, 4,* 16–19.

Epstein, D. (2013). *The sports gene: Inside the science of extraordinary athletic performance.* New York: Current.

Eradi, J. (1998, May 30). Want to be Griffey Jr.? Start early. *Cincinnati Enquirer,* pp. D6.

Ericsson, K.A., Krampe, R.T., & Tesch-Romer, C. (1993). The role of deliberate practice in the acquisition of expert performance. *Psychological Review, 100,* 363–406.

ESPN. (2012, March 28). It's been a confounding journey for Michelle Wie. Retrieved March 20, 2015.

Evert, C. (2010). Evert: The family business. Retrieved March 29.

Faigenbaum, A.D., Kraemer, W.J., Blimkie, C.J.R., Jeffreys, I., Micheli, L.J., Nitka, M., & Rowland, T.W. (2009). Youth resistance training: Updated position statement paper from the National Strength and Conditioning Association. *Journal of Strength and Conditioning Research, 23,* S60–S79.

Faigenbaum, A., & Westcott, W. (2009). *Youth strength training.* Champaign, IL: Human Kinetics.

Fairclough, S.J., & Ridgers, N.D. (2010). Relationships between maturity status, physical activity, and physical self-perceptions in primary school children. *Journal of Sports Sciences, 28,* 1–9.

Farber, M. (2008, October 13). Why good teams fight. *Sports Illustrated,* pp. 56–62.

Farrey, T. (2008). *Game on: The All-American race to make champions of our children.* New York: ESPN Books.

Farrow, D. (2010). A multi-factorial examination of the development of skill expertise in high performance netball. *Talent Development and Excellence, 2,* 123–135.

Farrow, D., & Reid, M. (2010). The effect of equipment scaling on the skill acquisition of beginning tennis players. *Jour nal of Sports Sciences, 28,* 723–732.

Fedewa, A.L., & Ahn, S. (2011). The effects of physical activity and physical fitness on children's achievement and cognitive outcomes: A meta-analysis. *Research Quarterly for Exercise and Sport, 82,* 521–535.

Feltz, D.L., Hepler, T.J., Roman, N., & Paiement, C. (2009). Coaching efficacy and volunteer youth sport coaches. *Sport Psychologist, 23,* 24–41.

Fields, R.D. (2005). Myelination: An overlooked mechanism of synaptic plasticity? *Neuroscientist, 11,* 528–531.

Fine, G. (1987). *With the boys: Little League baseball and preadolescent culture.* Chicago: University of Chicago Press.

Fink, W.J., Costill, D.L., & Pollock, M.L. (1977). Submaximal and maximal working capacity of elite distance runners. Part II: Muscle fiber composition and enzyme activities. *Annals of the New York Academy of Sciences, 301,* 323–327.

Flett, M.R., Gould, D., Griffes, K.R., & Lauer, L. (2013). Tough love for underserved youth: A comparison of moreor less effective coaching. *Sport Psychologist, 27,* 325–337.

Floyd, I. (2013). *Opening the gate: Stories & activities about athletes with disabilities.* Lexington, KY: Cre ateSpace Independent Publishing Platform.

Fraser–Thomas, J., Cote, J., & Deakin, J. (2008a). Examining adolescent sport dropout and prolonged engagement from a developmental perspective. *Journal of Applied Sport Psychology, 20,* 318–333.

Fraser–Thomas, J., Cote, J., & Deakin, J. (2008b). Understanding dropout and prolonged engagement in adolescent competitive sport. *Psychology of Sport and Exercise, 9,* 645–662.

Fredricks, J.A., & Eccles, J.S. (2004). Parental influences on youth involvement in sport. In M.R. Weiss (Ed.), *Developmental sport and exercise psychology: A lifespan perspective* (pp. 145–164). Morgantown, WV: Fitness Information Technology.

Fredricks, J.A., & Eccles, J.S. (2005). Family socialization, gender, and sport motivation and involvement. *Journal of Sport & Exercise Psychology, 27,* 3–31.

French, K.E., Spurgeon, J.J., & Nevett, M.E. (2007). Anthropometric characteristics of Columbia, South Carolina, youth baseball players and Dixie Youth World Series players. *Research Quarterly for Exercise and Sport, 78,* 179–188.

Fry, M.D., & Duda, J.L. (1997). A developmental examination of children's understanding of effort and ability in the physical and academic domains. *Research Quarterly for Exercise and Sport, 68,* 331–344.

Fuhrman, J. (2011, May 6). Girls' early puberty: What causes it, and how to avoid it. *Huffington Post.* Retrieved September 17, 2013.

Gabbard, C.P., & Shea, C.H. (1980). Effects of varied goal height practice on basketball foul shooting performance. *Coach and Athlete, 42,* 10–11.

Gagne, F. (2009). Building gifts into talents: Detailed overview of the DMGT 2.0. In B. MacFarlane & T. Stambaugh (Eds.), *Leading change in gifted education: The festschrift of Dr. Joyce Van Tassel–Baska* (pp. 61–80). Waco, TX: Prufrock.

Gallahue, D.L., Ozmun, J.C., & Goodway, J. (2012). *Understanding motor development: Infants, children, adolescents, adults.* New York: McGraw–Hill.

Garnier–Ombrelle and Canadian Soccer Association team up to protect and educate Canadian youth. (2013, May 27). Retrieved March 29, 2015.

Gems, G.R., Borish, L.J., & Pfister, G. (2008). *Sports in American history: From colonization to globalization.* Champaign, IL: Human Kinetics.

Gervis, M., & Dunn, N. (2004). The emotional abuse of elite child athletes by their coaches. *Child Abuse Review, 13,* 215–223.

Giedd, J.N., Blumenthal, J., Jeffries, N.O., Castellanos, F.X., Liu, H., Zijdenhos, A., Paus, T., Evans, A.C., & Rapoport, J.L. (1999). Brain development during childhood and adolescence: A longitudinal MRI study. *Nature Neuroscience, 2,* 861–863.

Gilman, R., & Ashby, J.S. (2006). Perfectionism. In G.G. Bear & K.M. Minke (Eds.), *Children's needs III: Development, prevention, and intervention* (pp. 303–312). Bethesda, MD: National Association of School Psychologists.

Ginsburg, K.R. (2007). The importance of play in promoting healthy child development and maintaining strong parent–child bonds. *Pediatrics, 119,* 182–191.

Ginsburg, R.D., Durant, S., & Baltzell, A. (2006). *W hose game is it, anyway?* Boston: Houghton Mifflin.

Ginsburg, R.D., Smith, S.R., Danforth, N., Ceranoglu, T.A., Durant, S.A., Kamin, H.,

Babcock, R., Robin, L., & Masek, B. (2014). Patterns of specialization in professional baseball players. *Journal of Clinical Sport Psychology, 8,* 261–275.

Glamser, F.D., & Vincent, J. (2004). The relative age effect among elite American youth soccer players. *Journal of Sport Behavior, 27,* 31–38.

Goleman, D. (2005). *Emotional intelligence.* New York: Bantam.

Goodwin, D. (2009). The voices of students with disabilities: Are they informing inclusive physical education practice? In H. Fitzgerald (Ed.), *Disability and youth sport* (pp. 53–75). New York: Routledge.

Gould, D. (2015). Goal setting for peak performance. In J.M. Williams & V. Krane (Eds.), *Applied sport psychology: Personal growth to peak performance* (7th ed., pp. 188–206). New York: McGraw–Hill.

Gould, D., & Carson, S. (2010). The relationship between perceived coaching behaviors and developmental benefits of high school sports participation. *Hellenic Journal of Psychology, 7,* 298–314.

Gould, D., Lauer, L., Rolo, C., Jannes, C., & Pennisi, N. (2008). The role of parents in tennis success: Focus group interviews with junior coaches. *Sport Psychologist, 22,* 18–37.

Gould, D., Tuffey, S., Udry, E., & Loehr, J. (1996). Burnout in competitive junior tennis players: II. Qualitative analysis. *Sport Psychologist, 10,* 322–340.

Gould, D., Tuffey, S., Udry, E., & Loehr, J. (1997). Burnout in competitive junior tennis players: III. Individual differences in the burnout experience. *Sport Psychologist, 11,* 257–276.

Gould, D., & Voelker, D.K. (2010). Youth sport leadership development: Leveraging the sports captaincy experience. *Journal of Sport Psychology in Action, 1,* 1–14.

Green, K. (2010). *Key themes in youth sport.* London: Routledge.

Gregory, S. (2010, February 8). The problem with football. *Time,* pp. 36–43.

Gregory, S. (2014, September 29). 'It didn't cross my mind that I wouldn't see him come off that field:' The tragic risks of an American obsession. *Time,* pp. 32–39.

Griffin, L., Mitchell, S., & Oslin, J. (1997). *Teaching sport concepts and skills: A tactical games approach.* Champaign, IL: Human Kinetics.

Grohmann, K .(2013, March 28). Soccer–German youth work, a success story for club and country. Retrieved June 5, 2013.

Guivernau, M., & Duda, J.L. (2002). Moral atmosphere a nd ath letic agg ression tendencies inyoung soccer players. *Journal of Moral Education, 31,* 67–85.

Gulbin, J. (2012). Applying talent identification programs at a system–wide level: The evolution of Australia's national program. In J. Baker, S. Cobley, & J. Schorer (Eds.), *Talent identification and development in sport: International perspectives* (pp. 147–165). New York: Routledge.

Gulbin, J.P., Oldenziel, K.E., Weissensteiner, J.R., & Gagne, F. (2010). A look through the rear mirror: Developmental experiences and insights of high performance athletes. *Talent Development and Excellence, 2,* 149–164.

Gustafsson, H., Kentta, G., Hassmen, P., & Lundqvist, C. (2007). Prevalence of burnout in competitive adolescent athletes. *Sport Psychologist, 21,* 21–37.

Hadhazy, A. (2008, August 18). What makes Michael Phelps so good? *Scientific American.* Retrieved August 21, 2013.

Haefner, J. (2015). A basketball coaching guide– how to work with parents the "right way" and avoid unpleasant problems. Retrieved March 29, 2015.

Haibach, P.S., Reid, G., & Collier, D.H. (2011). *Motor learning and development.* Champaign, IL: Human Kinetics.

Hale, C.J. (1956). Physiological maturity of Little

League baseball players. *Research Quarterly, 27,* 276–283.

Halstead, M.E., & Walter, K.D. (2010). American Academy of Pediatrics: Clinical report–sport-related concussion in children and adolescents. *Pediatrics, 126,* 597–615.

Hammond, J., & Smith, C. (2006). Low compression tennis balls and skill development. *Journal of Sports Science and Medicine, 5,* 575–581.

Hancock, D.J., Ste–Marie, D.M., & Young, B.W. (2013). Coach selections and the relative age effect in male youth ice hockey. *Research Quarterly for Exercise and Sport, 84,* 126–130.

Hannon, J., Soohoo, S., Reel, J., & Ratliffe, T. (2009). Gender stereotyping and the influence of race in sport among adolescents. *Research Quarterly for Exercise and Sport, 80,* 676–684.

Hanton, S., Cropley, B., Neil, R., Mellalieu, S.D., & Miles, A. (2007). Experience in sport and its relationship with competitive anxiety. *International Journal of Sport and Exercise Psychology, 5,* 28–53.

Harris, B.S., & Watson, J.C. (2014). Developmental considerations in youth athlete burnout: A model for youth sport participants. *Journal of Clinical Sport Psychology, 8,* 1–18.

Harter, S. (1978). Effectance motivation reconsidered.*Human Development, 21,* 34–64.

Harter, S. (1999). *The construction of the self: A developmental perspective.* New York: Guilford.

Harwood, C., & Biddle, S. (2002). The application of achievement goal theory in youth sport. In I.M. Cockerill (Ed.), *Solutions in sport psychology* (pp. 58–74). London: Thomson.

Harwood, C., & Knight, C. (2009). Understanding parental stressors: An investigation of British tennis parents. *Journal of Sports Sciences, 27,* 339–351.

Harwood, C.G., & Knight, C.J. (2015). Parenting in youth sport: A position paper on parenting expertise. *Psychology of Sport and Exercise,*

16, 24–35.

Harwood, C., Spray, C.M., & Keegan, R. (2008). Achievement goal theories in sport. In T.S. Horn (Ed.), *Advances in sport psychology* (3rd ed., pp. 157– 186). Champaign, IL: Human Kinetics.

Hay wood, K.M., & Getchell, N. (2001). *Learning activities for life span motor development* (3rd ed.). Champaign, IL: Human Kinetics.

Haywood, K.M., & Getchell, N. (2009). *Life span motor development* (5th ed.). Champaign, IL: Human Kinetics.

Hellison, D. (2011). *Teaching personal and social responsibility through physical activity* (3rd ed.). Champaign, IL: Human Kinetics.

Hellstedt, J. (1987). The coach/parent/athlete relationship. *Sport Psychologist, 1,* 151–160.

Helsen, W.F., Hodges, N.J., Van Winckel, J., & Starkes, J.L. (2000). The roles of talent, physical precocity and practice in the development of soccer expertise. *Journal of Sports Sciences, 18,* 727–736.

Helsen, W.F., & Starkes, J.L. (1999). A multidimensional approach to skilled perception and performance in sport. *Applied Cognitive Psychology, 13,* 1–27.

Helsen, W.F., Starkes, J.L., & Hodges, N.J. (1998). Team sports and the theory of deliberate practice. *Journal of Sport & Exercise Psychology, 20,* 13–35.

Henriksen, K., Larsen, C.H., & Christensen, M.K. (2014). Looking at success from its opposite pole: The case of a talent development golf environment in Denmark. *International Journal of Sport and Exercise Psychology, 12,* 134–149.

Henriksen, K., Stambulova, N., & Roessler, K.K. (2011). Riding the wave of an expert: A successful talent development environment in kayaking. *Sport Psychologist, 25,* 341–362.

Herman, K.N., Paukner, A., & Suomi, S.J. (2011). Gene X environment interactions in social play: Contributions from Rhesus Macaques. In A.D.

Pellegrini (Ed.), *The Oxford handbook of the development of play* (pp. 58–69). Oxford, UK: Oxford University Press.

Hill, A.P. (2013). Perfectionism and burnout in junior soccer players: A test of the 2 × 2 model of dispositional perfectionism. *Journal of Sport & Exercise Psychology, 35,* 18–29.

Hodges, N.J., & Starkes, J.L. (1996). Wrestling with the nature of expertise: A sport specific test of Ericsson, Krampe and Tesch–Romer's (1993) theory of deliberate practice. *International Journal of Sport Psychology, 27,* 400–424.

Hofferth, S., & Sandberg, J. (2001). How American children spend their time. *Journal of Marriage and Family, 62,* 295–308.

Holt, N.L., Sehn, Z.L., Spence, J.C., Newton, A.S., & Ball, G.D.C. (2012). Physical education and sport programs at an inner city school: Exploring possibilities for positive youth development. *Physical Education and Sport Pedagogy, 17,* 97–113.

Horn, T.S. (2004). Developmental perspectives on self–perceptions in children and adolescents. In M.R. Weiss (Ed.), *Developmental sport and exercise psychology: A lifespan perspective* (pp. 101–144). Morgantown, WV: Fitness Information Technology.

Horn, T.S., & Butt, J. (2014). Developmental perspectives on sport and physical activity participation. In A. Papaioannou & D. Hackfort (Eds.), *Fundamental concepts in sport and exercise psychology* (pp. 4–19). New York: Taylor & Francis.

Horn, T.S., & Horn, J.L. (2007). Family influences on children's sport and physical activity participation, behavior, and psychosocial responses. In G. Tenenbaum & R.C. Eklund (Eds.), *Handbook of sport psychology* (3rd ed., pp. 685–711). New York: Wiley.

Horn, T.S., Lox, C.L., & Labrador, F. (2015). The self–fulfilling prophecy theory: When coaches' expectations become reality. In J.M. Williams (Ed.), *Applied sport psychology: Personal growth to peak performance* (7th ed., pp. 78–100). New York: McGraw–Hill.

Horton, S. (2012). Environmental influences on early development in sports experts. In J. Baker, S. Cobley, & J. Schorer (Eds.), *Talent identification and development in sport: International perspectives* (pp. 39–50). New York: Routledge.

Howe, M.J.A., Davidson, J.W., & Sloboda, J.A. (1998).

Innate talents: Reality or myth? *Behavioral and Brain Sciences, 21,* 339–442.

Howie, E.K., & Pate, R.R. (2012). Physical activity and academic achievement in children: A historical perspective. *Journal of Sport and Health Science, 1,* 160–169.

Huggan, J. (2013, September 9). The cat in the hat. *GolfWorld,* pp. 32–38.

Human Rights Watch. (2012). IOC/Saudi Arabia: End ban on women in sport. Retrieved April 20, 2015.

Hyde, J.S. (2005). The gender similarities hypothesis. *American Psychologist, 60,* 581–592.

Hyman, M. (2009). *Until it hurts: America's obsession with youth sports and how it harms our kids.* Boston: Beacon Press.

Impact report. Retrieved March 29, 2015.

Imtiaz, F., Hancock, D.J., Vierimaa, M., & Cote, J. (2014). Place of development and dropout in youth ice hockey. *International Journal of Sport and Exer cise Psychology, 12,* 234–244.

International Olympic Committee. (2008). Consensus statement: Sexual harassment and abuse in sport. *International Journal of Sport and Exercise Psychology, 6,* 444–446.

Issaacs, L.D., & Karpman, M.B. (1981). Factors affect ing children's basketball shooting performance: A log–linear analysis. *Carnegie Research Papers,* pp. 29–32.

Janelle, C.M., & Hillman, C.H. (2003). Expert per formance in sport: Current perspectives and crit ical issues. In J.L. Starkes & K.A. Ericsson (Eds.), *Expert performance in sports: Advances in research on sport expertise* (pp. 19 −47). Champaign, IL: Human Kinetics.

Jansen, D. (1999). There's more to life than skating around in a circle. In J. Naber (Ed.), *Awaken the Olympian within* (pp. 3–14). Torrance, CA: Griffin.

Johnson, D.W., & Johnson, R. (2003). *Cooperative, competitive, and individualistic efforts: An update of the research.* Research Report, Cooperative Learn ing Center, University of Minnesota, Minneapolis.

Jones, G., & Hanton, S. (1996). Interpretations of com petitive anxiety symptoms and goal attainment expectations. *Journal of Sport & Exercise Psychology, 18,* 144–157.

Junior player survey. (2010, December 16). *Sports Illustrated,* p. 42.

Juntumma, B., Keskivaara, P., & Punamaki, R. (2005).Parenting, achievement strategies and satisfaction in ice hockey. *Scandinavian Journal of Psychology, 46,* 411–420.

Kachel, K., Buszard, T., & Reid, M. (2015). The effect of ball compression on the match–play characteris tics of elite junior tennis players. *Journal of Sports Sciences, 33,* 320–326.

Kalyvas, V., & Reid, G. (2005). Sport adaptation, participation, and enjoyment of students with and without physical disabilities. *Adapted Physical Activity Quarterly, 20,* 1–17.

Kavussanu, M. (2006). Motivational predictors of prosocial and antisocial behavior in football. *Journal of Sports Sciences, 24,* 575–588.

Kaye, M.P., Conroy, D.E., & Fifer, A.M. (2008). Individual differences in incompetence avoidance. *Journal of Sport & Exercise Psychology, 30,* 110–132.

Keegan, R., Spray, C., Harwood, C., & Lavallee, D. (2010). The motivating atmosphere in youth sport: Coach, parent, and peer influences on motivation in specializing sport participants. *Journal of Applied Sport Psychology, 22,* 87–

105.

Kentta, G., & Hassmen, P. (1998). Overtraining and recovery: A conceptual model. *Sports Medicine, 26,* 1–16.

Kerr, G.A., & Stirling, A.E. (2012). Parents' reflections on their child's experiences of emotionally abusive coaching practices. *Journal of Applied Sport Psychology, 24,* 191–206.

Kirk, D., Macdonald, D., & O'Sullivan, M. (2006). *Handbook of physical education.* Thousand Oaks, CA: Sage.

Klakk, H., Chinapaw, M., Heidemann, M., Andersen, L.B., & Wedderkopp, N. (2013). Effect of four additional physical education lessons on body composition in children aged 8–13 years. *BMC Pediatrics, 13,* 170–178.

Klawans, H.L. (1996). *Why Michael couldn't hit: And other tales of the neurology of sports.* New York: Freeman.

Knight, C.J., Boden, C.M., & Holt, N.L. (2010). Junior tennis players' preferences for parental behaviors. *Journal of Applied Sport Psychology, 22,* 377–391.

Knight, C.J., & Holt, N.L. (2014). Parenting in youth tennis: Understanding and enhancing children's experiences. *Psychology of Sport and Exercise, 15,* 155–164.

Knight, C.J., Neely, K.C., & Holt, N.L. (2011). Parental behaviors in team sports: How do female athletes want parents to behave? *Journal of Applied Sport Psychology, 23,* 76–92.

Knudsen, E. (2004). Sensitive periods in the development of the brain and behavior. *Journal of Cognitive Neuroscience, 16,* 1412–1425.

Kohlberg, L. (1984). *Essays on moral development: Vol. 2. The psychology of moral behavior.* San Francisco: Harper & Row.

Krane, V., & Williams, J.M. (2010). Psychological cha racteristics of peak performance. In J.M. Williams (Ed.), *Applied sport psychology: Personal growth to peak performance* (6th ed., pp. 169–188). New York: McGraw–Hill.

Krogman, W.M. (1959). Maturation age of 55

boys in the Little League World Series, 1957. *Research Quarterly, 29,* 54–57.

Kucera, K.L., Klossner, D., Colgate, B., & Cantu, R.C. (2014). *Annual survey of football injury research.* Waco, TX: American Football Coaches Association.

Laby, D.M., Kirschen, D.G., & Pantall, P. (2011, May). The visual function of Olympic-level athletes-an initial report. *Eye and Contact Lens, 37,* 116–122.

Laby, D.M., Rosenbaum, A.L., K i rschen, D.G., Davidson, J.L., Rosenbaum, L.J., Strasser, C., & Mellman, M.F. (1996). The visual function of professional baseball players. *American Journal of Ophthalmology, 122,* 476–485.

LaCaze, J., & Dalrymple, D. (2011). *The athletic body puzzle.* Charlotte, NC: Vivify.

Lally, P., & Kerr, G. (2008). The effects of athlete retirement on parents. *Journal of Applied Sport Psychology, 20,* 42–56.

Lambert, B.G., Rothschild, B.F., Altland, R., & Green, L.B. (1972). *Adolescence: Transition from childhood to maturity* (2nd ed.). Monterey, CA: Brooks/Cole.

Lancaster, S., & Teodorescu, R. (2008). *Athletic fitness for kids.* Champaign, IL: Human Kinetics.

Landers, M.A., & Fine, G.A. (1998). Learning life's lessons in tee ball: The reinforcement of gender and status in kindergarten sport. *Sociology of Sport Journal, 13,* 87–93.

Larsen, C.H., Alfermann, D., Henriksen, K., & Christensen, M.K. (2013). Successful talent development in soccer: The characteristics of the environment. *Sport, Exercise, and Performance Psycholog y, 2,* 190–206.

Larson, E.J., & Guggenheimer, J.D. (2013). The effects of scaling tennis equipment on the forehand groundstroke performance of children. *Journal of Sport Sciences and Medicine, 12,* 323–331.

Lauer, L., Gould, D., Roman, N., & Pierce, M. (2010a). How parents influence junior tennis

players' development: Qualitative narratives. *Journal of Clinical Sport Psychology, 4,* 69–92.

Lauer, L., Gould, D., Roman, N., & Pierce, M. (2010b). Parental behaviors that affect junior tennis player development. *Psychology of Sport and Exercise, 11,* 487–496.

Lauer, L., & Paiement, C. (2004). The playing tough and clean hockey program. *Sport Psychologist, 23,* 543–561.

Law, M.P., Cote, J., & Ericsson, K.A. (2007). Characteristics of expert development in rhythmic gymnastics: A retrospective study. *International Journal of Exercise and Sport Psychology, 5,* 82–103.

Lefevre, J., Beunen, G., Steens, G., Claessens, A., & Renson, R. (1990). Motor performance during adolescence and age thirty as related to age at peak height velocity. *Annals of Human Biology, 17,* 423–435.

Lerner, R.M., Fisher, C.B., & Weinberg, R.A. (2000). Toward a science for and of the people: Promoting civil society through the application of developmental science. *Child Development, 71,* 11–20.

Li, C., Wang, C.K.J., & Pyun, D.Y. (2014). Talent development environmental factors in sport: A review and taxonomic classification. *Quest, 66,* 433–447.

Lidor, R., Cote, J., & Hackfort, D. (2009). ISSP position stand: To test or not to test? The use of physical skill tests in talent detection and in early phases of sport development. *International Journal of Sport and Exercise Psychology, 7,* 131–146.

Lidor, R., & Ziv, G. (2013). Physical and skill testing in early phases of talent development. In J. Cote & R. Lidor (Eds.), *Conditions of children's talent development in sport* (pp. 85–98). Morgantown, WV: Fitness Information Technology.

Light, R. (2011). Accessing youth sport in Australia: Schools and clubs. In S. Georgakis & K. Russell (Eds.), *Youth sport in Australia* (pp.

59–70). Sydney: Sydney University Press.

Loh, S. (2011, April 24). Club sports is king in Europe. *Patriot–News,* Pennsylvania. Retrieved June 3, 2013.

Lohmander, L.S., Englund, P.M., Dahl, L.L., & Roos, E.M. (2007). The long-term consequences of anterior cruciate ligament and meniscus injuries: Osteoarthritis. *American Journal of Sports Medicine, 35,* 1756–1769.

L ong, T., Pa nt a le on, N., B r u a nt, G., & d'A r-ripe–Longueville, F. (2006). A qualitative study of moral reasoning of young elite athletes. *Sport Psychologist, 20,* 330–347.

Lonsdale, C., Hodge, K., & Rose, E.A. (2008). The Behavioral Regulation in Sport Questionnaire (BRSQ): Instrument development and initial valid ity evidence. *Journal of Sport & Exercise Psychology, 30,* 323–355.

Loud, K.J., Gordon, C.M., Micheli, L.J., & Field, A.E. (2005). Correlates of stress fractures among preadolescent and adolescent girls. *Pediatrics, 115,* e399–e406.

Loyola University Health System. (2013, April 19). Intense, specialized training in young athletes linked to serious overuse injuries. *ScienceDaily.* Retrieved February 16, 2014.

Lucia, D. (2009, October). It's time to go back to the future for skill development. *USA Hockey Magazine,* p. 40.

Luvmour, J. (2007). *Everyone wins! Cooperative games and act iv ies.* Gabriola Isla nd, Ca nada: New Society.

MacDonald, D., Cheung, M., Cote, J., & Abernathy, B. (2009). Place but not date of birth influences the development and emergence of athletic talent in American football. *Journal of Applied Sport Psychology, 21,* 80–90.

MacDonald, D., King, J., Cote, J., & Abernathy, B. (2009). Birthplace effects on the development of female athletic talent. *Journal of Science and Medicine in Sport, 12,* 234–237.

MacNamara, A., Button, A., & Collins, D. (2010a). The role of psychological characteristics in facilitating the pathway to elite performance: Part 1: Identifying mental skills and behaviors. *Sport Psychologist, 24,* 52–73.

MacNamara, A., Button, A., & Collins, D. (2010b). The role of psychological characteristics in facilitating the pathway to elite performance: Part 2: Examining environmental and stage–related differences in skills and behaviors. *Sport Psychologist, 24,* 74–96.

MacNamara, A., & Collins, D. (2012). Building talent development systems on mechanistic principles. In J. Baker, S. Cobley, & J. Schorer (Eds.), *Talent identification and development in sport: International perspectives* (pp. 25–38). New York: Routledge.

Mageau, G., & Vallerand, R.J. (2003). The coach–athlete relationship: A motivational model. *Journal of Sports Sciences, 21,* 883–904.

Magill, R.A., & Anderson, D.I. (1996). Critical periods as optimal readiness for learning sport skills. In F.L. Smoll & R.E. Smith (Eds.), *Children and youth in sport: A biopsychosocial perspective* (pp. 57–72). Indianapolis: Brown & Benchmark.

Magra, M., Caine, D., & Maffulli, N. (2007). A review of epidemiology of paediatric elbow injuries in sports. *Sports Medicine, 37,* 717–735.

Magra, M., & Maffulli, N. (2005). The epidemiology of injuries to the elbow in sport. *International Sports Medicine Journal, 6,* 25–33.

Malcom, N.L. (2006). "Shaking it off" and "toughing it out" : Socialization to pain and injury in girls' softball. *Journal of Contemporary Ethnography, 35,* 495–525.

Malina, R.M. (2013). Motor development and performance. In J. Cote & R. Lidor (Eds.), *Conditions of children's talent development in sport* (pp. 61–83). Morgantown, W V: Fitness Information Technology.

Malina, R.M. (2014). Top 10 research questions related to growth and maturation of relevance to physical activity, performance, and fitness. *Research Quarterly for Exercise and Sport, 85,* 157–173.

Malina, R.M., Bouchard, C., & Bar–Or, O. (2004). *Growth, maturation, and physical activity* (2nd ed.). Champaign, IL: Human Kinetics.

Malina, R.M., Eisenmann, J.C., Cumming, S.P., Ribeiro, B., & Aroso, J. (2004). Maturity-associated variation in the growth and functional capacities of youth football (soccer) players 13–15 years. *European Journal of Applied Physiology, 91,* 555–562.

Malina, R., Morano, P.J., Barron, M., Miller, S.J., Cumming, S.P., Kontos, A.P., & Little, B.B. (2007). Overweight and obesity among youth participants in American football. *Journal of Pediatrics, 151,* 378–382.

Mamassis, G., & Doganis, G. (2004). The effects of a mental training program on juniors' precompetitive anxiety, self–confidence, and tennis performance. *Journal of Applied Sport Psychology, 16,* 118–137.

Manoyan, D. (2012, July 7). A 1998 victory in the U.S. that still resonates in South Korea. *New York Times.* Retrieved September 27, 2013.

Marano, H.E. (2008). *A nation of wimps: The high cost of invasive parenting.* New York: Broadway Books.

Marshall, S.J., Biddle, S.J.H., Gorely, T., Cameron, N., & Murdey, I. (2004). Relationships between media use, body fatness and physical activity in children and youth: A meta–analysis. *International Review of Obesity, 28,* 1238–1246.

Martens, R. (1975). *Social psychology and physical activity.* New York: Harper–Collins.

Martens, R. (1978). *Joy and sadness in children's sports.* Champaign, IL: Human Kinetics.

Martens, R. (2001). *Directing youth sport programs.* Champaign, IL: Human Kinetics.

Martens, R. (2012). *Successful coaching* (4th ed.). Champaign, IL: Human Kinetics.

Martens, R., Rivkin, F., & Bump, L. (1984). A field study of traditional and nontraditional children's baseball. *Research Quarterly for Exercise and Sport, 55,* 351–355.

Martens, R., & Seefeldt, V. (1979). *Guidelines for children's sports.* Washington, DC: American Alliance for Health, Physical Education, Recreation and Dance.

Martens, R., Vealey, R.S., & Burton, D. (1990). *Competitive anxiety in sport.* Champaign, IL: Human Kinetics.

Martin, E.M., & Horn, T.S. (2013). The role of athletic identity and passion in predicting burnout in adolescent female athletes. *Sport Psychologist, 27,* 338–348.

Martin, S.B., Dale, G.A., & Jackson, A.W. (2001). Youth coaching preferences of adolescent athletes and their parents. *Journal of Sport Behavior, 24,* 197–212.

Martindale, R.J.J., Collins, D., Wang, J.C.K., McNeill, M., Lee, K.S., Sproule, J., & Westbury, T. (2010). Development of the Talent Development Environment Questionnaire for Sport. *Journal of Sports Sciences,* 1–13, *iFirst* article.

Martinek, T., & Hellison, D. (2009). *Youth leadership in sport and physical education.* New York: Palgrave Macmillan.

Matos, N., & Winsley, R.J. (2007). Trainability of young athletes and overtraining. *Journal of Sports Science and Medicine, 6,* 353–367.

Matosic, D., Cox, A.E., & A morose, A.J. (2014). Scholarship status, controlling coach behavior, and intrinsic motivation in collegiate swimmers: A test of cognitive evaluation theory. *Sport, Exercise, and Performance Psychology, 3,* 1–12.

May, R.A.B. (2001). The sticky situation of sportsmanship: Contexts and contradictions in sportsma nsh ip a mong h igh school boys basketba l l players. *Journal of Sport and Social Issues, 25,* 372–389.

McCollum, J. (2013, February 25). Laker chaos. *Sports Illustrated,* pp. 36–40.

McCormick, J., & Begley, S. (1996, December 9). How to raise a tiger. *Time*, pp. 52–59.

McDowell, M.A., Brody, D.J., & Hughes, J.P. (2007). Has age at menarche changed? *Journal of Adolescent Health, 40,* 227–231.

McGrath, J.E. (1970). Major methodological issues. In J.E. McGrath (Ed.), *Social and psychological factors in stress* (pp. 19–49). New York: Holt, Rinehart & Winston.

McGraw, P.B. (2013, May 17). Sky's Delle Donne relies on strong family ties. *Daily Herald.* Retrieved March 29, 2015.

McLeod, B.D., Wood, J.J., & Weisz, J.R. (2007). Examining the association between parenting and childhood anxiety: A meta–analysis. *Clinical Psychology Review, 27,* 155–172.

Mikulic, P., & Ruzic, L. (2008). Predicting the 1000m rowing ergometer performance in 12–13–year–old rowers: The basis for selection process? *Journal of Science and Medicine in Sport, 11,* 218–226.

Miller, S.L . (2 0 0 9). *Why teamswin .* Toronto: Jossey–Bass.

Mirtle, J. (2012, October 3). Bauer takes on sagging minor hockey enrolment. The Globe and Mail. Retrieved May 15, 2013.

Miserandino, M. (1998). Attributional retraining as a method of improving athletic performance. *Journal of Sport Behavior, 21,* 286–297.

Moceanu, D.(2012). *Offbalance.* NewYork : Touchstone.

Monsaas, J.A. (1985). Learning to be a world-class tennis player. In B.S. Bloom (Ed.), *Developing talent in young people* (p. 211–269). New York: Ballantine.

Monsma, E.V. (2008). Puberty and physical self-perceptions of competitive female figure skaters II: Maturational timing, skating context, and ability status. *Research Quarterly for Exercise and Sport, 79,* 411–416.

Mooney, A. (2012, August 3). The bodies of champion gymnasts. Retrieved February 10, 2014.

Morfit, C. (2012, December). That's my boy! *Golf Magazine,* pp. 64–65.

Morris, R.L., & Kavussanu, M. (2009). The role of approach–avoidance versus task and ego goals in enjoyment and cognitive anxiety in youth sport. *International Journal of Sport and Exercise Psychology, 7,* 185–202.

Moser, R.S. (2012). *Ahead of the game: The parents' guide to youth sports concussion.* Hanover, NH: Dartmouth College Press.

Mugno, D.A., & Feltz, D.L. (1985). The social learning of aggression in youth football in the United States. *Canadian Journal of Applied Sport Science, 10,* 26–35.

Murphy, S. (1999). *The cheers and the tears: A healthy alternative to the dark side of youth sport.* San Francisco: Jossey–Bass.

Myer, G.D., Ford, K.R., & Hewett, T.E. (2004). Rationale and clinical techniques for anterior cruciate ligament injury prevention among female athletes. *Journal of Athletic Training, 39,* 352–364.

NASPE Newsletter. (Fall, 1997). *Youth sports: What every parent should know.* Reston, VA: SHAPE America.

Nater, S. (2010). *You haven't taught until they have learned: John Wooden's teaching principles and practices.* Morgantown, WV: Fitness Information Technology.

National Association for Sport and Physical Education. (2010). *Guidelines for participation in youth sport programs: Specialization versus multiple–sport participation.* Reston, VA: American Alliance for Health, Physical Education, Recreation and Dance.

National Federation of State High School Associations. (2014). 2013–14 high school athletics partici pation survey. Retrieved July 13, 2013.

National Sporting Goods Association. (2012). Sports participation 2011: Series I. Mount Prospect, IL.

Negriff, S., & Susman, E.J. (2011). Pubertal

timing, depression, and externalizing problems: A framework, review, and examination of gender differences. *Journal of Research on Adolescence, 21,* 717–746.

Nevett, M.E., & French, K.E. (1997). The development of sport–specific planning, rehearsal, and updating of plans during defensive youth baseball game performance. *Research Quarterly for Exercise and Sport, 68,* 203–214.

Nicholls, A.R., Perry, J.L., Jones, L., Morley, D., & Carson, F. (2013). Dispositional coping, coping effectiveness, and cognitive social maturity among adolescent athletes. *Journal of Sport & Exercise Psychology, 35,* 229–238.

Nichol ls, J.G. (1989). *The competitive ethos and democratic education.* Cambridge, MA: Harvard University Press.

Nordstrom, A., Tervo, T., & Hostrom, M. (2011). The effect of physical activity on bone accrual, osteoporosis and fracture prevention. *Open Bone Journal, 3,* 11–21.

Novotney, A. (2012, October). Parenting that works. *Monitor on Psychology,* pp. 44–47.

O'Connor, D. (2011). Factors influencing talent identification and athlete development in youth sport. In S. Georgakis & K. Russell (Eds.), *Youth sport in Australia* (pp. 193–210). Sydney: Sydney University Press.

Okazaki, F.H.A., Keller, B., Fontana, F.E., & Gallagher, J.D. (2011). The relative age effect among female Brazilian youth volleyball players. *Research Quarterly for Exercise and Sport, 82,* 135–139.

Oliver, K.L., & Hamzeh, M. (2010). "The boys won't let us play" : Fifth–grade mestizos challenge physical activity discourse at school. *Research Quarterly for Exercise and Sport, 81,* 38–51.

Om l i, J., & Wiese–Bjor nsta l, D.M. (2011). K ids speak: Preferred parental behavior at youth sport events. *Research Quarterly for Exercise and Sport, 82,* 702–711.

Ommundsen, Y., Roberts, G.C., Lemyre, P.N., & Treasure, D. (2003). Perceived motivational climate in male youth soccer: Relations to social–moral functioning, sportspersonship and team norm perceptions. *Psychology of Sport and Exercise, 4,* 397–413.

Opening remarks at a meeting on developing children's physical education and youth sport. (2013, March 13). Retrieved May 6, 2014.

Orlick, T. (2006). *Cooperative games and sports.* Champaign, IL: Human Kinetics.

O'Rourke, D.J., Smith, R.E., Smoll, F.L., & Cumming, S.P. (2011). Trait anxiety in young athletes as a function of parental pressure and motivational climate: Is parental pressure always harmful? *Journal of Applied Sport Psychology, 23,* 398–412.

Owens, T. (2006, Fall). 2–4–6–HATE. *Teaching Tolerance,* pp. 23–27.

Patterson, J. (2013, June). Four rules for teaching juniors. *Golf Digest,* p. 56.

Payne, U.G., & Isaacs, L.D. (2008). *Human motor development: A lifespan approach* (7th ed.). Boston: McGraw–Hill.

Pelletier, L.G., Dion, S., Tuson, K., & Green–Demers, I. (1999). Why do people fail to adopt environmentally protective behaviors? Toward a taxonomy of environmental amotivation. *Journal of Applied Social Psychology, 29,* 2481–2504.

Penhune, V.B. (2011). Sensitive periods in human development: Evidence from musical training. *Cortex, 47,* 1126–1137.

Petitpas, A.J., Van Raalte, J.L., Cornelius, A.E., & Presbrey, J. (2004). A life skills development program for high school student–athletes. *Journal of Primary Prevention, 24,* 325–334.

Petranek, L.J., & Barton, G.V. (2011). The over–arm–throwing pattern among U–14 ASA female softball players: A comparative study of gender, culture, and experience. *Research Quarterly for Exercise and Sport, 82,* 220–228.

Pickhardt, C.E. (2009). Parental pride and adolescence. Psychology Today. Retrieved May

20, 2014.

Plun ket t Resea rch Ltd. (2013). Sportsindustry overview. Retrieved March 29, 2 015.

Pomerantz, E.M., Grolnick, W.S., & Price, C.E. (2005). The role of parents in how children approach achieve ment: A dynamic process perspective. In A.J. Elliot & C.S. Dweck (Eds.), *Handbook of competence and motivation* (pp. 259–278). New York: Guilford Press.

Power, T.G., & Woolger, C. (1994). Parenting practices and age–group swimming: A correlational study. *Research Quarterly for Exercise and Sport, 65,* 59–66.

Price, M.S., & Weiss, M.R. (2013). Relationships among coach leadership, peer leadership, and ado lescent athletes' psychosocial and team outcomes: A test of transformational theory. *Journal of Applied Sport Psychology, 25,* 265–279.

Quick, S., Simon, A., & Thornton, A. (2010). PE and sport survey 2009/10. U.K. Department for Education Research Report DFE–RR032. Retrieved May 2, 2014,

Raedeke, T.D. (1997). Is athlete burnout more than just stress? A sport commitment perspective. *Journal of Sport & Exercise Psychology, 19,* 396–417.

Raedeke, T.D., & S m it h, A .L . (2 0 0 4). Coping resources and athlete burnout: An examination of stress mediated and moderation hypotheses. *Journal of Sport & Exercise Psychology, 26,* 525–541.

Raglin, J., Sawamura, S., Alexiou, S., Hassmen, P., & Kentta, G. (2000). Training practices and staleness in 13–18–year–old swimmers: A cross–cultural study. *Pediatric Exercise Science, 12,* 61–70.

Ratey, J.J. (2008). *Spark: The revolutionary new science of exercise and the brain.* New York: Little, Brown, and Company.

Rees, T., Ingedew, D.K., & Hardy, L. (2005). Attribution in sport psychology: Seeking congruence between theory, research, and practice. *Psychology of Sport and Exercise, 6,* 189–204.

Reeves, C.W., Nicholls, A.R., & McKenna, J. (2009). Stressors and coping strategies among early and middle adolescent premier league academy soccer players: Differences according to age. *Journal of Applied Sport Psychology, 21,* 31–48.

Reuters. (2013, March 30). Saudi Arabia to allow women's sports clubs. Retrieved May 10, 2014.

Richardson, S., Andersen, M., & Morris, T. (2008). *Overt raining athletes.* Champaign, IL: Human Kinetics.

Rideout, V.J., Foehr, U.G., & Roberts, D.F. (2010). *Generation M2: Media in the lives of 8– to 19–year– olds.* Menlo Park, CA: Kaiser Family Foundation.

Riess, S.A. (1991). *City games: The evolution of American urban society and the rise of sports.* Urbana and Chicago: University of Illinois Press.

Rinehart, R.E. (2008). Exploiting a new generation: Corporate branding and the co–optation of action sport. In M.D. Giardina & M.K. Donnelly (Eds.), *Youth culture and sport: Identity, power, and politics* (pp. 71–90). New York: Routledge.

Rink, J.E., & Hall, T.J. (2008). Research on effective teaching in elementary school physical education. *Elementary School Journal, 108,* 207–218.

Roberts, S. (2010, November 22). Learning by example. *Sports Illustrated,* p. 102.

Rolex Women's World Golf Rankings. Retrieved June 10, 2015.

Rowland, T.W. (2005). *Children's exercise physiology*(2nd ed.). Champaign, IL: Human Kinetics.

Russell, B., & Branch, T. (1979). *Second wind: The memoirs of an opinionated man.* New York: Random House.

Rutherford, M.B. (2009). Children's autonomy and responsibility: An analysis of childrearing advice. *Qualitative Sociology, 32,* 337–353.

Ryan, E.D. (1980). Attribution, intrinsic motivation, and athletes: A replication and extension. In C.H. Nadeau, W.R. Halliwell, K.M. Newell, & G.C. Roberts (Eds.), *Psychology of motor behavior and sport, 1979* (pp. 19–26). Champaign, IL: Human Kinetics.

Ryan, R.M., & Deci, E.L. (2002). Overview of self-determination theory: An organismic dialectical perspective. In E.L. Deci & R. Ryan (Eds.), *Handbook of self-determination research* (pp. 3–33). Rochester, NY: University of Rochester Press.

Sabo, D., & Veliz, P. (2008). *Go out and play: Youth sports in America.* East Meadow, NY: Women's Sports Foundation.

Sagar, M. (2009, May). Todd Marinovich: The man who never was. *Esquire.* Ret rieved Apri l 20, 2015.

Sagar, S.S., Busch, B.K., & Jowett, S. (2010). Success and failure, fear of failure, and coping responses of adolescent academy football players. *Journal of Applied Sport Psychology, 22,* 213–230.

Sagar, S.S., Lavallee, D., & Spray, C.M. (2007). Why young elite athletes fear failure: Consequences of failure. *Journal of Sports Sciences, 25,* 1171–1184.

Sallis, J.F., Prochaska, J.J., & Taylor, W.C. (2000). A review of correlates of physical activity of children and adolescents. *Medicine and Science in Sports and Exercise, 32,* 963–975.

Salter, R.B., & Harris, W.R. (1963). Injuries involving the epiphyseal plate. *Journal of Bone and Joint Surgery, 45,* 587–622.

Sampras, P. (2008). *A champion's mind: Lessons from a life in tennis.* New York: Three Rivers Press.

Sampson, C. (2013, April 8). Life in the big pool. *GolfWorld,* pp. 48–56.

Sapakoff, G. (1995, October 30). Little league's civil war. *Sports Illustrated.* Retrieved July 27, 2015.

Sapieja, K.M., Dunn, J.G.H., & Holt, N.L. (2011). Perfectionism and perceptions of parenting styles in male youth soccer. *Journal of Sport & Exercise Psychology, 33,* 20–39.

Satern, M.N., Messier, S.P., & Keller–McNulty, S. (1989). The effects of ball size and basket height on the mechanics of a basketball free throw. *Journal of Human Movement Studies, 16,* 123–137.

Scammon, R.E. (1930). The measurement of the body in childhood. In J.A. Harris, C.M. Jackson, D.G. Paterson, & R.E. Scammon (Eds.), *The measurement of man* (pp. 173–215). Minneapolis: University of Minnesota Press.

Scanlan, T.K., Carpenter, P.J., Schmidt, G.W., Simons, J.P., & Keeler, B. (1993). An introduction to the sport commitment model. *Journal of Sport & Exercise Psychology, 15,* 1–15.

Schaerlaeckens, L. (2012, Ja nua r y 19). How to improve U.S. soccer. Retrieved March 7, 2014.

Schafer, A. (2010, February 25). Why you shouldn't say "I'm so proud of you." Ret r ieved March 29.

Scituate "Green Death" soccer coach resigns. (2009, March 31). *Patriot Ledger.* Retrieved March 29, 2 015.

Seefeldt, V. (1980). Developmental motor patterns: Implications for elementary school physical education. In C. Nadeau, W. Halliwell, K. Newell, & G. Roberts (Eds.), *Psychology of motor behavior and sport, 1979* (pp. 314–323). Champaign, IL: Human Kinetics.

Selby, C.L.B., & Reel, J.J. (2011). A coach's guide to identifying and helping athletes with eating disorders. *Journal of Sport Psychology in Action, 2,* 100–112.

Sey, J. (2008). *Chalked up.* New York: Morrow.

Shields, D.L.L., & Bredemeier, B.J.L. (1995). *Character development and physical activity.* Champaign, IL: Human Kinetics.

Shields, D.L., & Bredemeier, B.L. (2007).

Advances in sport morality research. In G. Tenenbaum & R.C. Eklund (Eds.), *Handbook of sport psychology* (3rd ed., pp. 662–684). Hoboken, NJ: Wiley.

Shields, D.L., & Bredemeier, B.L. (2009). *True competition.* Champaign, IL: Human Kinetics.

Shields, D.L., LaVoi, N.M., Bredemeier, B.L., & Power, F.C. (2007). Predictors of poor sportpersonship in youth sports: Personal attitudes and social influences. *Journal of Sport & Exercise Psychology, 29,* 747–762.

Sifers, S.K., & Shea, D.N. (2013). Evaluations of girls on the run/girls on track to enhance self-esteem and well-being. *Journal of Clinical Sport Psychology, 7,* 77–85.

Silvers, H.J., & Mandelbaum, B.R. (2007). Prevention of anterior cruciate ligament injury in the female athlete. *British Journal of Sports Medicine, 41,* 52–59.

Simon, H.A., & Chase, W.G. (1973). Skill in chess.*American Scientist, 61,* 394–403.

Simon, J.A., & Martens, R. (1979). Children's anxiety in sport and nonsport evaluative activities. *Journal of Sport Psychology, 1,* 160–169.

Simonton, D.K. (1999). Talent and its development: An emergenic and epigenetic model. *Psychological Review, 106,* 435–457.

Singer, R.N., & Janelle, C.M. (1999). Determining sport expertise: From genes to supremes. *International Journal of Sport Psychology, 30,* 117–150.

Singh, A., Uijtdewilligen, L., Twisk, J.W.R., Van Mechelen, W., & Chinapaw, M.J.M. (2012). Physical activity and performance at school. *Archives of Pediatric Adolescent Medicine, 166,* 49–55.

Sinnott, K., & Biddle, S. (1998). Changes in attributions, perceptions of success and intrinsic motivation after attribution retraining in children's sport. *International Journal of Adolescence and Youth, 7,* 137–144.

Sit, C.H.P., & Lindner, K.J. (2006). Situational state balances and participation motivation in youth sport: A reversal theory perspective. *British Journal of Educational Psychology, 76,* 369–384.

Smith, A.L., Ullrich-French, S., Walker, E., & Hurley, K.S. (2006). Peer relationship profiles and motivation in youth sport. *Journal of Sport & Exercise Psychology, 28,* 362–382.

Smith, M.D. (1974). Significant others' influence on the assaultive behavior of young hockey players. *International Review of Sport Sociology, 3–4,* 45–46.

Smith, M.D. (1982). Social determinants of violence in hockey: A review. In R.A. Magill, M.J. Ash, & F.L. Smoll (Eds.), *Children in sport* (pp. 294–309). Champaign, IL: Human Kinetics.

Smith, R.E., & Christensen, D.L. (1995). Psychological skills as predictors of performance and survival in professional baseball. *Journal of Sport & Exercise Psychology, 17,* 399–415.

Smith, R.E., Cumming, S.P., & Smoll, F.L. (2008).Development and validation of the Motivational Climate Scale for Youth Sports. *Journal of Applied Sport Psychology, 20,* 116–136.

Smith, R.E., Schutz, R.W., Smoll, F.L., & Ptacek, J.T. (1995). Development and validation of the multidimensional measure of sport-specific psychological skills: The athletic coping skills inventory-28. *Journal of Sport & Exercise Psychology, 17,* 379–398.

Smith, R.E., Shoda, Y., Cumming, S.P., & Smoll, F.L. (2009). Behavioral signatures at the ballpark: Intraindividual consistency of adults' situation-behavior patterns and their interpersonal consequences. *Journal of Research in Personality, 43,* 187–195.

Smith, R.E., & Smoll, F.L. (2002). *Way to go, coach!* Portola Valley, CA: Warde.

Smith, R.E., & Smoll, F.L. (2007). Social-cognitive approach to coaching behaviors. In S.

Jowett & D. Lavallee (Eds.), *Social psychology in sport* (75–90). Champaign, IL: Human Kinetics.

Smith, R.E., Smoll, F.L., & Cumming, S.P. (2007). Effects of a motivational climate intervention for coaches on young athletes' sport performance anxiety. *Journal of Sport & Exercise Psychology, 29,* 39–59.

Smith, R.E., Smoll, F.L., & Hunt, E. (1977). A system for the behavioral assessment of athletic coaches. *Research Quarterly, 48,* 401–407.

Soberlak, P., & Cote, J. (2003). The developmental activities of professional ice hockey players. *Journal of Applied Sport Psychology, 15,* 41–49.

Soccer Still Canada's Most-played Sport. Retrieved March 29, 2015.

Sokolove, M. (2008). *Warrior girls.* New York: Simon & Schuster.

Sowell, E.R., Thompson, P.M., Tessner, K.D., & Toga, A.W. (2001). Mapping continued brain growth and gray matter density in dorsal frontal cortex: Inverse relationships during post adolescent brain maturation. *Journal of Neuroscience, 15,* 8819–8829.

Sparks, W.L. (2012). *Season of change.* Lexington, KY: In His Hands Press.

Sparvero, E., Chalip, L., & Green, B.C. (2008). United States. In B. Houlihan & M. Green (Eds.), *Comparative elite sport development: Systems, structures and public policy* (pp. 242–271). Amsterdam: Elsevier.

Spitznagel, E. (2011, July 14). Child bodybuilding: How jacked is your kid? *Businessweek.* Retrieved February 2, 2014.

Sport New Zealand. (2012a). New Zealand community sport coaching plan 2012–2020. Retrieved April 10, 2013.

Sport New Zealand. (2012b). Young people's survey. Retrieved April 10, 2013.

Sports and Fitness Industry Association. (2013). 2013 sports, fitness, and leisure activities topline partic ipation report. Retrieved April 2, 2013.

Sports: When winning is the only thing, can violence be far away? Canadian Centres for Teaching Peace. Retrieved November 23, 2008, from www.peace. ca/sports.htm.

Starkes, J.L. (1993). Motor experts: Opening thoughts. In J.L. Starkes & F. Allard (Eds.), *Cognitive issues in motor expertise* (pp. 3–16). Amsterdam: Elsevier.

Stein, J. (2013, May 20). The new greatest generation. *Time,* pp. 26–34.

Stephens, D.W. (2001). Predictors of aggressive tendencies in girls' basketball: An examination of beginning and advanced participants in a summer skills camp. *Research Quarterly for Exercise and Sport, 72,* 257–266.

Stirling, A.E., & Kerr, G.A. (2007). Elite female swim mers' experiences of emotional abuse across time. *Journal of Emotional Abuse, 7,* 89–113.

Stodden, D.F., Goodway, J.D., Langendorfer, S.J., Roberton, M.A., Rudisill, M.E., Garcia, C., & Garcia, L.E. (2008). A developmental perspective on the role of motor skill competence in physical activity: An emergent relationship. *Quest, 60,* 290–306.

Stone, J., Lynch, C.I., Sjomeling, M., & Darley, J.M. (1999). Stereotype threat effects on black and white athletic performance. *Journal of Personality and Social Psychology, 77,* 1213–1227.

Strachan, L., Cote, J., & Deakin, J. (2009). "Specializers" versus "samplers" in youth sport: Comparing experiences and outcomes. *Sport Psychologist, 23,* 77–92.

Strauss, R. (2007, April 11). Rutgers women send Imus an angry message. New York Times. Retrieved March 29, 2015.

Summitt, P. (2013). *Sum it up.* New York: Random House.

Syed, M. (2010). *Bounce.* New York: Harper.

Takeuchi, T., & Inomata, K. (2009). Visual searchstrategies and decision making in baseball batting. *Perceptual and Motor Skills, 108,* 971–980.

Tamminen, K.A., & Holt, N.L. (2010). A meta-study of qualitative research examining stressor appraisals and coping among adolescents in sport. *Journal of Sports Sciences, 28,* 1563–1580.

Telama, R., Yang, X., Hirvensalo, M., & Raitakari, O. (2006). Participation in organized youth sport as a predictor of adult physical activity: A 21–year longi tudinal study. *Pediatric Exercise Science, 17,* 76–88.

Thomas, L. (2013, February 21). The Teammates. Retrieved April 20, 2015.

Thompson, J. (2003). *The double–goal coach.* New York: HarperCollins.

Thompson, J. (2009). *Positive sports parenting.* Portola Valley, CA: Balance Sports.

Thompson, J. (2010a). *The high school sports parent.* Portola Valley, CA: Balance Sports.

Thompson, J. (2010b). *The power of double–goal coaching.* Portola Valley, CA: Balance Sports.

Thompson, J. (2011). *Elevating your game: Becoming a triple–impact competitor.* Portola Valley, CA: Bal ance Sports.

Till, K., Cobley, S., O'Hara, J., Chapman, C., & Cooke, C. (2010). A nthropometric, physiological, and selection characteristics in high performance UK junior rugby league players. *Talent Development and Excellence, 2,* 193–207.

Timiras, P.S. (1972). *Developmental physiology and aging.* New York: Macmillan.

Tischler, A., & McCaughtry, N. (2011). PE is not for me: When boys' masculinities are threatened. *Research Quarterly for Exercise and Sport, 82,* 37–48.

Tofler, I., & DiGeronimo, T.F. (2000). *Keeping your kids out front without kicking them from behind.* San Francisco: Jossey–Bass.

True champions. (2014, December 15). *Sports Illustrated,* p. 102.

Ullrich–French, S., & McDonough, M.H. (2013).

Correlates of long–term participation in a physical activity–based positive youth development program for low–income youth: Sustained involvement and psychosocial outcomes. *Journal of Adolescence, 36,* 279–288.

Ulrich, B. (1987). Developmental perspectives of motor skill performance in children. In D. Gould & M.R. Weiss (Eds.), *Advances in pediatric sport sciences: Behavioral issues* (Vol. 2, pp. 167–186). Champaign, IL: Human Kinetics.

Ulrich, D. (1985). *Test of gross motor development.* Austin, TX: Pro–Ed.

U.S. Department of Labor. (1972). Title IX, Education Amendments of 1972. Retrieved March 29, 2015.

Vaeyens, R., Gullich, A., Warr, C.R., & Philippaerts, R. (2009). Talent identification and promotion programmes of Olympic athletes. *Journal of Sports Sciences, 27,* 1367–1380.

Vallerand, R.J., Deshaies, P., Cuerrier, J.P., Briere, N.M., & Pelletier, L.G. (1996). Toward a multidimensional definition of sportsmanship. *Journal of Applied Sport Psychology, 8,* 89–101.

Vallerand, R.J., Mageau, G.A., Elliot, A.J., Dumais, A., Demers, M., & Rousseau, F. (2008). Passion and performance attainment in sport. *Psychology of Sport and Exercise, 9,* 373–392.

Valovich McLeod, T.C., Decoster, L.C., Loud, K.J., Micheli, L.J., Parker, J.T., Sandrey, M.A., & White, C. (2011). National athletic trainers' association position statement: Prevention of pediatric overuse injuries. *Journal of Athletic Training, 46,* 206–220.

Vasagar, J. (2010, September 23). School sport is growing, but not fast enough, say ministers. Guardian. Retrieved March 19, 2015.

Vealey, R.S. (2005). *Coaching for the inner edge.* Morgantown, WV: Fitness Information Technology.

Vealey, R.S., & Forlenza, S. (2015). Understanding and using imagery in sport. In J.M. Williams & V. Krane (Eds.), *Applied sport psychology: Personal growth to peak performance* (7th ed., pp. 240–273). Boston: McGraw–Hill.

Verducci, T. (2010, April 19). Legend before his time. *Sports Illustrated,* pp. 62–68.

Verducci, T. (2010, June 14). A different kind of perfect. *Sports Illustrated,* pp. 44–48.

Veroff, J. (1969). Social comparison and the development of achievement motivation. In C.P. Smith (Ed.), *Achievement–related motives in children* (pp. 46–101). New York: Russell Sage Foundation. Wagner, M., Jones, T., & Riepenhoff, J. (2010, August

29). Children may be vulnerable in $5 billion youth–sports industry. *Columbus Dispatch,* Columbus, Ohio. Retrieved March 29, 2015.

Waldron, J.J. (2007). Influence of involvement in the Girls on Track program on early adolescent girls' self–perceptions. *Research Quarterly for Exercise and Sport, 78,* 520–530.

Wall, M., & Cote, J. (2007). Developmental activities that lead to dropout and investment in sport. *Physical Education and Sport Pedagogy, 12,* 77–87.

Walvoord, E.C. (2010). The timing of puberty: Is it changing? Does it matter? *Journal of Adolescent Health, 46,* 1–7.

Ward, T., & Groppel, J. (1980). Sport implement selection: Can it be based upon anthropometric indicators? *Motor Skills: Theory to Practice, 2,* 103–110.

Weight loss in wrestlers [ACSM Current Comment]. (2013). Retrieved February 11, 2014.

Weiner, B. (1986). *An attributional theory of motivation and emotion.* New York: Springer–Verlag.

Weir, P.L., Smith, K.L., Paterson, C., & Horton, S. (2010). Canadian women's ice hockey–evidence of a relative age effect. *Talent Development and Excellence, 2,* 209–217.

Weiss, M.R., & Amorose, A.J. (2008). Motivational orientations and sport behavior. In T.S. Horn (Ed.), *Advances in sport psychology* (3rd ed., pp. 115–156). Champaign, IL Human Kinetics.

Weiss, M.R., & Fret well, S.D. (2005). The pa rentcoach /child–athlete relationshipin youth sport. *Research Quarterly for Exercise and Sport, 76,* 286–305.

Weiss, M.R., Smith, A.L., & Stuntz, C.P. (2008). Moral development in sport and physical activity. In T.S. Horn (Ed.), *Advances in sport psychology* (3rd ed., pp. 187–210). Champaign, IL: Human Kinetics.

Weiss, M.R., Stuntz, C.P., Bhalla, N.D., Bolter, N.D., & Price, M.S. (2013). "More than a game" : Impact of The First Tee life skills program on positive youth development: Project introduction and year 1 findings. *Qualitative Research in Sport, Exercise, and Health, 5,* 214–244.

Weiss, M.R., & Williams, L. (2004). The why of youth sport involvement: A developmental perspective on motivational processes. In M.R. Weiss (Ed.), *Developmental sport and exercise psychology: A lifespan perspective* (pp. 223–268). Morgantown, WV: Fitness Information Technology.

Wertheim, L.J. (2012, January 23). Driving for home. Sports Illustrated Vault. Retrieved March 29, 2015.

White, R.W. (1959). Motivation reconsidered: The concept of competence. *Psychological Review, 66,* 297–330.

White, S.H., & O'Brien, J.E. (1999). What is a hero?An exploratory study of students' conceptions of heroes. *Journal of Moral Education, 28,* 81–95.

Whitehead, J., Andree, K.V., & Lee, M.L. (2004). Achievement perspectives and perceived ability: How far do interactions generalize in youth sport? *Psychology of Sport and Exercise, 5,* 291–317.

Whitehead, M., & Murdoch, E. (2006). Physical literacy and physical education: Conceptual mapping. Retrieved August 12, 2014.

Wiersma, L.D. (2000). Risks and benefits of youth sport specialization: Perspectives and recommendations. *Pediatric Exercise Science, 12,* 13–22.

Wiersma, L.D. (2005). Reformation or reclassification? A proposal of a rating system for youth sport programs. *Quest, 57,* 376–391.

Wiersma, L.D., & Fifer, A.M. (2008). "The schedule has been tough but we think it's worth it" : The joys, challenges, and recommendations of youth sport parents. *Journal of Leisure Research, 40,* 505–530.

Wiersma, L.D., & Sherman, C.P. (2005). Volunteer youth sport coaches' perspectives of coaching education /cer tification and parental codes of conduct. *Research Quarterly for Exercise and Sport, 76,* 324–338.

Wiggins, D.K. (2013). A worthwhile effort? History of organized youth sport in the United States. *Kinesiology Review, 2,* 65–75.

Williams, A.M., & Ward, P. (2003). Perceptual expertise: Development in sport. In J.L. Starkes & K.A. Ericsson (Eds.), *Expert performance in sports* (pp. 219–249). Champaign, IL: Human Kinetics.

Williams, N., Whipp, P.R., Jackson, B., & Dimmock, J.A. (2013). Relatedness support and the retention of young female golfers. *Journal of Applied Sport Psychology, 25,* 412–430.

Winner, E. (1996). The rage to master: The decisive case for talent in the visual arts. In K.A. Ericsson (Ed.), *The road to excellence: The acquisition of expert performance in the arts and sciences, sports, and games* (pp. 271–301). Hillsdale, NJ: Erlbaum.

Winnick, J.P. (2011). *Adapted physical education and sport* (5th ed.). Champaign, IL: Human Kinetics.

Woitalla, M. (2014). Coach Egidio's New York success story. Retrieved April 20, 2015.

Wolverton, B. (2006, August 4). Morality play. *Chronicle of Higher Education,* pp. A33–A35.

Women's Spor ts Foundation. (2011, November). *Progress without equity: The provision of high school athletic opportunity in the United States by gender 1993–94 through 2005–06.* East Meadow, NY: Women's Sports Foundation.

Women's Sports Foundation. (2013, March 18). *Title IX myths and facts.* East Meadow, NY: Women's Sports Foundation.

Wood, E. (2002). The impact of parenting experience on gender–typed toy play of children. *Sex Roles, 47,* 39–50.

Woods, C.B., Moyna, N., Quinlan, A., Tannehill, D., & Walsh, J. (2010). *The children's sport participation and physical activity study.* Research Report No. 1. Dublin City University and the Irish Sports Council, Dublin, Ireland.

Woods, E. (1997). *Training a tiger.* New York: HarperCollins.

Woods, R.B. (2011). *Social issues in sport* (2nd ed.). Champaign, IL: Human Kinetics.

Wrisberg, C.A. (2007). *Sport skill instruction for coaches.* Champaign, IL: Human Kinetics.

Wuerth, S., Lee, M.J., & Alfermann, D. (2004). Parental involvement and athletes' career in youth sport. *Psychology of Sport and Exercise, 5,* 21–33.

Young, B.W., & Salmela, J.H. (2010). Examination of practice activities related to the acquisition of elite performance in Canadian middle distance running. *International Journal of Sport Psychology, 41,* 73–90.

Zarrett, N., Fay, K., Li, Y., Carrano, J., Phelps, E., & Lerner, R.M. (2009). More than child's play: Variable–and pattern–centered approaches for examining effects of sports participation on youth development. *Developmental Psychology, 45,* 368–382.

Zazulak, B.T., Paterno, M., Myer, G.D., Romani, W.A., & Hewett, T.E. (2006). The effects of the menstrual cycle on anterior knee laxity. *Sports Medicine, 36,* 847–862.